U0794687

高等学校经济管理类主干课程教材·人力资源管理系列

人才测评

主　编——————苗宏慧
副主编——————杨　铭

中国人民大学出版社
·北京·

前言

人才是一个国家和社会发展的重要支撑，人才资源是当今经济社会发展的第一资源。党的二十大报告指出，必须坚持科技是第一生产力、人才是第一资源、创新是第一动力，深入实施科教兴国战略、人才强国战略、创新驱动发展战略，开辟发展新领域新赛道，不断塑造发展新动能新优势。

随着社会的不断进步，对人才的需求日益增长，人才测评也变得越发重要。只有建立一套行之有效的人才测评体系，才能高效精准地选拔人才、科学合理地配置人才、客观公正地评价人才、最大限度地开发人才。本书旨在为各级人才选拔和评价提供一套科学、全面的测评方法和工具，帮助决策者、教育机构和企业更好地了解和评估人才的潜力和素质。

本书的编写基于对人才测评理论和实践的广泛研究和借鉴。我们结合了国内外人才测评领域的先进经验和方法，从多个维度对人才进行全面评估，力求科学、客观地揭示人才能力和潜力的测评方法与技术。全书共有 10 章：第 1、2 章重点介绍人才测评的概念和历史发展、人才测评的特点与原则、人才测评的分类、人才测评的实施、人才测评的学科基础、人才测评的理论基础；第 3～10 章分别介绍能力测验，人格测验，兴趣、态度和价值观测验，投射测验，笔试，面试，无领导小组讨论以及公文筐测验、角色扮演、即兴演讲、管理游戏、案例分析、深度访谈等其他测验。在本书的撰写过程中，苗宏慧提出写作框架和大纲，并具体负责编撰和统稿。其中，第 1 章由苗宏慧、孔祥楠编写；第 2 章由苗宏慧、孔祥楠编写；第 3 章由孔祥楠编写；第 4 章由杨铭、吴东龙编写；第 5 章由苗宏慧、孔祥楠编写；第 6 章由孔祥楠、舒心撰写；第 7 章由丁赫威、苗宏慧编写；第 8 章由吴东龙、苗宏慧编写；第 9 章由舒心、苗宏慧编写；第 10 章由杨铭编写。另外，苏志玲、邓菁、马启飞、张书宁、赵天艺同学对全书进行了校对。

本书在每章开始设置了引导案例和思考题，以带领读者进入理论学习，在每章末尾设置了复习思考题来帮助读者对本章内容进行回顾和总结。编者鼓励读者积极参与学习过程，将所学知识与实际情境相结合，以便更好地将其应用于理论研究和实践指导。

本书既可以作为高校人力资源管理专业本科生、研究生、MBA 学员教材，也可以作为企事业单位管理者及人力资源从业者的参考书籍，还可以作为公务员考试、应聘人员的阅读书籍。希望本书能够成为读者的宝贵工具，帮助他们更好地理解和应用人才测评，为公司筛选、评估人才，为读者职业规划、生涯发展提供有力的支持。

本书在写作过程中，参考、引用了国内外许多人才测评领域专家和学者的研究成果，在此表示感谢。本书得以与读者见面还要感谢中国人民大学出版社。与此同时，还要感谢所有支持我们的老师、同学、同事和朋友们。本书编写过程中难免有错误与疏漏之处，敬请专家、学者批评指正，恳请广大读者提出宝贵意见，使本书更臻完善。

苗宏慧

目 录

10 第 10 章 其他测验

第1章

人才测评概论

| 学习内容 |

- 人才测评的定义与作用
- 人才测评的历史发展
- 人才测评的特点与原则
- 人才测评的分类
- 人才测评的实施流程

| 学习目标 |

- 理解人才测评的具体含义
- 了解人才测评的特点
- 掌握人才测评的作用
- 理解人才测评的原则

引导案例

某大型钢铁集团设计院人才测评项目纪实

某大型钢铁集团设计院创建于1955年，是一家国有大型钢铁集团的全资子公司，注册资本1 000万元，是以工程咨询、工程设计、工程总承包、工程勘察为主业的国家级综合性甲级设计院，经营范围涉及冶金、环保、建筑等领域。该设计院专业配备齐全，拥有员工近千人，包括技术人员、管理人员、基层劳务人员等多个层次类型，其中，炼铁、炼钢、轧钢等各类专业技术人员近200名，1/3以上的技术人员具有高级职称。近年来，该设计院完成各类工程项目数千项，其中，100多个项目获得国家、部省级的各类奖项，有30多项国家专利。

随着企业的快速发展，员工人数大增，人浮于事的问题日益突出，且很多关键性岗位与人才并不匹配，存在人员不能胜任岗位、大材小用、有事无人做等现象，整体的工作效率有待提高。如何有效评价员工并真正实现人岗匹配成为该设计院管理者面临的难题。

基于这样的背景，该设计院将人员减编和优化人力资源配置提上了管理日程，希望通过对不同序列、不同层级的员工进行科学合理的能力素质评价，将真正优秀的人才调到核心岗位，将不能胜任岗位的人员调到合适的岗位或进行边缘化处理，从而达到优化人力资源配置、实现人岗匹配、促进企业不断发展的目的。

通过对该设计院不同层级的人员进行深入访谈和分析，华恒智信咨询专家了解到，目前该设计院缺少一套科学合理的人员评价体系，领导在评价员工时更多地依赖主观印象，不同人员对员工的评价标准也有较大的差异。举例来说，小王和小李分别是A部门和B部门的普通员工，在进行人员评价时，由于A部门领导的要求较为严格，小王的综合得分为80分，而B部门领导的要求相对较低，小李的综合得分可能是90分，但实际上，可能小王的综合能力比小李要强，这就产生了不公平的现象。员工在私底下抱怨，“会干活不如会表现”，该设计院形成了一股在领导面前争相表现的风气。在领导困惑不知道该怎么评价员工的同时，员工也迷惑自己的发展和提升方向，不知道公司鼓励员工做哪些工作或是怎样做工作，也不知道哪些工作行为是不好的。

到底该从哪个方面评价员工？该如何进行评价？设计院为解决这些问题引入了外部常见的能力素质模型，希望对员工进行合理的评价，但是在应用过程中又产生了新的问题：外部的能力素质模型无法落地。华恒智信咨询专家指出，外部常见的能力素质模型多为定性描述，比如在对解决问题能力的等级划分中，一级的评价标准是“能提出一些解决问题的思路，并取得一定效果”，二级的评价标准是“能提出比较好的解决问题的思路，并解决一些问题”，这些定性描述在实际应用的过程中很难明确界定标准，且在使用的过程中易受到评价人员的主观因素影响，难以准确划分人员能力的等级。

资料来源：某大型钢铁集团设计院人才测评项目纪实．(2019－12－05)．http：//www.chnihc.com.cn/successful-case/success-surpluslist/2942.html.

思考题

1. 应该从哪几个方面对员工进行评价？
2. 如何基于人才测评对优秀人才进行培养？

“夫圣贤之所美，莫美乎聪明；聪明之所贵，莫贵乎知人。知人诚智，则众材得其序，而庶绩之业兴矣。”（《人物志》）这句话的意思是说，圣贤受人称赞的美德在于聪慧明审，而聪慧明审莫过于能识别人才。如果能以聪慧明审来识别人才，那么，各类人才都能得到使用，各项事业都能兴旺发达。如此看来，人才测评在古代就具有很强的效用。

随着人类社会的现代化，人才测评已经在企事业单位、政府部门以及其他各种机构发挥着越来越重要的作用，而且人才测评技术也随着社会的发展与时代的进步不断地改进。那么，我们应怎样认识人才测评呢？人才测评具体是如何在实践中应用的呢？本章将从定义与作用、历史发展、特点与原则、分类和实施等方面对人才测评进行介绍。

1.1　人才测评的定义与作用

1.1.1　人才测评的定义

人才是指具有一定专业知识或专门技能，进行创造性劳动，并对社会做出贡献的人，是人力资源中能力和素质较高的劳动者。人才一词出自《易经》的“三才之道”：“《易》之为书也，广大悉备。有天道焉，有人道焉，有地道焉。兼三才而两之，故六。六者非它也，三才之道也。”人才是现代社会竞争与发展的重要生产力，国家发展靠人才，民族振兴靠人才，人才是兴国之本、富民之基、发展之源。

测评是以现代心理学和行为科学为基础，通过心理测验、面试、情境模拟等科学方法对人的价值观、性格特征以及发展潜力等进行的客观测量与科学评价。它包含测量和评价两方面的意义：测量是按照某种规律，通过科学、客观和标准的手段对事物的要素进行测定，用数据来描述观察到的现象，计量出事物的量的存在，即对事物做出量化描述。评价则是依据测量的结果，按一定的标准对测量对象进行评判的过程。

人才测评是基于特定个体及群体的岗位职责及工作目标体系，借助科学的手段，综合运用定性以及定量的方法，对个人或组织的性向特征进行全面、系统的识别与诊断，并做出数量化的推理或价值判断的方法①。它是由施测者综合理解和运用心理学、应用统计学、测量学以及计算机技术等对被测者进行客观、准确评价的一种活动。人才测评是针对人才的个性、兴趣、素质、品质、胜任力等进行测量和分析，是一项系统而复杂的工程，在实施测评方案之前必须进行全面、科学的设计。

1.1.2　人才测评的作用

1. 甄选作用

对被测者进行甄选的过程是施测者审查和选择合格人员的过程。在甄选过程中，施测者不但要考察被测者的能力、个性、价值观等是否与工作岗位匹配，还要考察其发展潜力和对企业文化的认同程度。由于人才测评综合采用了多种科学方法和技术，它能依据人才测评的目的和要求对被测者进行更客观和准确的甄别和选择，并将结果以定性或定量的方式表示出来。人才测评甄选作用的实现依赖于人才测评工具的科学性、人才测评实施过程的规范性以及甄选标准的适当性。

2. 预测作用

人才测评主要是对被测者在实际工作岗位和业绩方面所能达到的程度的预测，也可以为该个体（或群体）当前的发展水平提供丰富、客观、准确的信息。心理学是人才测评重要的理论基础，而有关人的发展规律的研究是心理学研究的重要领域。人才测评工

---

① 苏永华．现代人才测评理论与方法研究．上海：华东师范大学，2000.

具（量表）的设计考虑到了人的发展规律，更为重要的是用于人才测评的量表在编制过程中非常注重对其效度的研究，即探索人才测评的结果与某一段时间后的工作行为（或实绩）之间的关系。人才测评内容全面系统，方法科学，提供的有关测评对象当前发展水平的信息丰富、客观，故其预测的准确性在实践中有很大的可行性①。

人才测评的预测作用常见于人才选拔等决策领域，如公务员录用、企业人员招聘以及特殊人才如飞行员、军事人才、特种行业人才、现代高级管理人才的选拔等。

3. 诊断作用

人才测评的诊断作用是指采用一定的人才测评技术和方法对被测者的相应要素进行客观评价，使组织和个人能够反省和自我检查，找出存在的问题、缺陷和不足，以便采取针对性的措施加以改善，如优化组织结构、改善思维方式、更新知识和观念等，帮助组织和个人清除前进中的障碍，实现可持续发展。

将人才测评作为内部人才培训发展需求的诊断工具，要发挥其诊断作用，不仅要保证测评的准确性，还要及时恰当地反馈测评结果。测评结果的反馈要注意以下几个方面：

（1）将测评结果及时地反馈给测评的委托者（如人力资源管理部门、被测者的上级主管、被测者本人、老师等）。

（2）在反馈过程中帮助被测者设计改进的措施和方法，并提供有效的训练方法和指导，而不仅仅是报告分数或排名。

（3）根据测评对象的特点、测评目的以及环境情况选择恰当的反馈形式和方法，因为测评结果反馈行为及过程本身也会对施测者的发展产生影响。

4. 导向作用

所有人才测评都是有目的的，需要根据测评结果做出决策，如是否录用、是否晋升、是否给予奖励等。因此，人才测评的结果总是与人的某种利益或个人的成长发展相关，为了获得优良的结果，被测者往往要针对测评的内容和标准，进行各种学习和训练，吸收新的知识，提高能力和技能，增强自身的素质和修养。

人才测评的导向作用具有两面性。如果测评确立的标准是社会所需或符合社会发展的趋势，则会产生正面的导向作用，即这种导向有利于社会人才的培养和成长，形成人才辈出的局面；如果测评的标准没有反映社会的实际需求甚至与社会需求相悖，则会把人引入歧途，对人才的成长造成障碍，甚至摧残人才。

5. 激励作用

激励作用是指人才测评能够激发人们进取向上的愿望与动机，使人们自觉自愿地努力学习和工作，从而不断地提高素质和工作能力。每个人都有自尊和进取的需要，希望自己在人才测评中取得好成绩、好结果。这就迫使人们奋发努力、不断进取。从行为修正激励理论来看，获得肯定性评价的行为将会趋于高频率出现，而获得否定性评价的行为将会趋于低频率出现。因此，人才测评是促进个体素质的培养与修养行为朝社会所需方向发展的强化手段②。

---

① 苏永华．人才测评概论．北京：中国人民大学出版社，2011：15－16．

② 张杉杉．人才素质测评理论与实务．北京：中国人事出版社，2013：14－17．

要发挥好人才测评的激励作用，必须注意三点：第一，测评的内容必须真实反映社会（组织）发展对人才能力和素质的客观要求；第二，测评活动的全过程必须充分体现客观公平原则，阳光操作，公开透明；第三，必须采用科学的测评工具和方法。

1.2　人才测评的历史发展

1.2.1　中国背景下的人才测评

1. 中国古代人才测评思想

古人有关人才测评的思想十分丰富，绵延几千年的中国古代社会，识人思想和方法的形成过程大致代表了人才测评研究在中国古代的发展过程，我国古代灿烂的人才测评思想主要分为三个发展阶段。

（1）萌芽阶段（三皇时期到春秋战国）。这一阶段的人才测评没有形成固定的制度，以世袭制为主，对少数重要职位和重要人才采取自荐、推荐和长期考核的办法。最早的测评可追溯到尧舜时代，在《尚书·尧典》中就记载了尧对舜禹长达28年的测试与考察。在商周时代，周文王姬昌所著的《周易》以卜卦的方式，预测自然现象和人的生死祸福。中国现存最古老的一部历史文献《尚书·皋陶谟》记载："知人则哲，能官人。"意思是说，只有聪明睿智的人，才能了解别人，才能用人得当。《礼记·学记》中的"教也者，长善而救其失也"则指出，教师必须了解学生学习的不同类型及心理素质上的个别差异，才能"长善救失"。这些"知人善任""知人善教"的论述，间接地揭示了人才测评的重要性。在春秋战国时期，主要形成了以儒家、道家、墨家和法家为代表的人才测评思想。

1）儒家。儒家主要以孔子、荀子和孟子的思想为主。孔子提出"人有五仪，有庸人，有士人，有君子，有贤人，有圣人"（《孔子家语》），并列出了相应的行为表现，便于甄别。孔子还提出识人要"视其所以，观其所由，察其所安，人焉廋哉？人焉廋哉？"（《论语·为政》），即考察人才时，要观察一个人日常所言所行的原因、目的与手段，了解他的心情，看他"心系于何处"，如此这个人的内在素质就不难知道了。孔子认为通过"视、观、察"三个方面，由表及里地考察、分析人的行为举止与内心世界是可以了解一个人的，这说明孔子主张通过人的外部行为表现去探查人的心理和素质特点。荀子主张尊贤使能是强国之本，君主任用贤才要专一，不论等级、血缘，秉公举贤任贤。孟子提出"权然后知轻重，度然后知长短，物皆然，心为甚"（《孟子·梁惠王上》）的观点，这里的"权""度"指的都是测量，既然物可以测量，那么心当然也可以，明确提出了人才可测量的思想，进而提出了从"义、志、气、巧、达、自省"等方面进行测量的可能性，这对人才测评具有奠基意义。

2）道家。道家主要以庄子的思想为代表。庄子提出"九征"的思想："远使之而观其忠，近使之而观其敬，烦使之而观其能，卒然问焉而观其知，急与之期而观其信，委之以财而观其仁，告之以危而观其节，醉之以酒而观其则，杂之以处而观其色，九征至，不肖人得矣”（《庄子·列御寇》）。庄子进一步肯定了儒家观点：“凡人心险于山川，难于知天。天犹有春秋冬夏旦暮之期，人者厚貌深情。故有貌愿而益，有长若不肖，有慎狷而达，有坚而缦，有缓而悍”（《庄子·列御寇》）。意思是说，人的心理比山川还要险恶，比苍天还要高深莫测。自然界的春秋冬夏和旦暮的循环往复还有定时，而人却善于掩饰，不显露于外表，把情感深埋在内心深处，故难以测度。这体现了人才难知性的思想。

3）墨家。墨家主要以墨子的思想为代表。墨子认为：“听其言，迹其形，察其所能而慎予官，此谓事能。故可使治国者，使治国，可使长官者，使长官，可使治邑者，使治邑”（《墨子·尚贤中》）。墨子的观点是通过考察人的言行而知晓人的能力，再根据人的能力大小授予官职，这体现了人职匹配的思想。墨子还主张“官无常贵，而民无终贱；有能则举之，无能则下之”（《墨子·尚贤上》），他坚决反对以身世贵贱来选拔人才的传统做法。

4）法家。法家主要以韩非子的思想为代表。韩非子主张“外举不避仇，内举不避子”（《韩非子·外储说左下》）、“因任而授官”（《韩非子·定法》）、“程能而授事”（《韩非子·八说》），即根据才能和功劳来选拔任用官吏。韩非子并不看重德，他认为“今贞信之士不盈于十，而境内之官以百数，必任贞信之士，则人不足官。人不足官，则治者寡而乱者众矣”（《韩非子·五蠹》）。因为德才兼备的人太少，所以韩非子轻德重才，把才视为用人的第一标准。

（2）发展阶段（汉代到隋朝初）。汉代的察举制是一种自下而上的推举人才为官的制度，是汉代选拔人才的重要制度，对后世选拔人才制度的发展有着深远的影响。所谓“察举”就是对人才考察后再荐举给统治集团，由三公九卿等甄别人才，推荐给朝廷，考核通过后即授予官职。察举的科目较多，分岁举与特举两类。岁举如孝廉、茂材等，特举一般都是不定期的，如贤良、方正、明经、明法、尤异、治剧、勇猛知兵法等。察举制度在选官制度的演变进程中有着重要的地位，在一定程度上抑制了等级门阀制度和血缘关系的传统封建选拔制度，较世袭制而言是一次重大的历史进步。

魏晋南北朝时期，魏文帝为魏王时，吏部尚书陈群以选用不尽人员，制定了“九品中正制”。首先由各州、郡里有声望的人出任“大中正”和“中正”，由他们评判当地士人的功、容、才、行，评定的结果分为九等，称为“九品”，需要时自上而下选拔任用，选用是依据“盖以论才优劣，非谓世族高卑”的原则。九品中正制一直延续到隋朝初期。

三国时期的人才测评思想主要以诸葛亮的“七观法”和刘劭的《人物志》为代表。诸葛亮在识别人才和选择人才时使用七种观察方法，即“七观法”，具体内容包括“问之以是非而观其志”“穷之以辞辩而观其变”“咨之以计谋而观其识”“告之以难而观其勇”“醉之以酒而观其性”“临之以利而观其廉”“期之以事而观其信”（《将苑》）。

刘劭编写的《人物志》是我国研究人事制度的早期著作。刘劭在《人物志》中把人才的特征归结为“神、精、筋、骨、气、色、仪、容、言”九个方面，将人分为上等（最上等之材）、大雅（大材）、小雅（偏材）、依似（逊于偏材）、无常（无常之人）五类来考察人才的心理活动状态和性格气质。这种标准将“德”扩大到人的心理、生理和伦理方面，从心理学意义上进一步考核了人的才与德。

另外，刘劭提出了“八观五视”法来识别和选择人才。“八观”即“观其夺救，以明间杂；观其感变，以审常度；观其志质，以知其名；观其所由，以辨依似；观其爱敬，以知通塞；观其情机，以辨恕惑；观其所短，以之所长；观其聪明，以知所达”。“五视”即“居，视其所安；达，视其所举；富，视其所与；穷，视其所为；贫，视其所取”。

（3）成熟阶段（隋朝初至清末）。此阶段科举制度成为人才测评选拔的主要方式并延续千年，隋朝统一全国后，为了适应封建经济和政治关系的发展变化，以及扩大封建统治阶级参与政权的要求，加强中央集权，把选拔官吏的权力收归中央。隋文帝时期，废除九品正中制，创设“志行修谨”与“清平干济”二科，推行科举取士制，后隋炀帝又增设“进士科”。

至唐朝科举考试分为州县试和礼部试两级。唐代把智力测验引入考试，当时考试大致分为帖经、口试、墨义、策问和诗赋，以儒家经典为主要内容，为现代考试测评题型开创了先河。此外，注重对举止仪表的考察，采用面试方式，甚至由皇帝亲自主持面试（殿试）。唐代还产生了武举，应武举的考生来源于乡贡，由兵部主考，考试科目有马射、步射、平射、马枪、负重等。“高第者授以官，其次以类升。”

宋代确立了三年一次的三级考试制度。宋初科举仅有两级考试制度。一级是由各州举行的取解试，一级是由礼部举行的省试。宋太祖为了选拔忠于朝廷又有才干的人担任官职，于开宝六年实行殿试。自此以后，殿试成为科举制度最高一级的考试，并正式确立了州试、省试和殿试三级科举考试制度。

明清时考试增为四级：科试，及格者为秀才；乡试，及格者为举人；会试，及格者为贡士；殿试，及格者为进士，前三名分别称状元、榜眼、探花。明清的各级考试，每隔三年举行一次，进士及第后授予一定的官职。科举考试的内容基本上是儒家经义，以四书五经为主。然而，明太祖朱元璋以八股取士，以死板的文体将知识分子的思想限制在程朱理学内，造就了一大批庸才腐儒，并且一直持续到清末。

科举制度把读书、应考和任免官职紧密结合起来，为人才选拔提供了一个公开、平等、竞争、择优的环境，形式先进，影响深远。但后期的科举制度沦为统治者思想奴役的工具，极大地压抑了人才，阻碍了人的创造力的发挥，成为我国近代科技落后的重要原因之一。

2. 中国近、现、当代人才测评技术的发展

这一时期，人才测评技术的发展可以分为三个阶段：复苏阶段、初步应用阶段以及繁荣发展阶段。

（1）复苏阶段。早在 20 世纪初，我国心理学界就引进了心理测量方法，并发展出自己的各种教育和智力测验，其中对我国心理测量领域影响最大的就是对比奈智力测验的引进和修订。1916 年，樊炳清首先介绍了比奈-西蒙量表。1922 年，费培杰将比奈-西蒙量表译成中文，并在江苏、浙江两省的一些中小学进行试测。1924 年，燕京大学的心理学家、曾出任燕京大学校长的陆志韦先生发表了经修订的比奈-西蒙量表，这是我国最早的标准化的比奈智力测验。

（2）初步应用阶段。此阶段人才测评技术的发展主要体现在国家公务员考试制度的建立。党的十一届三中全会提出了改革开放的政策，在此背景下，我国借鉴西方公务员考试录用制度，建立起有中国特色的公务员考试录用制度。

1982年，劳动人事部下发关于制定《吸收录用干部问题的若干规定》的通知，使招干考试有了基本规范。1987年，党的十三大决定建立国家公务员制度，明确提出，将来政府机关补充公务员都要通过法定考试。此后，国家人事部为国务院各部委进行了多次面向社会的联合公开招考。1992年底，全国29个省份和国务院等三个部门都不同程度地采用了人才测评方法来补充人员，取得了良好效果。公务员的考察从纸笔测验到后来的结构化面试，都广泛应用了现代人才测评技术。1993年，我国政府正式颁布实施《国家公务员暂行条例》，由此开始了从中央到地方的国家公务员录用考试。

（3）繁荣发展阶段。随着国家人才资源政策的逐步开放，市场经济对人才资源的重视和调配使人才测评在全国范围内具有广阔的发展空间，人才交流也因此日益普遍，市场的需求更加促进了人才测评技术的发展和优化，人才测评观念逐渐深入人心，成为政府和市场公认的概念。传统意义上的人才价值评价尺度有很大的主观性和随机性，测评结果往往不尽如人意，因此科学的人才测评技术开始在各个领域应用且应用程度不断加深，新的人才测评手段层出不穷，专门从事人才测评研究的研究机构、提供专业人才测评服务的企业也不断涌现。与此同时，新的人才测评工具不断产生。

自1994年开始，国家人事部人事考试中心为满足企业管理人才的评价需要，组织国内心理学家、管理学家和企业咨询界人士借鉴国内外先进的人才测评技术，开发了“企业管理人才测评系统”。除了开发新的人才测评工具外，各种人才测评研究和服务机构也不断增加。近年来，无论是政府机构还是企事业单位，都充分认识到现代人才测评在市场经济环境下的重要作用，并在实践中不断运用测评技术，各种人才测评服务机构努力提供支持。

1.2.2 西方背景下的人才测评

1. 西方人才测评的萌芽阶段——属于心理学时期的人才测评

（1）高尔顿的贡献。弗朗西斯·高尔顿是倡导测验运动的代表人物。1883年，高尔顿在《人类才能及其发展的研究》一书中首先提出了“测验”这个术语。高尔顿在研究遗传的过程中需要测量有遗传关系和没有遗传关系的个体的属性，只有这样才能发现父母和子女之间、兄弟姐妹之间、堂表兄弟姐妹之间、双生子之间确切的相似程度。为此，高尔顿敦促许多教育机构保存对学生所进行的系统的人体测量记录。在1884年的国际博览会上，他还设立了一个人体测量实验室。参观者付3个便士就能测量某些身体属性。通过这种方法，高尔顿逐渐积累了关于简单心理过程中个体差异的第一批大规模的系统资料。高尔顿亲自设计了许多简单测验，在他的人体测量实验室里实施，其中不少测验至今仍以原版或修订版继续使用。他还发展了分析个体差异资料的统计方法。高尔顿对先前数学家推导出的一些统计技术进行选择和修改，使得未经专门数学训练的研究人员也能使用这些技术来定量处理测验结果，极大促进了研究人员应用统计程序来分析测验数据以推动测验技术的发展。

（2）卡特尔的贡献。在心理测验的发展史上，另一位代表人物是心理学家詹姆斯·麦基恩·卡特尔。他将刚刚建立的实验心理学和新兴的测验运动结合起来。1888年，卡特尔在剑桥大学讲课期间与高尔顿的接触使他对测量个体差异的兴趣得到强化。返美之后，卡特尔积极建立心理实验室和传播测验运动。他在 1890 年撰写的一篇文章中提到“心理测验”，这是该词首次出现于心理学界。在选择测验时，卡特尔与高尔顿的观点基本相同，认为智力机能的测量可以通过感觉辨别力和反应式测验来获得。

（3）比奈和西蒙的贡献。20 世纪初，法国心理学会也对心理测验产生了浓厚的兴趣。1904 年，法国教育部委派许多教育家、医学家和其他科学家组成一个委员会，专门研究公立学校中智力落后儿童的教育方法。作为委员之一，比奈极力主张用一种测验的方法去辨别和发现智力落后的儿童。经过他与西蒙的精心研究，1905 年在《心理学年报》上发表了题为《诊断异常儿童智力的新方法》的文章，其中介绍了一个包括 30 个项目的量表，该量表虽然比较粗糙，但在心理测验史上极其重要，是世界上第一个正式的心理测验工具。1908 年，比奈发表修订后的比奈-西蒙智力量表，删掉了 1905 年版量表中不合适的项目，增加了一些新项目，使总数达到 59 个。同时，在这次修订中，比奈首次采用智力年龄的方法计算成绩，并建立了常模，这是心理测验史上的一个创新。

2. 西方人才测评的初步应用阶段

1914 年，第一次世界大战爆发，美国宣布参战，美国心理学会开始研究心理学如何为战争服务，认为选拔和分派官兵的任务必须考虑官兵不同的智力水平，提出通过智力测量选拔符合要求的军事人才。当时的心理学家为了在军队中大规模进行群体测验，设计出纸笔测试这种新的施测方式。1917 年，美国开发出一套文字类陆军甲种测验，题型主要由多项选择题和客观题构成。考虑到士兵的文化水平不同会影响测验效果，随后开发出陆军乙种测验，该测验为非文字测验，包括迷津、立方体分析、补齐数列、数字校队、填图、几何图形分析等分测验。这两种测验自 1917 年至 1919 年，历时两年先后为美国 200 多万官兵服务。这种人才测评更加容易推广，战后开始从军队走向社会，一时之间在美国受到狂热追捧。

3. 西方人才测评的繁荣发展阶段

第二次工业革命促进了欧美各国工业迅猛发展，在工业发展的过程中逐渐开始了科学管理，目标是实现更高效率的劳动。20 世纪初期，管理科学与工程专业正式诞生。管理科学所提出的科学管理与量才分工思想得到广泛传播。

“科学管理之父”泰勒认为，企业应该采取科学和客观的方法来研究如何有效地设计工作，要科学地挑选工人，然后进行教育培训，使之成为“第一流的工人”。所谓“第一流的工人”，是相对其劳动生产率而言的，即每种类型的工人都能找到某些工作使他成为第一流。因此，在员工招聘的时候，泰勒开始考虑采用生理特征来测评人员的素质。人际关系学派的梅奥、马斯洛和赫茨伯格等人相继提出“社会人”“需求层次理论”“双因素理论”等，这些理论的共同点是，组织只有了解员工的诉求才能提高员工的满意度和生产力。在这种管理思想的指导下，一些企业在进行员工素质测评的时候，除知识和技能测评外，还加入对员工的需要、动机和性格等心理特征测评，人才素质测评得到了进一步发展。

1921 年，美国心理学家哈代克等人联合成立历史上第一个心理测评公司；1927 年，第一个职业兴趣测验工具——斯特朗男性职业兴趣量表推出；美国电话电报公司将现代人才测评技术运用在管理人才的选拔上，并通过一年的追踪调查，证明人才素质测评的有效性和可靠性。之后，许多组织开始争相效仿。

1939 年第二次世界大战爆发，人才素质测评再次在军事运用中得到发展。这一时期，美国文官委员会和陆军纷纷借鉴和使用人才素质测评方法选拔人才。随着人才素质测评在军队中的推广，笔试和面试等测评方法不断有所突破。美国在选拔特工人员时创造性地运用了情境模拟测试方法，使人才测评技术得到了丰富和发展。

4. 西方人才测评的成熟阶段

20 世纪四五十年代，第二次世界大战结束，全球处于经济复苏时期。在这种环境下，战争期间所开发出的人才测评技术和管理科学随着经济全球化在全球传播。管理学和心理学的进一步发展、统计学融入管理科学以及计算机和互联网的影响都极大促进了人才素质测评走向成熟。

（1）管理学和心理学的发展。战后的管理科学由于在军事实践中得到广泛认可，战争结束后大量的军用技术包括管理科学也开始在现代企业中得到运用。而管理学和心理学理论是人才素质测评的基石，没有二者的进步，人才测评不可能有本质上的发展。

心理学中的人格心理学特别是特质理论、行为理论和权变理论在这一时期得到完善，这是人才素质测评的主要理论基础。此外，心理学关于智力的研究并没有停止，智力研究在这一时期从早期的二因素理论、群因素理论发展到智力三维结构模式理论和智力层次结构理论。人们对智力的深入认识丰富了人才素质的内涵。

（2）统计学融入人才测评。事实上在早期的心理测评实验里就用到了统计学的内容，后来泰勒探索管理科学时也用到了统计学。统计学可以将人才素质的可量化策略真正确定下来。我国古代的人才测评长期实践没有发展成系统的人才测评学科，就是因为没有统计学的支持。而西方的心理学发展一开始就使用了统计学的方法，统计学融入人才测评使得人才素质测评的可信度、有效度、区分度和独立性都有了科学方法的支持。

（3）计算机和互联网的影响。第二次世界大战后，大量军用科技转化为民用科技，其中包括计算机和互联网。计算机和互联网对人才测评也有巨大的影响。通过计算机，各种心理量表被编制成人才素质测评软件系统，使得人才素质测评更易量化、更易操作，人才素质测评技术得到更广泛的传播。通过软件系统还能对测评结果进行统计，这反过来对心理学和人才素质测评理论也有促进作用。未来人才素质测评技术在世界各地的本土化需要计算机技术的大力推进。

1.3 人才测评的特点与原则

1.3.1 人才测评的特点

1. 人才测评结果的相对性

人才测评的结果体现在两方面。一方面，测评方案的设计及测评活动的实施都依据施测者的个人经验进行，不同的施测者对测评目标的理解、测评工具的使用及测评结果的解释，难免带有个人色彩，不可能完全一致；另一方面，作为被测者，其素质是抽象模糊的，其构成是极其复杂的，这导致测评工具有一定的局限性。正如苏东坡所言："人难知也，江海不足以喻其深，山谷不足以配其险，浮云不足以比其变。"可见对一个人的素质进行测评是非常复杂和困难的。物理学家海森堡在1927年提出了测不准原理，在人才测评活动中也存在测不准关系，即人才测评处于一定的测不准状态，测评实施对被测者的鉴别评价不完全符合其实际情况，测评结果反映被测者素质的基本状态，但与被测者的真实素质有一定程度的偏离①。

2. 人才测评方式的间接性

人才测评的目标是测量和评价被测者的素质和能力，但是素质和能力是隐蔽的、内在的、抽象的。人才测评的方式是间接的。我们不能对素质本身进行直接测量，但可以通过人的行为进行间接推测和判断。这是由人才测评对象的素质特点决定的。人的素质是个体实施社会行为的基本条件和潜在能力，虽然不能直接测量，但可以通过人的行为表现出来。

3. 人才测评对象的抽样性

人才测评是一种采样测量，而不是具体测量。这一特点是从统计学意义上而言的。人才测评的对象是素质及绩效，与个体活动密切相关。从理论上讲，实施人才测评时，涉猎的范围越广，收集的相关信息越充分、越全面，测评结果就越有效、越具体客观。但在实际操作中，上述理想状态不可能存在也不可能做到，任何一项测评的主持者在有限时间内都不可能掌握被测者素质的全部表征信息，只能本着"部分能够反映总体"的原理，对测评要素进行采样，保证样本足够多且具有足够的代表性，从样本的测量结果来推断全部待测内容的特征。

4. 人才测评评判的主观性

由于参与测评的双方都是人，人才测评不可避免地具有主观性，受主体的价值观和主观的评价标准影响。

比如，面试主要考察的是应试者的人格特征。古代学者刘劭曾经说过："一流之人，能识一流之善，二流之人，能识二流之美。"由于考官的认识水平、识人本领以及个人偏好等因素都与测评结果密切相关，在面试中考官的水平往往是决定性的，所以有人认为"所谓面试就是要考察考官的主观判断"。这样在面试的过程中对考官的要求很高，考察不同职位的应试者时，要有合适的人员来做考官才能有效地考察出一个人的真实水平。

5. 人才测评内容的复杂性

以用人为长的诸葛亮认为："夫知人之性，莫难察焉。美恶既殊，情貌不一，有温良而为诈者，有外恭而内欺者，有外勇而内怯者，有尽力而不忠者。"因此，简单的内容无法精准和正确地测出一个人的真实素质水平。真正的人才测评需要许多不同性质的测评方法、手段和复杂系统的内容，综合全面地分析和诊断某个个体与职位、组织以及公司是否匹配。一个合适的人才在合适的时间，出现在合适的职位上，与合适的组织相匹配，

① 石云，陈洪震，安瑞武．人才测评理论概述．经济论坛，2004（19）：137－139.

才是人才测评所要达到的最终目的。在员工招聘、企业培训、内部选拔和绩效管理中，需要借助复杂的内容和缜密的手段才能测量和分析出某个个体的适合程度，这个过程是非常繁杂的。

1.3.2 人才测评的原则

1. 客观与主观相结合的原则

客观原则主要表现在要用科学的工具、严格的操作流程获取真实的数据和信息，把人才标准作为标尺形成评价结果，以实际数据为准绳。

主观原则是指测评者要对被测者有一个主观上的评价，被测者的行为事例、言语谈吐、价值观以及态度等都需要主观考察。

坚持客观与主观相结合的原则就是要选择客观的测评工具和技术并在测评过程中排除各种干扰因素，使获取的数据和信息具有客观性和真实性。测评的标准化程度是影响测评误差的重要因素，因此，在测评过程中要对测评工具、流程、结果处理及应用等进行标准化。只有坚持客观的测评方法和工具与正确的主观评价相结合，才能使人才测评具有权威性和科学性。

2. 静态与动态相结合的原则

静态测评是以相对统一的测评方式在特定的时空条件下进行测评，不考虑测评要素的动态变化性的方式。静态测评的优点是易于看清被测者之间的差异，以及是否达到了某种标准的要求，便于横向比较，其缺点是忽视了被测者的原有基础和今后的发展趋势。心理测验一般是静态的，例如专业知识测验和能力倾向测验。

动态测评则是根据要素形成与发展的过程以及发展的情况进行测评。动态测评有利于了解被测者的实际水平，但不利于对不同被测者的测评结果进行比较。评价中心、面试与观察评定等技术具有动态性，例如对决策能力、人际关系与合作等的测评。

静态测评与动态测评相结合主要表现在测评方法的选择上。如果要实行一项人才测评计划，我们就必须选择静态的心理测验和动态的评价中心、面试与观察评定等技术相结合，才能真正全面地评价一个人①。

3. 分项测评与综合测评相结合的原则

人才测评需要通过许多不同类别的测评方法来评估一个人是否和职位、组织以及公司匹配。

所谓分项测评，是把人才测评分解为一个个的项目分别独立地进行测评，然后将测评结果简单相加。比如，一个企业对一个人才进行评估时，采用心理测试来测量个体的心理健康状况，采用无领导小组讨论的方式来考察个体的领导能力。

所谓综合测评，是指对综合素质的各个方面进行整体系统的测评。最常见的方式就是企业对人才评估时所用的综合评审，它是涉及性格、能力、动机、态度以及价值观等

---

① 马欣川．人才测评：基于胜任力的探索．北京：北京邮电大学出版社，2008：6－8.

各个方面的整体系统化的测评。

测评人才时必须坚持分项测评和综合测评相结合的原则，只有这样才能使测评结果尽量接近精确无误的状态。

4. 描述与预测相结合的原则

人才的描述分析是指通过各种测评手段得出个体的测评结果，然后根据这个结果对个体的性格特征、能力素质、职位的胜任程度等给出一个描述性的分析。

人才的预测分析是指对人才各项素质的发展趋势的预测性分析。一个企业对人才的评估需要预测人才各项素质的变化趋势，从而判断个体是否能在未来一段时间胜任某个职位。

人才测评需要坚持描述与预测相结合的原则，只有这样才能判断个体能否在当下以及未来与岗位相匹配，与组织相匹配，与企业相匹配。

5. 指导与开发相结合的原则

人才测评的指导原则是指通过人才测评指导人才改变和提升自己的素质和能力以应对岗位的要求。对于人才测评的结果，我们不能只把它当作评判人才是否与职位匹配的工具，也要把它当作一种指导工具。对于个体在测评中出现的问题和缺点，我们应积极地指导，使个体在人才测评的过程中也能有所收获和提升。

人才测评的开发原则是指在人才测评的过程中对个体的能力素质、动机和潜力的挖掘。对于人才测评，我们要把它看成一种开发和激发个体潜力的工具，通过人才测评激发个体的成就动机和未被发掘的能力。

人才测评只有坚持了指导与开发相结合的原则，才能更好地评估人才，使人才测评的实施更有价值。

1.4　人才测评的分类

人才测评应用的对象、目的和形式不同，其产生的结果自然也就不同。本节按照不同的标准对人才测评进行具体的分类。

1.4.1　按测评对象划分

按照测评对象，人才测评可以分为以人为中心的测评和以岗位为中心的测评。

以人为中心的测评是指围绕人的特性而进行的测评，人的特性包括生理机能、本能、心理潜能等社会特性。个体如果想要客观了解自己的能力优势、职业兴趣以及潜在能力等特性，可以有针对地选择测评工具进行测评，如大学生的职业兴趣测验。

以岗位为中心的测评是基于某个特定岗位的任职资格或胜任特征进行的测评。它是在建立特定岗位的素质标准后，围绕这个特定岗位要求的素质标准而开展的系列测评活动。一般情况下，以岗位为中心的测评多用于人才选拔、晋升、诊断、培训与开发等人力资源管理过程，如以财务经理岗位为中心的测评活动。

1.4.2 按测评实施者划分

按照测评实施者的身份、人数以及地位，人才测评可以分为自我测评、他人测评、群体测评、上下级测评与同级测评等。

自我测评是指被测者本人对自己进行的测评活动。被测者可以用很多测评工具来自我测评，以更好地了解自己。

他人测评是指由被测者以外的人对被测者实施的测评活动。现代企业和机构组织的人才测评活动一般都是他人测评。

群体测评是指由某一群体共同组织对某一类人员进行的测评。如各种资格证书的考试，通常由某一机构来组织和策划。

上级测评、同级测评和下级测评的人才测评方式最常见，三者共同组成了 360 度考核。上级测评主要根据一定考核周期内的工作成绩进行测评；同级测评主要根据被测者在工作中表现出的协作能力、团队组建能力进行测评；下级测评主要根据被测者在工作中表现出的领导能力、对下属的关心和培养进行测评。

1.4.3 按测评参照系划分

按照测评的参照系，人才测评可以分为常模测评和标准测评。

常模测评是将被测者的测评结果与特定群体测评结果的平均成绩进行对比，以此来确定被测者是否达到标准水平的测评方式。例如，大学生的常模测评可以解释某同学的文字综合能力。

标准测评是指建立特定岗位的胜任特征标准后，根据岗位所要求的胜任特征对目标测试者开展一系列的测评活动。标准测评多用于确定某个个体对岗位的胜任程度或者对职业的胜任程度。比如，先确定某公司中层管理者的胜任特征标准，然后对该公司所有的中层管理者进行测评。

1.4.4 按测评标准化程度划分

按照测评标准化程度，人才测评可以分为标准化测评（standardized test）和非标准化测评（non-standardized test）。

标准化测评是一种具有规范的标准，在各个环节按照系统的科学程序对误差做了严格控制的心理测验，是一种系统化、科学化、规范化的施测流程，必须具备常模、信度、效度、施测程序及记分方法等基本条件。图 1-1 对标准化测评进行了详细分类。

非标准化测评是指可以不按标准化程式进行的测评，必须达到信度和效度的基本要求，却可以不必具备常模、固定量表、固定测验问卷以及固定施测程序。在内容上，可以说非标准化测评是标准化测评在测评领域的不完全补集。在非标准化测评中，我们重点阐述几个常用测验，如笔试测验、面试测验、无领导小组讨论、公文筐测验、即兴演讲、角色模拟、管理游戏、案例分析、深度访谈等。

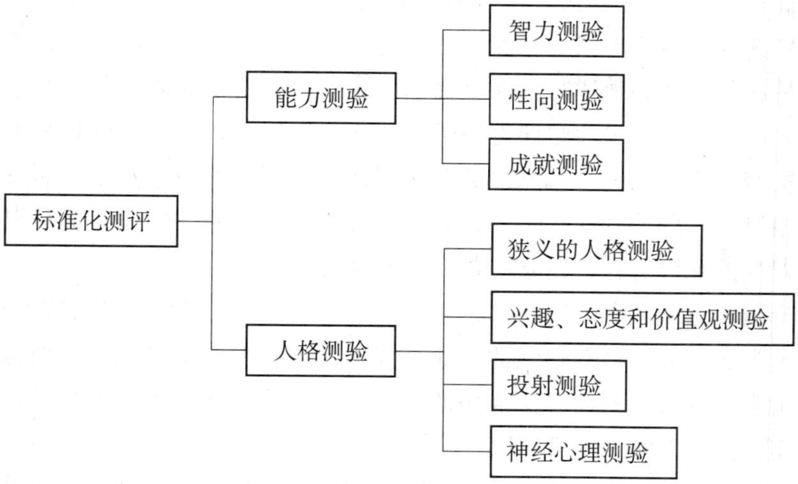

图 1－1　标准化测验分类

1.5　人才测评的实施

1.5.1　测评目的与方案的确定

1. 明确测评目的

测评目的既是测评活动的起点，又是测评活动的归宿，测评的内容、标准、方式、方法都是为测评目的服务的。所以，开展测评的首要任务就是要明确测评目的。

在管理实践中，进行人才测评的目的是多种多样的。

（1）选拔性测评。为了从现有员工中选拔部分员工充实到高一层次的管理岗位，或从学校或社会上招募新员工，此类测评称为选拔性测评。测评的目的就是准确地预测哪些人适合新的职位或工作，并预测其在新的岗位上取得成功的可能性。

（2）发展性测评。为了对现有岗位人员的能力与素质水平进行盘点，此类测评称为发展性测评。测评的目的就是摸清现有员工队伍的能力素质情况，寻找差距，为后续的培训与发展工作提供指引。

（3）诊断性测评。为了了解本单位人员的安排分工与使用是否合理，每个人是否处于能够充分展示他们才能的位置，做到人尽其才，才尽其用，并根据测评结果对人员进行调整，尽可能发挥现有人员的潜力，此类测评称为诊断性测评。

当然各种测评目的之间也并非完全独立，在一定条件下某些测评要素的结果也可用于多种目的。无论如何，明确测评目的是做好测评工作的首要环节，也是测评成功的基础。

2. 制订测评方案

明确了测评目的之后，就要据此制订切实可行的测评方案，主要回答测什么、用什么方法测、如何组织测评活动这几个关键问题。

（1）确定测评内容。现代人才测评的内容主要分为德、智、能、绩、体及心理素质等，但并非每次测评都必须进行如此全面的考察，而是要根据测评目的有重点、有针对性地选择。一般而言，选拔性测评更注重候选人的知识、技能、动机和基本素质等具有较强预测性的测评要素；诊断性测评更关注测评对象现实的绩效水平；而发展性测评通常聚焦于考察测评对象的胜任水平。因此，制订测评方案的首要任务就是根据测评目的选择最有针对性的测评内容，建立一套结构化的测评指标体系。

（2）选择测评方法。由于测评方法多种多样，每种方法都有自身的特点和适用范围，因此选择合适的测评方法具有很强的专业性要求，一般需要由受过专门训练的人员来完成，切忌因随意选取造成测评方法滥用的情况。同时，在选择测评方法时，要考虑到实际的测评环境、测评对象人数规模以及测评成本耗费等方面的因素。

（3）编制测评计划。测评计划就是对某一测评活动进行总体设计、部署与安排，一份规范的测评计划至少要包括以下内容：

1）测评的目的与性质。

2）测评对象。确定范围和人数以及具体的人员名单。

3）测评内容与标准。应以分解后的测评要素表示出来。

4）测评方式与方法。应与测评要素相对应，可用表格形式呈现。

5）测评的组织管理。包括机构名称、负责人、测评人员和工作人员的名单以及各自的工作职责。

6）测评的实施流程。包括测评前有关材料的准备、场地的布置以及测评人员和测评对象的动员与培训，测评对象、内容、方式与方法实施的先后顺序，以及对测评结果的分析处理等。

7）测评活动的日程安排。

8）注意事项。交代有关未曾预料的事件的处理原则、方式和方法，以及在实施过程中应注意的一些问题。

编制测评计划是一项专业性强、难度大的工作，特别是大规模的、社会性的测评，如公务员考试涉及的人与事十分广泛，而且相互之间的关系十分复杂。所以，编制测评计划时必须做到细致周密、职责分明、科学可行。细致周密是指要充分考虑各因素、部分及人员之间的相互联系和协调，切不可出现相互矛盾、混乱的局面。职责分明是指对参与测评活动的所有人员的工作任务、责任、标准、完成时间以及相互之间的分工与合作都做出明确规定。科学可行是指测评设计既要符合测评的科学原则与方法，又要充分考虑实际情况，做到既符合科学标准又切实可行。

测评计划一旦确定，就必须严格执行。测评牵涉的面很广，每一个环节的失误或耽搁都会影响测评计划和目标的实现，因此，所有参与测评的人员都必须按时保质保量地完成各自的工作任务，不得拖延。若在执行计划的过程中出现了未曾预料的问题，应及时向测评的组织者反映，以便迅速采取措施。

1.5.2 测评工具的选择与组合

测评实践的目的、方式、地域、时间、对象等差异导致可直接利用或借助的测评工具有限，因此，选择或研制针对特定目的和对象的测评工具是人才测评设计重要的基础性工作。按照被测者的职务层次，人才测评可分为四种类型，即一般职员、基层管理人员、中层管理人员和高层管理人员。

1. 适用于一般职员的测评设计

一般职员通常是指组织中基层的生产、服务、业务工作人员，他们所从事的工作任务量大，内容单一。虽然一般职员负责组织相对底层、简单的工作，但作为组织正常运作的基础，他们的素质和工作水平对组织绩效有直接的影响。

对于一般职员而言，其胜任特征主要包括个性特征、与岗位相关的专业技能、一般能力和心理健康状况等。图1-2是高校辅导员的胜任素质模型。

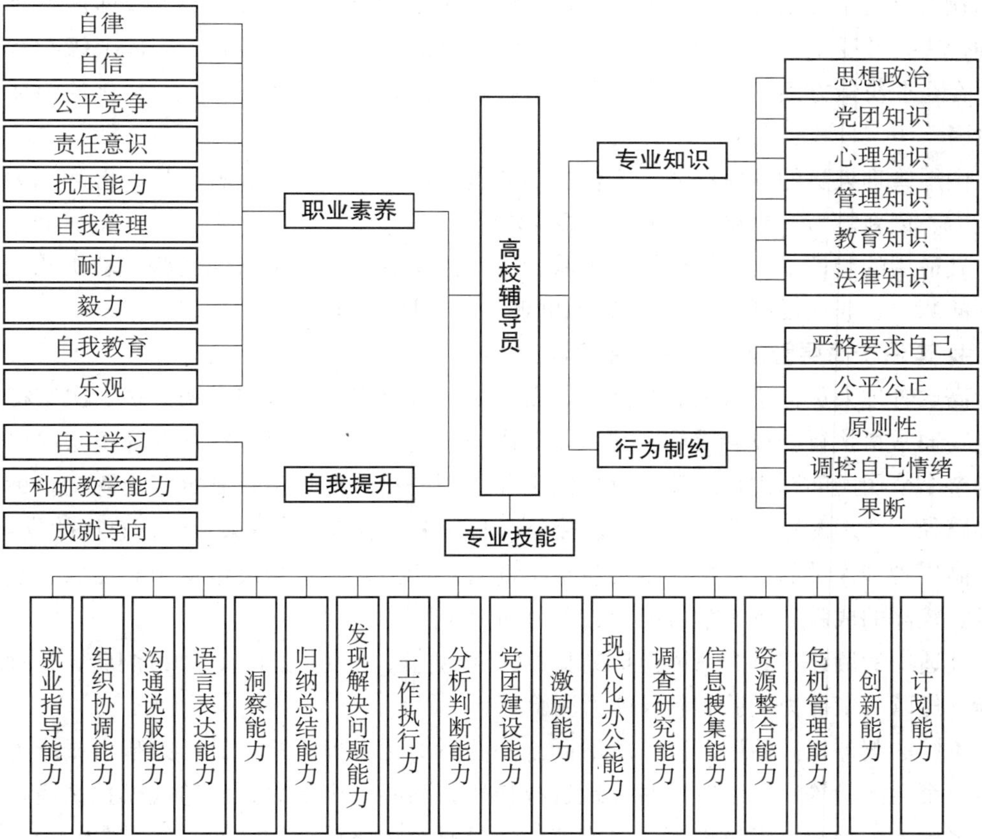

图1-2　高校辅导员胜任素质模型

其适用的测评工具为职业锚测验、知识技能测验、动机测验、YG性格测验、SCL90测验、霍兰德职业兴趣与价值观测验、投射测验和卡特尔16PF测验。

2. 适用于基层管理人员的测评设计

基层管理人员也称一线管理者，是指管理一线人员的管理者，如领班、组长、工头等。其主要职责是传达上级的计划、指示，直接给每一个成员分配生产任务或工作任务，随时协调下属的活动，控制工作进度，解答下属提出的问题，反映下属的要求。其工作好坏直接关系到组织计划能否落实，组织目标能否实现。

基层管理者的胜任特征主要包括计划执行能力、组织协调能力、信息收集能力、沟通能力、逻辑思辨能力、团队合作能力、问题解决能力、个人成熟度、责任心和创新与合规意识等。

其适用的测评工具为知识测验、技能测验、管理能力测验、"大五"人格测验、职业性向测验、动机测验、价值观测验、卡特尔 16PF 测验等。

3. 适用于中层管理人员的测评设计

中层管理人员处于企业组织架构的中层位置，在决策层与执行层之间起桥梁作用，是企业的中枢系统，决定着企业能否健康持续发展。

在人事关系方面，中层管理人员在上级面前是命令的执行者，在下级面前是企业形象的代表，并受上司委托管理某一部门，与其他部门经理互相配合，完成上级布置的任务；在企业决策方面，中层管理人员是情报的提供者和支持者，是企业文化的传播者和建设者。

中层管理人员的胜任特征主要包括团队管理能力、较高的成就动机、人际能力、学习能力、创新能力、战略决策能力和组织承诺。

其适用的测评工具为管理能力测验、霍兰德职业兴趣与价值观测验、动机测验、职业性向测验、职业锚测验、卡特尔 16PF 测验和 DISC 测验等。

4. 适用于高层管理人员的测评设计

高层管理人员位于组织的最高层，需要对整个组织负责。在大型、多层次结构的公司中，通常指执行委员会成员。其具体工作一般包括：监督与解释外部环境状况以及就影响整个公司的问题进行决策；负责制定和规划公司战略目标、制定实现既定目标的战略和路径；合理配置资源、组织和监控公司业务正常运营，确保公司经营总体的成功。

高层管理人员的胜任特征主要包括工商管理能力、变革与决策意识和能力、创造性思维、较高的成就动机、学习能力、毅力和沟通能力。

其适用的测评工具为情境模拟测验、DISC 测验、价值观测验、动机测验、管理能力测验、经营决策能力测验和领导能力测验等。

不同的测评工具使用方法有所不同。一些标准化心理测验量表，如智力或能力倾向测验、个性测验等，可以有针对性地选择使用；某些评定量表、问卷或模拟情境，如公文筐测验、无领导小组讨论等可以借鉴，经过修改调整后使用；而一些有关知识、技能的测试试卷和面试试题以及某些评定量表等都必须自行设计、研制，才能满足具体测评的需求。

无论是选择标准化的心理测验，还是借助、改造、重新设计测评工具，都是一项专业性和技术性很强的工作，需要测评专家、心理测量专家以及长期进行人才测评实践的人员共同努力才能实现。因此，在人才测评实践中，这方面的工作一般交由专业的第三方测评机构代为操作，或在第三方专业机构的指导下完成。

1.5.3 测评的组织实施与控制

组织实施是在测评方案制订完成的基础上进行的。由于每次测评的方案并不完全相同，组织实施的具体任务和要求也就有所差异。总体而言，组织实施阶段应完成以下工作和任务：

1. 根据测评方案，制定测评实施细则

由于测评方案是一个总体性、原则性的计划，从计划到实施有较长的间隔时间，其间可能会发生变化，因此，许多具体的、细节性的内容不可能在测评计划中一一列出。而实施细则应提出具体的任务分工、时间安排及可操作的标准要求等，便于实施时掌握、操作和运用，因此制定实施细则要考虑到具体情况的变化等实际因素，力求细致严密、简便明了，便于操作。

2. 测评前准备

测评前准备包括测评材料、工具、场地、人员和经费的准备。测评场地的选择、布置要适合测评方式与方法的要求以及不同测评对象的特点，要求光线明亮、通风性好、安静等。人员的准备主要是确立测评对象和测评人员，并将要求等通知到位，做好宣传动员工作。经费的准备是指根据预算筹措足够的测评经费，以保证测评活动的圆满完成。

3. 人员培训

人员培训包括三方面：测评对象、测评人员和管理人员。培训的目标是要提高他们对测评意义的认识，明确各自的任务、职责和要求。对这三方面人员的培训应分别进行，直到他们都达到培训目标，否则，难以达到预期的测评目的。

4. 组织测评人员

由于现代人才测评的方式方法多样，有个别测评，也有团体测评，测评场地也不固定，为了使测评活动能够有步骤、按计划地顺利进行，就要对参与测评的人员进行合理的组织、安排，使各个环节良好衔接。

5. 实施测评

实施测评是指进行具体的心理测验、笔试、机试、情境模拟或评定等。在进行这些具体的测评活动时，必须按活动自身的规律和要求进行。

6. 保存测评工具、资料和器材等物品

对测评工具、资料、器材和一些阶段性的测评数据与结果进行科学的保存和维护是组织实施阶段的重要任务之一。安全保密是对测评工具、资料、结果及器材管理的基本要求。应该选派责任心强、有看管能力的人进行管理，选择安全可靠、不易被他人察觉的场地存放。

1.5.4 测评的结果处理及报告撰写

处理结果阶段的主要任务是汇总、分析、整理由各种测评工作、方法所获得的测评要素的数据资料，并对测评对象做出最终的总体性评价，同时对整个测评活动过程的质量进行评价。

处理测评结果时要根据测评目的和待处理资料的性质、类型和特点来选择恰当的方法。随着现代科学的发展，测评的方法更加复杂，处理测评结果时应用的数理统计分析也更复杂，只有采用正确的方法，才能达到目的。

在对测评信息的分析整理中，要坚持定量方法与定性方法相结合的原则。定量分析的目的是为定性分析提供更准确、科学、有效的资料，定性分析是对定量分析结果的综合、整理和提高，二者不可偏废，必须有机结合，才能产生最佳效果。在进行定性分析时，采用集体讨论的方式能较好地避免先入为主、个人成见和认识局限等主观因素的影响，使结论更为客观、准确①。

结果处理完成后要进行测评报告的撰写。测评报告的功能与对象决定测评报告的结构。除整体报告以外，其他针对个人的测评报告的结构基本相同，一般包含如下主要内容：

1. 基本信息

测评报告的基本信息包括：被测者姓名、编号、申请职位或现任职位，以及对测评活动的说明。测评活动的说明包括测评的背景信息、测评目的、测评指标、测评方法等。

2. 被测者的表现及结果

考官向被测者或其主管汇报被测者在每个测试项目中的表现及结果，用量化指标与定性指标呈现，还可以将被测者的成绩与其他被测者的成绩进行比较，以反映被测者的个性特点。

3. 胜任特征定量评价

有的企业建立了科学的胜任特征体系，并总结提炼出了企业全员、职系与岗位的胜任特征模型。在岗位的胜任特征模型中对任职者在每个素质维度上的等级进行明确规定，并且每个素质的等级都是通过具体的行为语言进行表述的。这就为考官对被测者每个维度的行为表现进行定量评价提供了可能。在这一环节，考官可以将被测者每个维度的行为等级与岗位胜任特征模型进行直观比较，以更加直观地发现被测者与岗位的匹配程度。

4. 主要优缺点

这是对被测者进行综合性评价的部分。考官在这一环节根据被测者在各个测试项目和关键维度中的表现，结合岗位素质标准对被测者进行以信息整合为基础的概括性分析。通过考官的整合，概括出被测者相对于岗位素质标准而言存在的优点与缺点。被测者主要的优点与缺点要分别罗列出来，并按照“重要—不重要”的顺序进行合理的

① 寇家伦．人才测评．北京：中国发展出版社，2006：340－345.

排序。

5. 面试官建议

报告撰写人在上述综合分析的基础上对被测者提出建议。面试官的建议可以分为推荐建议、工作建议与学习建议。推荐建议分为四个等级：非常合适、比较合适、一般、不太合适。工作建议是面试官对被测者在工作过程中应该注意的问题的提示。学习建议是面试官在对被测者的优缺点进行概括的基础上，就被测者近期和长期的学习目标和学习内容、学习方法提出的意见。

专栏　某公司推荐人才测评报告

一、基本信息

姓名	性别	年龄	部门	职位
×××	×	××	××部	××岗

二、笔试部分

	笔试一	笔试二	笔试三	笔试总分	笔试排名
笔试（分）	77	44	94	73.8	35

三、面试部分

	面试第一轮	面试第二轮	面试总分	面试排名
面试（分）	64.15	75.59	69.87	107

四、测验部分

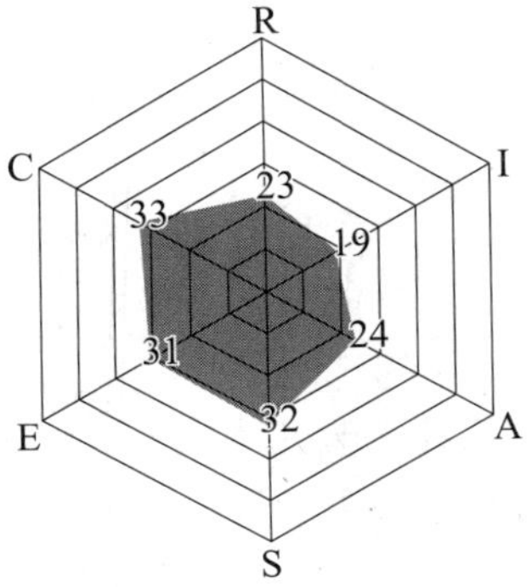

霍兰德职业兴趣测验

五、综合评价

1. 言行举止有风度，友好，符合礼节；谨慎、实际、稳重；喜欢自由、民主，接纳新事物的能力较强；自立自强，当机立断，通常能够独立完成自己的工作计划，不依赖别人，也无意控制或支配别人；文字综合能力突出。

2. 言语理解和逻辑思辨能力较弱，对问题的关注度和聚焦能力有待进一步提升。

因素	原始分	标准分	低分特征	标准分 1 2 3 4 5 6 7 8 9 10	高分特征
乐群性	8	5	缄默、孤独		乐群、外向
聪慧性	8	6	迟钝、学识浅薄		智慧、富有才识
稳定性	18	7	情绪激动		情绪稳定
恃强性	14	7	谦虚顺从		好强固执
兴奋性	19	10	严肃谨慎		轻松、兴奋
有恒性	16	7	权宜敷衍		有恒、负责
敢为性	14	7	畏缩退却		冒险敢为
敏感性	12	6	理智、着重实际		敏感、感情用事
怀疑性	8	4	信赖随和		怀疑、刚愎
幻想性	12	5	现实、合乎成规		幻想、狂放不羁
世故性	8	5	坦白直率、天真		精明能干、世故
忧虑性	8	4	安详沉着、自信		忧虑抑郁、烦恼
实验性	14	8	保守、附庸传统		自由、批评激进
独立性	17	8	依赖、随群附众		自主、当机立断
自律性	14	6	矛盾冲突、不识大体		知己知彼、自律严谨
紧张性	6	3	心平气和		紧张、困扰

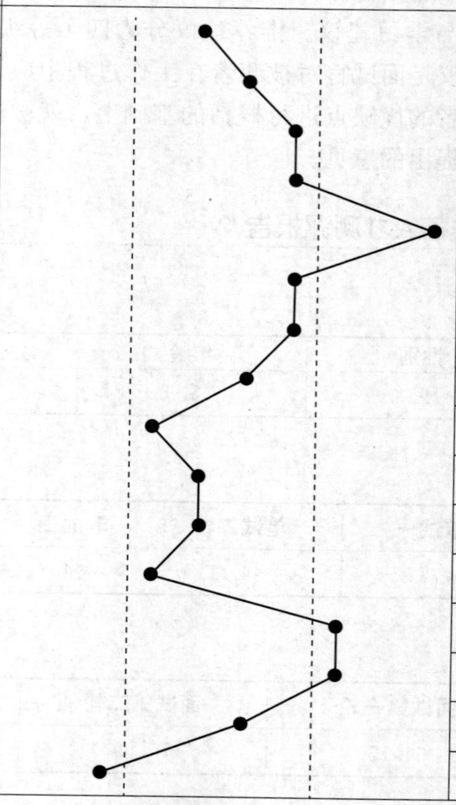

卡特尔 16PF 测验

六、 聘用建议

请慎重考虑是否聘用。

□复习思考题

1. 为什么要进行人才测评？
2. 人才测评的特点是什么？
3. 按照测评对象可以将人才测评分为几类？
4. 进行人才测评需要经过哪些步骤？

第 2 章

人才测评的基础

| 学习内容 |

- 人才测评的心理学、管理学、统计学、测量学、计算机技术基础
- 人才测评的人性假设理论、工作分析理论、匹配理论、胜任要素理论基础

| 学习目标 |

- 了解人才测评的学科基础
- 掌握人性假设理论的基本思想
- 掌握工作分析理论的基本思想
- 掌握匹配理论的基本思想
- 掌握胜任力以及胜任特征的具体含义

引导案例

优衣库面临的人才问题

2015 年，全球服装产业增长 2.15%，盈利超过 5 000 亿美元，与 2014 年基本持平。在未来 3～5 年内，快时尚产品的销售增长将翻番。这意味着制造企业需要好的技术和熟练的劳动力，以满足快速变化的消费品位。同时，提升利润率依然是全球品牌和零售商面临的一大挑战。尤其在发达国家，随着经济增长的乏力，日益激烈的竞争和不断下降的消费力导致品牌利润率有所下降。

纺织服装业是较典型的劳动密集型产业，高效率、低成本是纺织服装业持续追求的目标。在技术革命的推动下，全球纺织服装产业结构调整的步伐加快，生产组织方式不断变革，使得国际服装品牌商更加注重将服装生产的业务模块进行全球化分工。

为了真正落实国际化品牌策略，优衣库持续在全球开设大型店铺，至今已在日本、澳大利亚、比利时、中国、法国、德国、印度尼西亚、马来西亚、菲律宾、俄罗斯、新

加坡、韩国、泰国、英国和美国等市场开设了超过1 700家店铺。

随着互联网的崛起，竞争激烈的零售行业受到电子商务等商业形态的挑战。在快速发展的过程中，优衣库始终秉持“Life Wear”（服适人生）的品牌精神，让消费者尽情享受精彩的生活。为了实现企业战略目标，优衣库采取了以下主要策略：完成全球化的战略举措，为企业实施“Global One”“全员经营”策略奠定基础；借助数字化的力量成为世界的领跑者；明确各商品的本质，为成为国际品牌奠定基础，把公司建设成具有战斗力和凝聚力的全球型企业；通过低成本经营使所有事业部的营业利润率达到15%，成为高成长、高收益企业。

在这种形势下，优衣库也面临着较大的人才管理挑战，主要体现在：

(1) 总部无法统一管控各门店的招聘，无法整体地统计和分析招聘数据。招聘业务目前以线下为主，各门店招聘各自为政，没有形成协作与人才共享。大部分简历由线下门店收取。

(2) 没有企业人才库，无法进行门店之间的人才分享，造成了潜在人才流失。

(3) 校园招聘工作量极大，在时间安排和招聘管理上有很大挑战。

(4) 招聘的效率仍有提升的余地，可以进一步降低招聘成本，进而实现低成本经营目的。

(5) 各门店需进一步对人员进行管理和培训，以达到“追求完美的卖场”的企业理念。

为此，优衣库不断深化与外部渠道的合作，通过电子化、大数据化、互联网化，建立系统化、标准化、简单化的人力资源管理模型和体系，提高了HR的效能和管理水平。为了保障项目的顺利推进，优衣库采取了分步走策略，即先优化校园招聘流程，提高校招的效率，再推进社会招聘。

思考题

1. 人才管理是否应该以人才测评为先导？
2. 招聘的岗位如何与需要的人才相匹配？

2.1 人才测评的学科基础

人才测评技术是建立在心理学、管理学、统计学、测量学与计算机技术等学科基础上的一种综合方法体系，其目的是对人才的德、智、能、绩等进行客观评价，甄选合适的人才，提高工作效率，追求人与事的有效配合。

2.1.1 心理学基础

心理学是一门研究人的心理特征及其发展规律的科学，研究内容包括意识、感觉、知觉、思维、动机与情绪、人格、态度、智力等。心理学在几千年的发展过程中逐渐形成了许多学派，如认知心理学派、人本主义心理学派等。心理学的发展不仅直接推动了心理评估等人才测评内容与技术方法的发展，其丰富的理论研究成果更为现代人才测评提供了坚实的理论基础。

1. 认知心理学

认知心理学是一门研究认知及行为背后的心智处理（包括思维、决定、推理和一些动机和情感的程度）的心理学科。认知心理学包含了心理过程的所有内容——从感觉到知觉、模式识别、注意、意识、学习、记忆、概念形成、思维、表象、语言、智力、情绪以及所有这些方面在人的一生中如何发展变化，并贯穿行为的各个领域。认知心理学家关注人类行为基础的心理机制，其核心是输入和输出之间发生的内部心理过程。但是人们不能直接观察内部心理过程，只能通过观察输入和输出的东西来加以推测，所以，认知心理学家所用的方法就是从可观察到的现象来推测观察不到的心理过程。认知心理学有广义和狭义之分，广义上的认知心理学包括构造主义心理学、心理主义心理学和信息加工心理学，狭义上的认知心理学就是信息加工心理学，它用信息加工等观点研究人接受、存储和运用信息的认知过程，包括对知觉、注意、记忆、心象（表象）、思维和语言的研究。认知心理学认为心理、身体与行为之间存在相互作用，为人才测评提供了较为系统的内容结构。

2. 人本主义心理学

人本主义心理学派强调人的尊严、价值、创造力和自我实现，把人的本性的自我实现归结为潜能的发挥，而潜能是一种类似本能的性质。人本主义心理学派最大的贡献是看到了人的心理与人的本质的一致性，主张必须从人的本性出发研究人的心理。该学派的主要代表人物是马斯洛和罗杰斯。马斯洛对人类的基本需要进行了研究和分类，将之与动物的本能加以区别，提出人的需要是分层次发展的；他按照追求目标和满足对象的不同把人的各种需要从低到高安排在一个层次序列的系统中，最低级的需要是生理需要，这是人要优先满足的需要。罗杰斯在心理治疗实践和心理学理论研究中发展出了人格的“自我理论”，并倡导“患者中心疗法”的心理治疗方法。人类有一种天生的“自我实现”的动机，即一个人发展、扩充和成熟的趋力，它是一个人最大限度地发挥自身各种潜能的趋向。人本主义理论的发展以及由此产生的人本主义管理思想为人才测评技术的发展提供了科学的理论基础和实践指导。人才测评中对人的需要、动机、人格特质的关注很大程度上源于认识人和关心人本身的需求。

3. 心理测量学

心理测量学是运用统计学的理论与方法，以测量心理变数为中心课题的一门学科。其内容相当广泛，包括探讨心理测量的理论基础、编制心理测验的科学方法，是以测验为工具，对人的内部心理活动和个性特质进行测量、研究、分析的一门专门学科。这些内容大部分与人才测评联系密切①。例如，评价员工小王“是一位工作努力、深具潜力的有为青年”。这个评价相当主观且有些含混不清，因为“工作努力”“深具潜力”“有为”均难以界定，若改从智力、态度、能力等心理变量方面进行测评，根据测评结果加以评

① 张厚粲，龚耀先．心理测量学．杭州：浙江教育出版社，2012：5.

定（如1代表低劣……5代表优秀），测得小王的态度为5、智力为4、能力为5，这样对于小王的了解就会比较清楚而且客观。总之，心理测量是人才测评的重要组成部分和主要手段，通过科学、客观、标准的测量方法对人的智力、能力、性格、气质、职业兴趣和发展潜力等方面的素质进行分析和评价，为人才选拔、录用、培养和配置以及个人的职业选择提供了重要的参考①。

2.1.2 管理学基础

管理学在发展初期就提出了识别与评估人才的内在需求，人才测评是管理学的重要研究内容之一。人才测评涉及的理论知识有组织战略理论、权变理论、组织文化理论及中松义郎的目标一致理论。

1. 组织战略理论

（1）核心能力理论。核心能力是指所有能力中最核心、最根本的部分，它可以通过向外辐射作用于其他能力，影响其他能力的发挥。

一般地，核心能力包括以下特征：

1）核心能力可以使企业进入各种相关市场参与竞争；

2）核心能力能够使企业具有一定程度的竞争优势；

3）核心能力不会轻易被竞争对手模仿。

核心能力理论认为，现代市场的竞争是基于核心能力的竞争，企业的战略目标在于识别和开发竞争对手难以模仿的核心能力，保持独特优势。

（2）战略资源理论。战略资源理论认为，企业管理的目标在于培养企业独特的战略资源，并优化这种资源。企业独特的战略资源和运用这种资源的能力的差异，就是企业竞争优势的源泉。因此，企业竞争战略的选择必须最大限度地有利于培植和发展企业的战略资源，而战略管理的主要工作就是培育和发展企业对自身拥有的战略资源的独特的运用能力，即核心能力。

以上理论最终强调的都是组织的核心竞争力。组织在开展人才测评工作时，将组织的核心竞争力转化为员工的胜任力是一项重要的工作，只有制定与组织战略相适应的人才标准并按照这一标准选拔、培养与使用人才，才能最终保证组织核心竞争力的实现。

2. 权变理论

权变理论的中心思想是：

（1）组织是社会大系统中的一个开放的子系统，受环境的影响，因此，必须根据组织在社会大系统中的处境和作用，采取相应的组织管理措施，从而保持对环境的最佳适应。

（2）组织的活动是在不断变动的条件下以反馈形式趋向组织目标的过程，因此，必须根据组织的近远期目标以及当时的条件，采取依势而行的管理方式。

（3）管理的功效体现在管理活动和组织各要素相互作用的过程中，因此，必须根据

① 张厚粲，刘远我．试论我国人才测评事业的发展．心理学探新，1999，(1)：48-53.

组织各要素的关系类型及各要素与管理活动间相互作用时的一定函数关系来确定不同的管理方式。

权变理论的核心是世界上没有一成不变的管理模式。管理与其说是一门理论，不如说是一门实操性很强的技术；与其说是一门科学，不如说是一门艺术，而权变理论就体现出了其艺术性。管理者应不断调整自己，适应外界变化，或把自己放到合适的环境中。

权变理论提示我们，在设置组织用人标准时，应根据组织不同的发展阶段、不同的战略、不同的竞争环境、不同的部门等因素进行调整，以满足企业发展的需求。

3. 组织文化理论

组织文化，也称企业文化，是组织由其价值观、信念、仪式、处理方式等组成的特有的文化形象，是组织全体员工在长期发展过程中培养出的被全体员工共同遵守的最高目标、价值体系、基本信念及行为规范的总和。组织文化是对组织的管理理念、管理过程和长期业绩关系的一次审视，其核心是组织的精神和价值观。

组织文化建设与企业的人力资源管理相结合，才能将核心价值观与具体的管理行为相结合，真正得到员工的认同，并由员工的行为传达到外界，形成在企业内外部获得广泛认同的企业文化，真正树立公司形象。

首先，将企业的价值观等文化要素与用人标准结合。这要求企业在招聘面试中分析人的性格特点及价值观，将之与面试要求和标准进行对照，将不合格的人排除在企业的大门之外，而选择对本企业文化认同较高的人员，保证企业招收适合本企业文化的人。

其次，企业文化的要求要融入员工的考核与评价。大部分企业在评价员工时，以业绩指标为主。即使有些企业提出道德的考核，但对内容缺乏解释，也缺乏具体量化的描述，导致考核评价时每个人根据自己的理解进行，并未起到深化企业价值观的作用。在考核体系内，要将企业价值观的内容引入，作为多元考核指标的一部分。其中对企业价值观的解释要通过各种行为规范来进行，通过鼓励或反对某种行为达到诠释企业价值观的目的。

4. 中松义郎的目标一致理论

中松义郎的目标一致理论指的是处于群体中的个人，只有在个体方向与群体方向一致的时候，个体的能力才会得到充分发挥，群体的整体能力水平也才会最大化。该理论认为激励是强化与组织目标相契合的个人行为，即引导个人行为最大限度地开发和运用以达到实现组织目标的目的。图 2-1 是中松义郎在其著作《人际关系方程式》中提出的激励关系方程式，它直接清晰地表述了激励过程中个人行为与组织目标之间的基本关系。

图中，F_{max}表示一个人潜在的最大能力；F 表示一个人实际发挥的能力；θ 表示个人目标与组织目标的一致性（夹角）。三者之间的关系可表达为：

$$F=F_{max}\cdot\cos\theta$$

目标一致理论告诉我们，当个人努力方向与组织目标一致时，个人的潜在能力得到最大限度的运用，激励效果最大。

当个人努力方向与组织目标不一致时，企业应从以下四方面进行调整：

（1）组织目标应符合胜任素质模型。组织目标应与该行业员工的胜任素质模型相匹配，以使员工的个人目标与组织目标基本相符。

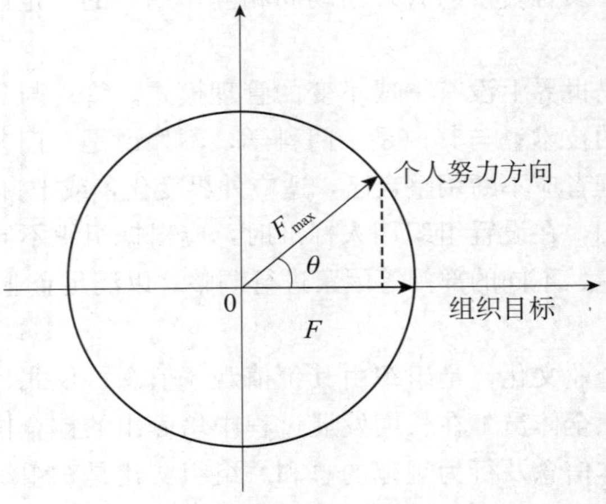

图 2-1　激励关系方程式

（2）使个人成长目标与组织目标一致。在绩效考核和晋升方面，要具有充分的客观性，以个人能力、业绩、工作水平作为提升的标准，建立公开透明的晋升机制，降低主观因素的影响；在培训方面，要重视培训带来的影响，完善培训机制，引导个人向组织靠拢。

（3）完善薪酬福利体系。个人目标与组织目标不一致，很可能是因为“质价不符”。只有完善薪酬体系，强化激励机制，实现效用最大化，才能让员工产生安全感、自信心和工作热情，提高工作效率。

（4）进行人才流动。如果无法使员工的努力方向与组织目标一致，应促进人才流动。员工应寻找与个人目标较一致的公司，从而达到更高的工作效率。

人才测评的目的从控制个人转变为寻求组织与个人的共同发展，即组织有收益，员工有成长。这不仅在管理学界是极大进步，也促进了人才测评的规范化、科学化发展。

2.1.3　统计学基础

人才测评发展的历史证明，科学的人才测评离不开科学实验或调查，而人才测评实验或调查又必然要面临处理数据资料的问题。例如：怎样收集资料才能使数据最有意义、最能反映所研究的课题；采用什么方法整理和分析所得数据，才能最大限度地显现这些数据所反映的信息，从而对实验或测评结果做出科学的解释；怎样才能从所得局部结果推论到总体，做出一般规律性的科学结论；等等。要解决这些问题就必须依靠科学的统计方法。人才测评中运用到的统计学主要包括描述统计和推断统计。下面将从统计学的基础概念、描述统计与推断统计三个方面来介绍与人才测评有关的统计学知识。

1. 基础概念

（1）随机现象与概率。随机现象与概率在统计学中是十分重要的概念，统计学中的参数估计与假设检验都要以此为基础。随机现象是指在一定条件下，在个别试验或观察中呈现出不确定性，但在大量重复试验或观察中其结果又具有一定规律性的现象。例如，掷一枚骰子，可能出现 1～6 这 6 个数字；在同一工艺条件下生产出的灯泡，其寿命长短参差不齐；等等。

表示随机事件发生的可能性大小的数，叫做该事件的概率。例如，连续多次掷一枚均匀的骰子，出现数字 1 的频率随着投掷次数的增加逐渐趋向于 1/6。

（2）样本与总体。总体是我们需要研究的对象的全部，它是指客观存在的在同一性质基础上结合起来的许多个别单位的整体，构成总体的个别单位称为总体单位。由于总体所包含的数目往往很多，全部调查需要耗费大量人力、物力，因此我们需要对总体进行抽样，根据总体的一部分来对总体进行推测。样本是指为了研究总体而从总体中抽取的一部分个体。例如，为了考察某校学生参加课外体育活动的情况，调查了其中 20 名学生每天参加课外体育活动的事件，其中该校学生每天参加课外体育活动时间的全体是总体，每个学生参加课外体育活动的时间是个体，所抽查的 20 名学生每天参加课外体育活动的时间是从总体中抽取的一个样本。

（3）样本量与抽样方法。样本量是指从总体中抽取的样本所包含的个体数目，它的确定会直接影响抽样效果。在抽样调查及推断中，一般是以样本指标（如样本均值、比例、方差及抽样平均误差）作为推断总体指标的基本依据，如果样本容量过少，就会降低样本对总体的代表性，从而降低抽样估计的效果。另外，样本容量多少又关系到抽样的经济效益。如果样本容量过多，那么调查中必然增加人财物力的耗费，造成一些不必要的浪费。因此，确定样本容量的多少，应从抽样效果和费用两方面考虑。我们可以根据不同的需要采取不同的抽样方法。抽样过程中常用的方法主要有简单随机抽样、分层抽样、系统抽样。

简单随机抽样分为重复抽样和不重复抽样。在重复抽样中，每次抽中的单位仍放回总体，样本中的单位可能不止一次被抽中；在不重复抽样中，抽中的单位不再放回总体，样本中的单位只能被抽中一次。

分层抽样指先依据一种或几种特征将总体分为若干个子总体，每一子总体称为一个层；然后从每层中随机抽取一个子样本，这些子样本合起来就是总体的样本。总体中用于进行分层（也指分组）的变量为分层变量，理想的分层变量是调查中要加以测量的变量或与其高度相关的变量。分层的原则是增加层内的同质性和层间的异质性。常见的分层变量有性别、年龄、受教育程度、职业等。在同等样本容量的基础上，它比简单抽样的精度高，此外它还有管理方便、费用少、效度高等优点。

系统抽样又称等距抽样，它是简单随机抽样的变种，进行系统抽样时，先将总体从 1 到 N 相继编号，并计算抽样距离 $K=N/n$（式中 N 为总体单位总数，n 为样本总量）然后在 $1 \sim K$ 中抽一个随机数 K_1 作为样本的第一个单位，接着取 K_1+K，K_1+2K，…，直至抽够 n 个单位为止。系统抽样要防止周期性偏差，因为它会降低样本的代表性。

（4）数据类型。在统计中，常常是针对数据所呈现的特征进行分析，最后证实或推翻先前的推论。在做数据分析前，首先要对数据的类型进行划分。统计数据主要有四种类型，分别是类别数据、顺序数据、等距数据和等比数据。

类别数据是指按照现象的某种属性对其进行分类或分组而得到的反映事物类型的数据。它是这四种数据中计量层次最低、最粗略的一种。它只能对事物进行平行的分类和分组，其数据表现为“类别”，但各类之间无法进行比较。例如，按照性别将人口分为男、女两类；按照经济性质将企业分为国有、集体、私营、其他经济等。

顺序数据的数据表现也是“类别”，但它可以反映个体间的等级差别，并对各个等级进行排序。例如，将产品分为一等品、二等品、三等品、次品等。

等距数据是对个体类别或次序之间间距进行测度的一种结果，它不仅能将事物分为不同类型并进行排序，而且可以准确地指出类别之间的差距是多少。它可以进行加减运算，但不能进行乘除运算。它的零点是相对零点，即零点是人为设定而非客观存在的。如温度里0℃是水结冰的温度，这个零点就是人为规定的，而华氏度里设定的零点（0℉）便和摄氏度不同。

等比数据是对个体数量特征绝对量大小进行测度的结果，它除了能区分类别、排序、比较大小、求出大小差异、可进行加减运算之外，还可以进行乘除运算，具有绝对零点，该零点是客观存在而非人为设定的，即“0”表示“没有”或“不存在”。如企业利润、职工人数、银行存款等。

2. 描述统计

描述统计主要研究如何将试验或测验得到的大量数据简缩成有代表性的数字，使其能客观全面地反映这组数据的全貌，将其所提供的信息充分显现出来，为进一步统计分析和推论提供可能。它是推断统计的基础。

描述统计的研究方法是通过绘制统计图表及计算各种统计量来描述一组数据的各方面特征，一般步骤为：对原始数据进行分类，制作出次数分布表及次数分布图并算出峰度，以偏度系数反映数据的分布特征；计算平均数、中数、众数等集中量数，以表示一组数据的集中趋势；计算全距、平均差、四分差、标准差或方差等差异量数，以表示一组数据的离散程度；计算相关系数、回归系数或回归方程，以反映两组变量变化之间的关系或一致程度。

（1）集中趋势。统计数据分布的特征一般可以从集中趋势和离散趋势两个方面进行测度和描述。

集中趋势指一组数据向某一中心值靠拢的倾向和程度，它反映了一组数据中心点的位置所在。测定集中趋势就是寻找数据一般水平的代表值或中心值。它是数据分布中最为重要的数量特征，能够揭示总体中众多变量值所围绕与集中的中心，是总体中的共性特征的反映。常用来测定集中趋势的特征量有数值平均数和位置平均数。

数值平均数指统计数列中任何一项数据的变动都将在一定程度上影响平均数结果，即根据所有变量值来计算的平均数，如算术平均数、几何平均数以及调和平均数。它根据全部数据计算而得，精确性较强，但抗干扰性较弱，容易受到异常值的影响。位置平均数通常不对数列中的所有数据进行计算，而是根据总体中处于特殊位置上的个别单位或部分单位的标志值来确定，如众数和中位数，它抗干扰性强，不易受到极端值的影响，但数据信息含量少，精确度较低。图2-2描述了集中趋势的几个衡量指标。

（2）离散趋势。离散趋势也称离中趋势，反映各变量值偏离其中心值的程度。它从另一个方面来说明总体的数据分布，进而描述总体的数量规律性。离散趋势的差异量数越大，说明总体中的个体的素质差异性越大。那么其集中趋势特征量所具有的代表性就

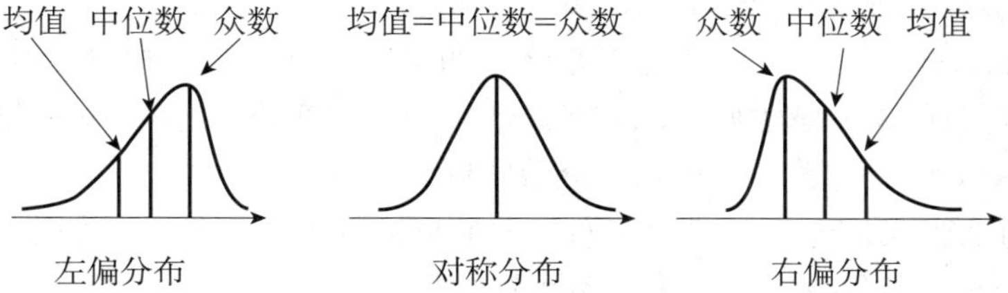

图 2-2　集中趋势衡量指标：众数、平均数、中位数

越差。离散趋势的常用度量指标有极差、平均差、方差、标准差、差异系数等。

(3) 正态分布。正态分布是在统计学中应用最广泛的一种连续性分布，也是最重要的一种概率分布。正态分布中的大部分观察结果都集中在平均水平（平均值）附近，随着对平均值的远离，偏离平均值的可能性下降得越来越快（呈指数下降），如图 2-3 所示。

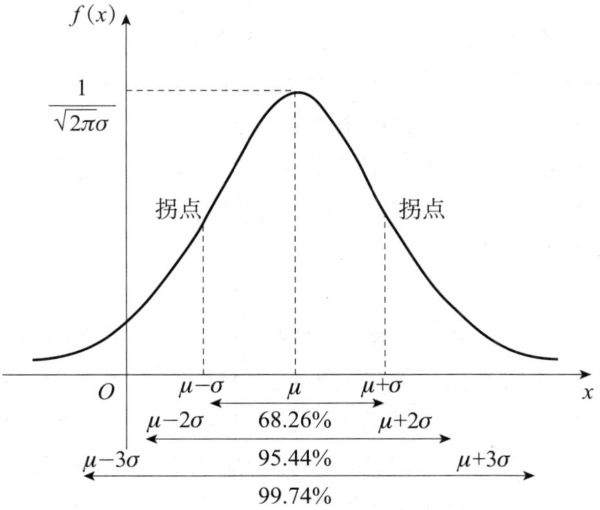

图 2-3　正态分布

在生产与科学实验中很多随机变量的概率分布都可以近似地用正态分布来描述，例如：同一种生物体的身长、体重等指标，同一种种子的质量，测量同一物体的误差，某个地区的年降水量，以及理想气体分子的速度分量等。正态分布是许多统计方法的理论基础。假设检验、方差分析、相关分析和回归分析等多种统计方法均要求分析的指标服从正态分布。同时，许多统计方法虽然不要求分析指标服从正态分布，但相应的统计量在大样本时应近似正态分布。

若随机变量 X 服从一个位置参数为 μ、尺度参数为 σ 的概率分布，且其概率密度函数为

$$f(x)=\frac{1}{\sqrt{2\pi}\sigma}\exp\left(-\frac{(x-\mu)^2}{2\sigma^2}\right)$$

则这个随机变量就称为正态随机变量，正态随机变量服从的分布就称为正态分布，记作 $X\sim N(\mu,\ \sigma^2)$。正态分布公式中有两个参数 μ 和 σ。第一个参数 μ 是服从正态分布的随机

变量的均值，第二个参数 σ 是此随机变量的标准差，σ^2 是其方差。

μ 是正态分布的位置参数，描述正态分布的集中趋势位置。概率规律为取与 μ 邻近的值的概率大，而取离 μ 越远的值的概率越小。正态分布以 $x=\mu$ 为对称轴，左右完全对称。正态分布的期望、均数、中位数、众数相同，均等于 μ。

σ 是正态分布的尺度参数，描述正态分布的离散程度，σ 越大，数据分布越分散，曲线越扁平；σ 越小，数据分布越集中，曲线越瘦高。

(4) 相关及相关系数。事物或现象之间的关系是错综复杂的，常见的有相关关系和因果关系。

相关关系是指客观现象存在的一种非确定的相互依存关系，事物之间是相关的，但它们之间的关系不能确定。相关关系中的自变量和因变量没有严格的区别，可以互换；因果关系是说明事物之间相互依存、互为因果的关系，它的自变量和因变量不能互换。很多时候我们会将相关关系误认为因果关系，实际上，两个变量之间存在相关关系不一定说明两者之间存在着因果关系。因果关系是指一个变量的存在一定会导致另一个变量的产生，而相关性是一个统计学概念，指一个变量变化时，另一个变量也会随之发生变化，但不能确定一个变量变化是不是另一个变量变化的原因。往往是因为两个变量都与另一个因果关系变量相关，而使得这两个变量相关。

变量之间相关程度的大小可用相关系数 r 来表示，取值范围为 $[-1, 1]$。$|r|$ 值越大，变量之间的线性相关程度越高；$|r|$ 值越接近 0，变量之间的线性相关程度越低。负数表示负相关，正数表示正相关。

3. 推断统计

推断统计是以描述统计为基础，解决由局部到全体的推断问题，即根据对样本统计量的计算分析，推论总体的特征。如果我们收集到的是总体数据，则经过描述统计之后就可以达到探索内在数量规律性的目的了。但如果我们所获得的数据只是研究总体的一部分数据，要探索到总体的数量规律性，就必须应用概率论并根据样本整理出的信息对总体做出科学的推断。显然，描述统计是整个统计学的基础和统计研究工作的起点，它为统计研究工作收集可靠的数据和有效的样本信息。而推断统计是现代统计学的核心和统计研究工作的关键环节，因为统计最终能否科学准确地探索到总体内在的数量规律性与选用何种统计量、选用什么推断方法、如何进行推断有着直接的关系。推断统计在实践中具有相当重要的意义。它既可以节省费用支出，又可以节省时间，是非常有效、实用、科学的统计方法。

推断统计一般包括总体参数的估计和假设检验两方面的内容，除此之外，还有方差分析、回归分析、因素分析等方法。

(1) 参数估计。参数估计是指利用从总体中抽取的随机样本，对总体分布中的未知参数做出估计的过程。它是推断统计的一种基本形式，分为点估计和区间估计。

1) 点估计。点估计是指用一个统计量来作为总体参数的估计量。点估计的优点在于它能够明确地估计总体参数，但一般该值不会等于总体参数的真值，我们无法知道它与真值的误差以及估计的可靠性如何。区间估计可以弥补这种不足。构造点估计常用的方法有矩估计法、最大似然估计法、最小二乘法和贝叶斯估计法。

2）区间估计。区间估计是依据抽取的样本，根据一定的正确度与精确度的要求，构造出适当的区间，作为总体分布的未知参数或参数的函数真值所在范围的估计。在区间估计中，需要寻找两个统计量 $\hat{\theta}_1$ 和 $\hat{\theta}_2$ 分别估计总体参数 θ 的下限和上限，使总体参数 θ 被包含在区间（$\hat{\theta}_1$，$\hat{\theta}_2$）内的概率为：

$$P(\hat{\theta}_1 < \theta < \hat{\theta}_2) = 1 - \alpha$$

α 为显著性水平，是事先给定的一个正数，$1-\alpha$ 就是区间（$\hat{\theta}_1$，$\hat{\theta}_2$）包含 θ 真值的概率，称为置信水平或置信度。因此区间（$\hat{\theta}_1$，$\hat{\theta}_2$）也称为参数 θ 的置信水平为 $1-\alpha$ 的置信区间，区间的边界称为置信限，$\hat{\theta}_1$ 称为置信下限，$\hat{\theta}_2$ 称为置信上限。

求置信区间常用的三种方法如下。

利用已知的抽样分布：例如，设 $x_1, x_2, \cdots, x_n$ 为从正态总体 $N(\mu, \sigma^2)$ 中抽出的样本，要作 μ 的区间估计，则服从自由度为 $n-1$ 的 t 分布。指定 $\alpha > 0$，找这个分布的上 $\alpha/2$ 分位数 $t_{\alpha/2}(n-1)$，则由此得到 μ 的一个置信系数为 $1-\alpha$ 的置信区间。

利用区间估计与假设检验的联系：设要作 θ 的置信系数为 $1-\alpha$ 的区间估计，对于任意 θ_0，考虑原假设为 $H_0: \theta = \theta_0$，备择假设为 $H_1: \theta \neq \theta_0$。设有一水平为 α 的检验，当样本 X 属于集合 $A(\theta_0)$ 时接受 H_0，若集合 $\{\theta_0: X \in A(\theta_0)\}$ 是一个区间，则它就是 θ 的一个置信区间，其置信系数为 $1-\alpha$。就上例而言，对假设 $H: \mu = \mu_0$ 的检验常用 t 检验：当时接受 $\mu = \mu_0$，集合即为区间。这正是前面确定的 μ 的置信区间。若要求 θ 的置信下限（或上限），则取原假设为 $\theta \leqslant \theta_0$（或 $\theta \geqslant \theta_0$），备择假设为 $\theta > \theta_0$（或 $\theta < \theta_0$），按照同样的方法可得到所要求的置信下（上）限。

利用大样本理论：例如，设 $x_1, x_2, \cdots, x_n$ 为抽自参数为 p 的二点分布的样本，当 $n \to \infty$ 时，依分布收敛于标准正态分布 $N(0, 1)$，以 $u_{\alpha/2}$ 记为 $N(0, 1)$ 的上 $\alpha/2$ 分位数。所以，可作为 p 的一个区间估计，上面的极限值 $1-\alpha$ 就定义为它的渐近置信系数。

评价置信区间的好坏有两个因素：一是精度，可以用区间的长度来刻画，长度越长，精度越低；二是置信度，样本容量固定时，当置信度增大，此时置信区间的长度变大，即置信区间的置信度越高，则精度越低，反之，精度越高则置信度越低。

（2）假设检验。假设检验是用来判断样本与样本、样本与总体的差异是由抽样误差引起还是本质差别造成的统计推断方法。它的基本原理是先对总体的特征做出某种假设，然后抽样，根据样本对接受还是拒绝假设进行判断。

它的基本思想是小概率事件原理，即小概率事件（概率很小的事件）在一次试验中几乎是不可能发生的。当对总体所做的某一假设成立时，事件 A 是一个小概率事件，那么按照小概率事件原理，在一次试验中事件 A 几乎是不可能发生的。现在进行一次试验，如果在这一试验中事件 A 竟然发生了，那么按照小概率事件原理这是不合理的，于是拒绝原假设。如果在这一试验中事件 A 没有发生，即没有出现不合理现象，这时就不能拒绝原假设。

假设检验的各种方法包括大样本检验法（又称 u 检验法）、小样本检验法（又称 t 检验法）、变异数分析法、回归分析法等等。

假设检验的步骤为：

1）提出检验假设（无效假设），符号是 H_0；备择假设的符号是 H_1。

H_0：样本与总体或样本与样本间的差异是抽样误差引起的

H_1：样本与总体或样本与样本间存在本质差异

预先设定的检验水准为 0.05；当检验假设为真，但被错误地拒绝的概率，记作 α，通常取 $\alpha=0.05$ 或 $\alpha=0.01$。

2）选定统计方法，由样本观测值按相应的公式计算出统计量的大小，如 X^2 值、t 值等。根据资料的类型和特点，可分别选用 z 检验、t 检验、秩和检验和卡方检验等。

3）根据统计量的大小及其分布确定检验假设成立的可能性 P 的大小并判断结果。若 $P>\alpha$，结论为按 α 所取水准不显著，不拒绝 H_0，即认为差别很可能是抽样误差造成的，在统计上不成立；如果 $P\leqslant\alpha$，结论为按 α 所取水准显著，拒绝 H_0，接受 H_1，则认为此差别不大可能仅由抽样误差所致，很可能是试验因素不同造成的，故在统计上成立。P 值的大小一般可通过查阅相应的界值表得到。

（3）方差分析。方差分析又称变异数分析或 F 检验，用于两个及两个以上样本均数差别的显著性检验。由于各种因素的影响，研究所得数据呈波动状。造成波动的原因可分为两类，一类是不可控的随机因素，另一类是研究中施加的对结果有影响的可控因素。方差分析主要有单因素方差分析和多因素方差分析两种。

1）单因素方差分析。单因素方差分析将观测变量总的误差大小的平方和即总平方和分解为组间平方和（组间误差的平方和）和组内平方和（组内误差的平方和）两部分，用数学形式表述为：

$$SST=SSA+SSE$$

式中，SST 为观测变量的总平方和；SSA 为组间平方和；SSE 为组内平方和。

通过比较观测变量总平方和各部分所占的比例，我们可以推断控制变量是否给观测变量带来了显著影响。

2）多因素方差分析。多因素方差分析与单因素方差分析的基本步骤相同，只是变异的分解方式不同。观测变量取值的变动会受到三个方面的影响：第一，控制变量独立作用的影响，指单个控制变量独立作用对观测变量的影响；第二，控制变量交互作用的影响，指多个控制变量相互搭配后对观测变量产生的影响；第三，随机因素的影响，主要指抽样误差带来的影响。基于上述原则，多因素方差分析将观测变量的总误差分解为（以两个控制变量 A、B 为例）：

$$SST=SSA+SSB+SSAB+SSE$$

式中，SST 为观测变量的总平方和；SSA、SSB 分别为控制变量 A、B 独立作用引起的误差平方和；$SSAB$ 为控制变量 A、B 两两交互作用引起的误差平方和；SSE 为随机因素引起的误差平方和。

同样地，我们可以通过比较观测变量总平方和各部分所占的比例，推断控制变量以及控制变量的交互作用是否给观测变量带来了显著影响。

（4）回归分析。在统计学中，回归分析指的是确定两种或两种以上变量间相互依赖的定量关系的一种统计分析方法。回归分析按照涉及的变量多少，分为一元回归分析和多元回归分析。

1）一元回归。一元线性回归分析法，是根据自变量 x 和因变量 Y 的相关关系，建立 x 与 Y 的线性回归方程进行预测的方法。由于市场现象一般受多种因素的影响，并不是仅仅受一个因素的影响，所以应用一元线性回归分析法时，必须对影响市场现象的多种因素做全面分析。只有当诸多的影响因素中确实存在一个对因变量影响作用明显高于其他因素的变量时，才能将它作为自变量，应用一元相关回归分析法进行预测。

一元线性回归分析法的预测模型为：

$$Y_t = ax_t + b$$

式中，x_t 为 t 期自变量的值；Y_t 为 t 期因变量的值；a，b 为一元线性回归方程的参数。

a，b 参数由下列公式求得：

$$b = \frac{\sum Y_i}{n} - a\frac{\sum x_i}{n}$$

$$a = \frac{n\sum x_iY_i - \sum x_i \sum Y_i}{n\sum {x_i}^2 - (\sum x_i)^2}$$

2）多元回归。多元回归是指用多个变量去预测某一个变量的方法。它的数学模型如下：

$$y = a_1X_1 + a_2X_2 + a_3X_3 + \cdots + a_nX_n + b$$

式中，y 代表总体测评目标。$X_1, X_2, X_3, \cdots, X_n$ 代表 n 个测评要素，$a_1, a_2, a_3, \cdots, a_n$ 代表回归系数，其实质为各个测评要素的权重系数。它的大小表明各个测评要素对总体测评目标贡献的大小，当我们获得了一组测评对象 y 及其每个变量 X_i 上的值时，就可以估计出权重系数（$a_1, a_2, a_3, \cdots, a_n$）的大小。

多元回归法常常用于预测性测评中，其前提是各个预测源（测评要素）之间具有互偿性，即对测评对象的总体测评目标来说，当它在某一测评要素上得低分时可以由它在其他要素上得高分得到补偿，也即总分不会发生变化。如果预测源不具有互偿性，就不能采用多元回归法，而只能采用确定多重划界的方法来进行预测。企业在经营活动中，常常需要用到多元回归法来进行科学分析和判断。例如，欲研究哪些变量对商品销售量有显著影响，我们可以采用多元分析的方法，将商品的销售量作为因变量 y，将商品价格、消费者收入、代用品价格、其他商品价格等分别作为自变量 x，建立回归方程，然后分析哪些自变量对因变量有显著影响。

（5）因素分析。因素分析又称因子分析，是从大量的相关变量中抽出最基本的维度或因素并加以分析的一组统计方法的总称，它能够达到简化变量的目的。例如，在确定测评要素时，为了全面而没有遗漏，我们往往会列出尽可能多的维度，这样就构成了一个复杂的多维测评要素空间。但如果用这么多要素去评价人才，往往会抓不住重点，顾此失彼。因此，需要将相关性较高的测评维度进行合并，抽出少数有代表性的因素，同时这些因素又能反映全体测评维度的内涵，在此情况下，就需要用到因素分析法，它能够把原始的要素提炼和浓缩成若干个相互之间影响不大、相对独立的综合性测评要素，并保留绝大部分原始要素所包含的信息。因素分析的数学方法很多，各种方法的分析过程都是相同的，计算结果也大体一致，都要从实测的数据出发，其中主成分分析法是应用最多的一种方法。

因素分析有探索性因素分析和验证性因素分析两种。当事先不能确定在众多的变量中有多少个因素时，可以通过探索性因素分析抽出主要的因素；当根据某种理论假设，认为在众多的变量中存在某种因素结构时，可以通过验证性因素分析来对事先的假设进行验证。

2.1.4 测量学基础

人才测评作为一门以测评个体的能力和兴趣并将之匹配到相关岗位为目的的学科，最重要的部分之一就是如何测量。因此，人才测评想要发展，就离不开测量学作为工具的支撑；我们想运用人才测评，也必须要掌握测量学的知识。以下部分将从经典测量理论的测量原理、测量学标准、常模和误差分析四个方面来介绍与人才测评有关的测量学知识。

1. 经典测量理论的测量原理

经典测量理论又称真分数理论，诞生于 20 世纪初期，并于 20 世纪 50 年代趋于完善，形成了包括测量的建构、误差的控制和统计结果分析解释在内的完整理论体系，主要内容是对实得分数、真分数以及误差之间关系的理论假设。假定如下：

（1）实得分数与真分数之间存在着线性关系：

$X=T+E$

式中，X 为实得分数或观测分数，即你在测量中真实观测到的得分；T 为真分数，即理想状态下的得分；E 为测验误差，即测验产生的随机误差。

（2）无数次测验则平均误差为 0，即误差的期望为 0，且为正态分布：

$E=0$

$E\sim N(0，\sigma^2)$

（3）真分数与误差独立：

$r_{TE}=0$

在每次测量中，真分数 T 与随机误差 X 之间没有关系。

（4）不同测量下的误差相互独立：

$r_{E1E2}=0$

在不同的测量中，每次产生的随机误差之间没有关系。

（5）无数次测量实得分数的平均值等于真分数：

$\overline{X}=T$

（6）实得分数的方差等于真分数方差与随机误差方差之和：

$S_X^2=S_T^2+S_E^2$

2. 测量学标准

（1）效度。效度（validity）指有效性，可以反映测量的准确性。测验结果的效度指测验分数能够代表测量事物的程度，即测量结果达到目的的程度。

在效度的构想下：

$$X=T+E=V+I+E$$

式中，V 为有效分数；I 为系统误差。

因此我们同样可以导出效度的基本公式：

$$r_{XY}=\sigma_V^2/\sigma_X^2$$

即效度等于有效分数方差在实得分数方差中所占的比例，也即有效分数的变异占总变异的比例。

想要有效地测量一个测验的效度，我们可以从内容效度、效标效度和构想效度入手。

内容效度又称逻辑效度，是指项目对需要测量的内容或行为范围取样的适当程度，即测量内容的适当性和相符性。检验内容效度就是检验从概念到指标的经验推演是否符合逻辑以及是否有效。

效标效度是测验分数与效标分数之间的相关程度，反映测验测查或预测个体在某种情境下行为表现的有效性程度。效标是指考察测验效用的外在参照标准，是一种可以直接、独立测量的行为。

构想效度指测验能够测量到理论上的构想或特质的程度，即测验的结果是否能证实或解释某一理论的假设、术语或构想，解释的程度如何。要确定一个测验的构想效度，第一步是对这一结果做出理论上的构思和解释。然后将这一结构与可测量的经验事实建立联系。最后通过测量和试验设计收集资料，对理论结构进行解释。

（2）信度。信度（reliability）是指测量结果的稳定性和可靠性。如果 $X=T+E$ 成立，那么由于真分数与误差分数无关，可以得出 $\sigma_X^2=\sigma_T^2+\sigma_E^2$，由此信度系数可以通过比值法定义为：

$$r_{XX}=\sigma_T^2/\sigma_X^2$$

式中，r_{XX} 为信度系数；σ_T^2 为真分数的方差；σ_X^2 为实得分数的方差。信度即在实得分数的方差中真分数所占的比例。信度在 0（完全不可信）到 1（完全可信）之间。

信度只是一个理论上的概念，因为真分数是只存在于理想状态中的得分，我们无法直接得到，只能对之进行估计。而在估计信度时，我们使用的方法取决于我们认为测量中最主要的误差是什么。

对于不同的误差来源，信度可以有不同的确定方法：

1）再测信度。再测信度又称重测信度、稳定性系数等，是采用再测的方法来衡量测验的信度，即用同一测评工具（例如同一量表）在不同时间对同一群体施测两次，这两次测量分数之间的相关系数就是再测信度的系数。一个测验的再测信度越高，说明该测验的稳定性越好，测评受到的随机因素的影响也越少。两次测验的时间间隔最好在 6 个月以内，否则时间间隔过长，两次测试之间的自身状态会发生改变。

由于对同一对象再测同样内容的测试时，被试难免会受到回忆、练习等影响，第二次施测的成绩一般高于第一次施测，因此再测信度很难反映出测验真实的时间稳定性，这也是再测信度的局限性所在。

2）复本信度。复本信度是以两个测验复本（作用相同但具体题目内容不同）来测量同一个群体，之后计算被试在这两个测验中得分的相关系数的信度检验方法。使用这种方法的前提是假设两个测验之间是平行的或等价的。

复本信度的优点在于，其适用于长期追踪研究或调查某些干涉变量对测评成绩的影响，同时降低了练习导致的成绩提升。然而，复本信度也存在着很大的局限性，一方面在现实生活中一个测验的复本信度很难寻找，很多测验都没有复本；另一方面，虽然复本信度可以降低练习效应的影响，但由于复本之间题目内容相似，做题思路很容易迁移，因此在第二次施测时，被试的成绩依然可能高于第一次。

3）分半信度。分半信度是将测验题目分成两半（可以按照前后分，也可以按照奇偶分），之后计算两部分得分之间的相关系数的信度检验方法。具体思想与复本信度类似，相当于将一个测验拆成两部分，变成互相的复本之后再进行计算。

4）内部一致性信度。内部一致性信度主要反映的是测验内部题目之间的关系，考察测验的各个题目是否测量了相同的内容或特质。一个具有可靠性的测量工具必须具有很好的内部一致性信度。

5）评分者信度。某些测验没有标准化的实施和评分体系，完全取决于评分者的判断，因此这类测验需要着重评估评分者的信度。一般情况下，评分者信度是由两名主试对被试进行独立评分，每个被试因而获得两个分数，然后计算得出相关性。

当研究者使用主观性评分测量时，通常都需要计算评分者信度。一般要求评分者信度达到 0.90 以上时，才会认为评分结果是客观公正的。

3. 常模

常模是指标准化样本的测验分数经过统计处理建立的具有参照点和单位的测验量表，是解释分数的标准和依据。常模主要包括发展常模、组内常模和标准参照常模。发展常模是以时间为计量单位，包括年龄常模、年级常模等；组内常模则以群组为单位，包括国家常模、分组常模、区域常模等；标准参照常模的得分数字本身并没有意义，只有通过与不通过，例如各类资格证书。

在创建一个常模时，我们首先需要定义目标人群，之后在总体中选取一个有代表性的样本进行施测，找出任何子团体以及在这个样本中各子团体的比例，最后计算这些样本以及子样本的描述统计值并进行相应的转换。

常模分数类型包括百分位数、百分等级、标准分数（z 分数、t 分数、IQ 分数、SAT 分数等）、标准九、标准十等，在实际构建常模时，我们需要根据具体情况和需求来选择最适合测验的计分方式。

4. 误差分析

（1）误差的种类。误差是在测量中与测量无关的因素产生的测量偏差，包括随机误差和系统误差两种类型。其中，随机误差是指与测量无关的偶然因素引起的无规律变化的误差；系统误差则稳定地存在于每一次的测量中，数值是确定的，是由于测量程序设计失误或测量仪器损坏而引起偏差。

我们可以使用射击靶图的概念来进行理解，如图 2-4 所示。在图 2-4 中，（a）图为随机误差的图例，（b）图为系统误差的图例，（c）图为理想状态下的分数分布。根据该图，我们可以得出以下结论：具有随机误差的实得分数散乱地分布在真实分数（即圆心）周围，互相之间既不趋近于某一特定数值也不趋近于圆心，因此随机误差既影响分数的准确性（是否贴近圆心）又影响分数的一致性（是否趋近于某一数值）；而系统误差虽然同样会影响分数的准确性，但因为其得分会趋近于某一非真分数的数值，因此对得分一致性的影响并不大。

(a)　　(b)　　(c)

图 2－4　靶图

（2）误差的来源。误差的来源主要可以从测验本身、施测过程、施测者和被测者四个方面进行分析。

1）测验本身引起的误差。测验本身的误差主要来源于测验的编制过程，当测验的项目较少且缺乏代表性时，被试的反应就无法代表其真实水平，从而产生误差。因此，我们在编制测验题时应该注意题目类型的选择、题目用词的准确性等问题，以保证测验本身的准确。

2）施测过程引起的误差。在施测过程中依然存在着许多可能会引起误差的因素，如测验现场的环境、测验的时间、意外的干扰等。

测验现场的温度、光线、温度等都可能会对被试造成影响，导致误差的产生。测验的时间不同，被试的状态也会存在差异，从而对试验结果产生干扰，同时如果连续对被试施加几个测验，测验的顺序也很重要，因为其会在一定程度上对被试测验的得分产生影响，这种影响又称为“顺序效应”。测验中也可能发生比较复杂的意外状况，对测量的得分产生干扰。

3）施测者引起的误差：期望效应。施测者因为希望得到某种结果而无意识地向被试展露相应的期待，导致被试向施测者期待的方向行动或者施测者对被试的行为进行主观解读。

● 应付心理。施测者被委派为测评者但缺少人才测评的专业素养，或马马虎虎、应付上司，导致测评结果不尽如人意。

● 光环效应。施测者在施测时，如果一个被试的某一点表现得格外优秀，很有可能会掩盖施测者对其他能力的感知，直接认为该被试的其他能力也同样优秀。通俗地说就是，一个人身上的一方面过于优秀而掩盖了他身上的缺点，让人认为他的缺点也是优秀的。

● 序列位置效应（首因效应和近因效应）。首因效应就是第一印象，近因效应就是最后印象。第一印象和最后印象往往会对施测者的感知产生深刻的影响，并在很大程度上影响对他人的评价。因此施测者在施测时必须要按照标准化的程序进行操作，努力克服首因效应和近因效应。

● 刻板印象。在施测时，施测者有时会游离在测评分数之外，将某人划分到他头脑中的某种固有类型，这就是刻板印象。

4）被测者引起的误差：动机。被测者对测验的动机不同，会影响其作答态度、注意力、持久性以及反应速度等，从而影响测验的结果。

● 练习效应。同一个测验或类似的测验在重复使用时，由于被测者对测验的内容或解题方法十分熟悉，因此作答成绩会提高。

● 心理状态。被测者在测试时焦虑、紧张，或者开心、兴奋都会对答题产生影响。

● 反应倾向（或反应风格）。当被测者面对不确定性时，会根据自身的反应倾向做出选择，这是一种独立于测验内容的被测者状态，会使本来能力相近的被测者获得不同的测验成绩。

● 生理因素。不单心理上的状态会影响被测者的测验成绩，生病、疲劳等生理因素也会影响被测者的状态，进而带来测验成绩上的差异。

（3）误差的控制。在施测过程中，无论如何小心，误差永远都会存在。虽然误差无法避免，但是我们可以通过事先控制和事后调整的方法来尽量减少误差对测验成绩的影响。

1）事先控制。在测验的各个阶段严格地按照标准化程序进行，对可能导致误差的相关因素进行事先处理，做好施测者的相关培训，并在设计测试时尽量客观、公正、严谨。

2）事后调整。学会利用统计学方法处理异常数据，包括标准化量表调整法、平衡系数调整法和最大接近度调整法等。

2.1.5 计算机技术基础

早在多年前，计算机技术就在测评计分中得到应用，当时的作用仅限于数据统计。计算机在测评中最基本的应用是作为存储数据的工具，同时采用数据库的形式便于数据的检索和查找，用计算机存储数据相对于过去的纸笔记录来说是一个很大的进步。

现在，计算机技术在人才测评中扮演着更宽泛、更重要的角色。随着计算机虚拟现实技术的发展，人才测评全过程的计算机化基本实现，如"计算机测评系统"等，根据计算机的应用程度不同，其形式和实质有很大的区别。下面将以普通知识性考试类软件、系统仿真测评技术和专家测评系统三种类型的测评系统为例，说明计算机技术是如何辅助人才测评的。

1. 普通知识性考试类软件

这类软件属于专门用于各种知识性考试的测评软件，有多种形式：

（1）试卷式。考生在计算机上作答，系统自动计时，考生答完后，系统自动给出考试结果，并自行记录。试卷的内容和考试结果可以由人工进行调整或更换，这类软件结构比较简单，适合大批量人员的考试。

（2）题库式。该类软件设有某专业（或数个专业）一定规模的标准化试题库，考试前主考者可以通过输入考试要求的各种信息，如考试时间、难易度、区分度、试题类型、试题分值等，由系统自动或人工按要求快速组成标准化试卷，考生直接在计算机上作答，并由计算机自动判卷。这类测评系统有很强的保密性，功能比较强，但设计比较规范的题库需要较大的投入，而一旦建成具有标准化试题的题库，除了定期的维护、调整外，一般不再需要投入，该系统也可以打印出标准化试卷，采用纸笔的形式作答。正是以这种计算机技术为铺垫，才使得人才测评更具有专业性和科学性。

2. 系统仿真测评技术

系统仿真测评技术是应用系统工程的原理，首先对所要测评或选拔人员的岗位进行详细的工作分析，根据岗位的任务、职责、素质、环境、个性等要求，分别建立数个仿真模型（模型中也包括一些“文件筐”技术），再使用专用的系统仿真语言，将这些模型编制成计算机可以接受的仿真模型。被测者利用该模型来模拟分析、处理或解决实际问题，以其模拟的结果来测出被测者分析问题、解决实际问题的能力。例如，将营销经理岗位的工作内容、职责范围和素质要求等设计为仿真数学模型，被测者可以作为营销经理来模拟履行自己的职责，身临其境地处理自己的业务，进行模拟经营，以此来预测或考察被测者的实际能力和水平。因为所确定的模型是仿照真实情况设计的，从实际中抽象而来，有些甚至是现实中的工作业务，没有相关的实践经验是较难完成的，所以系统仿真测评技术对经验性实际能力的考察和预测，有较高的测评效度和实用价值，可以应用于岗位培训和工作绩效预测。

3. 专家测评系统

专家测评系统是一种智能的计算机程序，是人工智能的重要分支，它运用知识和推理来解决只有专家才能解决的复杂问题，目前在人才测评中得到了非常广泛的应用，并产生了巨大的经济效益和社会效益。专家测评系统的核心是知识库和推理机，其原理是根据知识库中以经验性为主的专家知识和用户提供的事实，模拟某领域专家的思维过程和方法进行推理，采用人机交互的方式，不断由已知前提推出未知结论，即中间结果，并将中间结果放到数据库中，作为已知的新事实再进行推理，从而把求解的未知问题转换为已知的状态。

专家测评系统的特点有：一是主要依靠专家的智慧、思维方式和对经验性知识的求解或评价，而不依赖于运用常识性、基础性书本知识来求解或评价。二是专家测评系统适合在较复杂的环境下对人员批量较大、人才层次较高的测评，对于一般性人才，开发专家测评系统成本较高。

2.2　人才测评的理论基础

2.2.1　人性假设理论

人性假设理论是人才测评的理论基础之一。人性是指人通过自己的活动所获得的全部属性的综合，是现实生活中的人所具有的全部规定性。人性假设理论是指对影响人生产、工作积极性的最根本的人性方面的因素进行研究和探讨时所形成的理论成果，是对管理活动中的人的本质特征所做的理论假定。

在世间万物中，人是最复杂的存在物，必然具有多方面的属性，忽略其中任何一方面，都会使我们在理论上对人性的了解陷入片面，进而导致人才测评中的失误，所以正确认识人性是很重要的。

在人才测评过程中，管理者的决策包含着他们对人性的看法。如果只看到人性中的消极因素，做出人性恶的假设，那么对人的管理就会只强调监督、控制和防范，失去对人的尊重和信任；如果只看到人性中的积极因素，做出人性善的假设，那么对人的管理就可能会重激励轻约束，没有约束机制，必然会助长人的私欲。同样，如果只注意人的物质需求，就会视金钱为调动积极性的唯一因素，而单一的金钱刺激往往会诱发拜金主义思潮；如果只注意精神需求，就会无限夸大精神的作用，使人变得虚伪假善。

要进行科学的人才测评活动，就必须了解管理者是如何看待被管理者的，即管理者所认定的人性假设是什么。

1. 东方的人性理论

（1）“性相近，习相远”的人性假设。孔子是中国古代思想家、政治家、教育家，儒家学派创始人。虽然孔子对人心的善良有信心，但并没有直接说出人性本善还是本恶，而是强调了后天的“习”。孔子所说的“习”是指后天的成长环境和道德实践。不同的“习”会塑造不同的人。人的本性原本是相近的，但不是一成不变的，它会随着一个人后天的习染，譬如社会环境、结交的人群、所受的教育、品德修养等因素而发生变化，以致造成与他人在品性上的较大差异。

由此可见，管理者可以认为，不同的“习”是可以改造、学习的，人恰恰就在这不同的“习”中成长。所谓“性相近”是指每一个人都有相近的本质，因而都具有趋于完善、发掘潜力、提高创造力的可能。所谓“习相远”旨在提示我们，人究竟能不能提高创造力，员工能不能充分发挥主观能动性，调动其内在积极性，最终取决于人们的不同习惯，所以管理者应该创造有利于员工成长的合适环境。

（2）“性具善端”的人性假设。孟子是战国时期思想家、政治家、教育家。“性善论”最早由他提出，是其哲学思想的基石。孟子认为：“人性之善也，犹水之就下也。人无有不善，水无有不下。”（《孟子·告子上》）他还指出：“恻隐之心，人皆有之；羞恶之心，人皆有之；恭敬之心，人皆有之；是非之心，人皆有之。恻隐之心，仁也；羞恶之心，义也；恭敬之心，礼也；是非之心，智也。”（《孟子·告子上》）在孟子看来，仁所指的身心观与修养，即“必有事焉而勿正，心勿忘，勿助长也”（《孟子·公孙丑》）。“必有事焉”指处理事情必先计划思考，不要有所预期、预测。必须专心一致，并且不可事先考虑其结果或利益。因为只一味地考虑结果或利益，反而有碍志气。必须让事情自然发展，不能勉强。

人是一种其心灵包含着善的要求的存在者。在孟子看来，这是人之为人的本质所在，是“人之所以异于禽兽者几希”（《孟子·离娄下》）之所在。简言之，人是天生被要求去思考善、扩充善、实现善的存在者。

孟子的理论可以引发管理者思考：既然人的本性已经蕴含善端，既然“民之归仁也，犹水之就下”（《孟子·离娄上》），那么，只要管理者践履“仁”，被管理者就会跟着践履“仁”，管理者践履“义”，被管理者就会跟着践履“义”。对于企业来说，如果管理者对被管理者能够做到“仁”“义”，就可以形成一种良好的企业氛围，有利于企业的发展，即所谓“君仁，莫不仁；君义，莫不义；君正莫不正。一正君而国定矣”（《孟子·离娄上》）。

（3）“化性起伪”的人性假设。荀子是战国末期著名的儒家代表人物，也是我国“性恶论”的首倡者和系统论述者。荀子在《性恶》这篇文章的开头就直接阐明论点：人的本性是恶的，人所表现出的善良是人为的，即是通过矫正其恶性而培养出来的。荀子认为，人天生就具有好利的本能，顺着这种本能，争夺的行为就会产生，而辞让之心就会丧失；人天生就具有嫉妒、憎恶的本能，顺着这种本能，残害的行为就会产生，而忠信之心就会丧失；人天生就具有耳目之欲，即具有喜欢听悦耳之音和喜欢看悦目之色的本能，顺着这种本能，淫乱的行为就会产生，而礼义之心就会丧失。

荀子认为：“人之性恶，其善者伪也。”（《荀子・性恶》）这里的“伪”是指人为、教化的意思，即认为善是人们出世后经过教化的结果。他还指出：“明礼义以化之，起法正以治之，重刑罚以禁之，使天下皆出于治，合于善也。”（《荀子・性恶》）

荀子认为人性本恶，需要制度的约束。“化性起伪”是荀子在“性恶论”基础上提出的一种道德教化主张。他认为，人天生的本性中包含着对外物的欲求。如果放纵本性中的欲望，就会导致人与人之间的纷争，社会将陷入混乱。人的本性是恶的，因而不可能有天生的圣贤；人性的善是受教化的结果，人的发展不是靠先知先验，人的发展不是恢复自己的“本性”，而恰恰是改变自己的本性。

由此得到的启示是：员工需要受到引导，受到制度的约束，使行为合于礼义，从而最终使企业得到良好治理。

（4）“见素抱朴”的人性假设。老子是道家学派的创始人，崇尚“自然”“无为”。老子认为，人性最初是自然朴素的，“如婴儿之未孩”（《道德经》），因此老子把这种自然朴素之性称为“朴”。老子曰：“见素抱朴，少私寡欲。”（《道德经》）老子肯定人性最初所具有的“质真”和“德真”，这就意味着人的本性原本是善的。

老子的人性假设的主要特点是人性自然，人性无善恶之规定，人性没有先天的道德属性。人性在人的社会化过程中的或善或恶，都是叛逆了人的自然本性，是人的自然本性的异化。然而很多人已背离了道而产生了私欲，便“失真”或“丧朴”。老子认为，婴儿处于自然朴素的状态，人应该像婴儿那样，“常德不离，复归于婴儿”（《道德经》）。

老子这种人性假设所带来的思考为：人们保持一种简朴的生活状态，尽量从迷乱嚣尘的外物中抽身出来，不被其染污，保持内心的一种平和状态。但也绝不是极端的出世，对现实不闻不问。为人处世和修心练性都应以自然无为为本，这样事物就能按照自身的规律顺利发展；如果人为干涉事物的发展进程，按照某种主观意愿去改变事物的自然状态，则很有可能事与愿违。

（5）“素朴自然”的人性假设。庄子是战国时期哲学家、文学家。庄子从自然主义出发，认为人与自然界的万物一样，仅是“造化”之功的一物而已，造化者并没有给人以特殊地位。《庄子・大宗师》说：“今大冶铸金，金踊跃曰：‘我且必为镆铘！’大冶必以为不祥之金。今一犯人之形而曰：‘人耳！人耳！’夫造化者必以为不祥之人。今一以天地为大炉，以造化为大冶，恶乎往而不可哉！”这样，人在天地间的地位，好像大山上的小石小木，是渺小的，没有什么特殊之处。庄子把人的死生看作自然现象，如同春夏秋冬，所以他的妻子死了，他非但不哭，反而“鼓盆而歌”。

庄子这种人性假设所带来的思考为：人的人生理想就是，不大喜过望，也不悲痛欲绝，不哀伤绝望，也不恼羞成怒，没有私心杂念的精神自由实际上就是一种安宁、恬静的心理环境。这种绝对精神自由不能从社会实践中提取，只能从内心修养中获得。庄子崇尚素朴的人性，并不是主张返回到愚昧的远古时代，而是在理性的基础上返璞归真。庄子在人性问题上，以个体精神的高尚追求掩盖政治理想的反社会倾向，因回归内心而略显消极，复又在消极中振作。

(6)“安利恶害”的人性假设。韩非是战国末期思想家，法家学派代表人物。韩非用自私自利的人性观点，剖析每个人的行为动机，认为一切社会关系都浸淫在利害关系之中，雇主与雇工、将领与士卒、国君与臣民，甚至丈夫与妻子、父母与子女之间，都存在着“计算之心”“自为之心”。他指出：“君以计畜臣，臣以计事君，君臣之交，计也。害身而利国，臣弗为也；害国而利臣，君不为也。臣之情，害身无利；君之情，害国无亲。君臣也者，以计合者也。”(《韩非子・饰邪》)

通过韩非的人性假设理论，可以得到启示：人的一切行为都是为了最大限度地满足自己的经济利益。因此，管理者需要利用人的“安利恶害”心理，用奖励刺激个体，用权威和惩罚进行强制管理，从而实现对员工的管理。

2. 西方的人性理论

(1)“经济人”假设与X理论。“经济人”假设最早起源于亚当・斯密在1776年出版的《国富论》。该理论建立在人性理性、逐利的基本判断上，假设人人都有利己的本性。

1960年，美国行为学家道格拉斯・麦格雷戈在《企业中人的因素》一书中总结和概括了古典管理理论、管理思想背后的假设，并提出了X理论，对相关假设进行了详细的阐述。该理论认为人天生厌恶并尽可能逃避工作，追求安全、安逸；胸无大志，缺乏进取心，不愿承担责任；以自我为中心，大都缺乏解决组织问题的能力；缺乏理性，容易受环境影响。

基于X理论的假设，为了促使人们努力工作应采用严格的管理制度，如明确每个人的任务和责任，进行指挥、控制、监督，强调纪律，建立严格的绩效考核制度和与绩效挂钩的报酬制度，即以经济利益为主要激励手段，使人的行为尽可能地符合组织要求。若员工的行为和工作结果不符合组织期望，就采取严厉的惩罚制度，即“胡萝卜加大棒”的激励和惩罚手段。

(2)“社会人”假设。随着社会的发展，经济利益已不是人的唯一追求，人的追求具有多样性。因此，经济学家开始主张“社会人”假设，认为人是社会的人，人是现实的人。

“社会人”假设的理论基础是人际关系理论，这一理论由霍桑实验的带头人梅奥提出。霍桑实验在芝加哥西方电器公司的霍桑工厂进行。该实验的一个目的就是研究照明对工人生产率的影响。实验最终得出结论：在人们参与的工作中，某一种条件（如照明）的改变会给其他变量带来影响，但对员工的激励和群体气氛的改变才是影响生产率的主要因素，因此，员工的心理因素比外部环境更有可能影响生产效率。

“社会人”假设认为在社会上活动的员工不是各自孤立存在的，而是作为某一个群体的一员，是社会存在。人具有社会性的需求，人与人之间的关系和组织的归属感比经济报酬更能激励人的行为，人不仅有追求收入的动机和需求，在生活工作中还有友谊、安全、尊重和归属等需求。由此提出了关于员工管理的几个观点：

1）人不是“经济人”而是“社会人”，人拥有复杂的社会关系，调动员工的生产积极性不应仅从报酬的角度激励，还必须满足其社会和心理的实际需求。

2）工作效率不仅仅取决于生产技术的改善和生产流程的规范，还取决于员工个体的生产积极性，取决于员工的家庭、单位、社会生活的人际关系是否和谐。

3）生产组织在规范化的组织结构（正式团体）之外还存在着非正式团体，非正式团体代表着特殊的情感和倾向，对组织成员的工作效率产生重大影响。

4）在员工所要满足的所有需要中，物质要求仅占一部分，大部分是情感上的需求（如认同感、安全感、归属感等），管理者应当重视塑造组织内部的和谐人际关系，从精神层面提高员工的满足感，设身处地地关心他们，并通过积极民主的意见交流，实现组织内部感情的上下沟通。

（3）“自我实现人”假设与 Y 理论。“社会人”假设提出后，又有学者进一步提出了“自我实现人”假设，这一假设是美国心理学家马斯洛提出的。自我实现指的是：人都需要发挥自己的潜力，表现自己的才能，只有人的潜力充分发挥出来，人的才能充分表现出来，人才会感到最大限度的满足。

1943 年，马斯洛在其著作《人类动机理论》中提出需求层次理论。该理论认为人的需求可以分为五个层次：生理需求、安全需求、社交需求、尊重需求和自我实现需求，依次由较低层次到较高层次排列。该理论对人力资源管理的启示为：

1）已经得到满足的需求，不再是激励因素。人们总是在力图满足某种需求，一旦这种需求得到满足，就会有另一种需求取而代之。

2）大多数人的需求结构很复杂，无论何时都有许多需求影响行为。

3）一般来说，只有在较低层次的需求得到满足之后，较高层次的需求才会有足够的活力驱动行为。

4）满足较高层次需求的途径多于满足较低层次需求的途径。

Y 理论与 X 理论相对，它将人性假设为人喜爱工作、发自内心地愿意承担责任，同样由麦格雷戈提出。Y 理论认为人的本性是喜爱工作，要求工作是人的本性；在一般情况下，人能主动承担责任，是受内在兴趣自我驱动的，热衷于发挥自己的才能和创造性，能自我引导和自我控制；普通人能接受甚至寻求责任；大多数人都具有解决组织问题的能力，人们普遍具有创造性决策能力。

根据 Y 理论，在管理中，为了促使人们努力工作，应考虑工作对于员工的意义，鼓励员工参与目标的制定；以启发和诱导来代替命令和服从，用信任代替控制和监督；重视员工的各种需要和内在激励，并尽可能在实现组织目标的过程中予以最大的满足。

（4）“复杂人”假设与超 Y 理论。“复杂人”假设是 20 世纪 60 年代末 70 年代初由沙因提出的。“复杂人”假设认为：无论是“经济人”“社会人”还是“自我实现人”的假设，虽然各有其合理的一面，但并不适用于一切人。由此沙因提出了“复杂人”假设，他认为：人是很复杂的，不仅人与人之间在能力和需求方面存在差异，而且每个人在不同的年龄、不同的时间、不同的地点和不同的场合也有不同的表现。每个人的需求及需求的层次都不尽相同。随着年龄的增长、知识的增长、地位的改变，以及人与人之间关系的变化，人的需求和潜力都会发生变化。

超Y理论由美国管理心理学家约翰·莫尔斯和杰伊·洛希在1970年提出。该理论认为，没有什么一成不变、普遍适用的最佳的管理方式，必须灵活地采取相应的管理措施，管理方式要适合于工作性质、成员素质等。超Y理论的启示为：

1）人的需求是多种多样的，并且随着人的发展和生活条件的变化而变化。每个人的需求各不相同，需求层次也因人而异。

2）人在同一时间内有各种需求和动机，它们会相互作用，并结合为统一体，形成错综复杂的动机模式。

3）动机模式的形成是内部需求和外界环境相互作用的结果，人在组织环境中，工作与生活条件不断变化会产生新的需求与动机。

4）一个人在不同单位工作或同一单位的不同部门工作，会产生不同的需求。

5）由于人们的需求不同、能力各异，对不同的管理方式会有不同的反应，因此没有一套适合于任何时代、任何组织和任何个人的普遍行之有效的管理方法。

“复杂人”假设与超Y理论均突出了人的多样性，由此可见针对不同的员工，企业的管理方式应当具有一定的灵活性，X理论并非一无是处，Y理论也不是普遍适用，应该针对不同的情况，选择或交替使用X理论和Y理论。

(5)“文化人”假设与Z理论。20世纪60年代，日本“企业文化”管理模式出现，它越过对人经济和心理等层面的关注，直接逼近对人的行为影响更深远更有力的文化价值层面。日本人成功地把民族传统文化和现代工业精神有机结合，建设和张扬了“企业共同价值观”等企业文化管理的核心内涵，使企业凝结起强大的团队精神，极大激发了企业员工的创造精神。可以认为，日本企业文化管理为劳动者的“文化人”假设的提出做了有益的尝试。

“文化人”假设认为人是文化的本体，是文化的创造者、传播者和继承者，文化是社会经济发展的内在动因。企业文化能有效调节人与人之间的关系，规范和约束人的行为，推动和促进企业的发展。

恩斯特·卡西尔认为人是符号的动物，文化是符号的形式，人类活动本质上是一种“符号”或“象征”活动。他修正和扩大了自古希腊以来关于“人是理性动物”的古典定义。他指出：“对于理解人类文化生活形式的丰富性和多样性来说，‘理性’是个很不充分的词。但是，所有这些文化形式都是符号形式。因此，我们应该把人定义为‘符号的动物’，来取代把人定义为‘理性的动物’。只有这样，我们才能指明人的独特之处，也才能理解对人开放的新路——通向文化之路。”

基于“文化人”假设，管理学家威廉·大内在1981年出版的《Z理论——美国企业界怎样迎接日本的挑战》一书中提出了Z理论。Z理论是在对美国型和日本型的企业进行比较之后提出的，建立在相互信赖与合作基础上的民主管理理论。Z理论强调组织管理的文化因素，并认为组织或企业在生产力上不仅需要考虑技术和利润等硬性指标，还应考虑软性因素，如人性化因素，即信任、人与人之间的密切程度和微妙的关系等。

威廉·大内在研究美、日企业管理方式异同点的基础上，提出美国企业应学习日本企业的管理方式，并结合自身特点，形成一种兼有美、日企业管理方式中积极方面的管理方法。主要内容包括：

1）企业对员工采取长期雇佣政策；

2）上下结合制定决策，鼓励员工参与管理；

3）实行个人负责制，进行创造性管理；

4）管理者应全面关心员工，建立融洽的关系；

5）对员工进行全面的知识和技术培训；

6）对员工给予长期全面的考核和评价，采取稳步提升制度；

7）通过正规的检测手段和不正规的控制机制等，在企业中建立信任的人际关系，取得管理者与员工在目标和利益上的一致。

"文化人"假设与Z理论带来一定的启示：可以利用各种各样的仪式、活动、庆典来强化企业的价值观和经营理念，形成一种文化氛围。同时可以树立企业的"先进模范人物"，使其成为企业内部鲜活的文化载体，使员工有学习看齐的榜样。

通过企业文化，员工形成共同的价值观和共同的行为规范。这一人性化的管理方式是行为科学的发展和继续，但绝不是行为科学的简单重复。Z理论型管理方式充分发挥文化覆盖人的心理、生理和人的现状与历史的功能，把以人为中心的管理思想全面地突显出来。它的精髓在于关心人、理解人、相信人、尊重人、培养人。企业时刻关心员工的利益，员工也就会关心企业的前途和命运，从而营造一种合宜的工作气氛，使员工的个人目标与企业目标一致。

2.2.2 工作分析理论

工作分析也叫职务分析，是指对组织中岗位的工作信息进行收集和分析，对职位的职责、权利、隶属关系、工作条件和任职资格等做出书面规定并形成正式文件的过程。

工作分析是人才测评的必要前提。人才测评是以特定个体及群体的岗位职责及工作目标体系为基础进行的一项活动。只有掌握了与测评对象相对应的岗位信息，考官才能根据不同的岗位内容和岗位要求制订不同的方案，匹配不同的测评方式，得到的测评结果才更具有科学性、合理性。

1. 工作分析的主体、内容和时机

（1）主体。工作分析的主体指的是工作分析过程中的实施者，即获得工作相关信息并进行整理分析形成工作说明书的行为者，包括外部专家、人力资源部、任职者、任职者的直接上级和最高领导等。每个主体在工作分析过程中的地位和作用不一样，所担负的责任和具有的权限也不一样：外部专家负责制定工作分析计划与工作说明书模板，对工作说明书进行最后修正和审定工作；人力资源部对工作说明书进行审核；任职者填写问卷与工作说明书初稿；任职者的直接上级补充修改工作说明书；最高领导进行决策和审批。

在进行工作分析之前，一定要先明确每个工作分析主体的职责和权限，这样才能使工作分析更有成效，在工作分析的过程中才不会出现工作分析主体之间相互推卸责任的现象。

（2）内容。工作分析的内容包括工作基本资料（如工作名称、工作代码、工作地点、所属部门、上下级关系等）、工作内容（如工作任务、工作责任、工作标准等）、工作关系（如监督指导关系、职位升迁、工作联系等）、工作环境（如工作的物理环境、安全环境、社会环境等）和任职条件（如教育背景、必备知识、经验、素质要求等）等。

（3）时机。一般来说，当一个组织出现下列“症状”时，需要进行工作分析：

1）组织内缺乏明确、完善、书面的工作说明书，人们对岗位的职责和要求不清楚，出现推诿、职责不清或决策困难的现象；

2）虽然有书面的工作说明书，但与实际工作的情况不符，很难遵照实施；

3）刚刚进行组织机构和工作流程的变革或调整，需要重新定岗定员；

4）当需要招聘某个职位上的新员工时，难以确定用人的标准；

5）当需要对员工绩效进行考核时，没有根据岗位确定的考核标准；

6）当需要建立新的薪酬体系时，无法将各个岗位的价值进行评估；

7）战略调整、业务发展使工作内容、性质发生变化；

8）建立一个新组织、新部门或增加新岗位。

2. 工作分析的成果

工作分析的成果就是形成工作说明书。工作说明书指的是对工作识别、工作描述、工作规范等加以整合之后形成的具有企业法律效果的正式文本。一般来说，工作说明书由工作识别、工作描述和工作规范三个部分组成，具体如图 2-5 所示。

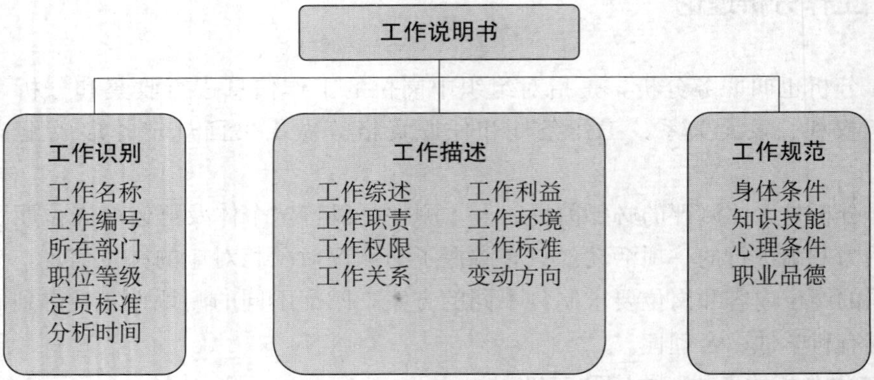

图 2-5 工作说明书的内容

（1）工作识别。工作识别主要包括工作名称、工作编号、所在部门、职位等级、定员标准、分析时间等。工作名称是指组织对从事该项工作活动所规定的名称。工作名称应简明扼要，力求反映工作的内容与责任。工作编号是组织对各种工作进行分类并赋予的编号，便于进行工作的识别、登记、分类等。所在部门就是指对工作性质的界定及工作的部门。职位等级就是职级。定员标准是指该部门对该岗位配备的工作人员数量。分析时间即进行工作分析的时间。

（2）工作描述。工作描述又称工作说明、职务描述、职务说明，是指用书面形式对组织中职位的工作性质和任务、工作职责与环境等所做的统一要求。一份合格的工作描述应包括该职位区别于其他职位的信息，即从事的工作是什么、为什么做、怎样做、在哪里做，以及在什么条件下履行其职责等。它的主要功能是阐明工作任务、责任与职权，建立工作程序与工作标准，让员工了解工作概要，为将来员工的聘用、考核与培训等工作打下基础。

（3）工作规范。工作规范也称任职资格，就是对工作任职人要求的说明，即为完成特定工作所需必备的身体条件、知识技能、心理条件和职业品德。身体条件包括身高、体型、体力、耐力及身体健康状况等，如建筑工人对体力就要求很高；知识技能包括一般文化修养、专业知识水平、实际工作技能和经验等，如营销总监不但要专业知识深厚，而且要求具备很强的业务能力；心理条件包括视觉、听觉等各种感知能力，如急诊室医生要能够迅速做出判断，综合处理急诊；职业品德是指任职人员除了必须遵纪守法和具有一般公德外，还要有从事该职业所需的品德，如财务人员要公私分明等。

3. 工作分析的原则和流程

（1）原则。为了提高工作分析的科学性、合理性和有效性，在组织实施的过程中，应该遵循以下原则：

1）目标原则。在工作分析中，要明确工作分析的目的，注意工作分析的侧重点。例如，如果工作分析的目的在于明确工作职责，那么工作重点在于工作范围、工作职责、工作任务的划分；如果工作分析的目的在于选聘人才，那么工作重点在于任职资格界定；如果工作分析的目的在于确定薪酬标准，那么重点在于工作职责、工作量、工作环境、工作条件等因素的界定等。

2）岗位原则。工作分析的出发点是岗位，分析岗位的内容、性质、关系、环境及人员胜任特征，即这个岗位的从业人员需具备什么样的资格与条件，而不是分析在岗人员如何。

3）经济性原则。工作分析是一项费心费力的活动，它涉及企业组织的各个方面，因此本着经济性原则，选择工作分析的方法很重要。

4）参与原则。尽管工作分析是由人力资源部主持开展的，但它需要各级管理人员与员工的广泛参与，尤其是高层管理者的重视和业务部门的大力配合。

5）系统原则。一个组织是相对独立的系统，在对某一职务进行分析时，要注意该职务与其他职务的关系，从总体上把握该职务的特征及对人员的要求。

6）动态原则。工作分析的结果不是一成不变的。要根据战略意图、环境的变化、业务的调整，经常性地对工作分析的结果进行调整。

7）应用原则。应用原则是指工作分析的结果、工作描述与工作规范一旦形成工作说明书，管理者就应该把它应用于岗位的各个方面。

（2）流程。工作分析是一个非常复杂的过程，一般需要两个月左右的时间。但不同企业情况不同，所需的时间也有所不同。另外，各个企业的工作种类和所使用的分析方法也存在不同之处。但不论是哪种情况，工作分析一般都要遵循基本的流程。基本流程包括四个阶段，即准备阶段、实施阶段、结果形成阶段及应用反馈阶段，其中每个阶段又包含若干步骤。

1）准备阶段。这一阶段的主要任务是了解情况，明确工作分析的目的和意义，确定分析的对象，建立工作分析小组，制订工作分析方案，并与相关部门和人员建立起良好的工作联系。由于工作分析人员在进行分析时要与各工作现场或员工接触，因此工作分析人员应该先在办公室研究工作的书面资料和现有文件。同时，还需协调好与企业各级管理人员之间的合作关系，以免出现摩擦或误解。具体步骤为：确定合适的工作时机；明确工作分析的目的；制订工作分析的工作计划；组建工作小组；收集、分析有关的背景信息；完成信息收集的准备工作；准备必要的物品与文件；明晰工作风险；获取相关人员的支持。

2）实施阶段。这一阶段的主要任务是根据工作计划，对各个职位进行认真细致的调查研究，收集相关工作信息，并核对信息的准确性。调查中可灵活运用访谈、问卷、观察等方法，广泛深入地搜集有关职位工作信息和各种数据资料。无论使用何种方法，所获得的信息都必须能回答下面这些基本问题：工作职责是什么？内容是什么？要求什么样的学历、工作经验、技能、环境条件、心理、情绪和身体状况？等等。具体步骤为：与岗位任职者进行沟通；收集整理相关信息；确认信息。

3）结果形成阶段。这一阶段的主要任务是对调查得到的信息进行分类、分析、整理和加工，并根据加工后的信息编制工作说明书，此外还需对工作说明书进行审核以及对信息进行再次核准。具体步骤为：信息分析；编制工作说明书；审批与核准。

4）应用反馈阶段。这一阶段的主要任务是将工作说明书应用到实际中，并根据实践结果健全和完善工作说明书，最后对此次工作分析进行评估与反馈。此阶段是对工作分析结果的验证，只有通过实践的检验，工作分析的结果才具有可行性和有效性，才能不断适应外部环境的变化，进而不断完善工作分析的运行程序。具体步骤为：培训相关部门人员；制定各种具体应用文件；健全工作说明书的管理机制；工作分析的评估与反馈。

4. 工作分析方法

工作分析方法依照不同的标准有不同的形式。根据分析对象、数据来源、结构设计和分析深入程度的差异，可以将工作分析方法分为基础的工作分析方法、以人为导向的工作分析方法和以工作为导向的工作分析方法。

基础的工作分析方法是在工作分析过程中常见的收集职位信息的方法，通常具有灵活性强、易操作、适用范围广等显著优势。这类职位分析方法主要有问卷调查法、访谈法、工作日志法、现场观察法、资料分析法和能力要求法等。

以人为导向的工作分析方法是从任职者行为的角度描述职位，侧重于任职者在履行工作职责时所需的知识、技术、能力及其他行为特征。这类分析方法主要有职位分析问卷法、工作要素分析法、管理职位分析问卷法、临界特质分析系统、工作诊断调查法和工作成分清单法等。

以工作为导向的工作分析方法是指从职位角度出发，侧重描述其组成元素、工作任务、所需活动、绩效标准及相关任职条件。这类分析方法主要有功能性职位分析法、关键事件法和任务清单分析法等。

三种方法并没有绝对的区分，只是侧重点不同。接下来将根据日常实践重点介绍一些典型且常用的工作分析方法，具体包括问卷调查法、现场观察法、访谈法、工作日志法、资料分析法和关键事件法等。

（1）问卷调查法。问卷调查法是工作分析中最常用的方法之一，是指通过调查问卷获得工作分析的信息，从而实现工作分析的目的，具体地说就是让有关人员以书面形式回答工作岗位相关问题的工作分析方法。问卷调查法首先要设计一套工作分析问卷，问题集中在工作任务、工作范围、考核标准和必需的知识技能等方面；然后由岗位任职者填写问卷，也可以根据具体情况由上级主管人员填写；最后，将问卷加以归纳分析并做好详细记录，据此写出工作描述，在征求任职者和主管人员意见的基础上进行补充和修改。

调查问卷的设计有两种：一是开放式调查问卷，二是封闭式调查问卷。开放式调查问卷给定调查对象一个题目，调查对象可以根据题目设定的范围自由发挥，如“请用简洁的语言概述您从事的工作”。而封闭式调查问卷往往列出具体的任务或行为，请调查对象根据实际工作要求对任务是否执行或行为是否发生做出回答，如“您认为最适合这项工作的学历要求是：高中以下；高中或中专；大专；本科；研究生及以上”。调查问卷无论是开放式还是封闭式都要从职位出发进行设计。

（2）现场观察法。现场观察法是指工作分析人员直接到现场针对特定对象进行观察。收集、记录有关工作的内容、工作间的相互关系、人与工作的关系，以及工作环境与条件等信息，并用文字或图表形式记录下来，然后进行分析和归纳总结的方法。

现场观察法一般适用于工作周期很短、工作任务单一、重复性强、易于观察的生产性工作职位。对于某些工作周期较长的工作，为了能完整地观察到员工的所有工作，必须分阶段进行观察。如筹办大型会议的工作人员，该职位的工作从会议的立项开始到会议闭幕，往往历时较长，为了能够观察到任职者的各项工作任务，必须分阶段进行观察。职位分析人员应随时进行记录，必要时可以使用录影设备，以便确保收集到的信息充分、可靠。现场观察法的工作程序如下：

1）准备阶段。收集现有文件以对工作形成总体概念；准备一份工作分析观察提纲，作为观察的依据；若有辅助设备，提前准备好；为数据收集过程涉及的尚不清楚的主要项目做一个注释。

2）观察阶段。确保选择的观察对象具有代表性；选择不同员工在不同的时间内进行观察；以标准格式记录观察到的结果。

3）面谈阶段。观察后与员工进行面谈，请员工自己补充；与员工的主管直接进行面谈，了解工作的整体情况。

4）合并信息阶段。合并各方面的信息形成综合性的工作描述；工作分析人员应随时补充资料；结合所列提纲明确任务，保证每一项都已得到回答和确认。

5）核实阶段。工作分析人员认真检查整个工作描述，并在遗漏和含糊的地方做出标记；以小组方式进行核实，把所得的工作描述发给员工和主管；员工和主管核实并反馈；召集所有参与人员确定工作描述的相关信息最终的完整性和精确性。

（3）访谈法。访谈法是指工作分析人员就某一职位面对面地询问任职者及相关人员对职位的意见和看法。访谈通常围绕着工作内容、工作任务的目的、完成工作的方法、工作时间、工作地点、谁来工作和为谁工作等展开。访谈法是目前国内企业运用最广泛、最成熟、最有效的工作分析方法之一。访谈法的流程如下：

1）准备阶段。明确访谈目标；确定访谈对象；编制访谈提纲；确定访谈时间和地点；准备访谈所需的材料和设备；培训访谈人员。

2）实施阶段。营造气氛，切入访谈话题；介绍访谈流程及有关要求；进行正式访谈和记录；访谈结束，向被访谈者致谢。

3）数据处理阶段。与访谈对象的直接主管进行沟通，确定所收集信息的真实性和有效性；剔除无效信息；记录分类；形成初步工作分析文件。

（4）工作日志法。工作日志法又称工作写实法，是指任职者在一定周期内，按时间顺序准确、详细地记录自己的工作内容、工作过程以及责任、权利、人际关系、工作负荷、感受等，然后经过工作分析人员归纳、提炼、获取和分析所需工作信息，实现工作分析目的的一种方法。工作日志法的主要用途是作为原始工作信息收集方法，为其他职位分析方法提供信息支持，特别是在缺乏工作文献时，工作日志法的优势表现得更加明显。

工作日志法根据记录对象的不同，可以分为个人工作日志法、工作组工作日志法和特殊工作日志法。个人工作日志法是任职者对自己在整个工作日内完成某项工作的过程进行观察和记录；工作组工作日志法是针对相互关联、协同作业的一组任职者共同劳作过程的观察和记录；特殊工作日志法是为了满足某种特殊需要而专门组织的工作日志写实。

工作日志法的分析流程如下：

1）由工作分析人员设计出详细的工作日志表；

2）发放给任职者，让他们认真填写工作内容和工作过程；

3）收回工作日志表，并对信息进行分析整理；

4）检查记录和分析结果，可选择任职者的直接领导来承担；

5）修正、补充进而得到新的分析结果。

（5）资料分析法。资料分析法是指通过对现存的与工作相关的文档资料进行系统性分析，提取每个工作职位的任务、责任、权力、工作负荷、任职资格等方面的信息，为进一步调查奠定基础的一种方法。资料分析法的信息来源可以分为企业内部信息和企业外部信息两类，具体如图 2-6 所示。

资料分析法的具体操作步骤为：确定工作分析对象；选择渠道（组织或个人）；收集原有资料；选择与工作分析相关的资料；对资料进行整理；描述信息，以作为下一步工作分析的参考。

（6）关键事件法。关键事件法是一种由工作分析专家、管理者或工作人员在大量收集与工作相关信息的基础上，详细记录关键事件以及具体分析其岗位特征与要求的方法。关键事件是指工作成功或失败的行为特征或事件（如成功与失败、盈利与亏损、高效与低效等）。

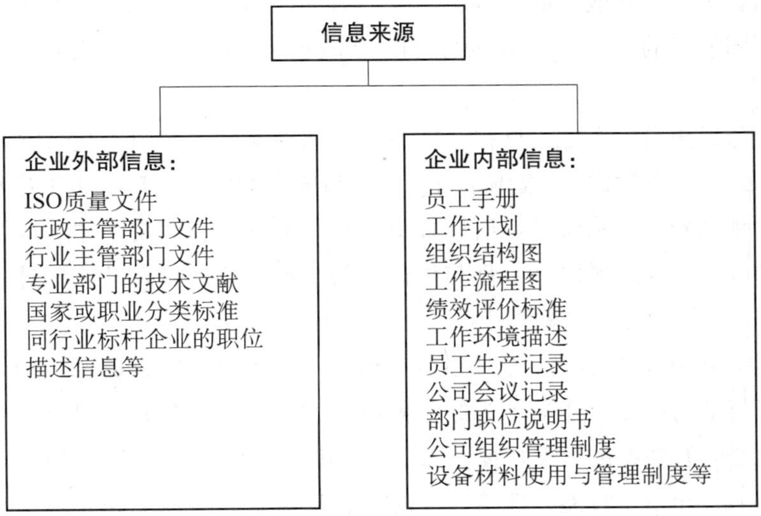

图 2－6　资料分析法的信息来源

1）记录内容。关键事件法应对完成工作的关键行为进行记录，以反映特别有效的工作行为和特别无效的工作行为。对每一事件的描述内容应包括：该事件发生的背景原因；员工的行为哪些是特别有效的，哪些是特别无效的；关键行为的后果能否被认知；员工控制上述行为后果的能力。将这四项内容详细记录之后对数据资料进行分类，并归纳总结出该职位的主要特征和具体要求。

2）步骤。首先，收集职务行为的各种事件，这些事件一般来说都表明一项特定职务上个人的工作绩效特别好或特别差的特征。这些事件可以采用个别或群体访谈、工作日志及其他手段，从任职者、同事、以前的任职者、上级或者其他人那里收集。其次，由专家评定这些事件是否真的就是好或坏的行为，因为有些任职者认为好的事件其实是坏事件，反之亦然。再次，由三个任职者将已经写出的事件归到一定的类别（或维度）中去，不同类别（或维度）的重要性是不同的。最后，由另外三个任职者再次将已写出的事件进行归类，并把归类的结果与第三步中的结果进行比较，对于那些不能一致归类的事件则把它排除掉或另归一类；然后对分析提炼、划分类别的结果进行列表，得出一幅职务基本特征的总体画面。

2.2.3　匹配理论

在一个组织中，员工和岗位是人力资源管理的出发点。一个组织的高效运作需要多种要素的和谐匹配，需要个人和岗位与组织匹配。匹配理论分为能岗匹配理论、人职匹配理论。

1. 能岗匹配理论

能岗匹配理论是关于人的个性特征与岗位性质相一致的理论。能是指能级。能级在狭义上指一个人能力的大小，广义上包含一个人的知识、能力、经验、事业心、意志力、品德等多方面要素。人有能级的区别。当我们研究能岗匹配理论时，首先要承认人有能级的区别，不同能级的人应承担不同的责任，不同的能级在责任、权利、荣誉等方面有不同的要求①。

能岗匹配的思想自古有之。早在三国时期，刘劭编撰了专门论述考察才性以选拔人才的理论著作——《人物志》。书中奉行"中庸致德"的儒家义理，主于论辨人才，以外见之符，验内藏之器，分别流品，研析疑似。对人的形质、性格、才具以及志业进行了分析、综合和分类，并遵循内部心理与外部行为相统一的原则，从人的体貌、言语、行为等方面入手观察以判定其"材质"。

20世纪初，国外学者泰罗、法约尔、韦伯等人也提出了能岗匹配理论，目的在于最大限度地挖掘员工的潜能，使员工为组织做出最大的贡献。其基本思想是：个体差异是普遍存在的，个体有独特的个性特征，每个岗位因工作性质、环境、条件、方式等差异，对工作者的能力、知识、技能、性格、气质、心理素质提出了不同要求。在进行职业决策时，要根据人的个性特征来配置与之相对应的岗位种类，即进行能岗匹配。若能做到能岗匹配，则个性特征与岗位的协调性高，会极大地提高工作效率；反之，则会降低工作效率。

无论对于组织还是个人，能岗匹配都具有重要的意义，因此，在人员招聘过程中要尽可能地做到能岗匹配。具体做法和原则包括：一是按能配岗，即根据个人的能力结构和水平（能级）将其安排在相应的岗位上；二是因岗选人，即根据岗位所要求的能级安排相应的人员；三是用人之长，避人之短，即在进行岗位配置时要充分发挥好个人优势，规避其劣势，充分调动员工的积极性和创造性②。

不同层次的岗位需要的能力是不同的，不同系列的岗位对知识和能力的要求也是不同的，具体见表2-1和表2-2。

表2-1　同一系列不同层次的岗位对主要能力的不同要求

高层	中层	基层
战略能力	计划能力	工作能力
宏观控制能力	组织能力	技术能力
计划能力	公关能力	现场处理问题能力
市场观察力	管理能力	实施计划能力
识人用人能力	现场处理问题能力	服从领导控制自己行为的能力
沟通能力	协调能力	与他人配合工作的能力
宣传鼓动能力	工作调配能力	

① 廖泉文．能岗匹配原理的理论与实践分析．福建理论学习，2004（7）：10-13.

② 魏新，杨俊．基于能岗匹配原理的人员招聘分析．中国人力资源开发，2010（10）：70-72.

表 2-2 不同系列相同层次的岗位对知识、能力的不同要求

维度	系列		
	财务部经理	人力资源部经理	市场部经理
知识	会计学知识 管理会计知识 审计学知识 国家相关法律法规	人力资源开发与管理知识 心理学知识 人力资源管理相关的法律知识 从事行业的基础业务知识	市场学知识 营销学知识 经济学知识
能力	计划能力 管理能力 组织他人工作的能力 原则性 协调能力	沟通能力 控制自己情绪的能力 协调能力 亲和力 公正性 识人用人能力	公关能力 协调能力 市场敏锐性 迅速决策的能力 了解他人心理的能力 忍耐力 应变能力

资料来源：廖泉文．招聘与录用．2 版．北京：中国人民大学出版社，2010.

2. 人职匹配理论

人职匹配理论包括特质因素理论和霍兰德人职匹配理论。

1909 年，弗兰克·帕森斯出版《选择一个职业》一书，书中提出了特质因素理论。特质因素理论是研究个人心理特质与职业因素相匹配的理论。特质是指能够通过心理测验所测得的特征，包括能力倾向、兴趣、价值观和人格等；因素是指能够胜任工作表现必须具备的特征，可以通过工作分析了解。

特质因素理论有几个基本假设：

（1）每一个人都有其独特性，这种独特性反映在兴趣、能力、需要、价值和人格特质上；

（2）每一个职业和工作有其独特性，这些独特性反映在工作项目、所需能力、所提供的报酬等方面；

（3）个人与职业的独特性都能够通过评估工具测量出来；

（4）如果个人的特性和职业的特性是吻合的，双方都会感到满意。

奉行特质因素理论的心理学家擅长将各种心理特质予以分类，根据客观与精确的统计与测验原理编制心理测验，而不重视个人心理特质是如何形成的。

特质因素理论认为个别差异现象普遍地存在于个人心理与行为中，每个人都具有自己独特的能力模式和人格特质，而某种能力模式和人格特质又与某些特定职业存在相关性。每种人格特质的个人都有与其相适应的职业，人人都有选择职业的机会，人的特性是可以客观测量的。

帕森斯提出职业指导由三步组成：

第一步是评价求职者的生理和心理特点。通过心理测量及其他测评手段，获得有关求职者的身体状况、能力倾向、兴趣爱好、气质与性格等方面的个人资料，并通过会谈、调查等方法获得有关求职者的家庭背景、学业成绩、工作经历等情况，并对这些资料进行评价。

第二步是分析各种职业对人的要求，并向求职者提供有关的职业信息。包括：

1）职业的性质、工资待遇、工作条件以及晋升的可能性；

2）求职的最低条件，如学历要求、所需的专业训练、身体要求、年龄、各种能力以及其他心理特点的要求；

3）为准备就业而设置的课程计划，以及提供这种训练的教育机构、学习年限、学习资格和费用等；

4）就业机会。

第三步是人职匹配。指导人员在了解求职者的特性和职业的各项指标的基础上，帮助求职者进行比较分析，以便选择一种适合其个人特点又有可能在职业上取得成功的职业。

特质因素理论强调个人所具有的特性与职业所需要的素质与技能之间的协调和匹配。

霍兰德人职匹配理论认为人的人格类型、兴趣与职业密切相关，每个人都有自己独特的能力模式和人格特征，每个人都可以找到适合自己的职业，当个人的人格特征和兴趣与职业相符时，可以调动他的工作热情和激发其潜力，并提高其工作满意度。

在人格和职业的关系方面，霍兰德提出了一系列假设：

- 在现实中，可以将人格分为六种类型：实际型、研究型、艺术型、社会型、企业型与传统型。每一特定类型人格的人，会对相应职业类型中的工作或学习感兴趣。
- 环境也可分为上述六种类型。
- 寻求能充分施展其能力与价值观的职业环境。
- 个人的行为取决于个体的人格和所处环境的特征之间的相互作用。

在上述理论假设的基础上，霍兰德提出了人格类型与职业类型模式。不同类型人格的人需要不同的生活或工作环境，例如“实际型”的人需要实际型的环境或职业，因为这种环境或职业能给予其所需要的机会与奖励，这种情况称为“和谐”（congruence）。类型与环境不和谐，则该环境或职业无法提供个人的能力与兴趣所需的机会与奖励。

霍兰德在其所著的《职业决策》一书中描述了六种人格类型及相应职业，即实际型（R）、研究型（I）、艺术型（A）、社会型（S）、企业型（E）、传统型（C）。

根据霍兰德人职匹配理论，在职业决策中最理想的是个体能够找到与其人格类型吻合的职业环境。一个人在与其人格类型相一致的环境中工作，容易得到乐趣和内在满足，最有可能充分发挥自己的才能。因此在职业选拔与职业指导中，首先就要通过一定的测评手段与方法来确定个体的人格类型，然后找到与之相匹配的职业种类。为了确定个体的人格类型，需要大量运用人才测评的手段与方法，霍兰德本人也编制了一套职业适应性测验（the self-directed search，SDS）来配合其理论的应用。

2.2.4 胜任要素理论

将胜任力思维运用在人才测评中，对企业选人用人和组织发展都具有积极意义。胜任力可以更好地提高人才测评的有效性，保证组织发展的有序性。基于胜任特征模型的人才测评系统，紧密结合岗位分析与人才测评工作，采用关键事件法、现场观察法、访谈法等方法，对所需测评的岗位进行深入研究，以找出此岗位的关键胜任特征。在实施相应岗位的人才测评时，对关键胜任力进行质和量的解释并对它们分配相应权重，从而针对这些胜任特征设计相应的测评试题，可以提高人才测评的针对性和准确性。

由于不同岗位对胜任力的要求不同，不同企业的战略、文化、价值观存在差异，在设计基于胜任特征模型的人才测评系统时，人力资源管理者一定要注意企业的实际情况，保证企业人才测评系统的科学规范性和长期有效性。

1. 胜任特征

在学术界和咨询界，对于胜任特征存在着多种解释。我国学者时堪在文献中论述了概念间的取舍，本书沿用其在文献中对胜任特征的定义，即“能将某一工作（或组织、文化）中卓越成就者与表现平平者区分开来的个人的深层次特征，它可以是动机、特质、自我形象、态度、价值观或某领域知识、认知、行为技能等任何可以被可靠测量或计数的并能显著区分优秀与一般绩效的个体特征”①。

这一概念可以从三方面来考虑：深层次特征、因果关联和参照效标。深层次特征指胜任特征是人格中深层和持久的部分，它显示了行为和思维方式，具有跨情境和跨时间的稳定性，能够预测多种情境或工作中人的行为。因果关联指胜任特征能引起或预测行为和绩效，只有能引发和预测某岗位的工作绩效和工作行为的深层次特征，才是该职位的胜任特征。如果一种行为不包括意图，就不能称为胜任特征。参照效标是衡量某特征品质预测现实情境中工作优劣的效度标准，它是胜任特征定义中最关键的方面。一个特征品质如果不能预测有意义的差异（如工作绩效方面的差异），就不能称为胜任特征。

2. 胜任特征模型

胜任特征模型（competency model）又称胜任素质模型，是指承担某一特定的职位角色所应具备的胜任特征要素的总和，即该职位表现优异者应具备的胜任特征结构。胜任特征模型主要包括三个要素，即胜任特征的名称、胜任特征的定义（指界定胜任特征的关键要素）和行为指标的等级（反映胜任特征行为表现的差异）②。

研究者们已经探索出多种程序来进行胜任特征模型的研究。其中最有代表性的包括：斯潘塞（Spencer）等人提出的使用效标样本的经典程序，包括使用专家小组的简略设计以及为单一任职者和未来工作而进行的设计程序；迪布瓦（Dubois）归纳出的六种方法，包括工作胜任特征评价方法、修改的工作胜任特征评价方法、灵活的工作胜任特征模型方法、通用模型的覆盖方法、定制的通用模型方法以及资料收集和处理方法。

当前胜任特征模型主要有冰山模型（iceberg competency model）和洋葱模型（onion competency model）两种。

（1）冰山模型。冰山模型最早由哈佛大学麦克利兰提出，他在受邀帮助挑选美国外交官的合适人选时，将人外显的知识、技能等易于被感知和培养的特征比作冰山在水上的部分，把自我概念、特质、动机等不易被感知和培养的特征比作冰山在水下的部分（见2-7）。

知识（knowledge）是指一个人在特定领域的专业知识。例如，外科医生关于人体的神经及肌肉的专业知识。知识是一项复杂的胜任特征。判断知识的测验常常无法连带测

① 时勘．胜任特征模型、领导行为研究及其在人力资源开发中的应用．首都经济贸易大学学报，2007（6）：13-19.

② 时勘，王继承，李超平．企业高层管理者胜任特征模型评价的研究．心理学报，2002（3）：306-311.

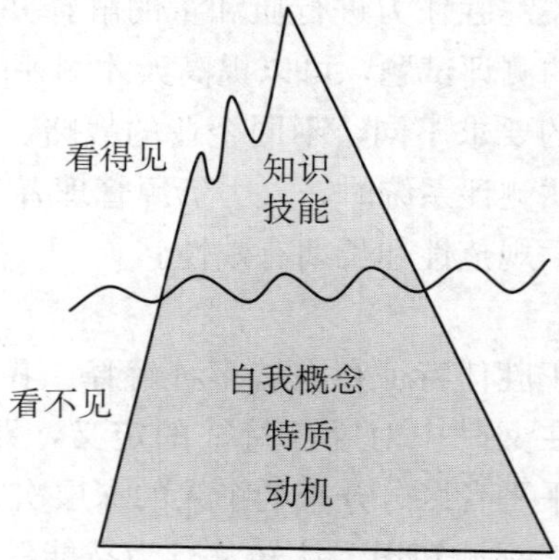

图 2-7　冰山模型

出实际的工作绩效，因为对表面知识和技巧的测量无法真正与实际运用在工作上的知识及技巧相提并论。原因有如下几点：

首先，许多知识的测验焦点在于机械式的记忆，然而真正重要的是发现资讯的能力，是活用的知识。记忆特定的知识不如判断与事实相关的衍生问题和实时查找信息重要。

其次，知识方面的测验是“回应式”的测量，因为被测者只需要从几个选项中找出正确的答案，而不需要有效运用这些基本知识。

总之，知识只能探知一个人现在能力所及的范围，而无法预知未来可能面临的状况。

技能（skills）是指执行有形或无形任务的能力。心理或任职技巧的才能包括分析性思考（处理知识和资料、判断因果关系、组合资料及计划）和概念性思考（将复杂资料重新组合）。比如，一位牙医能够以熟练的技巧填补病人的牙齿而不伤到他的神经，电脑程式设计师拥有 50 000 行逻辑性的序列的编码能力。

自我概念（self-concept）是关于一个人的态度、价值观及自我印象。例如，自信是个人深信自己不论在任何状况下都可以有效率地工作，这可以说是个人对自我概念的认定。一个人的价值观是指对现象的回应或反应式的动机，可以预测个人在一段时间内所呈现出的意向。举例来说，一个人想成为领导者，当他获知将有一项任务要测试领导能力时，他就会自然而然地展现出领导者的行为。若一个人习惯成为被管理者，他就不会有想去影响其他人的动机，通常这种人即使能够到达管理层，最后也不会成功。

特质（traits）是指身体的特性以及对情境或信息的持续反应。例如，对时间的即时反应和绝佳的视力是飞行员所必须具备的特质，情绪的自我控制和主动积极的精神是成功经理人所必须具备的特质。再如，具有“不动如山”这种特质的人，即使面对压力处理问题，也会游刃有余。特质是主导个人驱动力的主要因素，可以客观预测个人长期在工作上的表现，而不需要采取紧迫盯人的监督。

动机（motives）是指一个人对某种事物持续渴望进而产生行动的念头。有了动机，人们就会在众多目标或行动中心有所属而且坚定不移，即动机驱使并引导人们做出抉择。一位具有强烈成就动机的人，会不断地为自己设定具有挑战性的目标，且能持之以恒地去完成，同时通过反馈机制不断寻找改善的空间。

知识和技能的胜任特征将在实际工作中带来高绩效或者可以用来预测任职者未来的

工作水平和行为表现。动机、特质和自我概念的胜任特征可以用来预测行为，这些行为引导出工作的结果，整个程序是动机→行动→结果。胜任特征的因果流程模式如图 2－8 所示。

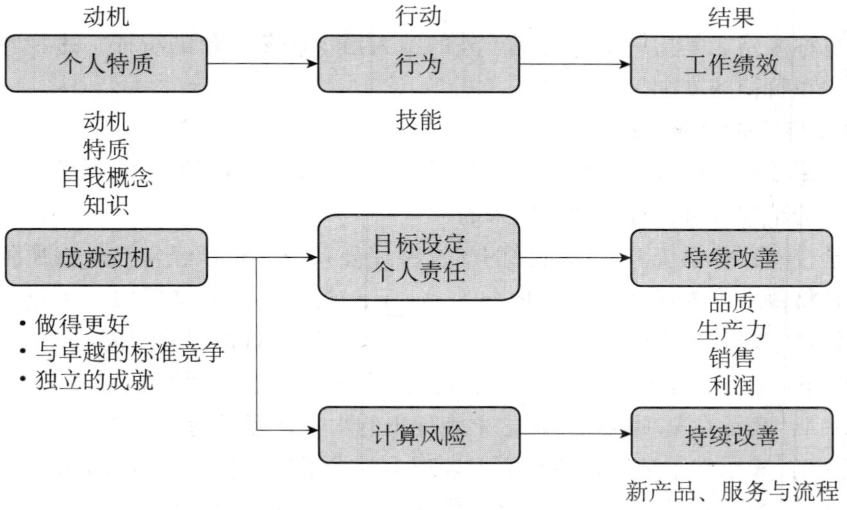

图 2－8　胜任特征的因果流程模式

资料来源：史班瑟．才能评鉴法．汕头：汕头大学出版社，2003：19.

（2）洋葱模型。美国学者博亚特兹结合麦克利兰冰山模型和莱尔·斯潘塞、塞尼·斯潘塞的理论，提出了“洋葱模型”，并将其从内到外细化为三层，分别是最外层、中间层、核心层。最外层包括知识、技能；中间层包括态度、价值观、自我形象、社会角色；核心层包括个性、动机。洋葱模型在描述胜任特征时由外及内，由表及里，层层深入，如图 2－9 所示。

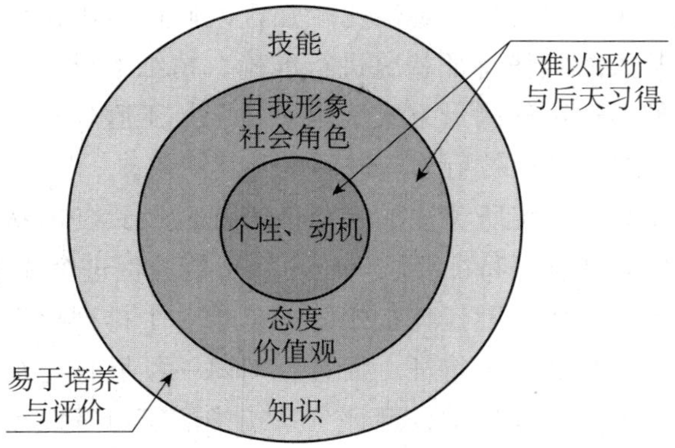

图 2－9　洋葱模型

态度是个人对特定对象，以一定方式做出反应时所持的评价性的、较稳定的内部心理倾向。

价值观是指个人对客观事物（包括人、物、事）及自己的行为结果的意义、作用、效果和重要性的总体评价，也是我们关于一生中最重要的东西的信念。价值观与情绪深深相连。

自我形象是个人自我认知的结果，是个人对其自身的看法和评价。

社会角色是指个体对自身所属的社会群体或组织及其认为恰当的一套行为准则的认识。

个性也称人格，是指一个人表现于外的给人留下深刻印象的特征，这种特征受个体未显露的内在特征的支配。

3. 胜任特征的测量方式

目前使用较广泛的胜任特征测量方法是多样的。这些不同类型的测量方式主要是根据每种方法的精细和有效程度划分出来的。

（1）学校型评分系统。这里所说的学校型评分系统，是指经常在学校见到的评分方式，也就是将每一项胜任特征粗略地分为 A、B、C、D、E 五个等级，不过这里采用具体数字来代替字母，从 1 到 5，数字越大表明具备的胜任特征程度越高：

1）A＝5：表示在某项胜任特征之上表现出的水平是非常优秀的；

2）B＝4：表示在某项胜任特征之上表现出的水平是超过基本预期的；

3）C＝3：表示在某项胜任特征之上表现出的水平达到基本期望水平；

4）D＝2：表示在某项胜任特征之上表现出的水平低于期望水平；

5）E＝1：表示在某项胜任特征之上表现出的水平远低于期望水平。

学校型评分系统在社会生活的各个方面都得到了广泛的应用，最典型的用途是在学校中对学生成绩进行评定。在当前的人力资源管理实践活动中，这种评分系统也经常被使用，比如用于绩效评估。这种评分系统之所以如此盛行，是因为它有自己独特的优点：容易操作、易于理解以及省力省钱。但学校型评分系统的这些优点也从根本上决定了它所固有的几大缺陷：第一，主观性强。人们在通过这种方式对胜任特征进行测量时，依据的是一种主观的假设标准，也就是“期望”。这种主观标准较难准确界定和清楚表达。第二，无法精确反馈。正是因为其主观性比较强，人们在运用这种方式对胜任特征进行测量时，往往无法对某人的胜任特征状况进行准确、精细的反馈。第三，不利于绩效过程中的行为改进。即使通过这种测量方式确定了每个员工胜任特征的等级和状况，也无法根据这些结果来改进员工的绩效行为，进而提升其绩效。

总的来说，学校型评分系统所关注的是个体当前已经具备的状态，它没有明确地说明在不同评分层级上的具体胜任特征要求，也不太可能去促进个体未来的行为变化。

（2）胜任特征矩阵法。所谓胜任特征矩阵，是指一个排列比较复杂的表格。在胜任特征矩阵中，列出了一系列的胜任特征，而且针对每一项胜任特征，都给出了期望的程度和等级。在胜任特征矩阵中取代学校型评分系统中的字母等级或数字等级的是具体的职位。不过这些职位并非随便罗列，而是有着明显的职级划分。比如说，分别以“首席执行官”“高级经理”“经理”“高级会计”“会计”来代替学校型评分系统中 A、B、C、D、E 或 5，4，3，2，1。在给出了几个既定的职位后，胜任特征矩阵针对每一个职位都列出一组行为要求，也就是在这个职位级别上的任职者应该达到的行为表现水平。

胜任特征矩阵法有两大优点：其一，这种测量体系有助于员工了解在每一个职位层级中对每一项胜任特征的期望程度；其二，使员工明确了为获得晋升或者取得所在层级上的工作成功需要展示出的工作行为。特别是后者，能够较有效地克服学校型评分系统的第三点缺陷，促进员工在工作过程中改善绩效行为。胜任特征矩阵法也有需要注意的问题：第一，某人在某些行为（维度）上具备的某种胜任特征程度较高，而在其他行为方面具备的这种胜任特征程度较低。遇到这种情况，人们还是难以确定此人在该胜任特征上的具备程度。第二，某些高职级的员工在测量过程中可能会表现出或者仅仅表现出较低职级的胜任特征所要求的行为表现。

（3）行为锚定等级量表法。行为锚定等级量表法（behaviorally anchored rating scale，BARS）的核心就是对“行为”进行界定和分类的一种测量体系，也可以称为行为等级界定量表测量法。BARS是指针对每一项胜任特征设计出评分量表，为每一项胜任特征确定出不同的行为等级。它根据“最小可视差”原则，对那些具体的、可观察到的行为指标进行分类和定级。测量者在对具体胜任特征进行测量时，完全根据被测者展示出的行为指标来进行，而BARS中提供的这些经过分类和定级的行为指标量表，可以很好地指导测量者根据测量要求来实施准确的测量和评估。这里提到的根据测量者展示出的行为指标进行测量和评估，既可以是对访谈过程中被测者所说明和描述的行为指标进行测量，也可以是对实际工作或生活场景中所展示的具体行为表现进行评估。

在设计行为锚定等级量表时，目前比较常见的做法是为每项胜任特征制定一个包括5～7个等级的评分表。在每个等级中，要准确地列出该等级的行为指标。表2-3和表2-4是关于“理解和满足客户需要”这项胜任特征的行为锚定等级量表。

表2-3 行为锚定等级量表Ⅰ

胜任特征名称	胜任特征定义	行为指标等级
理解和满足客户需要	为客户提供服务、帮助或有与之协同的意愿，包括理解和满足内部客户、外部客户需要的主动性和坚韧性	等级1：客户出现问题后做出反应 等级2：主动寻求理解客户问题 等级3：解决客户问题，充分承担责任 等级4：针对客户问题增加服务价值 等级5：理解客户深层次需要 等级6：成为客户忠诚的建议者 等级7：为客户与组织的长期互惠牺牲短期利益

表2-4 行为锚定等级量表Ⅱ

胜任特征名称	胜任特征定义	行为指标等级
坚韧性	能够在非常艰苦或不利的情况下，克服外部和自身的困难，坚持完成所从事的任务。坚韧性也称耐受力、压力忍受力、自我控制和意志力等	等级0：忍受不了批评、挫折和压力 等级1：面对挫折时克制自己的消极情绪（如愤怒、焦急、失望等）或保持情绪的稳定 等级2：能在比较艰苦的情况或者巨大的压力下坚持工作 等级3：有效地控制自己的压力，通过建设性的工作解除压力

也可以针对每一个行为界定的等级，将量表划分为四项要素，分别是序号、分值、定性描述和具体行为指标。比如，当对“主动性”这项胜任特征进行测量时，可以将其

设定成多个等级，见表 2-5。

表 2-5 行为锚定等级量表Ⅲ（局部样表）

胜任特征名称	序号	分值	定性描述	具体行为指标
主动性	⋮	⋮	⋮	⋮
	3	4	略微具备	展示了一些主动性方面的证据；可能躲避或错过一些确定问题、处理问题和把握的机遇
	⋮	⋮	⋮	⋮
	5	8	高度具备	在非常困难的情境下能够采取主动行为；展示高水平的关键行为；在困难面前能够不拘一格地找出解决问题的方法并采取行动直到问题解决；当项目的结果和执行环境不明朗时，能够主动地负责制定所有的步骤
	⋮	⋮	⋮	⋮

资料来源：国际人力资源管理研究院（IHRI）编委会．人力资源经理胜任素质模型．北京：机械工业出版社，2005：18-19.

BARS 在实际应用过程中得到了广泛的认同。它的优点可以概括为以下六个方面：

1）是组织对胜任特征含义进行沟通的有力工具。为所有的胜任特征制定出详细的 BARS 量表，一方面可以向员工展示什么样的行为才是组织期望的；另一方面，组织中所有的成员也可以根据这些量表来对胜任特征有关的内容展开讨论，从而加深整个组织对胜任特征含义及作用的理解和认同。

2）可以用来沟通组织的绩效目标和预期。当整个组织认清了胜任特征的意义和作用之后，组织通过对全体员工所具备的胜任特征程度进行测量，可以合理准确地判断出员工可能的绩效产出水平，从而制定出更合理的绩效目标；而且通过这种处理方式确定的目标更容易被员工接受。

3）可以改变组织的工作语言。组织全体成员通过对 BARS 测量体系的了解和沟通，能够更深刻地从胜任特征和绩效的角度来看待自己的工作和组织中的问题，进而逐渐形成一种胜任特征的文化氛围，直至成员沟通各方面的问题时都可以从这些基本面出发。

4）能够帮助管理人员和员工形成对自己及他人的积极看法。通过了解和运用 BARS 测量系统，人们能够对各自岗位所要求的胜任特征和绩效行为有一个更清楚的认识。绩效表现较差的员工也可以借助诸如有针对性的培训等途径去有效改变自己的工作行为和习惯，从而树立起更强的信心，产生对工作、他人以及整个组织更积极的看法。

5）能够帮助预测某些胜任特征，进而预测其在工作中达到的绩效水平。由于 BARS 对各种行为指标进行了准确清晰的分类，同时针对每个等级的行为指标给出了客观的绩效表现水平，可以由此预测员工在某些胜任特征的具备程度得到改善或提高之后的绩效表现水平。

6）能够提高基于胜任特征的人力资源管理的工作效率和效能。例如，人力资源经理通过将员工当前所具备的胜任特征程度与职位要求的水平进行对比，可以找出员工在某些胜任特征上的差距，借助 BARS 准确地确定员工要达到期望的绩效表现水平，需要在哪些具体的方面特别是行为指标上接受培训和矫正。这样的功能和效率，对于正确设计和执行了 BARS 测量体系的人力资源管理系统而言，应该是水到渠成的。

□ 复习思考题

1. 人才测评的学科基础包括哪些？
2. 人才测评的理论基础包括什么？每个理论包括哪些内容？
3. 工作分析包括哪些步骤？每个步骤需要注意什么？
4. 胜任特征模型在人才测评中有哪些应用？

第 3 章

能力测验

| 学习内容 |

- 智力测验
- 性向测验
- 成就测验

| 学习目标 |

- 了解能力的含义和构成
- 掌握智力测验的方法和原理
- 掌握性向测验的方法和原理
- 掌握成就测验的方法和原理

引导案例

华恒智信为渝口供电公司提供人才测评方案

公司背景

渝口供电公司（化名）是国家特大型供电企业，供电区域达 3.74 万平方公里，担负着向首都北京输送安全、可靠、稳定的电能和向渝口市 4 区 13 县供电的任务。目前公司所属变电站 115 座。公司先后被集团公司认定为“三星级供电企业”，被国家电力公司认定为“一流供电企业”，被中华总工会认定为“全国模范职工之家”，被中央精神文明建设指导委员会认定为“全国创建文明行业工作先进单位”。公司连续 14 年荣获省级“文明单位”称号，连续 19 年荣获市级“文明单位”称号。

随着电网的发展，渝口供电公司成为“西电东送”的枢纽，保障着首都北京用电的电力大动脉，在华北电网中的作用和地位举足轻重。

公司现状

渝口供电公司今年招聘了40名应届毕业生，经过统一培训之后，按照综合能力与工作的匹配度将他们分配到渝口市管辖的各级单位。但是目前公司遇到了一些筛选人才的困难。

（1）新员工学历多样，公司内部进行统一考核难以对新员工进行能力区分。招聘的40名员工中，有专科院校的学生，有本科的学生，同时还有硕士研究生。对不同学历的员工进行统一的综合能力测试存在困难。

（2）公司缺乏公平、公正、有可信度的综合能力测试手段。渝口供电公司希望能够引入严谨、科学的人才考核方式，对人才进行量才适用，合理安排新员工的岗位。

分析

渝口供电公司期望通过综合能力测试的方式为新员工安排职位，必须要了解人才能力的构成。

冰山模型认为人员个体素质的不同表现划分为表面的“冰山以上部分”和深藏的“冰山以下部分”。其中，“冰山以上部分”包括知识和技能，是外在表现，是容易了解与测量的部分，相对而言也比较容易通过培训来改变和发展；而“冰山以下部分”包括自我概念、特质和动机，是人内在的、难以测量的部分。它们不太容易通过外界的影响得到改变，但对人员的行为与表现起着关键的作用。

对新员工的综合能力进行量化考核时，不能仅局限于对知识和技能的考察，应从应聘者的求职动机、个人品质、价值观、自我认知和角色定位等方面进行综合考虑。如果没有良好的求职动机、个人品质、价值观等相关素质的支撑，新员工对公司的积极影响是有限的。

在渝口供电公司的案例中，需要考虑到两个要素：

（1）不同类型的工作对员工的素质要求是不一样的，需确定哪些素质是该公司需要的胜任素质。

（2）确定胜任素质后，华恒智信需要帮助企业设计具体可行的测评方案。确保该方案能够有效地将不同学历层次的新员工按照综合能力素质进行划分。

解决方案

（1）确定员工的综合能力素质组成。

运用冰山模型，结合渝口供电公司对员工的具体工作能力要求，确定了此次考核的综合能力素质范围：员工的语言表达与阅读能力、英语应用能力、计算机应用能力、及时应变能力、逻辑思维能力、员工动机、自我定位。在这些能力中，语言表达与阅读能力、英语应用能力、计算机应用能力是人才的基本技能，这些技能通过培训易于获得，对员工的基本工作具有重要作用。而逻辑思维能力、员工动机、自我定位等方面的能力相对来说难以通过后天的培训获取，但是对员工的工作也有重大的影响和作用。通过这些能力的测评，既可以评价员工已有的技能，比如英语、计算机方面的技能，也可以评价一些深层次、不易改变的素质，这样能保证不同学历层次的新员工具有可比性。

进行员工的综合能力测试可以设计以下题目：

一个年轻人寄了许多份简历到广告公司应聘，其中有一家公司写了一封信给他："虽然你自认为文采很好，但从你的来信中，我们发现了许多语法错误，甚至有一些错别字。"这个青年想：如果这是真的，我应该感谢他们告诉我，然后改正。于是他给这家公司写了一封感谢信。几天后，他再次收到这家公司的信函，通知他被录用了。这段文字主要想告诉我们（　　）。

A. 机会往往在不经意间获得

B. 公司招聘时更看重求职者的态度

C. 谦虚能获得更多知识和别人的尊重

D. 良好的文字功底是成功求职的前提

这个题目考察了新员工的价值观，是对员工工作态度和观念的考核。另外，也符合题目设计的主旨：既对新员工进行考核，同时也达到了教育的目的。

（2）设计相应的科学的考题。

甲、乙、丙三人分别到超市买饮料：一个人买了可乐，一个人买了果汁，一个人买了红茶。这三个人都刚刚打完球：一个人刚打完篮球，一个人刚打完网球，一个人刚打完羽毛球。已知：打篮球的人没买红茶，打羽毛球的人买了果汁，乙不是打羽毛球的，丙不是打篮球的，乙没买可乐。根据已知，判断甲买的是(　　)。

A. 可乐

B. 果汁

C. 红茶

D. 不确定

这种类型的题目贴近生活，可以考察新员工的逻辑思维能力，能够从较深层次反映出新员工的思维能力。

（3）提供增值服务。

华恒智信根据渝口供电公司新员工目前的状况，从新员工职业发展方向进行考虑，精心为新员工选购了系列图书，以引导他们尽快适应职场环境，更好应对职场问题。

资料来源：人才测评咨询案例：华恒智信为渝口供电公司提供量化考评方案 . https：//zhuanlan. zhihu. com/p/431627902?utm _ id=0.

思考题

1. 为什么要基于员工的综合能力对员工进行测评？

2. 如何理解冰山模型？

能力（ability）是指个人胜任某种工作或完成某项任务所必须具备的人格特征。能力是与活动联系的，能直接影响活动效率，从事任何一种活动都需要综合多种能力来使其顺利进行，如从事教育活动需要观察力、判断力、语言表达力、组织力等，从事绘画活动则需要色彩鉴别力、色调感、形象感、观察力等。

能力可以分为一般能力和特殊能力（见图3-1）。一般能力是指适合于多种活动的人格特征，如观察力、记忆力、想象力等。特殊能力则指适合于某种专门活动的人格特征，如色彩鉴别、乐感等。能力不是与生俱来的，而是后天形成的。遗传素质为能力的形成与发展奠定了基础，并提供了可能性。教育与环境使能力的形成与发展具备了现实性，而个体的实践活动则对能力的形成与发展起决定性作用。因此，由于人们的遗传素质不同、教育与环境的区别以及实践活动的差异，个体在能力的形成与发展上是千差万别的。

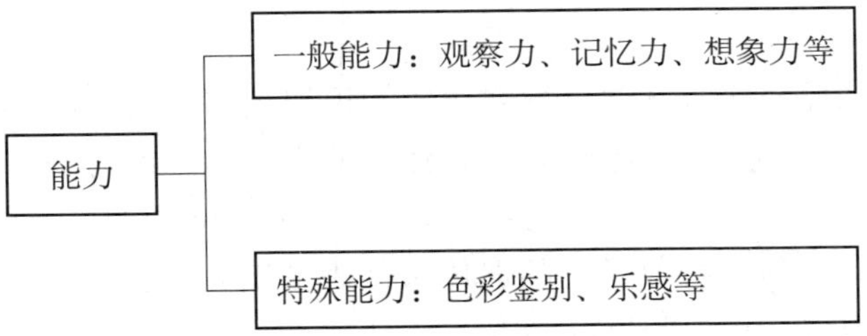

图3-1　能力的分类

能力测验作为一个概括性的名称，包括不同方面的多种能力测验。

20世纪初，心理学家比奈为了鉴别儿童在学习能力上的差异开始编制测验，称为智力测验，自此在儿童的培养和教育方面，能力与智力两个概念基本相通，并被广泛应用。由于智力测验在能力测验中长期占统治地位，故在很多教科书中与人格测验相对应只介绍智力测验。随着心理学的发展，人们逐步认识到在不同情境下能力的表现形式与所产生的作用并不相同，单靠智力测验还不足以解决实践需要。通过更深入的研究和分析发现，除了智力测验外，还需要强调有预测功能的性向（或倾向）测验和已习得知识或技能的成就测验，见图3-2。

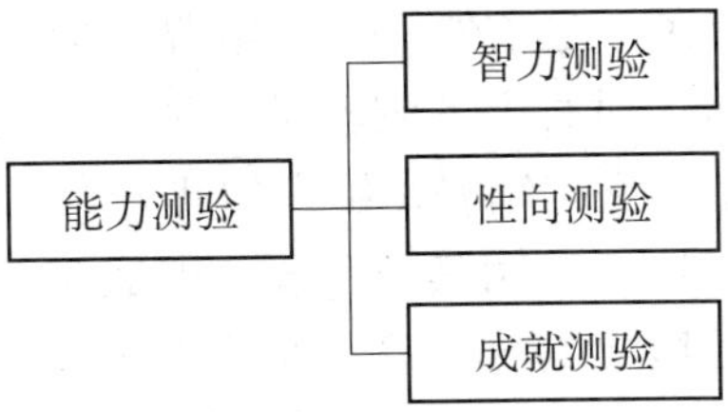

图3-2　能力测验分类

综上所述，如果将能力认定为智力，就采用智力测验；如果从发展的观点考察能力，则采用性向测验；若从习得的知识或技能方面考察，就采用成就测验。

3.1 智力测验

3.1.1 智力与智力测验

1. 智力

智力是大家熟知的用于描述个人才智高低的用语。在中国古代，孔子认为颜渊能“闻一知十”，端木赐只能“闻一知二”，这就是智力的差异。荀子曰：“所以知之在人者谓之知。知有所合谓之智。所以能之在人者谓之能。能有所合谓之能。”（《荀子·正名》）荀子认为智力的发展必须具备两方面条件：一是先天因素，二是后天因素。整体上说，智力是在先天因素的基础上通过后天因素的影响发展起来的。这与智力在现代心理学的看法是完全一致的。

一般来说，智力是指个人认识世界并运用知识解决实际问题的起基础作用或保障作用的能力总和，包括观察能力、记忆能力、注意能力、思维能力等方面。如果将学者们的定义概括一下，我们可以简单阐述为：智力（intelligence）是一种综合性的心理能力，这种心理能力乃是以个体本身所具有的遗传条件为基础，在其生活环境中，不断学习和积累经验，以适应环境、解决问题的能力。

美国心理学家吉尔福特受桑代克智力多因素理论的影响，于 1967 年创立了智力的三维结构模型。他认为智力包括三个维度：第一个维度是内容，指智力活动的对象或材料，包括听觉、视觉、符号、语义、行为五种；第二个维度是操作，指由各种对象或材料引起的智力活动过程，包括认知、记忆、发散思维、会聚思维、评价五种；第三个维度是结果，指运用各种智力活动对各类问题处理的结果，包括单位、类别、关系、系统、转化和应用六种。这样，吉尔福特认为，至少从理论上讲，人的智力有 $5\times5\times6=150$ 种，这些智力可以通过不同的测验来检验。

2. 智力测验

对智力的研究可以从不同方面进行，其中研究最多的是对智力进行量化的测验活动。对智力进行量化测验需要一种特定的工具，即智力量表（intelligence scale）。因此，智力测验（intelligence test）是指在一定条件下，使用智力量表对被测者施加刺激，从被测者的反应中测量其智力的高低。对智力的测验是通过对表现一个人智力水平的行为样本组进行测评，用数字加以描述，它的结果是给人的智力确定一种数量化的值。

除采用智力量表测验外，还可采用其他手段，如适应能力评定、行为观察、工作和学业成就测验以及个案史、健康史的分析等，对智力做全面系统的、既定性又定量的评定，总称为评估（assessment）。在实际工作中，为了解决具体问题，不能只采用某一种智力测验，通常是采用多种手段的评估，本节我们主要从个体智力测验和团体智力测验两个角度阐述标准化智力测验。

3. 智力测验的结果呈现

智力测验的结果呈现与智力测验的发展是不能分开论述的。由于高尔顿的生理计量法未达到理想状态，故而以后的心理学家改用心理计量取向尝试编制评定智力高低的工具。历史上正式的智力测验诞生于20世纪初。智力测验的早期发展可以分为三个阶段：心理年龄阶段、比率智商阶段和离差智商阶段。

（1）心理年龄阶段。20世纪初法国心理学家比奈放弃高尔顿的生理计量取向，改用心理计量取向编制智力测验量表。比奈的智力测验是从使用目的开始的。1904年，比奈与学者西蒙编制了第一个智力测验量表，即著名的比奈-西蒙智力量表，简称比西量表。该量表有三个特点：采用作业法，让被测者根据题目实际作业，从作业结果所获分数多少判断智力高低，以心理年龄（mental age，MA），心理年龄也称智力年龄，代表智力高低，这是一种以心理年龄与实足年龄（chronological age，CA）对比表示智力高低的方式；不采用高尔顿的智力遗传理念，改为在教育环境下鉴别儿童智力高低，从而因材施教。

（2）比率智商阶段。1916年，美国斯坦福大学教授推孟对比西量表加以修订，编成了著名的斯坦福-比奈智力量表，简称斯比量表，它是应用最广且最权威的智力量表之一。斯比量表最大的特征就是采取了德国心理学家斯特恩的观念，改变原有的心理年龄，以智力商数（简称智商）（intelligence quotient，IQ）来表示智力。智商代表心理年龄与实足年龄间的比值，故而亦称比率智商（ratio IQ），其计算公式为：

$$IQ = \frac{MA}{CA} \times 100$$

式中，IQ代表智商；MA代表心理年龄；CA代表实足年龄。

智商是呈常模分布的，特曼和麦里尔将智商等级划分成表3-1所示的形式。

表3-1 智商分布表

<table>
<tr><th colspan="2">智商等级</th><th>智商（分）</th><th>分布比例（%）</th></tr>
<tr><td colspan="2">天才</td><td>140以上</td><td>0.25</td></tr>
<tr><td colspan="2">最优秀</td><td>120～140</td><td>6.75</td></tr>
<tr><td colspan="2">优秀</td><td>110～120</td><td>13.00</td></tr>
<tr><td colspan="2">普通</td><td>90～110</td><td>60.00</td></tr>
<tr><td colspan="2">劣等</td><td>80～90</td><td>13.00</td></tr>
<tr><td colspan="2">临界线级</td><td>70～80</td><td>6.00</td></tr>
<tr><td rowspan="3">低能</td><td>轻度痴呆</td><td>50～70</td><td rowspan="3">1.00</td></tr>
<tr><td>中度痴呆</td><td>25～50</td></tr>
<tr><td>重度痴呆</td><td>25以下</td></tr>
</table>

（3）离差智商阶段。美国心理学家韦克斯勒采纳了心理学家瑟斯顿的意见，采用了离差智商。离差智商（deviation IQ）的基本原理是，以每个年龄阶段内所有人智力的常态分布（也称正态分布）为根据，将个人的分数在其同年龄组分布中与平均数的距离用标准差来表示。换言之，以个人在同年龄组分布中所在的位置为基础，先换算成标准分数，然后看他的位置与平均数的距离有几个标准差，以此判断智力的高低。智力的正态

分布如图 3-3 所示。

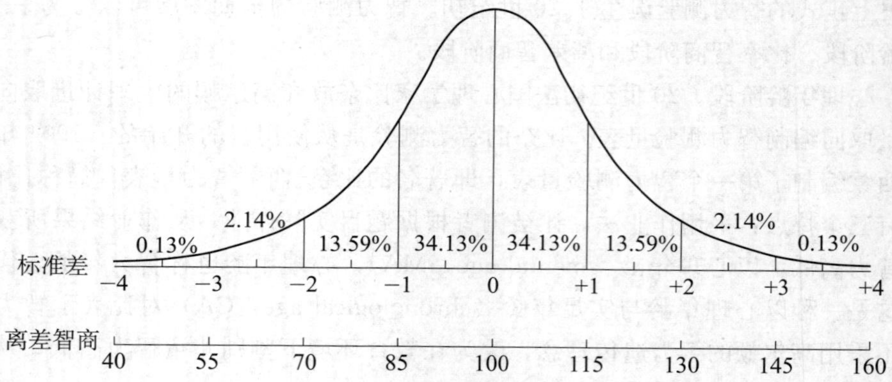

图 3-3 智力的正态分布

3.1.2 个体智力测验

个体智力测验（individual intelligence test）也称个别智力测验，属于个别测验之一，它指每次施测时，对象只限于一人。个体智力测验历史悠久，应用广泛。第一个正式的智力测验比西蒙量表和韦氏量表（韦克斯勒量表）都属于个体智力测验，这两种量表已被许多国家用于教育、临床等领域。我们将在个体智力测验部分主要介绍两种量表产生的智力测验。

1. 斯比量表

斯坦福-比奈量表（Stanford-Binet scale）简称斯比量表（S-B scale），是推孟在美国斯坦福大学根据比西量表修订和发展而成。这一新量表保存了原量表的年龄差异、一般智力和年龄量表三个原则，并增加题目（从 59 题增至 90 题），扩大年龄范围和标准化样本（3～14 岁，共 2 300 人，包括正常智力 1 700 人，低智（弱智）200 人，高智 400 人），发展了智商的早期公式。

我们将在本部分主要介绍由桑代克修订的斯比量表的 1986 年修订版本（第四版）。该版本的修订是最彻底的一次，这次修订的改变幅度比以往三次都大。斯比量表第四版与以往历次修订的最大不同是其所依据的智力模式不同并进行了量表结构和智商形式等方面的改革。

（1）斯比量表的智力模式。斯比量表的作者接纳了三层次智力结构模型：第一层次为一般因素（g 因素），即一般智力或一般推理能力；第二层次为晶体智力、流体智力和短时记忆；第三层次为言语推理、数量推理及抽象/视觉推理，各种推理包括几个分测验。同时，短时记忆也有几个分测验。具体如图 3-4 所示。

（2）斯比量表第四版的实施方法。首先决定各分测验（分测验的名称与内容见表 3-2）的起始水平，即从哪个项目开始。具体做法是，每个被测者开始接受词汇测验，施测者根据此分测验的成绩和被测者的实际年龄查阅一个“起点表”，便可找到所有分测验应有的起点。

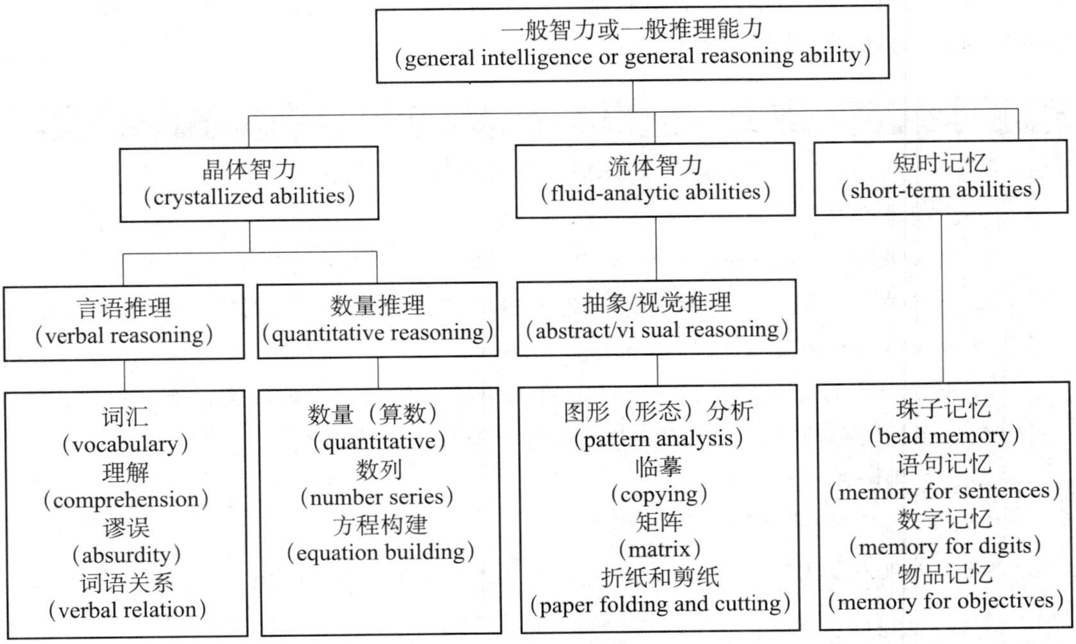

图 3-4　新斯比量表的三层次智力结构模型

表 3-2　斯比量表第四版各分测验名称与内容

测验名称	内容
言语推理	词汇：开始是 13 张词语图片，要求幼儿认图；之后是 32 个词，要求下定义。 理解：简单的是认识人体部位，难的是社会判断、推理和估计。 谬误：只用于 9 岁前的儿童，在图片中找出错误。 词语关系：被测者看 4 个字，要求说明哪三个相似，且与第四个有何不同。
数量推理	数量：从简单的计数到复杂的算术概念和操作（类似韦氏量表的心算测验），但不依赖于正式教育。 数列：在一组数字后，依据这组数字的逻辑关系补充另一个数字。 方程构建：将一个混乱的算术方程重新排列使之正确。
抽象/视觉推理	形态分析：简单的项目是将木块置于木板中，难的是用木块拼成复杂图形。 临摹：只给小于 10 岁的儿童使用。年幼的儿童模仿拼出一个简单的木块图形，或用纸笔临摹。 矩阵：选出物体、图案或字母来填补一个矩阵。 折纸和剪纸：要求被试者用一张折叠的纸，根据选项判断在剪了以后打开来会变成什么形状。

此外，还要找到各个分测验的基本水平和上限水平。所谓基本水平是指被测者对这个水平下的所有项目都能正确回答，当无误地连续通过四个项目时，便不再测试更容易的项目。上限水平即停止继续测验的点，也就是说在这个水平以上的所有项目，被测者都不能通过，即当四个项目中有三个失败，或四个连续错误时，便停止测验。最后进行 IQ 的计算。

（3）斯比量表第四版的记分方法。将 15 个测验的原始分数按均数为 50、标准差为 8 换算成标准分。将四个领域中的分测验标准分相加，再按均数为 100、标准差为 16 换算成四个领域的内容分。代表一般心理能力的复合分，即离差智商，也是按均数为 100、标准差为 16 的分布形式来换算的。

小资料

斯坦福-比奈量表（第四版）（节选）

一、指导语

1. 你必须在 45 分钟内完成全部 60 个题目，一定不要超过时间。

2. 不要在一个题目上耽搁太久，如果回答不出，就猜一个答案。猜错不扣分。不要留下未回答的题目。

3. 如果一个题目看起来有一个以上的正确答案或没有正确答案，选一个你认为最好的答案。这些题目是为了测验你的思考力而有意设计的。

二、智力测验

1. 五个答案中哪一个是最好的类比？（　　）

[工工人人人工人] 对于 [2211121] 相当于 [工工人人工人人工] 对于

A. [22122112]　　B. [22112122]　　C. [22112112]

D. [11221221]　　E. [21221121]

2. 找出与众不同的一个。（　　）

A. 铝　　B. 锡　　C. 钢

D. 铁　　E. 铜

3. 五个答案中哪一个是最好的类比？（　　）

 对于 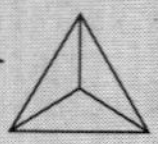 相当于 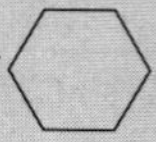 对于

A. 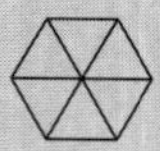　　B. 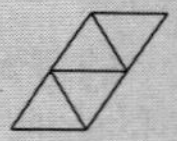　　C. 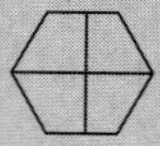

D. 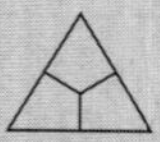　　E. 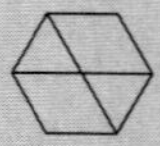

4. 找出与众不同的一个。（　　）

A. **N**　　B. **A**　　C. **V**

D. **H**　　E. **F**

5. 全班学生排成一行，从左数和从右数沃斯都是第 15 名，问全班共有学生多少人？（　　）

A. 15 人　　B. 25 人　　C. 29 人

D. 30 人　　E. 31 人

…………

三、答案及解释

题号	1	2	3	4	5
答案	C	C	A	C	C

1. 工=2，人=1
2. 钢是合金，其他是纯金属。
3. 都是顶角平分线交于一点并将多边形等分。
4. 只有C是由两条直线组成，其他均有三条直线组成，且发音上也是辅音，其他为元音。
5. 沃斯左手边14人，沃斯右手边14人，加上沃斯自己共29人。

…………

资料来源：温暖，金瑜．斯坦福-比奈智力量表第四版的特色研究．心理科学，2007（4）：944-947.

2. 韦氏量表

美国心理学家韦克斯勒于第一次世界大战期间从事军中测验工作。他在对军人施测的实际经验中发现，比奈以儿童为对象、以语文为内容的智力测验可以预测学业成败，但不足以预测成人的能力。他在纽约的贝鲁弗精神医院任职时，编制了一套测试成人智力的量表，称为韦氏-贝鲁弗量表。它不仅是韦氏量表系列的第一个量表，而且为韦氏其他量表在理论测验形式和智商计算方法等方面奠定了基础，相继发展出韦氏儿童智力量表、韦氏学前幼儿智力量表，以及修订版本共十套。本书的读者是已经步入社会或即将步入社会的成年人，所以我们只介绍韦氏成人智力量表。韦克斯勒于1955年重新修订了韦氏-贝鲁弗量表，称为韦氏成人智力量表。以下将概述此量表的编制与修订过程等内容。

（1）韦氏智力量表编制的依据。韦克斯勒认为“智力是个人有目的地行动、合理地思考和有效地处理周围环境的汇合的或整体的能力”，并指出智力是以整体为特征的，而行为的表现是由诸多能力聚集而成的，这些能力并非完全独立，但彼此之间存在质的差别，所以智力测验所测量的应是个体应对环境的全部能力之和。因此，韦克斯勒打破单一分数的观念，除测验总分外，还发展出数个分测验，用于区别个体的不同能力。这就是韦氏智力量表编制的依据。

（2）测验结构。韦克斯勒认为智力是诸多能力的组合，仅凭语文测验无法测得多项智力的水平。因此，编制测验的结构与其他测验不同，在阐述测验结构之前，需要了解两个概念：全量表和全智商。

全量表（full scale）指测验的总体。全量表包含两个分量表，一是言语量表，二是操作量表。全智商（full scale IQ）指将整个智力测验中的所有题目作答完毕，计算结果而得的智商。通过言语量表和操作量表可以分别测得言语智商（或语文智商）和操作智商（或作业智商）。全量表测验包含的分测验以及考察内容如表3-3所示。

表 3-3　韦氏智力量表各分测验及考察内容

分测验		考察内容
言语量表	常识	测量知识范围，可检测从非正式学校教育习得的知识、兴趣范围及记忆时长
	理解	测量个体对社会生活中各种规则和现象的理解能力，也可检测对社会的适应程度，尤其是对伦理道德的判断能力
	算术推理	考察个体解决算术问题的能力，长期被视为心理警觉性的指标，社会上也常用来评价注意力与解决问题的能力
	数字记忆广度	考察个体的注意力与对数位的超短期记忆广度
	类同	选用语言学上难度较小的词，让个体判断两个词之间的相似性，以测查抽象和概括能力
操作量表	图画补缺	要求施测者找出缺失的部分，可视为“残缺图”测验的发展
	图片排列	测验被测者的逻辑联想能力与思维的灵活度
	物体拼凑	测验被测者将部分汇总成整体、视觉和动作协调的能力
	积木设计	测验被测者的视觉和动作协调能力、组织能力、空间想象能力和形象背景的分辨能力
	符号代替	了解被测者学习的能力、耐力及操作速度
备用测验	词汇测验	表现被测者对新知识的敏感性、储备知识以及根据需要将旧知识重组的能力

(3) 韦氏成人智力量表的编制。韦氏成人智力量表（Wechsler Adult Intelligence Scale，WAIS）于 1955 年在韦氏-贝鲁弗量表第一版（W-B Ⅰ）的基础上发展而来，与韦氏-贝鲁弗量表第一版一样包含 11 个分测验，分成言语量表和操作量表，其测验项目中有 57%沿用韦氏-贝鲁弗量表第一版内容，采用点测量方式编制，即被测者的分数是依据其在每类题目上的答对数目计算的。下面简要介绍韦氏成人智力量表的标准化样本、信度和效度研究。

1) 标准化样本：根据美国 1950 年的人口资料，按 16～64 岁成人的性别、地区、城乡、种族（白人和非白人）、职业和教育等变量分层按比率取样，共 1 700 人，计 7 个年龄组，每组 200 或 300 人，男女各半。老年常模分 60～64 岁、65～69 岁、70～74 岁和 75 岁以上四个年龄组，每组 80～101 人，男女比例大体相近。

2) 信度研究：在标准化样本中选用 3 个年龄组（18～19 岁、25～34 岁、45～54 岁）作为代表，计算各分测验的分半相关系数（范围为 0.60～0.97）和测验标准误（范围为 1.75～0.86）。

3) 效度研究：对 52 名 16～26 岁的白人进行韦氏成人智力量表和斯比量表的相关研究，结果得出韦氏成人智力量表的语文智商、操作智商和全智商与斯比量表的智商相关系数分别为 0.86、0.69 和 0.85。

(4) 韦氏成人智力量表的两次修订。1981 年出版了韦氏成人智力量表（修订版）（Wechsler Adult Intelligence Scale-Revised，WAIS-R）。修订版的主要改变有：测验题目中 87%沿用原量表内容，13%是新题目或修改的题目。标准化常模样本的分层比率取样原则不变，但扩大了年龄范围，16～74 岁共计 9 个年龄组，每组男女各半。1982 年，我国出版了它的中文修订本，称为韦氏成人智力量表（中国修订版）（Wechsler Adult

Intelligence Scale-Revised in China，WAIS-RC)①。

1997年出版了再次修订的韦氏成人智力量表第三版（WAIS Ⅲ）。最明显的不同是将上限年龄从74岁延伸到了89岁，这反映了人口平均寿命的提高。同时增加许多下限测验项目，以便考察低水平的认知功能。还更新了测验题目内容，并减少了一些有文化偏差的题目。此外，缩短了测验时间。但为了便于诊断，将补充测验增加到了三个。第三版的内容包括：词汇、相似性、算术、数字广度、常识和领悟六个言语分测验，一个补充测验——字母数字顺序；以及图画填充、数位记号、积木图案、模型推理和图片排列五个操作分测验，两个补充测验——符号寻找和物体拼凑。

小资料

韦氏成人智力量表（WAIS-RC）（节选）

1981年修订中文版（龚耀先）

一、测验准备

（一）测验材料

手册一本；记录表格一份（分城市和农村）；词汇卡一张；填图测验和木块测验图卡；图片排列测验图卡一本；红白立方体一盒；图形拼凑碎片四盒；图形碎片摆放位置卡；数字符号记分键一张。

（二）适用范围

本测验适用于16岁以上的被测者，分城市和农村用两式。

（三）实施步骤

首先填好被测者的一般情况，测验时间、地点和主测者，然后按测验的标准程序进行测验。在进行成人测验时，一般按先言语测验后操作测验的顺序，但在特殊情况下可适当改变。测验通常都是一次做完，对于容易疲劳或动作缓慢的被测者，也可分多次完成。

二、测验实施（部分）

（一）知识测验

指导语："现在我来问你一些问题，请你回答，这些问题有的很容易，你很快便可回答；有的可能要想一想才能回答，你想好了便回答，懂吗？好！现在我们开始。"

1. 钟表有什么作用？

2. 球是什么形状？

（二）领悟测验

1. 为什么要经常洗衣服？

2. 火车为什么要有发动机？

（三）算术测验

…………

① WAIS，WAIS-R. A Comparison of factor analytic studies among Wechsler adult intelligence scale-revised in China（WAIS-RC）. Medical College，1987，19（1）：72－80.

10. 一个人有 18 元，买书用去 6 元，买笔用去 1 元 5 角，还余多少钱？

11. 某人每月收入 60 元，存入银行 15%，他还有多少钱？

（四）相似性测验

指导语："这里有一对词，你看它们有什么相似之处，就是说，请你对它们的共性进行概括。"

1. 斧头——锯子

2. 狗——狮子

（五）数字广度测验

所有被测者均从第 1 项开始，每项有两试，两试均失败则停止，每秒一数，不能分组，第 1 项失败则缩短位数，全部通过可加位。按通过的数字位数记分，而不是按通过的项目数记分，顺背最高 12 分，倒背 10 分。

数字	分数
⋮	
3. 5—8—2 6—9—4	
4. 6—4—3—9 7—2—8—6	
⋮	

（六）词汇测验

词汇	分数
1. 床铺	
⋮	
11. 伪装	
⋮	
21. 颠倒	
⋮	
31. 距离	

（七）数字符号测验

给数字（1～9）配上相应的符号，共 90 项，在 90 秒内，以最快的速度，按顺序填写相应的符号，时间到停止。每正确填写一个符号记 1 分，倒转符号记 0.5 分，最高 90 分。以下为示例。

数字	1	2	3	4	5	6	7	8	9
符号	—	⊥	Π	L	U	O	Λ	×	=

（八）木块图测验

有一些方块，有些是深色的，有些是浅色的，也有一些是一半深一半浅。请用这些方块摆成以下图案。

从第1项开始，1～2项有两试，第1项第一试用实物呈现，1～2项可提供帮助，连续3项得0分停止。每项正确记4分，7～10项（略）有时间加分。最高48分。

1　　2　　3

3.1.3 团体智力测验

前面介绍了个体智力测验，本部分介绍以团体为对象同时施测的团体智力测验（group intelligence test）。最早的团体智力测验是德国心理学家艾宾浩斯于1896年开发的填字测验。其后美国学者奥蒂斯将斯比量表改成团体测验方式，称为奥蒂斯团体智力测验。1917年，美国加入第一次世界大战，耶克斯领导一个包括奥蒂斯在内的委员会，综合已有测验的内容，编成陆军甲种测验和陆军乙种测验，以甄别入伍人员的心理能力，此后团体智力测验迅速发展并且得到广泛应用。

团体智力测验与个体智力测验有所区别，但它们不是相对立的概念。两种测验的目的不同，在实施上各有优点与不足，为了对智力做全面深入的分析，可先用团体智力测验进行筛查，发现需要深入评估的方面，再选择合适的个体智力测验。可以说个体智力测验是团体智力测验的辅助测验。

表3-4　个体智力测验与团体智力测验的区别

区别	个体智力测验	团体智力测验
实施方法	一个施测者和一个被测者	一个施测者和一个以上被测者
	用时长，部分测验有时间限制，总时间无严格限制	用时短，具体项目无时间限制，总时间有限制
	对施测者要求特别高，要与被测者很好地协调关系，机警地从被测者的作业中观察出测验内容以外的信息，有意识地引起被测者接受测验的动机和鼓励他们全力进行测验	施测者只需朗读指导语，进行一般的鼓励，以及按规定时间报时和停止测验
	回答多用言语和动手操作	回答多为书写方式
	记分复杂、标准难掌握	记分简单，只需用记分键或电脑软件加以核对
	不经改编，不能用于团体方式来施测	可按团体测验方式应用于个人
测验形式	测验项目分言语、图画或图案以及操作等方式	测验项目全为词语或图案的纸笔测验

续表

区别	个体智力测验	团体智力测验
应用范围	临床智力诊断和分析智力因素的强点和弱点	教育、军事、职业等领域，主要用于智力水平的筛查和大规模的调查研究
其他	施测精度高	施测精度相较个体智力测验低

这里主要介绍瑞文推理测验。

（1）发展历程。瑞文推理测验也称瑞文渐进推理测验，原名为瑞文渐进矩阵测验（Raven's progressive matrices），是英国心理学家瑞文（J. C. Raven）于 1938 年基于斯皮尔曼关于智力的二因素理论编制而成的一种团体智力测评，在世界各国沿用至今。该测验采取非文字的几何图形的测验形式，主要目的是测量人的一般能力。

瑞文推理测验在 20 世纪五六十年代经过几次修订，目前发展成三种形式：

1）瑞文彩图推理测验。瑞文彩图推理测验用来测量幼儿及智力低下者，属于瑞文推理测验三种形式中最低水平的测验。

2）瑞文标准推理测验。瑞文标准推理测验适用于 5.5 岁以上智力正常发展的人，属于中等水平的瑞文推理测验。

3）瑞文高级推理测验。瑞文高级推理测验适用于智力高于平均水平的人，是最高水平的瑞文推理测验。

20 世纪 80 年代瑞文推理测验引入我国，张厚粲制定了国内常模。为了实际测评的需要，李丹等人将瑞文推理测验的标准型与彩色型联合使用，称为瑞文推理测验联合型，并分别建立了城市常模和农村常模。这样，整个测验上下限延伸，适用范围扩大到 5～75 岁。

（2）题目形式。瑞文推理测验均由两种题目形式组成，一种是从一个完整图形中挖去一块，另一种是在一个图形矩阵中缺少一块，要求被测者从备选的图形中选出能够使图形完整或者使图形符合一定结构排列规律的图案。

（3）优点与缺点。瑞文推理测验可以用于团体施测，也可以用于个别施测，是一个有效的测量非言语推理能力的测验。它的优点在于对那些有言语、听觉和肢体障碍的人群相当方便，较少受到文化背景的影响，被公认为一种“文化公平”测验。但对瑞文推理测验的成绩不能与韦克斯勒智力量表同等看待，它提供的仅是图形推理的测验结果。

小资料

《瑞文推理测验》（节选）

说明

有 A、AB、B、C、D、E 六部分，每部分 12 道题，共 72 道题，用时不超过 40 分钟。

请使用一张答题纸记录题号与相应的选项数字。

指导语

以下每个题目都有一定的主题，但是每张大图都缺少一部分。大图以下有6～8张小图，将其中一张小图填补在大图的空缺部分，使整个大图合理、完整。

一、测验部分

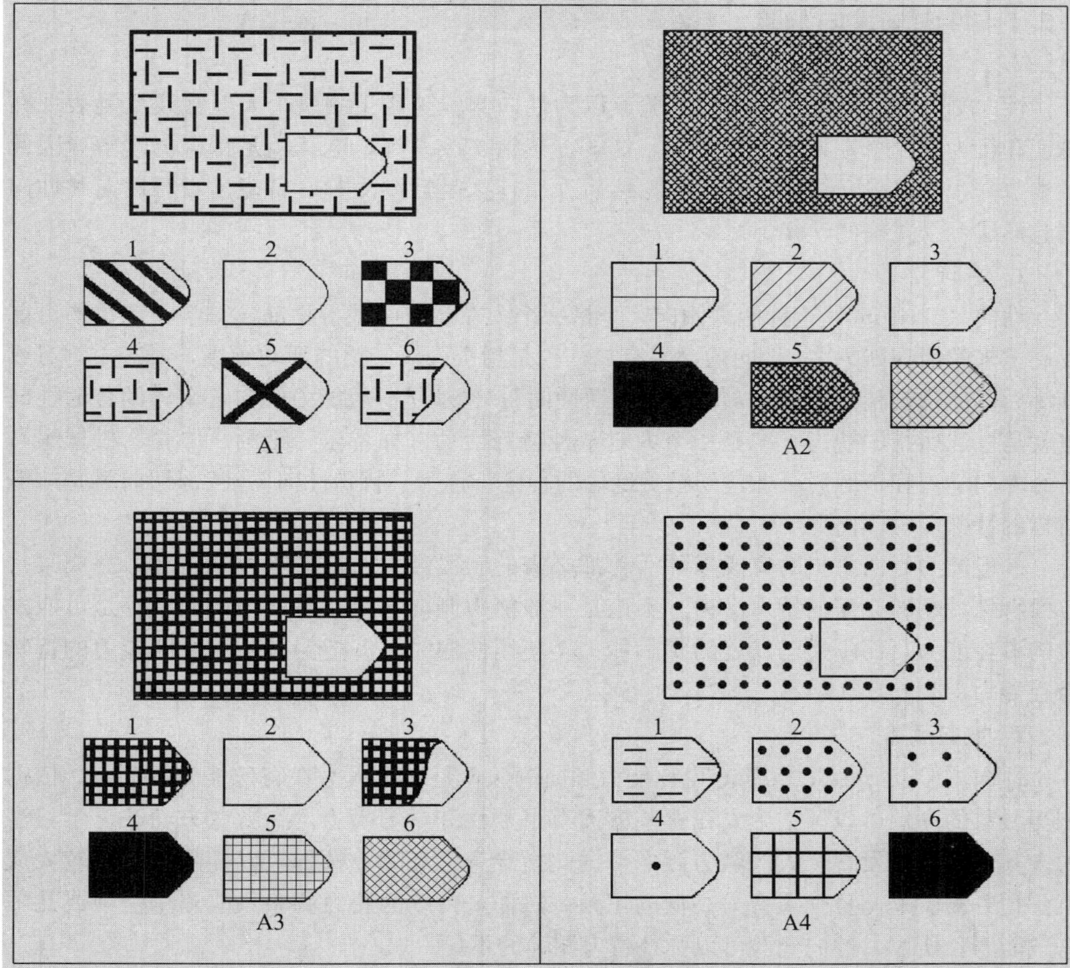

…………

二、测验分析

（一）瑞文推理测验答案

A	题号	1	2	3	4
	答案	4	5	1	2

…………

资料来源：卡普兰，萨库兹．心理测验：原理、应用和问题．北京：世界图书出版公司，2007：340.

3.2 性向测验

3.2.1 性向与性向测验

性向测验往往被误认为个性测验，以为性向测验是用于测量个人经常或反复表现在态度和行为上的个性特质，如坚强、懦弱、热情、冷漠等，这其实是错误的理解。因此在本节，我们首先介绍什么是性向，然后介绍什么是性向测验，希望读者对性向和性向测验形成一个正确的认知。

1. 性向

性向（aptitude）也称能力倾向，是指一个人在学习某种事物前，对学习该事物可能发展出来的潜在能力[①]。性向的含义有二：一是指个人对广泛的活动领域，若经过学习或训练后可能达到精湛的程度，称为“普通性向”，也就是一般能力倾向，个体的普通性向也就是一般所指的智力。二是指个人对某种特殊活动（如音乐、绘画、体育、机械等），若经专门学习和训练后可能达到精美绝伦的程度，称为“特殊性向”，特殊性向就是一般所指的特殊能力倾向。

一般能力倾向是指对完成多种活动都必需的一般潜力；特殊能力倾向是指完成某一方面特殊活动所必需的特殊潜力。不论是一般能力倾向还是特殊能力倾向，都是可能发展的潜在能力，而不是已发展的实际能力。使用性向时，多指偏向某一特殊能力的特殊潜在能力。

2. 性向测验

性向测验（aptitude test）也称能力倾向测验，是对个人潜在特殊能力的测定。依据测得分数的高低可以评估个人在哪些方面有可塑性和学习潜力，在哪些方面缺乏学习潜力。其作用在于发现个人的能力倾向，据此指导升学和职业选择，以期将来获得较大成就。智力测验是衡量个人智力高低的工具。然而，传统的智力测验只能测得一项或几项一般能力。所以，性向测验可以弥补智力测验的不足。

（1）性向测验与其他心理测验的关系。概括地讲，智力测验、性向测验和成就测验都是测量心理能力，就这一方面而言，它们是很相近的，但现在它们又都各成门类，而且在发展史、应用目的、实施方法和场地等方面也各有不同。因此，它们是既紧密联系又有一定区别的测验。

一般来说，这些测验所测量的能力有以下不同：

1）智力测验的测量对象是一般心理能力，如语文理解、数位推理、联想与记忆等能力。性向测验所测量的是某些特殊心理能力，如在美术、音乐、机械等领域的特殊能力倾向。成就测验所测量的是学习或训练后所获得的目前的实际能力，如柔道二段、英语六级。

---

① 杨治良．简明心理学辞典．上海：上海辞书出版社，2007.

2）成就测验仅受某一方面经验的影响，而性向测验所反映的是生活中多方面经验积累的才智结果，可以说这些特殊能力是在无控制条件下的学习效果。

3）智力测验和成就测验的结果是对当前心理状态的评价，而性向测验的结果则是对日后成绩的预测。

根据能力的一般性和特殊性，以及能力在活动之前和活动之后的特点，可以较清楚地对智力测验、性向测验和成就测验加以区分，而且不乏可佐证的实验或理论。例如，能力测验发展的连续体（见图3－5）可清楚说明上述论点。

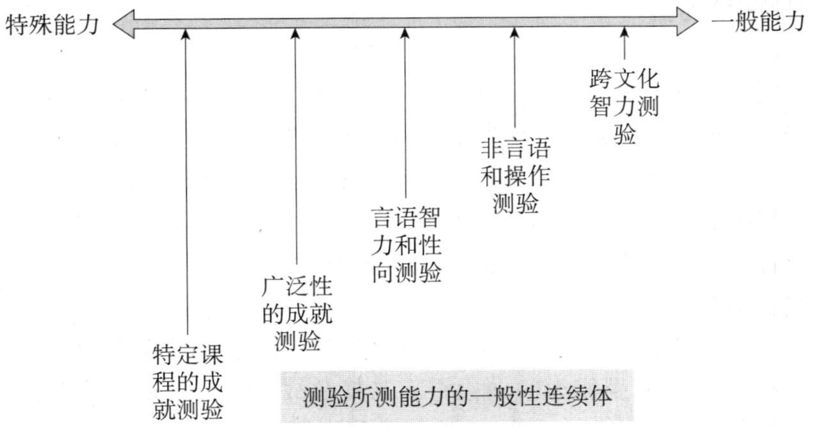

图3－5 能力测验的连续发展示意图

在图3－5中，特定课程的成就测验和跨文化智力测验可以分别代表特殊能力和一般能力，言语智力和性向测验居中，两端都有在能力发展进程中处于不同状态的测验，如广泛性的成就测验以及非言语和操作测验。也有许多证明成就与性向分离的实验，如在儿童学习外语前，外语成就测验为零，学习一段时间之后，成就测验会明显升高。但是对该儿童在学习前后实施两次性向测验，其成绩没有改变。另外，智力有流体智力和晶体智力之分，流体智力是指一个人生来就能进行智力活动的能力，依赖于先天的禀赋；晶体智力是指在实践中以习得的经验为基础的认知能力。因此有人认为性向测验侧重于测量流体智力，而成就测验侧重于测量晶体智力。可能是由于智力、性向和成就的概念不清，也可能是由于三者的联系确实大于区别，现有的一些能力测验名称不统一，内容混淆，难以归类。其中最容易混淆的是智力成套量表与多功能性向成套测验，以及性向测验与成就测验。为此，在讨论三类测验的区别时，不能忘记它们的相关性。

（2）性向测验的种类。关于性向的分类方法，按测量性向的数目分类，有特殊性向测验和多重性向测验两种。特殊性向测验是指每一测验测量某一种特殊潜能或性向，如记忆力测验、推理能力测验、音乐性向测验以及服装性向测验等；多重性向测验是指将数个性向分测验合并使用，用于测验多方面的潜在能力，如军事职业性向成套测验和区分性向测验。

性向测验多用于教育、职业和军事领域，以及一些特殊工作。然而，在教育领域，由于认知能力在小学阶段尚未很好地分化，因此在中学以前并不推荐使用成套性向测验。

进入中学以后，随着儿童逐渐成熟和经验积累，开始有了对未来职业的考虑和选修课程的需要，一些学校对高中学生施测多重性向测验是有所帮助的。通常，对学生应用最多的是一般学习能力测验，其他的有学科性向测验，如阅读理解测验、数学分析测验，以及对特殊人群的学习能力测验。在职业领域，应用最多的是能力分类测验，其次是特殊能力性向测验，如文书工作、电脑、机械能力和领导才能等测验。在接下来几节将详细介绍几种常见的性向测验。

3.2.2 多重性向测验

多重性向测验（multiple aptitude batteries）也称多元性向测验，是将数个性向测验合并使用，用于鉴别个人多方面的潜在能力的成套测验。此类测验的结果，不像一般智力测验那样用一个总分表示个人能力，而是用多个分数表示个人在多方面的能力。多重性向测验没有明确的使用目标，只是深入了解个体能力的高低，也可以分析比较个人能力的倾向以及各方面能力的大小，从而将不同个体加以区分。

1. 学业性向成套测验

学业性向测验多以学生为对象进行标准化和实施，用于预测学业成就。

（1）吉尔福德-齐默尔曼能力倾向检查。二战及战后，吉尔福德等对能力倾向（性向）测验进行研究，产生了吉尔福德-齐默尔曼能力倾向检查（Guilford-Zimmerman aptitude survey，GZAS）。它主要测量言语和抽象智力、数学概念的熟练掌握、知觉的速度和准确性。该预测包括 6 个分测验：言语理解、一般推理、数学运算、知觉速度、空间定向和空间形象。

（2）区分性向测验。区分性向测验[①]（differential aptitude test，DAT）原是美国学者宾奈特等人编制的。最早出版于 1947 年，后经多次修订。1983 年版有 DAT-V 和 DAT-W 式。这套测验的目的是对 8～12 年级的学生，在教育和职业教育方面进行咨询与指导。后来发现，此测验对离校年轻成人的职业咨询和雇主选择求职者也有用，现已成为普遍使用的多重性向成套测验之一。1992 年以后区分性向测验分为两种水平：水平一主要适用于 7～9 年级学生和不具有初中毕业水平的成人；水平二适用于 10～12 年级和未完成高中学业的成年人。

表 3-5 区分性向测验分测验的部分项目示例

分测验	项目示例
1. 言语推理（VQ）	请从下列词对中选出正确的填在空白处。 ________之于眼，如同耳鼓之于________ A. 视——声音　B. 虹膜——听　C. 视网膜——耳 D. 视力——耳　E. 睫毛——耳垂

① 朴永馨．特殊教育辞典．北京：华夏出版社，2014.

续表

分测验	项目示例
2. 数的能力（NA）	选出正确答案。 4×(－5)×(－3)＝(　　) A. －60　B. 27　C. －27　D. 60　E. 以上皆非
3. 机械推理（MR）	下面哪一杠杆要使用更大的力，才能把相同质量的物体升起？在需要使用大力的字母上作记号，如果使用相同的力，便在 C 上做记号。 A. 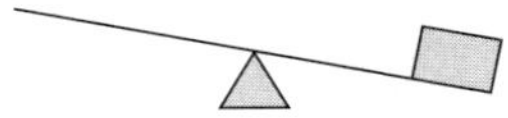 B.  C. 使用相同的力
4. 空间关系（SR）	下面的纸板能折叠成哪个图形？(　　) 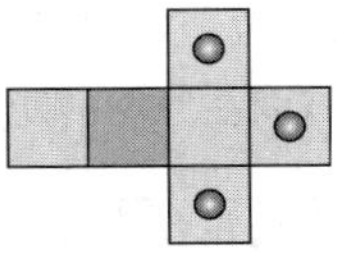 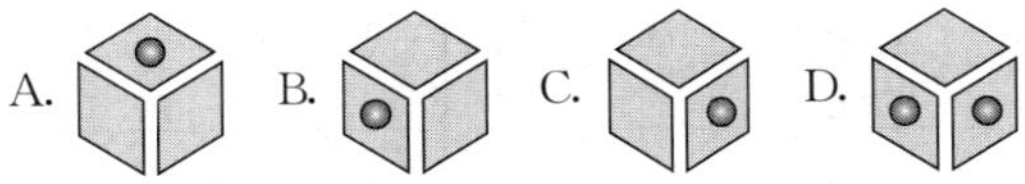

参考答案：1. C　2. D　3. B　4. D

编制区分性向测验的理论依据是：人们不只有一种而是有多种不同的职业性向，而且这些性向是可以测量的。此测验包括 8 个独立的分测验：言语推理（或语文推理）(VR)；数的能力（NA)；抽象推理（AR)；文书速度和正确性（CSA)；机械推理(MR)；空间关系（SR)；拼音（S)；语文应用（LU)。

每一个分测验的题目数量不等，一般在 50～70 个以内，但文书速度和正确性测验有 100 个，拼写有 90 个。各分测验的功能是独立的，既可以单独实施也可以组合实施。对测验结果的描述，通常是将分测验的分数加权后绘成剖析图，以表示能力的强弱。

2. 工业性向测验

工业性向测验多用于商业和工业从业人员的选拔与安置。其中最早的是 20 世纪 30 年代由明尼苏达职业安定研究所的研究人员编制的，包括一般智力、数字、知觉、机械和心理运动能力的测验。根据职员、机械工人、商人和其他职业团体的平均分数绘制的剖析图可以作为可供比较的职业能力模式。这类测验还包括一般性向成套测验、弗兰那根性向分类测验和弗兰那根工业测验。

（1）一般性向成套测验。一般性向成套测验（general aptitude test battery，GATB）也称普通性向成套测验，由美国劳工部自 1934 年开始编制，并于 1947 年发表，已被广泛采用。下面将简述其形成与编制历程、适用对象及发展状况。

一般性向成套测验早期主要由地方政府职业服务部门以及其他非营利机构和组织在得到政府允许后实施。它是一个确定职业性向的工具，适用的人员包括：失业后政府要求他们来做测验的人；寻求帮助找工作的人；已在职，但公司要他们来接受测验的人；想了解自己的能力适合哪种领域工作的人。70 多年来，一般性向成套测验经历了多次修订。虽然开发该测验的初衷主要是供政府职业服务机构的职业咨询师使用，但由于它具有实用价值，现在已经被全球许多国家或团体翻译和修订，并用于职业能力倾向模式和能力因素的分析。

一般性向成套测验是根据工作分析，并融合59个测验的单因素分析结果而成，有8个纸笔测验和4个仪器测验，共12个分测验，测量九种主要性向因素，测验的内涵及结构见表3－6。由测验结果产生影响职业成功的九种主要性向因素，将九个性向测验标准分（均数为100，标准差为20）构成三个组合分：认知组合分，由G、V、N三种性向因素组成；知觉组合分，由S、P、Q三种性向因素组成；心理运动组合分，由K、F、M三种性向因素组成。

表3－6 一般性向成套测验的内涵与结构

成分	九种性向因素	性向因素的定义	分测验
Ⅰ.认知	智力（G）	理解指示与内在原理的能力，推理判断的能力	测验3：三维空间 测验4：词汇测验 测验6：算术推理
	言语性向（V）	理解词语含义并有效运用词语的能力；言语理解能力；理解词与词的关系，理解句意和段意的能力	测验4：词汇测验
	数字性向（N）	迅速并正确地进行数学计算推理的能力	测验2：计算测验 测验6：算术推理
Ⅱ.知觉	空间性向（S）	能够想象几何图形，并且将二维方式呈现的图形转化为三维物体的能力；能够对发生空间位置变化的图形进行再确认	测试3：三维空间
	形状知觉（P）	能够观察物体或图形材料的细节，具有观察对比和差异辨别的能力；能够观察到物体形状、线段长宽的细微差异	测试5：工具匹配 测试7：形状匹配
	文书知觉（Q）	能够理解文字表格材料的细节；能够发现副本与原件的差异；能够校对词语和数位，能够避免在数位计算中的知觉错误；考察对词语和数位材料的理解速度	测验1：名称比较
Ⅲ.心理运动	动作协调（K）	通过手（手指）与眼的协调，迅速并准确地完成精确动作的能力；迅速并准确地做出动作反应的能力	测验8：速记测验
	手指灵巧性（F）	通过手指活动，迅速并准确地操作微小物品的能力	测验11：组合测验 测验12：拆卸测验
	手工灵巧性（M）	能够轻松灵巧地完成手部运动的能力，通过双手完成摆放和翻转动作的能力	测验9：放置测验 测验10：翻转测验

此测试适用于高中生和成人。完成整套测验需要3小时，其中纸笔测验和仪器测验各占1.5小时。有时根据需要，可以选择部分测验来组成特殊工作所需要的特殊性向成套测验。

（2）弗兰那根性向分类测验和弗兰那根工业测验。由弗兰那根编制的弗兰那根性向分类测验（Flanagan aptitude classification tests，FACT）和弗兰那根工业测验（Flanagan industrial tests，FIT）也是比较有效的测验。FACT是根据第二次世界大战时使用的飞行学员成套测验（aviation cadet classification battery）研究的结果编制而成的。弗兰那根根据工作分析发现，有14种特殊工作技能影响许多种职业的成功，于是设计了包括14个分测验的性向测验。FACT的14个分测验是：

1）检验测验：测量被测者是否具有能迅速准确地指出一系列细小物件的缺点和瑕疵的能力；

2）代号测验：测量被测者把各种名称变换为代号的速度及正确性；

3）记忆测验：测量被测者记忆上一代号测验中各种代号的能力；

4）精确性测验：测量被测者以单手或双手合作，从事绕细小圆圈的细密动作的速度与正确性，也就是测量被测者精密处理细小物体的能力；

5）装配测验：测量被测者无须根据实际模型，仅凭想象力去组合机械零件的能力，目的在于测量被测者由一物体的许多分散部分看出其全貌的能力；

6）坐标测验：测量被测者阅读和了解坐标与图表的速度及正确性；

7）协调能力测验：测量被测者协调其手与手臂的运动的能力，看是否能维持手与手臂的运动以及是否能维持手与手臂动作的平稳性；

8）判断和理解能力测验：测量被测者能否根据某一情况进行逻辑推理、正确判断；

9）算术测验：测量被测者迅速而正确地进行数字计算的能力；

10）图样模仿能力测验：测量被测者能否精细并正确地模仿绘制已有图样的能力；

11）组成测验：测量被测者是否能在一个复杂的图形中辨认出各重要的组成部分；

12）表格阅读能力测验：测量被测者阅读表格的速度与正确性，一种为纯数字的，另一种以文字为主；

13）机械测验：测量被测者了解机械原理和分析机械运动的能力；

14）表达能力测验：测量被测者用字词造句的能力以及对各种正误句的直觉和认识，其中一部分是确定每一句话是否合乎语法习惯或有错别字，另一部分是采用三种不同结构的语句来表达同一事件，按其通顺简洁的程度，指出哪句最优，哪句最差。

被测者要了解自己的职业性向可以接受这14种分测验，也可接受其中几种分测验。测验的结果是将几种分测验的分数综合起来，以判断被测者所具有的能力适于从事哪一类职业。不同职业所需要的能力不同，因此所需要施测的分测验种类也不同。

测验的结果要转化成标准九分。测验的信度较高，但有关的效度资料还不够。由我国修订的该测验，根据435～1 031人的统计，内部一致性系数在0.38～0.98之间，均非常显著；效度资料来自工程师、管子工等9组人员，人数是62～239人，效标为工作能力的评判，所得同时效度为0.236～0.471，除管子工组外，其余8组均非常显著。FACT的最大缺点是费时，完成整个测验需要6小时。

FIT包括18个分测验，它对FACT做了部分修改，建立在与FACT相同的工作分析之上，并且测量相同的工作元素。施测时间较短，但其常模相对小，各测验的信度系数为0.50～0.90，效度资料不足。

3. 军事性向测验

在第一次世界大战中，美国心理测验先驱耶克斯领导一群心理学家参与美军人员甄选和训练工作，因工作需要编制了陆军甲种测验和陆军乙种测验。两者都用于对入伍人员做能力筛选。这是心理测验史上第一套团体智力测验，也是早期的军用性向测验。

陆军甲种测验（army alpha test）是一种文字测验，适用于懂英语的大中学生和一般成人。施测需 40～50 分钟，由 8 个分测验组成：遵循指示、算术、判断、推理、词义异同、词句重组、数序完成、类比和常识。每个分测验的项目按难度顺序排列，有五个复本。

陆军乙种测验（army beta test）是一种非文字测验，适用于文盲或不懂英语的人。施测需 50 分钟，由 7 个分测验组成：迷津、数立方体、图序完成、译码、数位校对、图像补缺和几何图形分析。

美国在第二次世界大战时又开发了陆军一般分类测验（或普通分类测验）（army general classification test，AGCT），用来区分出能从事技术性作业的兵种，选择可接受继续训练的士兵，淘汰智力达不到标准的人员。该测验由词义辨别、算术推理、空间知觉三部分组成。战后，该测验由民间出版。此测验可将原始分数转化为智商，从而对测验结果做出解释。后来出现了军用分类测验（armed forces qualification test，AFQT），20 世纪 70 年代又发展了军事职业性向成套测验，成为各个兵种对入伍士兵进行选择和分类统一使用的性向测验。

军事职业性向成套测验（armed services vocational aptitude battery，ASVAB）适用于高中二年级以上的学生，20 世纪 70 年代以后出现多个修订本。当前被广泛使用的 ASVAS-18/19 式，包含了 10 个分测验：一般科学（GS）；算术推理（AR）；字词知识（WK）；文章段落理解（PC）；数位操作（NO）；编码速度（CS）；自动化和工厂资讯（AS）；数学知识（MK）；机械理解（MC）；电子学知识（EI）（见表 3－7）。

表 3－7 军事性向成套测验的分测验项目示例

分测验	测验内容与项目示例
1. 一般科学（GS）	测验内容：关于一般科学的问题，包括生物学和物理学 项目示例：日食是（ ）。 A. 月亮遮住太阳 B. 月亮遮住地球 C. 地球遮住太阳 D. 地球遮住月亮
2. 算术推理（AR）	测验内容：解决算术问题 项目示例：如果每平方米的防雨布要 0.5 元，买一块能盖住 15 米宽 24 米长的物体的防雨布要多少钱？（ ） A. 6.60 B. 18.00 C. 20.00 D. 180.00
3. 字词知识（WK）	测验内容：就你所理解的词义来看，四个选项中哪一个界定得最好 项目示例："狐疑"这个词的意思是（ ）。 A. 颠三倒四 B. 躲躲闪闪 C. 勇往直前 D. 左顾右盼
4. 文章段落理解（PC）	测验内容：阅读理解和推理测验 项目示例：所有家中失窃案件中有 25%是由于门窗未关好。犯罪是机会和欲望的结果。为了防止犯罪，每个人的责任是（ ）。 A. 提供欲望 B. 提供机会 C. 隔断欲望 D. 不给机会
5. 数位操作（NO）	测验内容：这是一个速度测试，要求被测者尽快解答 项目示例：6.5－5.5＝（ ）。 A. 1 B. 2 C. 3 D. 4

续表

分测验	测验内容与项目示例
6. 编码速度（CS）	测验内容：此测验提供一些编码，要求尽快解码，用于测量知觉/运动速度 项目示例：已知编码：绿色——2715，男人——3451，盐——4586，帽子——1413，房间——2864，树——5972 那么房间——（　　）。 A. 1413　B. 2715　C. 2864　D. 3451　E. 4865
7. 自动化和工厂资讯（AS）	测验内容：此测验测量自动化、工厂实践和运用工具的知识 项目示例：下面是一个什么工具？（　　） 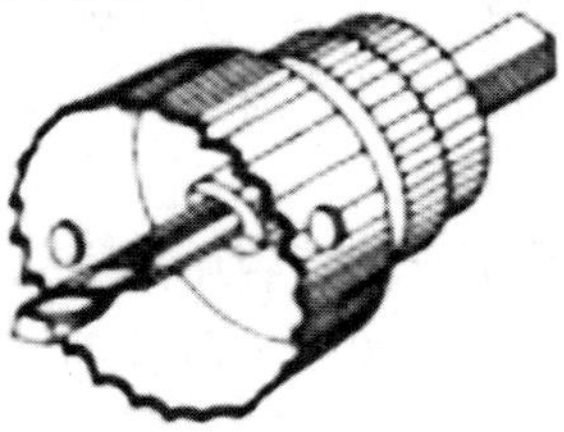 A. 打孔锯　B. 锥孔锯　C. 倒挫锯　D. 制粉锯
8. 数学知识（MK）	测验内容：运用中学数学知识来解决问题，可用笔来演算 项目示例：如果 $3x=-5$，则 $x=$（　　）。 A. -2　B. $-5/3$　C. $-3/5$　D. $3/5$
9. 机械理解（MC）	测验内容：是有关一般机器和物理原则的问题 项目示例：大桶内的液体正在利用（　　）转移到小桶内。 A. 细管作用　B. 重力　C. 管子里的液体压力　D. 大桶里的水 
10. 电子学知识（EI）	测验内容：测验电学、收音机和电子知识 项目示例：下面哪个符号代表变压器？（　　） 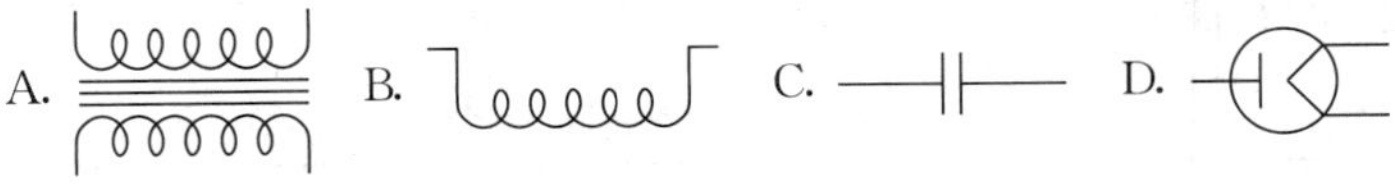

各分测验的时限不等，最短的是数位操作（NO），用时 3 分钟，最长的是算术推理（AR），用时 36 分钟，全部测验总共用时 144 分钟。由上述分测验组成三个合成分，用作训练和工作安置及分类的参考。方法是先计算出每个测验的 T 分数和百分位数，然后进行组合得出三个合成分，即言语能力（VA＝WK＋PC）、数学能力（MA＝AR＋MK）和学术能力（AA＝2VA＋MA）。

军事职业性向成套测验的标准分常模是以一个有代表性的青年样本为基础建立的。对这一成套测验做因素分析，结果发现军事职业性向成套测验有一个一般因素和四个特殊因素，整套测验在前者上的负荷量达60%。四个特殊因素负荷高的分测验分别如下：词语因素的负荷测验为WK和PC；速度因素的为NO和CS；数量因素的为AR和MK；技术因素的为AS、MC和EI。

人们对军事职业性向成套测验的分测验和上述各特殊因素组合测验的效度做过许多研究。这些研究是根据不同工作和教育成绩来进行分析的。结果发现，效度系数主要因所用的效标类型不同而有差别。一般来说，“能做”（如军人生活和技术熟练）方面的效度系数比“愿做”（如努力、领导和个人纪律）方面的效度系数要高些；对“能做”是通过工作知识和手艺来评估，而对“愿做”则要通过督导、同伴和自己来评定。

军事职业性向成套测验在新版中用项目反应理论和传统的方法对项目进行分析，在军事职业性向成套测验及军用分类测验两者中均淘汰了知觉的分测验，新增文章段落理解的分测验。军事职业性向成套测验的复本信度为0.80～0.90。常模样本为16～23岁的被测者12 000人，手册中报告与训练成绩的相关系数为0.60。军事职业性向成套测验的主要不足之处在于有一些分测验在多个组合中重复出现。

4. 行政职业性向测验

行政职业性向测验（administrative aptitude test，AAT）是一种特殊的性向测验。目前，在世界各国的公务员录用考试中，具有行政职业性向测验性质的考试已经成为重要的筛选工具之一。例如，英国文官考试的程序中具有11项分测验的认知测验，本质上就是性向测验，考察的内容包括文字能力、数位计算能力和逻辑推理能力等；美国的文官考试中所使用的“基础性向测验”，测验内容包括空间能力、数量关系、理解能力、知觉速度和归纳能力等共八项。

我国行政职业性向测验是由人事部组织心理学、管理学等学科专家参考国外先进经验，并结合我国公务员考试的特点研制而成的。作为国家公务员录用考试中笔试的一部分，专门用于测量与行政职业成功有关的一系列心理潜能，旨在预测被测者在行政职业领域内的多种职位上取得成功的可能性。经过多年的应用与发展，已逐渐形成稳定的结构和体系，在应用中取得了良好效果。现在它已不局限于公务员选拔，而是较广泛地应用于各种人员的招聘和选拔工作。

我国最新版本的行政职业性向测验的内容结构包括五个部分（见表3-8）。

表3-8 行政职业性向测验的内容结构

测验结构	内容	题目数量	时间限制（分钟）
分测验一	数量关系	15	15
分测验二	言语理解与表达	30	30
分测验三	判断推理	30	30
分测验四	常识判断	40	25

续表

测验结构	内容	题目数量	时间限制（分钟）
分测验五	资料分析	15	20
总计		130	120

行政职业能力测验主要包括常识判断、言语理解与表达、数量关系、判断推理和资料分析等部分。

常识判断主要测查报考者应知应会的基本知识以及运用这些知识分析判断的基本能力，重点测查对国情社情的了解程度、综合管理基本素质等，涉及政治、经济、法律、历史、文化、地理、环境、自然、科技等方面。

言语理解与表达主要测查报考者运用语言文字进行思考和交流、迅速准确地理解和把握文字材料内涵的能力，包括根据材料查找主要信息及重要细节；正确理解阅读材料中指定词语、语句的含义；概括归纳阅读材料的主旨；判断新组成的语句与阅读材料原意是否一致；根据上下文内容合理推断阅读材料中的隐含信息，判断作者的态度、意图、倾向、目的；准确、得体地遣词用字；等等。常见的题型有：阅读理解、逻辑填空、语句表达等。

数量关系主要测查报考者理解、把握事物间量化关系和解决数量关系问题的能力，主要涉及数据关系的分析、推理、判断、运算等。常见的题型有：数字推理、数学运算等。

判断推理主要测查报考者对各种事物关系的分析推理能力，涉及对图形、语词概念、事物关系和文字材料的理解、比较、组合、演绎和归纳等。常见的题型有：图形推理、定义判断、类比推理、逻辑判断等。

资料分析主要测查报考者对各种形式的文字、图表等资料的综合理解与分析加工能力，这部分内容通常由统计性的图表、数字及文字材料构成。

3.2.3 特殊性向测验

特殊能力又称专门能力，指从事某项专门活动所必须具备的能力。特殊性向测验（special aptitude test）是对特殊性向的测验，用来预测被测者在机械、文书、心理运动、音乐和美术等方面成功的可能性。下面分别介绍这几种特殊性向测验。

1. 机械能力测验

机械能力（mechanical ability）泛指个体操作机械的潜在能力与实际操作机械工具的能力。用于测量机械能力的心理测验即机械能力测验（mechanical aptitude test），也称机械性向测验，测验内容通常包括机械常识、机械推理、空间关系、机械操作、手眼协调等。几乎所有工业领域的职业都少不了空间知觉和机械知识。以下介绍明尼苏达空间关系测验和明尼苏达纸范本测验。

（1）明尼苏达空间关系测验。明尼苏达空间关系测验（Minnesota spatial relations test，MSRT）是一套个别实施测验，测验器材包括A、B、C、D四块木板，两套几何形状的木块，一套插在A板和B板的凹陷处，另一套插在C板和D板的凹陷处。测验开始时，这些木块是零散摆放的，被测者的任务是捡起木块并尽可能快地放入板中的特定凹陷处。完成所有木块所需时间为10～20分钟，成绩按时间和错误次数记分。测验的用途是为选择受训或就业人员，特别是为那些要求较高的视觉空间能力和准确性的训练或工种选择人员提供参考。

明尼苏达空间关系测验的内部一致性和再测信度很高（时间为0.90，错误为0.80）。该测验的效度在男女之间有差异，明尼苏达空间关系测验的时间分数和错误分数与一般性向测验的九个性向分数的相关系数因参照样本不同而异，平均相关系数分别为0.80和0.60。明尼苏达空间关系测验分为训练和在职熟练效标的效度系数，15种职业与明尼苏达空间关系测验训练效标的平均相关系数为0.39，与明尼苏达空间关系测验在职熟练效标的平均相关系数为0.19。差别如此之大，可能是各职业对视觉空间能力的要求不同所致。因此明尼苏达空间关系测验是一个很有效的测查视觉空间能力的个别测验。

（2）明尼苏达纸范本测验。明尼苏达纸范本测验（revised Minnesota paper from board test，RMPFBT）已被证明在预测检查、包装、机器操作以及督导评定和产品记录等方面是十分有用的。

明尼苏达纸范本测验含64个选择题，每道题皆有一个靶图，被分成几个部分，另有五个由一些几何形状组成的完整几何图形，其中有一个拆散后，恰好与靶图相同，要求被测者从五个图中选出正确答案（见图3-6）。

2. 文书能力测验

文书能力测验不仅可用于对办公室办事人员进行选择或分类，还可用于挑选需要在感受和操作符号上既迅速又准确的职业人员。由于应用目的不同，测验的内容便出现了差别。在这里先讨论用于测量办公室文书人员能力的测验，然后讨论用途广泛一些的测验。

（1）一般文书能力测验。常规的办公室文书能力主要是测量知觉的速度和准确性，以甄选合格的文书人员。如一般文书能力测验，它包含九个部分，完成该测验需要47分钟，可以计算出三个分数：文书的速度和正确性、数的能力以及词语熟练程度。类似的还有科学研究会的文书性向测验（SRA clerical aptitude，SRA-CA）。该测验的三个分数为办公室词汇、办公室算术和办公室校对，完成该测验只需要25分钟。如果是选择办公室特殊人员，则可以根据不同工作的需要来选择分测验，如只做文书而不包括打字，则选用如下的分测验：比较姓名和数目、抄写数目、加法和乘法、抄写姓名；如选择打字和速记人员，便选用文法、拼写词汇、打字能力等分测验。

（2）明尼苏达文书能力测验。如果人员选择除办公室文书以外，还包括检查人员和其他特殊人员，则常用明尼苏达文书能力测验，适用于8～12年级的学生和成人。编制该测验的目的是测量完成各种文书工作所必需的速度和准确性等要素。特别是该测验还测量需要个人迅速而正确地估计和处理语言文字或数据等材料的能力。此测验包括两个分测验：数和姓名比较，每个分测验含100个相同的对子（数和字母分别成对）和100个不同的对子（数和字母任意混合），要求被测者选出相同的对子。完成该测验需要15分钟，可用个体或团体方式实施。计分方法是用答对的题目数减去答错的题目数。明尼

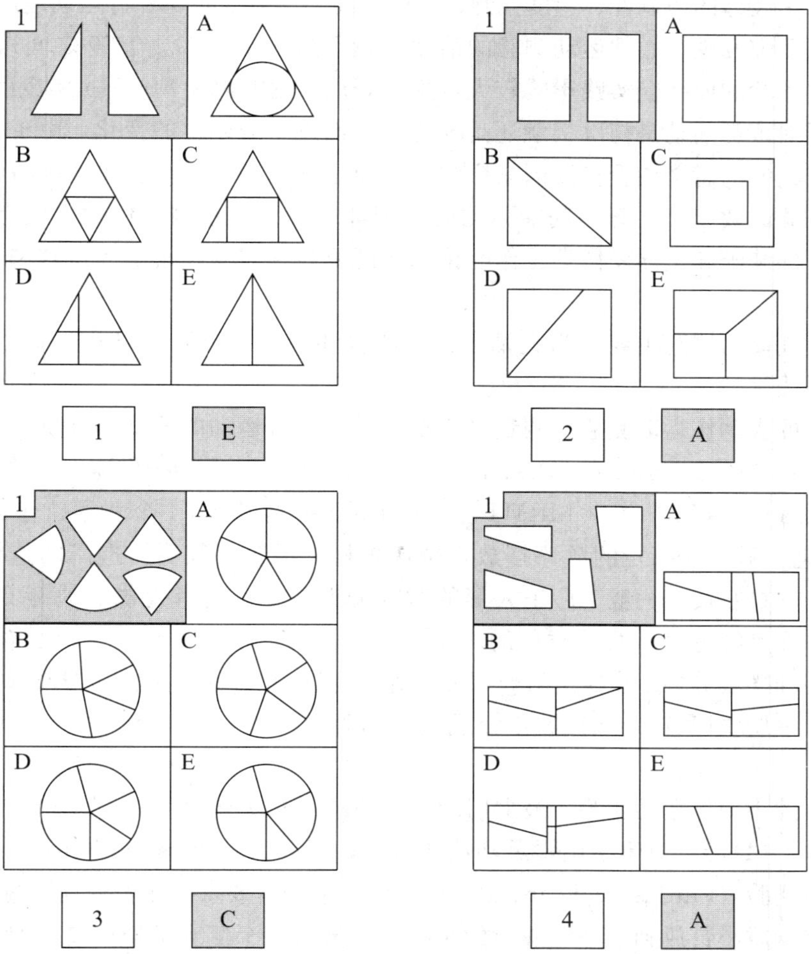

图 3－6　修订后的明尼苏达纸范本测验的项目示例

苏达文书能力测验的再测信度为 0.81～0.87。效度研究是与工作成绩、训练结果以及其他测验的分数三种效标进行相关分析得到的，明尼苏达文书能力测验分数与工作（包括董事会助理、秘书、打字员、银行出纳）成绩明显相关，与商业学校的课程评定和年级平均分也明显相关，与其他文书测验，如一般文书测验、简短职业测验和工业人事测验等的相关性也较高。

3. 心理运动能力测验

心理运动能力（psychomotor ability）也称心理动作能力，是指从感知到动作反应的过程及相互协调的活动能力。例如，雷达操作活动中，眼和手的协调活动就是一种心理运动活动；操作车床或其他精密机械则更具有心理运动活动的性质和特点。心理运动具有很大的个别差异，通过练习可以在一定程度上改变和提高。心理运动能力测验最早是用于测量特殊能力的，现在用的有些还是 20 世纪 30 年代为预测一些技巧工作或手艺成绩而设计的，随后用于预测空军驾驶训练的成绩。根据对心理运动技能的高度特异性研究结果，确定了 11 种心理运动因素：目的、臂/手稳定性、控制的精确性、手指灵巧、手的灵巧、多肢体的协调性、速度控制、反应时间、反应定向、手臂运动速度以及腕/指速度。相关研究发现，心理运动测验的信度一般不高（在0.70～0.80之间），主要原因可能是这些测验的成绩受实践影响较大，主要表现在这些测验的心理运动因素的负荷会因为被测者对该类活动是初次接触还是较为熟练而发生戏剧性的变化。由于心理运动测验的分数与它们的意义均受实践因素影响，因而心理运动能力测验的效度略低于机械和文书能力测验的效度。心理运动能力测验预测训练成绩较预测工作效率更有用。另外，它对机械式的装配和机器操作类工作的预测效度要高于需要高水准的认知和知觉能力的复杂工作。

心理运动能力测验主要分为大幅度运动测验和精细运动测验以及二者的结合测验，下面举例说明。

（1）手的大动作运动测验。测量全手指、手和手臂运动的速度和准确性，可使用斯特姆伯格灵巧测验（Stromberg dexterity test）和明尼苏达手动操作速度测验（Minnesota rate of manipulation test，MRMT）。前者要求被测者将54个普通饼干大小的有色（红、黄、蓝）碟子按指定的顺序摆放，越快越好。手册上载明铸造厂的造模工、装配工、焊接工、打字员、一般工厂工人等的时间分数常模。后者提供一块有60个洞的木板，一些一面是红色另一面是黄色的木块，测验分为摆放、翻转、一个手翻转和摆放、两个手翻转和摆放等多个步骤进行，每一步骤不超过10分钟。翻转和摆放都需要按一定方法进行。手册中记有11 000名年轻成人的测验成绩和一个以年长成人为样本的测验成绩。

（2）手的小动作运动测验。最常用的有奥康纳手指灵巧测验（O'Connor finger dexterity test，OFDT）、奥康纳用镊灵巧测验（O'Connor tweezers dexterity test，OTDT）和普渡钉板测验（Purdue pegboard test，PPT）。前两者要求被测者分别用两个手指或一个镊子，将钢质小钉放到一纤维板上的小孔中。最后一个测验类似前者，但任务分两部分：第一部分是把小钉放到孔中，先用右手，再用左手，最后用双手；第二部分是把小钉放入孔中后套上一垫圈，再放上扣子，其他依此进行。完成全部任务需要5～10分钟。这种测验的计分通常以速度和精确性为标准。测验的目的在于测定手指的灵巧程度，借以预测被测者是否适合从事精密操作工作。手册上记录了机器操作工、一般工厂工人以及包装工的时间分数常模。

（3）手的大小动作运动测验。这种心理运动测验是手的大动作运动与手的小动作运动测验的结合。例如宾夕法尼亚双重动作工作样本（Pennsylvania bi-manual worksample）和本纳特手-工具敏捷性测验（Bennett hand-tooldexterity test），这两个测验都要使用螺母和螺栓，前者是被试将100个螺母拧入100个螺栓中，然后将它们插入8×24英寸的孔中，后者则要求被测者先将工具箱左板上的三种不同规格的12个螺母从螺栓上拧下，然后将它们安装到右板上，分数以完成测验的时间计算。

4. 音乐能力测验

音乐能力测验包括各种感觉辨别力、对音乐题材中较复杂的音乐关系的理解以及艺术判断能力。

（1）西肖尔音乐才能测验（Seashore measures of musical talents）。艾奥瓦大学的西

肖尔（SeaShore）和同事于1939年对音乐能力进行了开创性研究，研制出最早的音乐能力测验，称为西肖尔音乐才能测验，这是迄今最能充分测量音乐才能的测验。该测验从音乐的感知觉、音乐的动作、音乐的记忆与想象力、音乐的智力、音乐的情感五个方面的25种特殊能力因素出发，归纳出六种音乐能力来评价被测者的音乐才能：辨别音调的高低、辨别音强的高低、辨别节拍、辨别时间的长短、辨别音色或音质、音调的记忆。每种能力都由一组难度由小到大的问题组成。该测验不计总分，而是由六种能力剖面图来表示音乐能力的高低。

（2）音乐能力测验图（musical aptitude profile，MAP）。该测验由戈登（Gordon）于1965年设计，由250个原版的小提琴和大提琴选段组成，以真正的音乐题材为测试材料。通过追踪研究，该测验对学生的音乐训练成绩有较好的预测。该测验分为三个分测验：

第一个分测验是T测验，测验被测者的辨别音调（旋律、和声）能力，每个问题有两种演奏方法，要判断其异同。

第二个分测验是R测验，测验被测者的节奏感（速度、节拍）能力，每个问题的演奏有两种结尾。

第三个分测验是S测验，测验被测者的音乐感受（短句、平衡、风格等）能力，要求被测者判断两段音乐中哪个更有韵味。

（3）温格音乐能力标准化测验（Wing standardized tests of musical intelligence）。该测验由英国的温格编制，测验以有意义的钢琴材料为内容，测验内容包括和弦分析、音高变化、记忆、节奏重音、和声、强度、短句、总体评价八个方面。测验使用录音磁带。该测验适于选拔有实力深造的音乐人才。

5. 美术能力测验

艺术的品位由于文化、年代等多种因素的影响，出现人与人的差异。美术能力主要包括两个方面：一是艺术鉴赏能力，二是创作能力。一个没有绘画天赋的人可能会有较高的艺术评价能力，而对于一个画家来说，两者缺一不可。美术能力测验包括的心理成分，目前还没有统一认识。现行的美术能力测验是许多学者根据自己的研究结果自行设计编制的，估计会有一定的缺陷，仅供读者参考。

（1）梅耶美术判断能力测验（Meier art judgement test）。该测验由梅耶（Meier）编制，是对人的审美能力的测验，而审美判断能力是一个人美术能力中最基本的成分。该测验包括100对不着色的图画，内容涉及风景、静物、木刻、东方画等，每对图画由两幅作品组成，一幅是名画的复制品，一幅是名画的模仿作，让被测者进行艺术感受评价，以鉴别个体的艺术鉴赏力。

（2）洪恩艺术能力倾向问卷（Horn art aptitude inventory）。该测验是一个操作测验，测验内容分为三个部分，包括素描画、随意画和想象画。主要是评判被测者的线条品质、画面布局的技能及其想象力和作画技巧。其中，素描画的要求是被测者画出20多种常见物体的素描；随意画测量的是被测者用指定的图案画成简单抽象图案的能力；而想象画则要求被测者根据所给的12张印有简单线条的卡片画成一幅草图，以此来判断其想象力和绘画技巧。

（3）格雷福斯图案判断测验（Graves design judgement test）。该测验的取材只是一些二维或三维的抽象图案，整个测验由90个题目组成，每个题目包括2～3个同一图案的变式，它们在整体性、平衡性和对称性等方面有所区别，其中只有一个符合格雷福斯所认为的八大美术原则（调和、主题、变化、平衡、连贯、对称、比例、韵律），被测者需要选出他认为最好的一个。该测验有较好的信度，但没有提供足够的效度证据。

3.3 成就测验

3.3.1 成就与成就测验

成就（achievement）是指个人通过学习和训练所获得的知识、学识和技能。成就测验（achievement test）也称学绩，是专门为接受过某种教育或训练的人编制的，目的在于评测其经过教育与训练后所获得的知识、学识、技能。可通过成就测验对被测者的现有能力进行鉴别，并评估学习和训练的成败，以便今后加以改进。简单地说，成就就是后天学习到的知识、学识、技能；成就测验就是个体在经过一个阶段的学习或训练后，对其知识、技能发展水平的测定。本部分将从成就测验的功能和分类两部分进行讲解。

1. 成就测验的功能

成就测验主要用于学校或有关教育机构。用于教育工作的成就测验，其功能主要表现在以下三个方面：

（1）评价作用。在学生经过一段时间的学习或训练之后，采用成就测验对其进行测评，可以了解学生在经过学习或训练后对知识、技能的掌握程度。

（2）诊断作用。通过使用成就测验，可以诊断出学习有困难的学生，以及他们在学习过程中的困难与障碍所在，从而有助于教师及时制订有效的帮助计划，帮助学生全面掌握所要学习的知识。

（3）用于学校有关教学管理和决策。学校可以使用学生的成就测验结果来检查教师的教学效果，评估教学计划，作为修正教学计划及教材的参考，并考虑学生的升学、毕业采取相应的对策，使学生在适合的班级中学习。

2. 成就测验的分类

成就测验简单地说就是评价学习成果的测验。人自出生起就开始学习，入学后在学校学习，长大后步入社会学习，在职时接受专业技能的训练也是学习。学习无所不在，因此评价学习成果的成就测验也就多种多样。我们将重点介绍标准化成就测验。以下从不同的角度对成就测验进行分类。

（1）按测验功能分类。成就测验用在不同的地方会产生不同的功能，若用于学校或教育机构，就称为学业成就测验；用于组织团体或机关，则称为职业成就测验。学业成就测验（academic achievement test）也称学科成就测验，用于教学领域，目的在于评量学生学习后所达到的成就水平。职业成就测验（vocational achievement test）用于组织甄选合适的人才。

（2）按测验编制方法分类。成就测验按测验编制方法可以分为标准化成就测验和教师自编成就测验。标准化成就测验是由测量专家与学科教师按测量学基本原理编制的，适用于大规模评定个人学习成就水平的测验，这种测验的命题、施测、评分和解释都有一定的标准和规定，因此具有较高的信度和效度。例如，我们比较熟悉的标准化成就测验有为以非英语为母语的大学报考者举办的英语水平考试，即托福考试（TOEFL），以及为报考研究生的学生设置的研究生入学考试（GRE）。

（3）按测验题目类型分类。组成成就测验的题目有多种类型，大致可以分为主观性试题和客观性试题。通常把由主观性试题构成的测验称为主观性测验（subjective test）也称论文式测试（easy-type test），即指定以文字论述方式回答的测验。由客观性试题构成的测验称为客观性测验（objective test）。

主观性试题主要由作文题、简答题、论述题组成。这种类型的题目不是只有一个正确答案，它允许学生自由发挥，评分时也没有预定的客观评分标准，在一定程度上受教师或施测者个人的影响，具有主观性。客观性试题常见的有是非题、填空题、选择题、匹配题、排序题、改错题等。这类题型预先规定一个唯一的标准答案，阅卷时依据答案进行评分。

3.3.2 标准化成就测验

上面提及，学业成就测验依编制方法不同可分为标准化成就测验与教师自编成就测验两种，由于标准化成就测验使用效度要高于教师自编成就测验，因此，我们重点阐述标准化成就测验，教师自编成就测验不过多赘述。

标准化成就测验（standard achievement test）是指在教学或训练之后，用来测量被测者在课程某一领域的具体成绩的测验①。它是由测量专家与学科教师遵循一定程式编制的，适用于大规模评定个人学习成就水平的测验。现代标准化测验的编制虽然始于20世纪初，但标准化测验的观念由来已久。早在1845年，美国波士顿第一次进行全城范围的书面考试，由此拉开了现代标准化测验运动的序幕。1864年，英国的费舍尔发表了书法量表。赖斯于1895年发表关于练习对儿童拼写能力影响的研究，赖斯虽然没有编制标准化测验，但他采用客观方法研究教育问题，对测验发展的贡献是不可磨灭的。斯腾编制了一个算术推理测验，这是最早的标准化测验。中国的标准化测验以1918年俞子夷②编制的小学国文毛笔书法量表为起点，此后不断发展。

1. 标准化成就测验的要求

标准化成就测验是一种比较理想的测试工具，它考查的目标明确，测试方法统一，

---

① 林崇德，姜璐，王德胜．中国成人教育百科全书．海口：南海出版公司，1994.

② 复旦大学历史系资料室．二十世纪中国人物传记资料索引：上编2. 上海：上海辞书出版社，2010.

测试结果的解释统一。与非标准化测验相比，这类测验的试题编写、实施、评分、分数解释都有一定的标准和规定，因此具有较高的信度和效度。其具体要求如下：

（1）测验试题编写的标准化。组成标准化测验的试题必须精心编写，试题考查的目标要明确，试题的表述要清楚，试题的难度、区分度都应达到规定的标准。测验的整体结构应与要求的测量目标一致，题型恰当、题量合适，测验的整体难度需符合规定要求，测验的信度和效度要达到规定的标准。在进行正式的测验之前应进行试测，对不合要求的试题进行修改或删除。标准化测验还需要有等值的备份测验。测验编写标准化的目的在于保证较高的测验质量。

（2）测验实施的标准化。标准化测验要求在统一的测验环境下实施。统一的测验环境是指测验场所的标准统一，如照明、温度、被测者的人数、主试资格、考试场地的布置等。测验的时间和材料必须一致。测验的指导语要统一。测验实施的标准化在于可以给所有被测者提供同样的测试环境，减少施测过程中的误差，以保证施测过程的公平性。

（3）测验评分的标准化。标准化测验应事前准备标准答案，标准答案必须正确。应按照测验的评分规则进行评分。对于客观性试题，最好采用机器阅卷；主观性试题则要求评分者严格执行根据评分标准制定的细则，具有较高的业务水平和专业水平。评分标准化的目的在于减小评分造成的误差，提高测验评分的精确度。

（4）测验分数解释的标准化。对于标准参照性测验，被测者的测验分数应按照事先确定的合格标准进行解释。对于常模参照性测验，应将被测者的测验分数与常模分数对照比较，确定被测者在常模团队中的相对位置，从而确定其成绩的优劣。

总之，标准化测验在试题编写、实施、评分、分数解释等方面都应符合心理测量学所要求的各种标准，这样获得的测验分数才有意义。

2. 标准化成就测验的编制

标准化成就测验通常由专门的测验机构来编制。编制的基本原理及各种计量分析技术与其他心理测验类似，但也有一些自身的特点。在实际的编写过程中，需要学科专家与测验编制专家共同完成，编制的具体过程如下：

（1）明确测验目的。在编制测验计划之前要确定为什么进行测验、测验对象是谁以及测验什么。首先，要明确测验是用于评估被测者的知识或技能，还是用于诊断或预测。如果用于评估，是以评价被测者的优劣为目的，还是以评价被测者是否达到预定标准为目的。其次，要确定测验的对象。不同的测验对象，在编制测验时题型的选择、试题的难度、教育目标的层次也不同。最后，明确测验什么，这涉及测验的内容，要确定所测的具体学科和具体考核内容。

（2）制订测验编制计划。在这个阶段，首先要将测验的目标具体细化，即具体分析测验的目标。在具体分析测量目标的基础上，编写一份测验双向细目表（示例见表3-9），把测验的目标分类与测验内容列成表，并确定测验在各种分类中所占的比例。然后，确定测验的题型、各题型所占比例以及测验的整体难度。最后，统筹测验的整体结构，制订正式的测验编制计划。

表3-9 一次化学高考命题的双向细目表

目标层次 内容细目	识记	理解	应用	分析与综合	探究	合计
基本概念与理论	1	13	9	7	2	32
元素化合物	3	5	6	5	2	21
有机化合物	1	5	3	4	2	15
化学计算	0	3	4	8	0	15
化学实验	1	6	2	6	2	17
合计	6	32	24	30	8	100

资料来源：张多霞，梁远明，江琳才．化学高考标准化考试命题双向细目表．化学教育，1988（4）：8-11，33.

（3）编写试题、试测及组卷。测验是由试题构成的，测验质量的好坏主要取决于试题质量。试题的编写应符合测验双向细目表的要求，并提供参考答案和评分标准。对编好的试题要进行筛选，一方面对其文字表述、内容的科学性、逻辑的严谨性进行审查，另一方面对试题进行试测，评估试题的质量、难易度、区分度等指标。评估完成后，依据测验计划进行组卷。组卷时应考虑测验题型分类的先后顺序、相同题型试题难易的先后顺序等问题。

（4）获取测验质量参数。选取有代表性的被测者样本进行施测，获取有关测验质量的信度和效度等指标。常模参照性测验需要获取测验常模，而标准参照性测验则应提供合格分数线。

（5）编写测验指导书。测验指导书（手册）的内容主要包括：测验的适用对象、测验范围、测验操作的各项要求、有关测验质量的参数、标准答案、评分规则以及测验常模等。

□复习思考题

1. 请简要论述能力测验的发展过程。
2. 斯比量表与韦氏量表测量时考虑的因素有哪些？它们之间有哪些区别与联系？
3. 性向是指什么？性向测验与其他测验的关系是什么？
4. 成就测验的功能有哪些？
5. 如果对自己的能力进行测验，你会怎么做？

第 4 章

人格测验

| 学习内容 |

- 人格的定义
- 人格测验的原理
- 明尼苏达多相人格测验、“大五”人格测验、卡特尔 16PF 人格测验、MBTI 人格测验

| 学习目标 |

- 了解人格的定义和结构
- 理解人格测验的测验原理
- 掌握几种典型的人格测验方法

引导案例

诸葛亮的“七观法”

三国时期的诸葛亮不仅谋略过人，在选人、用人方面也有独到的见解。他善于从人的“志”“变”“识”“勇”“性”“廉”“信”七个方面来考察识别人才。

一、问之以是非而观其志

问之以是非而观其志是指向对方提出大是大非的问题，看他的志向和志趣。人们是用思想来支配自己的行动，所以对大是大非问题的看法最能反映出一个人的人生观、价值观。一个人只有具备坚定的信仰，才能不怕困难、不惧艰辛，才能成就一番事业。

二、穷之以辞辩而观其变

穷之以辞辩而观其变是指专门考察对方的应变能力。在诸葛亮看来，在诸多智能因素中，应变能力是十分重要的。一个人面临的形势、问题和情况瞬息万变，一些突发事件对人的应变能力提出了严峻的挑战，只有具备驾驭复杂问题的能力，才能担当重任。

三、咨之以计谋而观其识

咨之以计谋而观其识是指考察对方的见识。向对方提出方方面面的问题，让他思考相应的对策，看他的谋略是否深远，见识是否独特。

四、告之以难而观其勇

诸葛亮在重用一个人之前，常常人为地创造一个逆境，观察对方是否具备足够的勇气。一个没有坚持真理的勇气的人，一个面对困难畏惧退缩的人，不可能惩恶扬善，也不可能为了他人的利益勇往直前。

五、醉之以酒而观其性

向对方劝酒，待他醉后再观察他属于何种类型的人。要了解一个人，最好是等他喝醉的时候。一些人平日里挖空心思掩饰自己的内心世界，往往在酒醉之后将卑鄙无耻的灵魂暴露无遗。

六、临之以利而观其廉

临之以利而观其廉是指投其所好，以小恩小惠引诱对方，考察他是否清正廉明。能否做到富贵不能淫和是否见利忘义，往往是判别一个人品行高低的重要标准。

七、期之以事而观其信

与对方商定某事，看他能否说到做到，是否讲信用。“言而无信，不知其可也”，一个人说话不算数，就不值得别人信赖。诚信是对一个人最基本的道德要求，一个不诚信的人不会是真正的人才。

透过诸葛亮的“七观法”，我们可以看出人才选拔过程中对人格的基本区分，以及对于不同人格类型的人究竟是任用还是弃用。

思考题

1. 根据诸葛亮的“七观法”，评价一位三国时期的典型人物。
2. 根据经验，除以上七种人才评价要素，还有哪些关键要素可以用来评价人才？

4.1　人格与人格测验

4.1.1　人格

1. 人格的定义

人格（personality）也称个性，是指一个人表现于外的给人留下深刻印象的特征，这种特征受个体未显露的内在的可以间接测得和验证的特性的支配。

在心理学上，人格的定义是指个体在行为上的内部倾向性。它表现为个体适应环境时，在能力、气质、性格、需要、动机、价值观等方面的整合，是具有动力一致性和连续性的自我。

人格还是个体在社会化过程即与环境交互作用的过程中形成的一种独特的身心组织，

这一变化缓慢的组织使个体在适应环境时，在需求、动机、兴趣、态度、价值观、气质、性向、外形及生理等方面，各有其不同于其他个体之处。

2. 人格的特征

人格的特征主要体现在四个方面：独特性、稳定性、社会性和整体性。

（1）独特性。人格的独特性是指人与人之间的心理和行为是不相同的。从人格的形成和发展方面看，每个人都从其父母身上继承了特定的基因素质，遗传学上把这种基因素质称为基因型。人格的形成和发展是环境与基因型交互作用的结果。每个人的基因都是独特的，每个人所处的环境又都是千变万化的，他们都以各自的方式与环境相互作用。因此，每个人的人格都是独特的。

（2）稳定性。人格的稳定性是指个体人格所具有的跨时间和空间的一致性。人格一旦形成，就相对稳定。从时间来讲，幼童时期是人格形成的关键期，青年、中年和老年时期人格基本保持一致，所以，可以用一个人年少时期的人格预测其成年后的人格特点。从空间来讲，个体在不同的地方（如在家里、学校以及工作场所）会表现出一致的特征。然而，人格的稳定性又是相对的，会随时间和地点以及受教育程度有一定的发展变化，特别是个体经历重大的生活事件后，该事件会在其人格上留下一定的烙印。

（3）社会性。人格的社会性是指人格的形成很大程度上受到社会文化以及教育的影响。尽管人格的基础是它的自然性，特别是人天生的气质类型会在一定程度上决定人格的某些倾向（如内、外倾向），但人格还是社会文化和教育塑造的结果。一个人出生之时只是一个生物个体，与其他动物并无本质区别，然而经过十多年的发展，他就能基本成为一个适应社会要求的个体。在此过程中，个体需要学习社会的文化、习俗和规范，这是一个社会化的过程，使得人格被深深地打上了社会的烙印。

（4）整体性。人格的整体性是指人格虽然可以分为多种成分，如能力、气质、性格、需要、动机、价值观等，但这些成分不是孤立的，而是相互联系的，它们共同形成一个有机整体，因此，人格是个体的整体面貌的反映，真正认识一个人还需从其整体出发。

3. 人格结构

心理学将人格结构分为个性倾向和个性心理特征两个维度。个性倾向是指推动人进行活动的动力系统，是人格中最活跃的因素，包括需要、动机、兴趣、世界观、价值观等；个性心理特征是指人的多种心理特点的一种独特结合，是人格中非常稳定的部分，包括气质、性格、能力等。具体见图 4－1。

人格（个性）
- 个性倾向：需要、动机、兴趣、世界观、价值观等
- 个性心理特征：气质、性格、能力等

图 4－1　人格（个性）分类

下面要介绍的是人格测验，人格测验相对于人格是一个内含概念，它主要测量的是个性心理特征。而对于人格测验中个性倾向的测量，我们将在第 5 章介绍。

4.1.2　人格测验

人格包含的各种心理特征是在先天遗传与后天环境、教育的交互作用下逐渐形成的，是持久而少有变化的。每个人的人格不同，为了解个体的人格差异，心理学家提出用科学的方法来测量。其中最重要也最能反映真实性的是人格测验。人格测验或称个性测验（personality test）是指测量个体在一定情境下表现出来的典型行为与情感反应。人格测验可依不同目的，在心理诊断、咨询、心理治疗、司法鉴定、人力资源等方面发挥作用。

人格测验分为两类：一类是通常理解的典型的人格测验（如明尼苏达多相人格测验、"大五"人格测验、卡特尔 16PF 人格测验、MBTI 人格测验等）；另一类是随着社会发展和实践需要，进而产生的兴趣、态度和价值观测验及投射测验。本章将系统地描述典型人格测验，而兴趣、态度和价值观测验以及投射测验将分别在第 5 章和第 6 章阐述。

典型的人格测验一般通过自陈量表法进行测验。自陈量表是指让被测者个人提供关于自己个性特征的报告。由于自我报告对有关变量难以控制且不容易统一评分标准和客观地做出评分，因此多采用标准化测验的形式。量表中包括一系列问题和选项（是非式或选择式），每一个问题对应一种行为特征，要求被测者根据实际做出符合自身情况的回答。

4.2　明尼苏达多相人格测验

4.2.1　明尼苏达多相人格测验简介

明尼苏达多相人格测验（Minnesota multiphasic personality inventory，MMPI）是目前在世界范围内使用最广泛的心理测验之一。据统计，世界上有关明尼苏达多相人格测验的专著和文献已远远超过 8 000 册（篇），使用明尼苏达多相人格测验的国家超过 65 个，翻译成外国文字的语种超过 10 种。

1980 年，在中国科学院心理研究所宋维真教授的主持下，国内有关单位进行了适合中国国情的明尼苏达多相人格测验标准化修订工作，并于 1984 年正式确定了明尼苏达多相人格测验的中国标准。在 1987 年和 1990 年两次全国专业学术会议上，与会者一致认为，除少数项目外，明尼苏达多相人格测验也同样适用于中国的临床诊断和人格测验，具有极高的使用价值。

4.2.2　明尼苏达多相人格测验的内容和形式

1. 明尼苏达多相人格测验的内容

明尼苏达多相人格测验有 566 个自我报告形式的题目，其中 16 个为重复题目（主要用于检验被测者反应的一致性，看作答是否认真），实际上只有550道题。题目的内容范围很广，包括身体各方面的情况、精神状态，以及对家庭、婚姻、宗教、政治、法律、社会等问题的态度。

明尼苏达多相人格测验有10个临床量表，分别为：

（1）Hs：疑病症（hypochondriasis）——对身体功能的不正常关心。

（2）D：抑郁症（depression）——与忧郁、淡漠、悲观、思想和行动缓慢有关。

（3）Hy：癔症（hysteria）——依赖、天真、外露、幼稚及自我陶醉，并缺乏自制力。

（4）Pd：心理病态偏离（psychopathic deviate）——病态人格（反社会、攻击型人格）。

（5）Mf：男性化—女性化（masculinity-femininity）——高分的男性表现出敏感、爱美、被动、女性化；高分女性被看作男性化、粗鲁、好攻击、自信、缺乏情感、不敏感。极端高分者考虑同性恋倾向和同性恋行为。

（6）Pa：妄想症（paranoia）——偏执、不可动摇的妄想、猜疑。

（7）Pt：精神衰弱（psychasthenia）——紧张、焦虑、强迫思维。

（8）Sc：精神分裂症（schizophrenia）——思维混乱、情感淡漠、行为怪异。

（9）Ma：躁狂症（mania）——联想过多过快、观念飘忽、夸大而情绪激昂、情感多变。

（10）Si：社会性内向（social introversion）——高分者内向、胆小、退缩、不善交际、屈服、紧张、固执及自卑；低分者外向、爱交际、富于表现、好攻击、冲动、任性、做作、在社会关系中不真诚。

其中Mf与Si量表只能说明人格的趋向，与疾病无关，从上述10个量表中可得到10个分数，代表10种人格特质。

明尼苏达多相人格测验还有4个效度量表，用于鉴别不同的应试态度和反应倾向。如果在这些量表上出现异常分数，意味着其余量表分数的有效性值得怀疑。4个量表分别为：

（1）说谎量表（L）：共15个题目，在此量表上分数较低，说明被测者诚实、自信、善于自我批评；得分高，意味着被测者不能客观评价自己。

（2）诈病量表（F）：共64个题目，在此量表上得高分可能是被测者不认真，理解错误，或是被测者患有精神疾病，如妄想、幻觉、思维障碍等。

（3）校正量表（K）：共30个题目，此量表有两个作用：一是判断被测者对测验是否隐瞒或防卫；二是修正临床量表的得分。

（4）疑问量表（Q）：若被测者没有作答，或“是”“否”均作答的题目数超过30题，则答卷无效。

2. 明尼苏达多相人格测验的形式

明尼苏达多相人格测验可分为卡片式（个别法）和手册式（团体法）两种形式。前一种方法是在每张卡片上各印一个题目，共 566 张卡片。被测者根据自己的情况，将它们分为“是”“否”“无回答”三类。后一种方法是使用按一定排列顺序印刷着 566 道题目的小册子，被测者根据自己的情况，在另外一张答题纸上相应的题目序号后作答，“是”画“√”，“否”画“×”，“无回答”则不填。

4.2.3　明尼苏达多相人格测验的测量范围、记分方法

1. 明尼苏达多相人格测验的测量范围

明尼苏达多相人格测验适用于 16 岁以上的成人，被测者应具有小学以上的文化水平，可以根据测试指导语的要求完成测试。测试无时间限制，但应尽快完成。

2. 明尼苏达多相人格测验的记分方法

如果是大样本，可采用计算机记分的方法，需要特殊的工具处理；如果是小样本，可借助 14 张模板记分。具体方法如下：

(1) 先计算疑问量表的原始分，它包括同一题作两种答案的题数和未答题的数目，超过 22 分或 30 分无效。

(2) 分别计算各量表的原始分。

(3) 对 5 个量表加 K 分（K 量表所得分）校正：Hs＋0.5K、Pd＋0.4K、Pt＋K、Sc＋K、Ma＋0.2K）。

(4) 将各量表的原始分（Hs、Pd、Pt、Sc、Ma 为加 K 后分数）画在剖析图上，并将各点相连，形成被测者人格特征的剖析图（见图 4-2）。

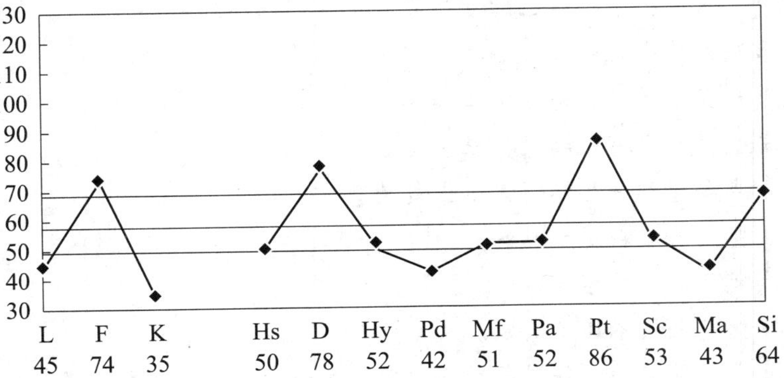

图 4-2　人格特征剖析图

(5) 由于每个量表的题目数量不等，各量表的原始分数无法比较，需要换算成 T 分数：$T=50+[10(X-M)]/S$。

X 为某一量表所得的原始分数，M 与 S 分别为常模团体在该量表上所得原始分数的平均数及标准差。在测验说明书中附有换算表，可通过查表将原始分数直接转换成 T 分数。

小资料

明尼苏达多相人格测验（节选）

指导语

本测验由许多与你有关的问题组成。当你阅读题目时，请考虑是否符合你自己的实际情况和看法。如果情况符合，请在该题目序号上画“√”；如果情况不符合，请在该题目序号上画“×”。你应尽可能对每个问题给予回答，空下来的题目（即不回答的题目）越少越好。请逐条作答。请尽快填写你看完题目后的第一印象，不要在每一道题目上花费太多时间思索，并看清题号以免发生错误。答案无所谓对与不对，好与不好，不必有任何顾虑。

测试

1. 我喜欢看机械方面的杂志。
2. 我的胃口很好。
3. 我早上起来的时候，多半觉得睡眠充足，头脑清醒。
4. 我想我会喜欢图书管理员的工作。
5. 我很容易被吵醒。
6. 我喜欢看报纸上的犯罪新闻。
7. 我的手脚经常是很暖和的。
8. 我的日常生活中，充满了使我感兴趣的事情。
9. 我现在工作（学习）的能力和从前差不多。
10. 我的喉咙里总好像有一块东西堵着似的。
11. 一个人应该去了解自己的梦，并从中得到指导和警告。
12. 我喜欢侦探小说或悬疑小说。
13. 我总是在很紧张的情况下工作。
14. 我每个月至少有一两次拉肚子。
15. 偶尔我会想到一些坏得说不出口的事。
16. 我深信生活对我是残酷的。
17. 我的父亲是一个好人。
18. 我很少有大便不通的毛病。
19. 当我干一件新的工作时，总喜欢别人告诉我，我应该接近谁。
20. 我的性生活是满意的。
21. 有时我非常想离开家。
22. 有时我会哭一阵笑一阵，连自己也不能控制。
23. 恶心和呕吐的毛病使我苦恼。
24. 似乎没有一个人了解我。
25. 我想当一个歌唱家。
26. 当我处境困难的时候，我觉得最好是不开口。

27. 有时我觉得有鬼神附在我身上。
28. 当别人惹了我时，我觉得只要有机会就应报复，这是理所当然的。
29. 我有胃酸过多的毛病，一星期要犯好几次，使我苦恼。
30. 有时我真想骂人。
…………

4.3 “大五”人格测验

“大五”人格测验是基于五大因素模型的性格量表，它结合了人格心理学和组织行为学的最新研究成果，建立在因素分析基础上，由戈德堡、迪格曼、约翰、麦克雷及其他心理学家加以推广。自 20 世纪 90 年代起，“大五”人格理论作为性格研究的通用构架，在世界上得到广泛认同和接受。目前众多的组织行为学教材已经使用“大五”构架对职场性格问题进行阐述，管理实践中也比较流行用“大五”人格测验来了解被测者五个方面的人格特质。

4.3.1 人格的五个维度

1989 年，美国心理学家麦克雷和可斯塔等人提出的“大五”人格模型，把人格统计归纳为五个方面。“大五”是指可以对人的个性进行评估的五个维度，即神经质（N）、外向性（E）、求新性（O）、亲和性（A）、尽责性（C）。

神经质（neuroticism）：神经质维度依据人们情绪的稳定性和个人调节情况加以评定。那些经常感到忧伤、情绪大幅波动的人在神经质测量中会得高分。在神经质维度上得分高的人更容易因为日常生活压力而感到心烦意乱；在神经质维度上得分低者，多表现为平静、自我调适良好，不容易产生极端情绪反应。

外向性（extraversion）：外向性人格维度的一端是极端外向，另一端是极端内向。外向者非常善于交际，通常表现为精力充沛、乐观、友好和果断；内向者则一般不会表现出这些特质，但这并不等于说他们就以自我为中心和缺乏精力。一个研究小组这样解释：“内向者含蓄而非不友好，自主而非追随他人，稳健而非迟缓。”与内向者相比，外向者有更多朋友，会花更多时间参加社交活动。

求新性（openness）：求新性又称开放性，反映个体对经验的开放性、智慧和创造性程度，而不仅仅指人际意义上的开放性。构成这一维度的特征包括活跃的想象力、对新观念的自发接受、发散性思维和智力方面的好奇心。在求新性上得高分者是不落俗套的、独立的思想者；低分者则多数比较传统，喜欢熟悉的事物胜过新事物。根据这一描述，具有创新性的科学家和艺术家自然会在求新性维度上得高分。

亲和性（agreeableness）：又称宜人性，在亲和性维度上得分高的人往往乐于助人、可信赖，且富有同情心，他们偏爱合作胜过竞争；相反，亲和性得分低的人多表现为敌意和多疑，喜欢为了个人利益和信念而争斗。研究者发现，在亲和性维度上得分高的人比得分低的人有较多愉快的社交互动以及较少的争吵。

尽责性（conscientiousness）：尽责性维度指人们怎样自控和自律。得分高的人做事有条理、有计划、有决心；得分低的人马虎大意，完成任务时容易分心，办事不牢靠。研究者发现，高尽责性的人一般比低尽责性的人寿命更长。由于尽责性特征往往表现在获得成就时或工作情境中，有些研究者把这一维度称为成就意志维度，或更简单地称为工作维度。

表 4－1 描述了“大五”人格因素及特征。

表 4－1　“大五”人格因素及特征

因素	特征
神经质	烦恼对平静
	不安全感对安全感
	自我同情对自我满足
外向性	善交际对不善交际
	爱开玩笑对严肃
	深情对冷淡
求新性	富于想象对务实
	偏爱变化对偏爱惯例
	独立对顺从
亲和性	热心对冷漠
	信任对怀疑
	乐于助人对不合作
尽责性	有序对无序
	认真对粗心
	自律对意志薄弱

4.3.2　“大五”人格因素的特点

目前在“大五”人格理论研究领域的新范式是理论取向研究者提出的人格的五因素模型（FFM），还有词汇学取向研究者提出的“大五”人格维度（Big 5）。它们尽管在概念上有所不同，在实际应用中却紧密相连。

人格的“大五”模型是对大量自陈及同伴报告的与人格相关的形容词和问卷项目的因素分析的结果；“大五”人格维度产生于自然语言的因素分析，它的根据是所谓的“词汇假设”，即人类人格的每个重要方面都可由语言中的一个或多个词来表示。尽管人格的五因素模型和“大五”人格维度出处不同，但它们对人格分析的五个维度（“大五”）却做出了同样的界定。

“大五”人格因素的主要特点为：

（1）这些因素是人格分析的维度，并不是指人格类型。人们在“大五”维度上呈不同程度的分布，大多数人的测试结果处于高分值和低分值之间。

（2）这些因素代表的人格特征形成于成年初期，并在接下来的 45 年或更长时间内处于稳定状态。

（3）人格因素及其具体特征是有遗传性的，至少部分受到遗传的影响。

（4）这些因素在史前或许同样具有适应性价值。

（5）即使在截然不同的语言体系（如汉语和德语）中，这样的因素划分也具有普遍意义。

（6）了解这些个体人格因素的差异性有助于洞察人性。

4.3.3 “大五”模型的局限性

虽然对“大五”模型的研究得到了令人惊异的一致发现，人格研究者对此也取得了非同寻常的一致意见，但这一模型存在很大的局限性。

（1）对于确立的这五个因素，有研究者指出，也许这只是人们语言中所固有的五个维度，也就是说，尽管人格实际上具有一个非常不同的结构，但是在对人格进行表述的时候，由于人类语言中所拥有的形容词的限制导致了其他人格维度的缺失，有一些人格维度也许是现有的人类词汇无法表述的。

（2）“大五”因素并没有涵盖所有的人格，关于因素的数量、含义和名称有很多种说法。艾克森曾提出 5 个因素太多，3 个因素足够，而卡特尔却认为 5 个因素太少。即使因素数量相同，不同文化下的五因素所代表的含义也有很大的差异，例如，汉语文化下的开放性（求新性）和英语文化下的开放性差异就很大。

（3）最根本的缺陷是，“大五”人格没有一个明确的理论假设。“大五”因素源于因素分析，是在没有理论前提的情况下，由词汇假设和因素分析加在一起酝酿出来的。研究过程中将五个因素作为互不相关的正交因子就是一个很严重的问题，实际上这五个因素之间是相关的。

小资料

“大五”人格测验量表

指导语

下面是 60 个陈述，请用 1～5 分评价每个陈述在多大程度上符合你对自己的描述，在对应的题目后写出分数。

注意，陈述都没有对错和好坏之分，只反映每个人不同的特点，请不要顾虑，根据第一印象尽快作答。

完全不符合	比较不符合	一般	比较符合	完全符合
1	2	3	4	5

测试

1. 我不是一个喜欢担忧的人。
2. 我喜欢有许多人和我在一起。
3. 我很喜欢沉浸在幻想和白日梦里，并探索所有可能性，任其蔓延和发展。
4. 我尽量对遇到的每一个人有礼貌。
5. 我把自己的东西收拾、保持得干净整洁。
6. 我有时感到痛苦和愤慨。
7. 我爱笑。
8. 我认为培养新的爱好很有趣。
9. 有时我会恐吓或哄骗别人，使他们干我想让他们干的事情。
10. 我能很好地安排时间，使各种事情按时完成。
11. 当我处于极度紧张状态时，有时觉得自己都要崩溃了。
12. 我喜欢那些可以让我单独完成而不会被别人打扰的工作。
13. 我对艺术和自然的表现形式着迷。
14. 有些人认为我自私和以自我为中心。
15. 我经常会遇到一些我没有充分准备的情况。
16. 我很少感到孤独或忧郁。
17. 我很喜欢和人们谈话。
18. 我认为让学生去听有争议的人的演讲只会让他们思想混乱，并把他们引向歧途。
19. 我是一个顽固、固执的人。
20. 我会尽心尽力去完成分配给我的所有任务。
21. 我常常会感到紧张和极度不安。
22. 我喜欢凑热闹。
23. 诗歌对我很少有影响甚至毫无影响。
24. 我知道我比多数人优秀。
25. 我的一系列目标很明确，并能逐步地实现它们。
26. 有时我感到自己毫无用处。
27. 我会避开人群。
28. 让思想无拘无束地漫游对我来说是件难事。
29. 如果我被人侮辱，我会尽量宽恕和忘却。
30. 通常我要花很多时间，才能安下心来工作。
31. 我很少感到恐惧或焦虑。
32. 我常常感到自己精力旺盛，活力十足。

33. 我很少注意到自己在不同环境中的心情或感受的变化。
34. 我倾向于把人往好的方面想。
35. 我工作勤奋，以便实现自己的目标。
36. 我常常为人们对待我的方式而生气。
37. 我是一个快乐而兴致勃勃的人。
38. 我体验到很多不同的感受和情绪。
39. 有些人认为我冷漠，只为自己打算。
40. 当我答应做一件事时，人们总相信我能坚持到底。
41. 当事情变得不顺利时，我常会感到泄气，并想放弃。
42. 与别人聊天并没让我得到更多的乐趣。
43. 读一首诗或观赏一件艺术品，有时会让我感到内心强烈的冲动。
44. 我的原则是讲求实际，不感情用事。
45. 我本应该是一个可靠和值得信赖的人，但有时做得却不是那么好。
46. 我很少悲伤或忧郁。
47. 我的生活是快节奏的。
48. 我没什么兴趣思索宇宙的本质或人类的现状。
49. 通常我会尽力考虑周全。
50. 我做事富有成效，总能及时、正确地完成任务。
51. 我常常感到无助，想要别人来解决我的问题。
52. 我是一个很活跃的人。
53. 我对动脑筋的事有很强的好奇心。
54. 如果我不喜欢某些人，我就让他们知道。
55. 我好像从来不能把事情做得井井有条。
56. 有时我感到非常羞愧，简直想躲起来。
57. 我宁愿独自行动，而不愿领着他人一起干。
58. 我经常对理论或抽象的概念感兴趣。
59. 在必要时，我会操纵、控制别人，以达到我的目的。
60. 我力求把所有事情都做得十全十美 。

计分标准

神经质：题项有1、6、11、16、21、26、31、36、41、46、51、56，其中1、6、21、31题为反向记分。

外向性：题项有2、7、12、18、22、27、32、37、42、47、52、57，其中18、22、47题为反向记分。

求新性：题项有3、8、13、17、23、28、33、38、43、48、53、58，其中3、13、28、43、53、58题为反向记分。

亲和性：题项有4、9、14、19、24、29、34、39、44、49、54、59，其中4、9、14、19、24、44、49、54题为反向记分。

尽责性：题项为 5、10、15、20、25、30、35、40、45、50、55、60，其中 20、30、60 题为反向记分。

4.4 卡特尔 16PF 人格测验

卡特尔 16PF 人格测验测量的是人们的 16 种基本性格特质，这些特质是影响人们工作、生活和学习的最基本因素。

美国心理学家卡特尔经过多年的研究，运用一系列严密的科学手段研制出了 16PF 人格测验。他把对人类行为的 1 800 种描述作为人格的表面特质，并将这些描述通过因素分析统合成 16 种人格因素，称为根源特质。他认为只有根源特质才是人类潜在的、稳定的人格特征，是人格测验应把握的实质。这 16 种人格因素在一个人身上的组合就构成了该人独特的人格。卡特尔 16PF 人格测验适用于教育辅导、企业管理和临床诊疗等领域，它可以针对人的个性特征和能力水平，预测人的学业和职业成就，评估职业适应度，还可以对人的心理健康水平以及自我整合水平进行测量。测验由 187 道题组成，每一种人格因素由 10～13 个测验题组成的分量表来测量，共有 16 个分量表，代表 16 种人格特征。

4.4.1 卡特尔 16 种因素解读

16PF 问卷共测量 16 种人格因素，但是每种因素分数高低的意义及重要性取决于其他各因素分数的高低，以及各因素分数的组合方式。例如因素 C 分数低者，情绪不稳定性在整个人格中所产生的作用可能受因素 A（乐群性）、因素 E（恃强性）、因素 F（兴奋性）、因素 Q3（自律性）、因素 Q4（紧张性）的影响。成长过程、学习机会、个人动机以及生活环境的变化，通常都会改变一个人的人格因素与类型，所以我们应该客观、动态地看待人格测评。

以下是卡特尔 16 种因素及其含义：

1. 乐群性（A）：热情对待他人的水平。
2. 聪慧性（B）：刺激寻求与表达的自发性。
3. 稳定性（C）：对日常生活要求应付水平的知觉。
4. 恃强性（E）：力图影响他人的倾向性水平。
5. 兴奋性（F）：寻找娱乐的倾向和表达的自发性水平。
6. 有恒性（G）：崇尚并遵从行为的社会化标准和外在强制性规则。
7. 敢为性（H）：在社会情境中感觉轻松的程度。
8. 敏感性（I）：个体的主观情感对事物判断的影响程度。
9. 怀疑性（L）：喜欢探究他人表面言行举止背后的动机倾向。

10. 幻想性（M）：个体在关注外在环境因素与关注内在思维过程两者之间寻求平衡的水平。

11. 世故性（N）：指将个人信息私人化的倾向。

12. 忧虑性（O）：指自我批判的程度。

13. 实验性（Q1）：指对新观念与经验的开放程度。

14. 独立性（Q2）：指融入周围群体及参与集体活动的倾向性。

15. 自律性（Q3）：指认为以清晰的个人标准及良好的组织性对行为进行规划的重要性程度。

16. 紧张性（Q4）：指和他人交往中的不稳定性、不耐心以及由此所表现的躯体紧张水平。

表4-2对卡特尔16种人格因素进行了详细解读，包括高（低）分维度下的特征、职业倾向和代表人物。

表4-2　卡特尔16种人格因素

因素	特征		职业倾向
乐群性（A）	低	保守、孤僻、严肃、退缩、拘谨、生硬	倾向于从事富于创造性的工作，如科学家（尤其是物理学家和生物学家）、艺术家、音乐家和作家
	高	开朗、热情、随和、易于建立社会联系，在集体中倾向于承担责任和担任领导。倾向于自由、早婚。在职业生涯中容易得到晋升	推销员、企业经理、商人、会计、教士、社会工作者等
聪慧性（B）	低	思想迟钝，学识浅薄，抽象思考能力弱，学习能力不强，不能举一反三。迟钝的原因可能是情绪不稳定或答题时未准确把握题意	适宜一些琐事性工作，如杂务工、打字员、家庭主妇等
	高	聪明，富有才识，善于抽象思考。分高者通常学习能力强，思维敏捷，文化水平高，个人身心健康	适宜经过专业训练后的工作，如高科技技术人员、专业客户经理等
稳定性（C）	低	情绪不稳定、幼稚、意气用事，在事业和爱情上受挫时会感到沮丧，不易恢复。身体易罹患慢性疾病。婚姻稳定性较差	会计、办事员、农业工人、艺术家、售货员、教授等
	高	情绪稳定、成熟，能够面对现实，在集体中较受尊重，较少患慢性疾病，容易与别人合作，不容易罹患精神疾病	多倾向于从事技术性、管理性的工作，如飞行员、空乘服务员、护士、研究人员、运动员

续表

因素	特征		职业倾向
恃强性（E）	低	谦卑、温顺、惯于服从、随和	教士、咨询顾问、农业工人、教授、医生、办事员
	高	武断、盛气凌人、争强好胜、固执己见，有时表现出反传统倾向，不愿循规蹈矩，在集体活动中有时不遵守纪律，社会接触较广泛，有时饮酒过量，睡眠较少，不太注重宗教信仰，在婚后更看重独立性。在学校学习期间，学习成绩一般或稍差。在大学期间可能表现出较强的数学能力。创造力和研究能力较强，经济能力稍差	飞行员、竞技体育运动员、管理人员、艺术家、工程师、心理学家、作家、研究人员
兴奋性（F）	低	节制、自律、严肃、沉默寡言。不容易犯罪。在经济生活、道德行为、体育活动等方面都较谨慎，不喜欢冒险。学术活动能力比社会活动能力强些	会计、行政人员、艺术家、工程师、教士、教授、科研人员等
	高	轻松、愉快、逍遥、放纵。身体较健康，经济状况较好，自我约束力较差，社会联系广泛，在集体中较引人注目，在家庭生活中的独立性较强。惯犯中具有此种特质的人较多。不容易得各种精神疾患和冠心病	运动员、商人、飞行员、士兵、空乘服务员、水手
有恒性（G）	低	自私、唯利是图，不讲原则，不守规则，不尊重父母，对异性较随便，缺乏社会责任感，轻视宗教。具有此种特质的人可能有违法行为。那些声名狼藉的人多具有此特质	艺术家、社会工作者、社会科学家、竞技运动员、作家、记者等
	高	真诚，重良心，有毅力，道德感强，稳重、执着，孝敬尊重父母，对异性关系较认真。受到周围人的好评，社会责任感强，重视宗教，工作勤奋，睡眠较少，在直接接触的小群体中自然而然地成为领导性人物。很少有违法犯罪行为。宗教先知和宗教领袖多具有此特质	会计、教士、民航驾驶员、空乘服务员、百货经营商等
敢为性（H）	低	害羞、胆怯、易受惊吓。交感神经占支配地位	牧师、教士、编辑人员、农业工人等
	高	冒险、不可遏制，在社会行为方面胆大妄为。副交感神经占支配地位	竞技体育运动员、商人、音乐家、机械师等

续表

因素	特征		职业倾向
敏感性（I）	低	粗心、自立、现实。通常身体较健康，喜爱参加体育活动，遇事果断、自信	物理学家、工程师、飞行员、电气技师、销售经理、警察等
	高	细心、敏感、依赖性强。通常身体较弱、多病，不太爱参加体育锻炼，遇事优柔寡断、缺乏自信。儿童期间多受到家庭的溺爱和过分保护，很少喝酒，一般女性得分高于男性。在学习上，语文优于数学	美术师、牧师、教士、教授、行政人员、生物学家、社会科学家、社会工作者、编辑人员等
怀疑性（L）	低	真诚、合作、宽容、容易适应环境，在集体中容易与人形成良好关系	会计、飞行员、空乘服务员、炊事员、电气技师、机械师、生物学家、物理学家等
	高	多疑、戒备、不易受欺骗，易困、多睡眠，在集体中与他人保持距离，缺乏合作精神。有时有自杀、同性恋、违法、吸毒等行为倾向	艺术家、编辑人员、农业工人、管理人员、创造性科学研究人员等
幻想性（M）	低	现实、脚踏实地、处事稳妥，具有忧患意识，办事认真谨慎	出纳、会计、流水线工人等
	高	富于想象，生活豪放不羁，做事漫不经心。通常在中学毕业后努力争取继续学习而不是早早就业。在集体中不太被人们看重。不修边幅，不重整洁，粗枝大叶。经常变换工作，不易晋升。现代“嬉皮士”多具备此种特质	艺术家
世故性（N）	低	直率、坦诚、不加掩饰、不留情面，有时显得过于刻板。不为社会所接受，在社会中不易取得较高地位	艺术家、企业家、商人、空乘服务员等
	高	机敏狡黠、圆滑世故、人情练达、善于处世。不易罹患精神疾病。在社会中容易取得较好的地位。善于解决疑难问题，在集体中受到人们的重视	心理学家、企业家、商人、空乘服务员等

续表

因素	特征		职业倾向
忧虑性（O）	低	自信、心平气和、坦然、宁静，有时自负、自命不凡、自鸣得意，容易适应环境，知足常乐	战斗机飞行员、竞技体育运动员、行政人员、物理学家、机械师、空乘服务员、心理学家
	高	忧郁、自责、缺乏安全感、焦虑、不安、自扰、杞人忧天，害羞、不善交际，朋友较少。在集体中既无领袖欲望，亦不被推选为领袖，常对环境满腹牢骚。大多数宗教领袖都具有此种特质	艺术家、教士、农业工人等
实验性（Q1）	低	保守、循规蹈矩、尊重传统	运动员、教士、农业工人、机械师、军官、音乐家、商人、警察、厨师、保姆等
	高	好奇、喜欢尝试各种可能性，思想自由、开放、激进，接近进步的政治党派，对宗教活动不够积极，身体较健康，在家庭中较少大男子主义	艺术家、作家、会计、工程师、教授等
独立性（Q2）	低	依赖性强、缺乏主见，在集体中经常是个随波逐流的人，对于权威是忠实的追随者	空乘服务员、厨师、保姆、护士、尼姑、社会工作者等
	高	自信、有主见、足智多谋，遇事勇于自己做主，不依赖他人，不推诿责任	艺术家、工程师、科学研究人员、教授、作家等
自律性（Q3）	低	不能自制，不遵守纪律，自我矛盾，松懈，随心所欲，为所欲为，漫不经心，不尊重社会规范。不太注重道德，饮酒无节制	艺术家

续表

因素	特征		职业倾向
自律性（Q3）	高	有较强的自制力和意志力，较坚定地追求自己的理想，有良好的自我感觉和自我评价，通常注重道德，饮酒适量。在集体中可以提出有价值的建议	大学行政领导、飞行员、科学家、电气技师、警卫、机械师、厨师、物理学家等
紧张性（Q4）	低	放松、平静，有时反应迟钝，不敏感，很少有挫折感，遇事镇定自若	空乘服务员、飞行员、海员、地理学家、物理学家等
	高	紧张，有挫折感，经常处于被动局面，神经质，不自然，做作。在集体中很少被选为领导，通常感到不被别人尊重和接受，经常自叹命薄，在压力下容易惊慌失措。多患高血压	农业工人、售货员、作家、记者等

4.4.2 卡特尔 16PF 人格测验的 8 个次级因素

卡特尔 16PF 人格测验还能根据实验统计结果所得的公式推算出多种可以形容人格类型的次级因素。这些次级因素并不直接用原始分推算，而是由几个有关的基本因素的标准分经过数量权衡连同指定常数相加得到的。常数和均衡数量的多少由卡特尔根据多年的研究经统计分析获得。

表 4－3 对卡特尔 16PF 人格测验的 8 个次级因素进行了系统全面的介绍，包括各种次级因素的特征和评分标准。

表 4－3 卡特尔 16PF 人格测验的 8 个次级因素

因素	特征		评分标准
适应与焦虑型（X1）	高	不一定有神经症，因为它可能是情境性的，但也可能有一些调解不良的情况，即对生活上所要求的和自己意欲达成的事情常常感到不满意。高度焦虑可能会使工作受到影响，不利于身体健康	−1.3～12.2 分，分数越低越符合低分者特征，反之越符合高分者特征
	低	生活适应顺利，通常感到心满意足，能做到所期望的及自认为重要的事情。如分数极低，则可能有对困难的工作缺乏毅力、半途而废、不肯努力奋斗的倾向	
内向与外向型（X2）	高	外倾、开朗，善于交际，不受拘束，有利于从事贸易工作	−1.7～12.7 分，分数越低越符合低分者特征，反之越符合高分者特征
	低	内倾、胆小，自足，在与别人接触中采取克制态度，有利于从事精细工作	

续表

因素		特征	评分标准
感情用事与安详机警型（X3）	高	富有事业心，果断、刚毅，有进取精神，精力充沛，行动迅速，但常忽视生活细节，只注意明显的事务，有时会考虑不周，不计后果，贸然行事	−3.5～14.5 分，分数越低越符合低分者特征，反之越符合高分者特征
	低	情感丰富而感到困扰不安，可能是缺乏信心、颓丧的类型，关注生活中的细节，性格温和，较为含蓄，讲究生活艺术，采取行动前再三思考，顾虑太多	
怯懦与果断型（X4）	高	果断、独立，露锋芒、有气魄，有攻击倾向，通常会主动寻找可以实施这种行为的环境或机会，以充分表现自己的独创力，并从中取得利益	−3.5～14.5 分，分数越低越符合低分者特征，反之越符合高分者特征
	低	怯懦、顺从，依赖别人，纯洁，个性被动，受人驱使而不能独立，对支持他的人在行动上常适应其需求，为讨别人的欢心会事事迁就	
心理健康因素（Y1）		心理健康状态几乎是一切职业及事业成功的基础。心理不健康者，其学习和工作效率会因之降低。担任艰巨工作的人都应有较高的心理健康标准分	心理健康标准介于 4～40 之间，平均分为 22 分
成就因素（Y2）		意指人格中的某些因素可能对将来的专业成就产生的影响，它并不代表将来专业成就所达到的水平	总分介于 10～100 分之间，平均分为 55 分
创造力因素（Y3）		创造力是组织生存所必需的，不仅能给组织带来利润，而且能给组织带来发展机会，因此管理者的创造力是管理技能开发的重要内容。创造力是一种个人的内在因素与社会因素相互作用产生的综合效应，在个人气质、动机、情绪、爱好、态度、观念以及能力方面具有一系列独特的品质	低分者为创造力较弱者，高分者为创造力较强者。Q1、Q2 的标准分高于 7 分或实际得分高于 88 分者，创造力较强，应有所成就
适应力因素（Y4）		善于适应环境和进行变革，要求个体具有敏锐的洞察力，认真负责，自律严谨，在迅速把握环境的同时，自觉自我调适，使个人能力发挥到最大限度	总分介于 4～40 分之间，平均分为 22 分

小资料

卡特尔 16PF 测评报告

姓名：　　性别：　　年龄：　　所在部门：　　职位：

一、测评简介

人格特质测评通过选取 16 种人格因素对个体进行全面的人格评价。该测评广泛地应用于人才选拔、心理咨询和职业咨询等领域，是挖掘性格特点、成功潜能以及自我定位的重要参考。一个人的性格没有绝对的好坏之分。人格特质测评的分数高低，仅仅能够说明被测者的性格特征，一个人未来能否获得成功，最重要的在于他能否发挥性格中的优势，回避自身的不足，并为此不懈努力。本测评将从 16 种人格因素中选取您性格中的典型维度进行描述分析，以便您能清晰地认识自我。

二、人格曲线

人格因素	低分特征	低 1 2 3 / 平均 4 5 6 7 / 高 8 9 10	高分特征
乐群性（A）	缄默、孤独		乐群、外向
聪慧性（B）	迟钝、学识浅薄		智慧、富有才识
稳定性（C）	情绪激动		情绪稳定
恃强性（E）	谦虚顺从		好强、固执
兴奋性（F）	严肃谨慎		轻松、兴奋
有恒性（G）	权宜敷衍		有恒、负责
敢为性（H）	畏缩退却		冒险、敢为
敏感性（I）	理智、着重实际		敏感、感情用事
怀疑性（L）	信赖随和		怀疑、刚愎
幻想性（M）	现实、合乎成规		幻想、狂放不羁
世故性（N）	坦白直率、天真		精明能干、世故
忧虑性（O）	安详沉着、自信		忧虑抑郁、烦恼
实验性（Q1）	保守、服从传统		自由、批评激进
独立性（Q2）	依赖、随群附众		自主、当机立断
自律性（Q3）	矛盾冲突、不识大体		知己知彼、自律严谨
紧张性（Q4）	心平气和		紧张、困扰

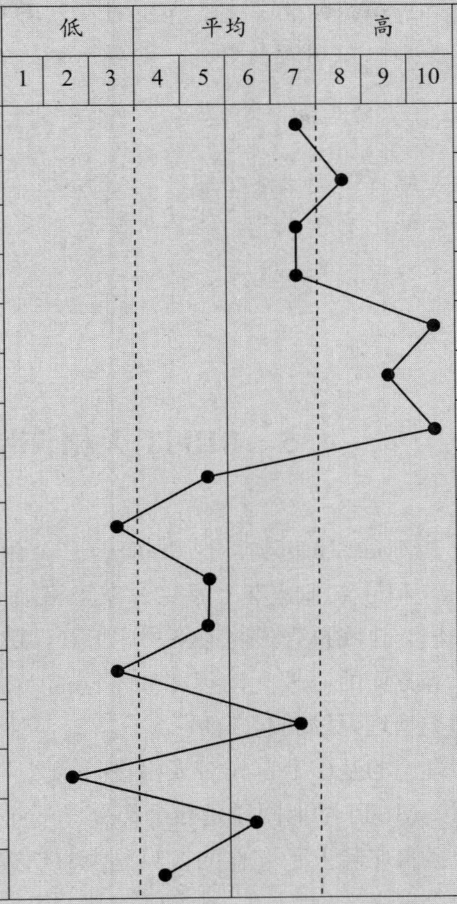

三、关键人格因素解读

● 聪慧性

聪明，富有才识，善于抽象思考。分高者通常学习能力强，思维敏捷，文化水平高，个人身心状态健康。

● 兴奋性

轻松兴奋，随遇而安。分高者通常活泼、愉快、健谈，对人对事真心而富有感情。但是有时也可能会冲动，以致行为多变。

● 有恒性

持恒负责，做事尽职。分高者通常细心周到、有始有终，是非善恶是他的行为指针。所结交的朋友多系努力苦干的人，不喜欢诙谐有趣的场合。

● 敢为性

冒险敢为，少有顾忌。分高者通常不掩饰，不畏缩，敢作敢为，他能经历艰辛而保持刚毅的毅力。有时可能粗心大意，忽视细节，遭受无谓的打击与挫折，可能无聊多事，喜欢向异性献殷勤。

● 独立性

依赖性强、随群附和。分低者通常喜欢与人共同工作，而不愿独立孤行。常常放弃个人的主见而附和取得别人的好感。需要团体的支持以维持其自信心，却并非真正的合群者。

四、整体画像

情绪稳定，适应能力强。性格外倾，不受拘束。优柔寡断，依赖性强。心理健康。要想在适合的领域中有所成就，需要付出长期艰苦的努力。创造力不突出。在新环境中成长能力不突出。

4.5 MBTI人格测验

MBTI的全称为“Myers-Briggs Type Indicator”，由伊莎贝尔·布里格斯·迈尔斯（Isabel Briggs Myers）和母亲凯瑟琳·库克·布里格斯（Katharine Cook Briggs）共同提出。它是一种迫选型、自我报告式的人格测评工具，用于衡量和描述人们在获取信息、做出决策、对待生活等方面的心理活动规律和不同的人格表现类型。MBTI人格测量系统是基于荣格的心理类型理论发展起来的[①]。

荣格在心理类型理论的基础上首先对人格进行了外向-内向、感觉-直觉的区分；相对于荣格的理论体系，MBTI早期同样是四个部分，不同的是后期加入了判断-知觉。在荣格的理论中，这个条目实际上是存在的，只是没有明确地标出，而MBTI在荣格的体系中将之分离，并独立出来。

4.5.1 MBTI的四大维度

MBTI的人格类型分为四个维度，分别是：

维度一：外向（E，extraversion）和内向（I，intraversion）——能量获得途径。

维度二：感觉（S，sensing）和直觉（N，intuition）——注意力的指向。

维度三：思维（T，thinking）和情感（F，feeling）——决策判断方式。

维度四：判断（J，judging）和知觉（P，perceiving）——采取行动方式。

MBTI的人格类型分为四个维度，每个维度都有两个方向，共计八个偏好，如表4-4所示。

---

① 斯隆克．人格测评．北京：华夏出版社，2003：10.

表 4-4 MBTI 中的八个偏好

偏好	偏好
E 外向 关注自己如何影响外部环境，将心理能量和注意力集中于外部世界和与他人交往上。例如，聚会、讨论、聊天等	I 内向 关注外部环境的变化对自己的影响，将心理能量和注意力集中于内部世界，注重自己的内心体验。例如，独立思考、看书，避免自己成为注意的中心，听的比说的多
S 感觉 关注由感觉器官获取的具体信息，看到的、听到的、闻到的、尝到的、触摸到的事物。例如，关注细节，喜欢描述，喜欢使用和琢磨已知的技能	N 直觉 关注事物的整体和发展变化趋势，重视灵感、预测、暗示和推理。例如，重视想象力和独创力，喜欢学习新技能，但容易厌倦，喜欢使用比喻，跳跃性地展现事实
T 思维 重视事物之间的逻辑关系，喜欢通过客观分析做出决定评价。例如，理智、客观、公正，认为坦率比圆滑更重要	F 情感 以自己和他人的感受为重，将价值观作为判定标准。例如，有同情心，善良，和睦，善解人意，考虑行为对他人情感的影响，认为圆滑和坦率同样重要
J 判断 喜欢做计划和决定，愿意进行管理和控制，希望生活井然有序。例如，重视结果（重点在于完成任务），制订计划，有条理，尊重时间期限，喜欢做决定	P 知觉 灵活，试图去理解、适应环境，倾向于留有余地，喜欢宽松自由的生活方式。例如，重视过程，随信息的变化不断调整目标，喜欢有多种选择

资料来源：Myers I B，McCaulley M H，Quenk N L，et al. MBTI Manual. 3rd ed. Consulting Psychologists Press，1998：6.

1. 外向-内向

在 MBTI 人格测验中，第一个维度，即外向-内向（E-I）维度，代表个人不同的精力来源。外向型的个体更倾向于外部世界，他们将精力指向外部世界，并且从外部世界获得精力。内向型的个体则更倾向于内部世界，在内部世界中获得支持并看重事情发生的时间、概念、意义等。

内外倾向是相对而言的。不需要期望每条标准都完全符合，大部分符合基本上就可以确定是内倾或外倾了。有一定内外倾向的人不是每时每刻都以同样类型的方式行事，人生活在社会中，有时会因外在环境及工作的需要调整自己的行为，再外倾的人，在权威人士面前也会收敛起来，在严肃的场合，也会是个好的倾听者；再内倾的人，走上领导岗位后，该发表意见时还是会发表，只要准备充分，也会滔滔不绝。关键在于，以什么样的方式行事，才是自己感觉最好的、最习惯的。具体见图 4-3。

2. 感觉-直觉

第二个维度，即感觉-直觉（S-N）维度，表示个体在收集信息时注意的指向。感觉型的个体倾向于接受能够衡量或有证据的任何事物，关注真实而有形的事情。直觉型的个体看到一件事情就想知道它的意义和结果可能如何。

两种类型的人都会存在，当然极端典型的比较少，大多数人兼有两种特质，但其

热情洋溢	●	冷静，谨慎
生机勃勃，善于表达	●	稳重，不愿意主动表达
听、说、想同时进行	●	先听，后想，再说
语速快，嗓门高	●	语速慢，语调平稳
注意力容易分散	●	注意力很集中
喜欢人多的场合	●	喜欢独自消磨时间
关注问题的广度	●	关注问题的深度
能量来自与外界的互相作用	●	能量来自内心的思考与推理

↑ 非常清晰 ↑ 清晰 ↑ 中等 ↑ 不明显 ↑ 中等 ↑ 清晰 ↑ 非常清晰 ↑

图 4-3　外向-内向特征比较

中一种会更突出一些，成为个体的特色，由此可以确定他的性格类型。使用任何一种方式接收信息都有利有弊。作为个体，往往只在某方面有优势，因此直觉型的人不必在百科全书式的人物面前自叹弗如，感觉型的人也不必在灵动、敏感的直觉者面前自惭形秽。当然，在享受自我性格类型所带来的优势的同时，不妨有意识地弥补不足，比如，直觉型的人可多关注一些细节，而感觉型的人可多留神事物蕴含的潜在信息。研究表明，25 岁以后，伴随着阅历的增长，个体的感觉-直觉偏向会更明确。具体见图 4-4。

关注事实存在	●	关注事物背后的意义
谈话目标清楚，方式直接	●	谈话目标宏观，方式复杂
思维连贯	●	思维跳跃
喜欢从事实际性的工作	●	喜欢从事创造性的工作
留心细节、现在	●	关注总体、未来
对身体敏感	●	精力集中于自己的思想
以客观现实为依据	●	习惯比喻、推理与暗示

↑ 非常清晰 ↑ 清晰 ↑ 中等 ↑ 不明显 ↑ 中等 ↑ 清晰 ↑ 非常清晰 ↑

图 4-4　感觉-直觉特征比较

3. 思维-情感

第三个维度，即思维-情感（T-F）维度，用于表示个体做决定和下结论的方式，是依据客观的逻辑推理还是主观的情感和价值。思维型的个体通过对情境的客观的、非个人的逻辑分析来做决定，他们注重因果关系并寻求事实的客观尺度；情感型的个体常从自己的价值与信念出发，并且期望自己的情感与他人保持一致。他们往往更讨人喜欢，除非他们的价值观受到威胁。

不同性别的个体在这个维度上的特点有所差异，研究表明，大约 2/3 的女性偏向情感型，2/3 的男性偏向思维型。这两种类型无所谓好坏，重要的是理解和自己分属不同类型的人的做法，并且尽量避免走向极端，极端的思维倾向可能会给人"冷酷"的感觉，极端的情感倾向则给人"无原则"的感觉。具体见图 4-5。

4. 判断-知觉

第四个维度，判断-知觉（J-P）维度用以描述个体喜好的生活方式。判断型个体倾向于以一种有序的、有计划的方式对其生活加以控制。而知觉型个体偏好于知觉经验，他们不断收集新的信息以使生活保持弹性和随意自然。他们努力使事情保持开

行为冷静，公事公办	●	行为温和，注重社交细节
关注事情的客观公平	●	关注个人感受与价值观
很少赞扬别人	●	习惯赞扬别人
言语平实、生硬	●	言语友善、委婉
坚定、 自信	●	犹豫、情绪化
遵照客观逻辑推理	●	倾向主观想法与道德评判
对人际关系不敏感	●	尽量避免争论和矛盾

↑ 非常清晰 ↑ 清晰 ↑ 中等 ↑ 不明显 ↑ 中等 ↑ 清晰 ↑ 非常清晰 ↑

图 4－5　思维-情感特征比较

放性。

大多数人兼具两种倾向，只是更偏向其中一端。我们在日常生活和工作中，也会受其他因素影响，改变一贯的方式，如面临紧急的或期限明确的任务时，知觉型的人也会果断起来，兴之所至，也会把物品收拾得整整齐齐。但这些并不是他们常有的行为方式，也不是使他们内心感到真正自然、舒服的方式。作为个体，一方面要根据内心的感受识别自我的偏好并发挥优势，另一方面要克服性格的弱点。如完全的判断型比较容易走入刻板、教条的境地，完全的知觉型则容易使事情不受控制。具体见图 4－6。

正式，严肃	●	随意，自然
保守，谨慎	●	开放，灵活
习惯做决定，有决断	●	做事拖拉，不愿做决定
条理清楚，计划明确	●	缺乏条理，保持弹性
急于完成工作	●	喜欢开始一项工作
遵守制度、规则与组织	●	常常感觉到被束缚
喜欢确立目标，然后去努力实现	●	经常改变目标，偏好于新的体验
外表整洁，环境干净	●	着装以舒服为标准，不在意环境

↑ 非常清晰 ↑ 清晰 ↑ 中等 ↑ 不明显 ↑ 中等 ↑ 清晰 ↑ 非常清晰 ↑

图 4－6　判断-知觉特征比较

4.5.2　MBTI 的 16 种人格类型

个性的四维八种特征，彼此组合构成了 16 种人格类型，如表 4－5 所示。有关这 16 种人格类型的更多信息，可以在伊莎贝尔・布里格斯・迈尔斯的 Introduction to Type（1998）一书中详细了解。

表 4－5　MBTI 的 16 种人格类型简介

ISTJ 严肃、冷静，通过专注和细致赢得成功。实践能力很强，关注现实，有责任感。擅长对当前要做的事进行逻辑分析，并立即动手去做，且希望不受打扰。凡事井井有条，工作、家庭、生活等均井然有序。尊重传统，具有很高的忠诚度	ISFJ 冷静、友善，有责任心，尽职尽责，恪守自己的承诺和义务。细致、刻苦，喜欢精确。忠诚、体贴，善于记取对于他们来说重要的人的特点。关心别人的感觉。努力在工作和生活中维持与他人的和谐关系

续表

ISTP 灵活、冷静的观察者。出现问题时，能迅速地找到解决办法。喜欢分析事情的原因，善于从复杂的资料中找到问题的症结。对事情的因果关系和相互影响感兴趣，善于用逻辑的方法组织资料和信息，看重工作效率	ISFP 冷静、友善、敏感，关注当前及周围的事情。喜欢拥有自己独特的时间和空间架构。对自己内心的价值观及他们觉得很重要的人忠诚度很高，并愿意做出承诺。力图避免冲突和争吵，从不把自己的意见和价值观强加于人
ESTP 灵活，注重工作实效性，喜欢看到即时的结果。对理论和抽象的事物可能感到厌烦，只喜欢积极行动去解决问题。关注眼前的现实，随机应变。享受每个可以和他人互动的时刻。喜欢物质享受	ESFP 外向、随和、包容。对生活充满热情，享受物质生活。喜欢和他人一起参与事情。善于在工作中运用自己丰富的常识，从中找出现实可行的办法，并享受工作的过程。灵活，随机应变。善于适应新的环境和人群。和他人一起尝试新的工作方法和技巧，对他们来说是很好的学习方式
ESTJ 果断，有决断力。善于做决定并推动执行。擅长组织人员和其他资源，并尽可能以最有效率的方式行事。关注日常细节，凡事都有自己的逻辑标准，以这些标准严格要求自己，同时希望别人和自己一样遵守。在推行自己的计划时显得比较强硬	ESFJ 热心，有高度责任感，具有合作精神。喜欢并努力创建和谐的氛围。喜欢和别人一起合作，准时精确地完成交付的任务。擅长关注微小的细节。关注并努力满足他人在日常生活中的需要。喜欢听到别人的认同和赞赏
INFJ 喜欢探求理论和物质世界背后及事物之间的联系和意义。习惯尝试去了解别人的动机，具有良好的观察别人的能力。恪守自己的价值观，并为此做出承诺。具有为大众福祉服务的清晰信念。在实践自己的信念时，果断而富有组织性	INTJ 具有独创的思想和强烈的动机去达到自己的目标。对于外界的事物，他们很快就能发现其中的规律，并提出富有远见的观点和方法。一旦做出承诺，他们很善于组织工作并付诸实践。他们习惯对事物持怀疑态度，性格独立，不论是对自己还是对他人都用很高的标准去要求
INFP 理想主义者，忠诚于自己内心的信念及他们认为重要的人物。希望外在生活形态与内在价值观相吻合。好奇心十足，能够很快找出解决问题的各种可能性。喜欢了解并帮助周围的人发掘潜力。适应性强，个性灵活。除非自己的价值观受到挑战，否则具有极强的包容力	INTP 对自己感兴趣的事物，他们总能找到一种合乎逻辑的解释。喜欢理论和科学事理。对于内心理念的兴趣远远大于社会活动。冷静、内敛、灵活，适应性强。在深层思考解决问题的方法上具有独特的能力。喜欢怀疑一切，爱批评人，但只是基于逻辑分析的角度
ENFP 热情洋溢，富有想象力。认为生活充满可能性。能够很快地把事情和收集到的信息联系起来，从中找到规律和解决问题的办法。喜欢得到别人的肯定，也喜欢表达对别人的欣赏和支持。具有很强的随机应变能力，喜欢依靠自己即兴发挥的能力和口头表达能力去解决问题	ENTP 头脑灵活敏捷，具有创造才能，机警、坦率。善于利用各种资源去解决新出现或富有挑战性的问题。善于探索理论上解决问题的各种可能性，并进行战略性的分析。善于观察他人。容易对日常工作感到厌烦，几乎不愿意用同样的方式去完成同样的事情
ENFJ 热情、忠诚，富有同情心和责任感，积极回应他人的想法、情感和需求。善于发现并协助他人发挥潜力。在个人和团队成长中习惯扮演“催化剂”的角色。对表扬和批评都做出积极的回应，合群。善于推动和激励团队里的其他人，有领导才能	ENTJ 坦率、果断，很容易扮演领导者的角色。善于发现事情中不合逻辑和效率不高的部分并制定和实施全面的系统和措施去解决组织中的问题。喜欢设定长期目标和长远计划。善于收集信息并传递给其他人，喜欢阅读和提升自己的知识。有时表达自己的观点时显得很强硬

资料来源：Myers I B. Introduction to Type. 6th ed. Consulting Psychologists Press，1998：13.

4.5.3 MBTI 的 16 种职业类型

MBTI 的 16 种人格类型分别对应 16 种职业类型，见表 4－6。

表 4－6 MBTI 人格类型与对应的职业类型

INTP 建筑师	INTJ 策划者	INFP 化解者	INFJ 劝告者
ENTP 发明家	ENTJ 陆军元帅	ENFP 奋斗者	ENFJ 教导者
ISFP 创作者	ISTP 手艺者	ISTJ 检查者	ISFJ 保护者
ESFP 表演者	ESTP 创业者	ESTJ 监督者	ESFJ 供应者

将这 16 种人格类型进一步分类，得出四个类别：NT、NF、SP 和 SJ，见表 4－7。

表 4－7 MBTI16 种人格类型分类

INTP 建筑师	INTJ 策划者	INFP 化解者	INFJ 劝告者
NT		NF	
ENTP 发明家	ENTJ 陆军元帅	ENFP 奋斗者	ENFJ 教导者
ISFP 创作者	ISTP 手艺者	ISTJ 检查者	ISFJ 保护者
SP		SJ	
ESFP 表演者	ESTP 创业者	ESTJ 监督者	ESFJ 供应者

1. NT：概念主义者

具有 NT 型人格类型的人，有主见，以知识、能力和成就为人生价值；对人对己高标准、严要求，是典型的完美主义者；喜欢具有智力挑战的工作。在职业上倾向于企业高管、政府高官、咨询顾问、教授等。

2. NF：理想主义者

具有 NF 型人格类型的人，情感最为丰富，为人类福祉奋斗终生，重视人与人之间的关系，相信、依赖他人，不能轻易对这类人轻视、污蔑。在职业上倾向于消防员、护士、辅导员等。

3. SP：经验主义者

具有 SP 型人格类型的人，乐于追寻自由，是典型的实践家，喜欢从生活中获取经验，灵活有弹性，注重享受、娱乐，喜欢寻求刺激感。严重的 SP 型人格，容易走上吸毒道路。

4. SJ：保守主义者

具有 SJ 型人格类型的人，是典型的工作狂，有责任感、义务感，信赖感强，喜欢解决实际问题，稳定常规。这类人是四种类型中占比最高且最为重要的组成部分，这类人不喜欢做难以把控节奏的事情。在职业上倾向于卫生、医疗、教师、中层管理者、公务员等。

小资料

MBTI 测验量表（节选）

（M 版，自我评估计分法）

注意事项：

1. 请在心态平和及时间充足的情况下开始答题。

2. 每道题目均有两个答案：A 和 B。请仔细阅读题目，按照与你性格相符的程度分别给 A 和 B 赋予一个分数，并使一组中的两个分数之和为 5。最后，请在问卷后的答题纸上相应的位置填上相应的分数。

3. 请注意，题目的答案无对错之分，你不需要考虑哪个答案“应该”更好，而且不要在任何问题上思考太久，凭你的第一反应做出选择。

4. 如果你觉得在不同的情境里，两个答案或许都能反映你的倾向，请选择一个对你的行为方式来说最自然、最顺畅和最从容的答案。

例子：“你参与社交聚会时”

A. 总是能认识新朋友。(4)

B. 只跟几个亲密挚友待在一起。(1)

很明显，你参与社交聚会时有时能认识新朋友，有时只跟几个亲密挚友待在一起，在以上的例子中，我们给总是能认识新朋友打了 4 分，而给只跟几个亲密挚友待在一起打了 1 分。当然，在你看来，也可能是 3+2 或者 5+0，也可以是其他组合。

请在以下范围内一一对应地选择你对以下项目的赋值：

最小————————————————————————最大

0　　　1　　　2　　　3　　　4　　　5

1. 当你遇到新朋友时，你

A. 说话的时间与聆听的时间相当。(　　)

B. 聆听的时间会比说话的时间多。(　　)

2. 下列哪一种是你的一般生活取向?

A. 只管做吧。(　　)

B. 找出多种不同选择。(　　)

3. 你喜欢自己的哪种性格?

A. 冷静而理性。(　　)

B. 热情而体谅。(　　)

4. 你擅长

A. 在有需要时同时协调进行多项工作。(　　)

B. 专注在某一项工作上，直至把它完成为止。(　　)

…………

现在，将每项总得分转移到下列各个空白处，也就是说，你在维度 E 上的总得分记在 E 后面的空白处，在维度 I 上的总得分记在 I 后面的空白处，依此类推。

总得分 总得分

E：__________ I：__________

S：__________ N：__________

T：__________ F：__________

J：__________ P：__________

MBTI 以四个组别来评估你的性格类型倾向："E-I""S-N""T-F""J-P"。请比较四个组别的得分。在每个组别中，获得较高分数的那个类型，就是你的人格类型倾向。

将代表获得较高分数的类型的英文字母，填在下方的横线上。如果在一个组别中，两个类型得分相同，请根据注意事项 2 的原则进行偏好选择。

那么你的人格类型是：__________

□ 复习思考题

1. 你是怎样理解人格的？
2. 最常用的人格测验方法有哪些？
3. "大五"人格测验中人格的五个维度是什么？每个维度代表什么含义？
4. 阐述 MBTI 的八个偏好以及每个偏好代表的个性特征。

第 5 章

兴趣、态度和价值观测验

|学习内容|

- 兴趣测验
- 态度测验
- 价值观测验
- 职业锚测验

|学习目标|

- 了解兴趣、态度和价值观的含义与构成
- 掌握兴趣测验的方法和原理
- 掌握态度测验的方法和原理
- 掌握价值观测验的方法和原理

引导案例

我的人生道路何在

只有少数人很早就知道自己人生道路的归属。例如，数学家、音乐家、厨师，他们常在四五岁时就是“数学家”、“音乐家”和“厨师”了。而医生，如果不是更早，最迟在十几岁时通常也确认了自己的职业道路。

但大多数人，尤其是天赋异禀者，未必知道自己的人生道路，这会持续到他们远远超过 25 岁。但到了这个年龄，他们应该明白三个问题的答案：我的长处是什么？我适于如何做事？我的价值观是什么？这样的话他们才能够去对人生道路做出抉择。

确切地说，他们应该有能力确认自己不该走什么样的路。如果一个人已经认识到他无法在大型组织中表现良好，当第二次遇到类似的职位时，他应该学会拒绝。如果一个人认识到他并非一个决策者，他就该学会拒绝相关委任。一个巴顿式的人物应该学会拒绝独立的统帅权——巴顿自己从未意识到这一点。

同样重要的是，有以上认知使一个人面对一个机会、工作或任务时能够说："是的，我可以接受这个任务，但我会这样去做，事情应该这样组织，关系应该这样安排。这是你们在这段时间内能够期待从我身上得到的结果，因为我就是我，我就会这样做。"

成功的职业不是规划出来的，而是如果人们知道自己的长处、工作方式和价值观，机遇来临之时他们已然就绪，那么迈向成功的职业道路便会水到渠成。知道自己的人生道路所属，才能把一个勤勉称职的人造就为杰出的行家里手——虽然他在别的方面可能表现平庸。

资料来源：德鲁克．管理自己．(2022-04-18). https://wenku.baidu.com/view/4c452c6d6aeae009581b6bd97f1922791688be25.html.

思考题

1. 进行职业选择时，需要明晰哪几个问题？

2. 很多人都会面临职业选择困惑：你喜欢的工作并不适合你。如果是你，你会做出什么选择？

5.1　兴趣测验

人们对各种人、事或物的喜好具有个体差异，但直到 20 世纪初期，心理学家才开始对此进行研究，之后不断发展出对兴趣的测验。随着工业化大生产的不断推进，提高工人的生产效率，将最合适的人安排在最恰当的岗位成为时代的要求，心理学家在兴趣领域的研究也相应地转向对职业兴趣的研究。

5.1.1　兴趣与兴趣测验

本部分将从心理学的角度给出兴趣的定义，并介绍兴趣测验的内涵。

1. 兴趣

在心理学中，兴趣（interest）的含义有二[①]：一是个体对某个目标对象在知识、技能或其他活动方面表现出强烈的喜好，在从事某项活动时觉得快乐、满足，故我们可以由外显行为推测某人的兴趣。例如，某人常滔滔不绝地谈论摄影，即可以推断摄影是他的兴趣。二是力求认识、探究某种事物的心理倾向，当获得这方面的知识后，在情绪体验上获得满足，多次经历后就会产生兴趣。例如，喜欢文学创作，在创作中得到快乐和满足，多次练习后，就会对创作产生兴趣，进而投入更多的努力和时间，这就是兴趣的

① 时蓉华．社会心理学词典．成都：四川人民出版社，1988.

驱使。因此，兴趣可视为动机的定向，而动机之所以定向，乃是行为结果获得动机的满足所致。由此可见，兴趣是可以培养的。比如，培养读书兴趣最有效的方法就是读书，读书而有心得后，自然就有了读书的兴趣。

兴趣只有是稳定而持久的，才能推动个人深入钻研问题，获得系统深刻的知识。朝三暮四者缺乏稳定而持久的兴趣，也没有恒心，在任何实践领域都不可能取得最佳成果。

早期的研究者曾以为兴趣与能力有密切的关系。他们推论一个人之所以从事某种职业，乃是因为他具有这种能力，从成就之中产生对该种职业的兴趣。但是这一理论受到后来研究者的抨击。事实上，能力与兴趣虽然可能具有某种程度的相关性，但这种关系并无必然性。虽然一个人对某种职业有足以胜任的能力，会促使他产生从事该工作的兴趣，然而在能力上有所不及并不能说明他对该职业没有兴趣。例如，对文艺工作有浓厚兴趣的人，并不一定具有成为一个成功的画家或音乐家的能力和才华。许多研究指出，兴趣与能力之间仅具有低相关度甚至零相关，兴趣与成就之间的相关度一般在 0.3 以下。从多重相关的角度来看，兴趣、能力、性向、成就等心理特质之间具有颇为复杂的关系，一个人在某一方面的成就并非取决于一种或两种心理特质，而是兴趣、能力、性向以及其他相关因素（如环境、机会等）交互作用的结果。兴趣可以有效预测一个人在从事某种活动、学习或职业时所能够得到的满足感，但无法准确预测其实际表现或可能达到的成就。这表明兴趣在个体选择他所欲从事的职业或学习活动时非常重要，但绝非唯一的因素。兴趣决定个人努力的方向，而能力决定个人成就的高低。

2. 兴趣测验

兴趣测验（interest test）是指用来测量个人喜欢或厌恶从事何种活动的情况的测验。首先，兴趣测验的编制者提供多种多样的活动，并将日常生活中的各种活动、角色加以分析分类，找出相互间的关系，让被测者自由选择自己喜好的部分，再从测验结果中评定其兴趣的大概方向，例如：喜欢收集邮票、铜币或蝴蝶；喜欢用双手来从事的创造性工作是绘画、雕刻、烹饪等。目前兴趣测验多用在学科兴趣与职业兴趣方面，以协助教学辅导和职业辅导工作。

5.1.2 霍兰德职业兴趣测验

职业兴趣是指个体从事相关工作的愿望和兴趣，它是组成职业动机的重要因素。社会分工的不断细化是现代社会的突出特点，由此带来的不同类型职业之间的差异也越来越明显，不同职业对个体的吸引力和要求也迥然不同。与此同时，个体自身由于生理、心理、教育、社会地位、环境背景不同，所乐于选择的职业类型或所倾向于从事的活动类型和方式也不同。

研究发现，兴趣是一种强大的精神力量，可以帮助个体明确自己的主观性向，从而得到最适宜的活动情境并给予最大的能力投入。只有当个体的职业兴趣与其所从事的职业类型相匹配时，个体的潜在能力才可以得到最大限度的发挥，工作业绩也更加显著。因此，在人力资源管理实践中，无论是招聘选拔、人员安置、职业生涯管理，还是职业指导，都需要对个体的职业兴趣进行考察，判断其是否与组织所提供的岗位类型和职业环境相匹配。

1. 霍兰德职业兴趣类型

对职业兴趣的早期研究可以追溯到 20 世纪 20 年代，斯特朗于 1927 年编制了世界上最早的职业兴趣测验调查表《斯特朗职业兴趣调查表》；之后，库德于 1934 年发表了《库德兴趣调查表》。但在这一研究领域真正具有标志性意义的是美国约翰斯·霍普金斯大学心理学教授约翰·霍兰德于 1959 年提出的职业兴趣理论，他认为个体的职业兴趣与人格之间存在很高的相关性，可以分为实际型（R）、研究型（I）、艺术型（A）、社会型（S）、经营型（E）和常规型（C）六种类型，从事相同职业的成员有相似的人格与个人发展史，同一职业团体内的人对各种情境与问题的反应方式也大体相似，并且因此塑造出特有的人际环境。人都在追求某类工作环境，这类环境能施展个人的技术与能力，能展示个人的态度与价值观，能胜任问题的解决和角色的扮演。个人的职业满意程度、职业稳定性与职业成就取决于个人的人格和环境之间的匹配程度。不同的职业兴趣倾向对应不同的职业类型（见表 5－1）。

表 5－1　霍兰德职业兴趣类型

类型	特征	适合的职业或领域
实际型（R）	喜欢需要技能、体力和合作的工作；喜欢在户外活动，喜欢使用和操作工具，宁愿与机械和工具打交道，也不愿意与人打交道；做事缜密、善于分析、注重细节，习惯任务明确、工作压力不大的工作环境，倾向于专门化、标准化的工作，同时也乐于接受管理；可能在自我表达和向他人表达方面遇到麻烦或感到困难	机械制造、建筑、渔业、野外工作、实验技师、工程安装、军事职业，计算机硬件人员、制图员、木匠、厨师、技工、修理工、农民、一般劳动者等
研究型（I）	喜欢需要认知能力的工作，对科学研究和科学探索具有很高的热情，并表现出对工作的极大热情，但对周围的人并不感兴趣；习惯在创新的文化环境中工作，喜欢有挑战性的工作，具有很强的探索精神，更喜欢逻辑分析与推理，不断探索未知的领域；喜欢面对疑问和不懈的挑战，不喜欢那些必须遵循许多固定程序的任务，喜欢从事需要创造力的工作	工程设计人员、实验研究人员，生物学、社会科学、物理学、气象学研究人员，教师、工程师、电脑编程人员、医生、系统分析员等
艺术型（A）	喜欢艺术创造、自我表现、情感抒发等工作；对艺术性工作有浓厚的兴趣，喜欢具有许多自我表现机会的艺术环境，以各种艺术形式的创作来表现自己的才能，实现自己的价值；不喜欢从事繁重的体力劳动，对那些高度规范化和程式化的任务不感兴趣；喜欢单独一个人活动，有强烈的自我表现欲望，往往过于自信；情绪变化大，敏感；独立性、自主性、自发性、非传统性都较强，好表现	艺术家、画家、作家、作曲家、歌唱家、戏剧导演、艺术设计师、雕刻家、建筑设计师、摄影家、诗人、演员、乐器演奏家、乐队指挥、小说家、剧作家等

续表

类型	特征	适合的职业或领域
社会型（S）	喜欢与人打交道，愿意从事为他人服务和教育他人的工作；关心社会问题，渴望发挥自己的社会作用，寻求广泛的人际关系，看重社会义务和社会道德；喜欢在注重人际导向的环境中工作，重视适应性、忠诚感和承诺；往往善于表达，善于与周围的人相处，喜欢处于集体的中心地位，喜欢通过与他人讨论来解决难题；善于调整与他人的关系；不喜欢需要剧烈运动的工作，不喜欢与机器打交道	学校校长、心理医生、教师、就业指导顾问、社会工作者、咨询人员、公关人员等
经营型（E）	喜欢影响他人的工作，常常善于辞令，尤其适合做推销工作和领导工作；适合在竞争性强的环境中工作，乐于接受挑战；通常精力充沛、热情洋溢、富有冒险精神、自信、支配欲强；喜欢担任有领导责任的社会工作，喜欢与人争辩，总是力求使别人接受自己的观点；缺乏从事精细工作的耐心，不喜欢长期从事智力劳动的工作；喜欢追求权力、地位和物质财富	企业家、项目经理、政府官员、销售人员、营销管理人员、电影电视节目制作人、政治家、社会活动家、法官、律师等
常规型（C）	喜欢在稳定的环境中工作，乐于维持现状而不太注重成长的变化；喜欢从事高度有序性的工作，包括言语方面和数量方面等规范性较强的工作；习惯受他人指挥和领导，自己不谋求领导职位，不喜欢那些模棱两可的指示，希望精确地了解到底要求自己做什么；通常工作踏实、忠诚可靠、遵守纪律、自我控制能力强；既不喜欢从事繁重的体力劳动，也不喜欢在工作中与别人有过于紧密的联系，对于明确规定的任务可以很好地完成；比较重视物质财富和地位	银行审计员、出纳员、会计、行政助理、秘书、办公室人员、记事员、投资分析员、图书管理员、计算机操作员、税务员、统计员、交通管理员等

2. 霍兰德职业兴趣正六边形模型

在霍兰德的理论中，六种职业兴趣类型之间有着明晰的界限和对应关系，构成了著名的正六边形模型，如图 5-1 所示。

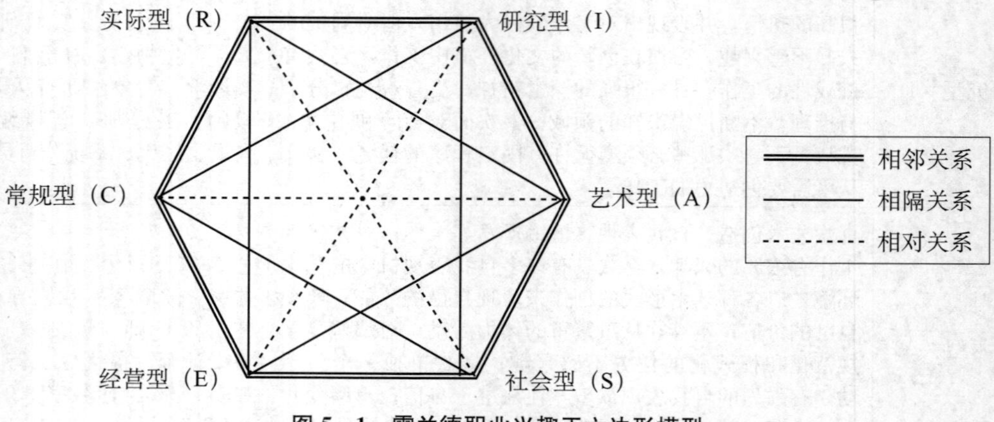

图 5-1　霍兰德职业兴趣正六边形模型

从图 5-1 可以发现，六种职业兴趣类型之间存在着三类位置关系。

（1）相邻关系：如 RI、IA、AS、SE、EC、CR，属于这种关系的两种类型的个体之间共同点较多，比如实际型（R）和研究型（I）的人都不太偏好人际交往，这两种职业环境也都较少有机会与人接触。

（2）相隔关系：如 RA、RE、IC、IS、AR、AE、SI、SC、EA、ER、CI、CS，属于这种关系的两种类型的个体之间共同点较相邻关系少。

（3）相对关系：如 RS、IE、AC、SR、EI、CA，属于相对关系的人格类型共同点较少，即一个人同时对处于相对关系的两种职业环境都兴趣很浓的情况较为少见，这一点在人员选拔、配置或职业测评工作中具有非常现实的指导意义。以人员招聘为例，假设候选人的职业兴趣表现为实际型（R），那他就不太适合从事需要大量人际沟通的社会性工作，因为兴趣是激发人们工作热情的重要内驱力，如果个体长期从事自己不感兴趣的工作，就会很容易产生职业倦怠，一方面对其自身带来很大的心理压力，另一方面也会对个体绩效产生不利的影响。

霍兰德基于上述理论结合大量的职业咨询经验，先后编制了《职业偏好量表》和《自我职业选择量表》作为职业兴趣的测评工具，并力求为每种职业兴趣找出两种匹配的职业能力。为此，霍兰德将其职业兴趣类型理论运用于美国劳工部制定的职业条目词典，借助其中对职业分析的有关内容，将词典中的 12 099 种职业赋予了霍兰德职业兴趣类型代码，并编纂完成了《霍兰德职业代码词典》，为各类人员按照自己的职业兴趣类型搜寻合适的职业提供了广泛的应用前景。

国内在职业兴趣测评领域的研究主要集中于对霍氏理论及量表的引进和修订。1993 年，时勘在《升学与择业：心理咨询读本》中全面介绍了霍兰德的《自我职业选择量表》及其使用方法，霍兰德职业兴趣类型理论及测评工具量表被正式引入我国[①]。随后，龙立荣等对霍兰德 1985 年版的《自我职业选择量表》进行了引进和适应性修订工作，作为中学生职业指导的选用工具[②]；1996 年，方俐洛、凌文辁、白利刚等以霍兰德职业兴趣类型理论为依据，结合我国国情和职业分类体系特点，编制了霍氏中国职业兴趣量表，在国内人才测评实践领域得到了广泛应用[③]。

小资料

霍兰德职业兴趣测评报告

姓名：　　　性别：　　　年龄：　　　所在部门：　　　职位：

一、您心目中的理想职业（专业）

1. 军人；2. 老师；3. 经纪人

二、您所看重的东西——职业价值观

最重要：自我实现和人生价值

次重要：兴趣特长和工作有机结合

次不重要：权力地位

---

① 时勘．升学与择业：心理咨询读本．北京：中国科学院心理研究所，1993.

② 龙立荣，彭平根，郑波．自我职业选择测验（SDS）的试用报告．应用心理学，1996（1）：44－51；龙立荣，彭平根．运用职业自我选择测验（SDS）研制大学专业搜寻表的初步研究．心理学报，2000（4）：453－457.

③ 方俐洛，凌文辁，白利刚．HOLLAND 式中国职业兴趣量表的建构．心理学报，1996（2）：113－119.

最不重要：环境舒适

三、测评结果

测验	R型	I型	A型	S型	E型	C型
第二部分	6	6	10	7	5	6
第三部分	4	5	7	11	10	11
第四部分	1	4	10	9	9	4
第五部分（A）	2	2	7	7	6	7
第五部分（B）	4	5	7	6	6	5
总分	17	22	41	40	36	33

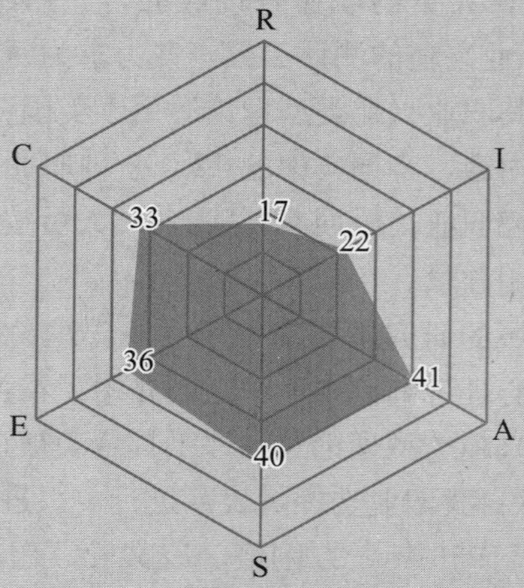

结论：您的职业兴趣是典型的艺术型、社会型、经营型。

● 艺术型（A）

个性特点：具有艺术性的、独创性的表达和直觉能力，乐于创造新颖、与众不同的成果。做事理想化，追求完美，不重实际，渴望表现自己的个性，实现自身的价值。善于表达、怀旧，心态较为复杂。不喜欢硬性任务，情绪性强。

环境特点：通过语言、动作、色彩和形状来表达审美原则，单独工作。

职业特点：从事艺术创作。

适应职业：作家、演员、记者、诗人、画家、作曲家、编剧、舞蹈家、音乐教师、雕刻家、摄影艺术家、室内装修人员、服装设计人员等。

● 社会型（S）

个性特点：具有合作、友善、助人、负责、圆滑、善社交、善言谈、洞察力强的个性特征。喜欢与人交往，不断结交新的朋友，具有教导别人的能力。关心社会问题，渴望发挥自己的社会作用。寻求广泛的人际关系，比较看重社会义务和社会道德。

环境特点：解释和修正人类行为，具备高水平的沟通技能，热情助人。

职业特点：通过命令、教育、培训咨询等方式帮助人、教育人、服务人。

适应职业：联络者、外交工作者、教师、教育行政人员、导游、社会福利机构工作者、社会群众团体工作者、咨询人员、思想工作者、公关人员等。

● 经营型（E）

个性特点：具有冒险、野心、独断、乐观、自信、精力充沛、善于社交等个性特征。为人务实，习惯以利益得失，权利、地位、金钱等来衡量做事的价值，做事有较强的目的性。追求权力、权威和物质财富，具有领导才能，喜欢从事领导及企业性质的工作。

环境特点：善于言行反应，有说服他人和管理的能力，胜任监督性角色。

职业特点：劝说他人、指派他人去做事情的工作。

适应职业：企业家、厂长、各级领导者、管理者、政治家、政府官员、律师、推销员、批发商、零售商、调度员、广告宣传员等。

5.2　态度测验

5.2.1　态度与态度测验

人在社会中生活，不仅会对他人及各种社会事物产生认知，也会在认知的基础上对他人和各种事物产生一定的态度。态度会影响人如何对待事物，也会左右人如何行动和取得社会效果。态度的表现不仅是人际交往的媒体，也是社会行为的先导。态度只要表现于外，就可以体现出一个人内心的状态。态度并不是一成不变的，而是随着社会环境、周围环境的变化而改变，它的变化或维持都遵循一定的规律。社会达尔文主义者赫伯特·斯宾塞（Herbert Spencer）在《第一原理》中提到“正确的态度是解决具有争议的问题的基础”。人格心理学家奥尔波特认为“态度是在经验范畴限定下的心理和神经的预设状态，对所产生的心理反应具有促进与导向的作用”。罗森博格和霍夫兰德（Rosenberg & Hovland）将态度定义为“连接刺激与反应的中枢纽带，其具体构成包含情感（affection）、意图即行为（behavior）、认知（cognition）三个方面。态度本身并不是可以被人们看见的外显性的心理倾向，只有通过具体的行为表现出来才可以被观察到”。为了更好地测验态度，我们首先要了解态度的主要特征。

1. 态度

态度（attitude）是个人对特定对象，以一定方式做出反应时所持的评价性的、较稳定的内部心理倾向①。

（1）态度的特征。

1）态度是一种内在的心理倾向。态度是指人依据自己的经验或观点，对特定事物在

① 时蓉华．社会心理学词典．成都：四川人民出版社，1988.

内心进行意义评估，或凭直觉做出如何对待的一种心理倾向。它是一种尚未表现于外的内心历程或潜在的心理状态。

2）态度总有一定的对象。任何一种态度的产生都指向特定的对象，对象可以是具体的人、事、物，也可以是抽象的概念或思想。它反映了主体与客体间的关系。

3）态度具有价值判断的成分和感情色彩。无论是只凭直觉还是通过分步思维过程而产生的态度，都是关于事物对自己有多大利害关系的一种价值判断或情感性评定的结果。

4）态度具有一定的稳定性与持续性。态度一旦形成，就会持续一段时间，不会轻易改变，这就是态度的抗变性。这是由于态度的形成具有深层的原因，也因为它是客体的特性和主体已有的种种需要、习惯、经验、理念交互作用并建立较稳固联系的结果。

（2）态度的成分。在测验态度之前，先探讨态度的组成成分，才能针对测量的部分设计量表或测验工具。从心理学研究行为与心理过程的角度看，态度包括认知、情感、行为三种成分，略述于下：

1）认知成分。认知成分（cognitive component）是个体对态度对象的认知、了解、赞成、反对的心理取向，是一种评价性的认知。

2）情感成分。情感成分（affective component）是个体对态度对象的喜欢、厌恶、尊敬、轻视等情感与情绪的反应，是一种内心的体验。

3）行为成分。行为成分（behavioral component）是个体对态度对象的反应趋向，即行为的准备状态。准备对态度对象做出一定的反应，是受行为前认知成分和情感成分的影响，是行为前的心理活动，故其是一种行为倾向，或称意向（intention）。行为成分受到认知成分和情感成分的影响。

这三种成分并不是各自独立的，而是连续发生的、协调一致的，任何一种态度的形成都是这三方面的逐渐融合。

（3）态度的形成与改变。态度的形成要通过学习，并融合个体的生活经验。这些经验可以是真实的，也可以是替代的。例如，看见别人拔牙的痛苦表情，因而畏惧拔牙。一个人对某些事物的好感或厌恶（态度中的情感成分）通常是条件作用的结果。态度中认知成分的发展，基本上属于一种类化作用。譬如对某件事的认识，或是不曾亲身经历的体验，人们会从报纸上或从别人的谈话中得到若干片断认知，然后加以类化，并进一步形成自己的想法或看法。态度的形成是先由认知融合情感，而后发展到行为。

由认知到行为，其产生的时间长短不一，有时甚至是同时产生的。由于态度的形成经历了长期的经验累积，是一种有组织、有一致性和持续性的心理趋向，因此具有一定的稳定性。当然，有时由于生活经验的改变，对某些事物或情境的态度也会随之改变，新的态度逐渐取代旧的态度，例如戒烟。态度改变的影响因素颇多，诸如刺激主题的性质、当事者的人格因素等。有些研究者认为，态度在本质上有一种自动延续和强化的特性，造成改变上的不易。一般而言，成人的态度比儿童与青少年的更为牢固，人们在少年所形成的态度又比成年后所形成的态度更不容易改变。

2. 态度测验

态度测验（attitude test）亦称态度测量，是指测量态度的测验。态度测验是职业指导的一种方法，是对个体趋向或回避特定对象（事件、他人、自我等）的内在倾向性的测量。一个人的态度在现实生活中具有重要作用，因此有必要了解人们的各种态度以及应该采用什么方法才能较好地把握人们态度的指向与强度。态度是一种潜在性变量，通常由一些可观察的指标间接地推断和度量。这些指标通常是个体在特定或某类情境中一贯的外显反应，在态度量表上对测验项目的反应包括与皮电、血压等有一定联系的生理反应。在测量方法中，最客观的是测验，用间接方法，从个人的反应来推测其态度。

5.2.2　态度的测量方法

测量态度的方法有很多，包括直接观察、访谈、自我陈述量表或问卷、投射测验等。其中最有效且常用的是自我陈述量表法，这类量表通常注重对态度的评价方法的测量。换言之，其目的在于决定被测者对刺激主题所持的态度，如好/恶、赞成/反对、同意/不同意。每一量表通常包含一系列关于某种事物的陈述，由被测者做出称赞与否或类似形式的反应，以了解其态度的方向和程度。

对量表的发展贡献最大者是美国心理学家瑟斯顿和利克特，他们在 20 世纪 30 年代分别创设了等距量表法和综合评定法，这两种量表的编制方法沿用至今。后来美国心理学家奥斯古德将语义分析法应用到态度的测量上，为态度量表的编制方法增添了新鲜血液。

1. 等距量表法

美国心理学家瑟斯顿在 1929 年创立等距量表法（method of equal-appearing intervals），并与他的同事使用此法编制了约 20 个量表，用来测量被测者对战争、死刑、爱国、新闻检查制度及其他机构、团体、问题等的态度，又称瑟斯顿量表法。该方法的基本思路为：使态度测量能够客观量化。其编制步骤如下：首先，确定一个态度主题；其次，收集意见，选取能够代表该主题的若干态度叙述语句作为题目；最后，将意见分类，由专家对这些题目依各自的好恶进行等级排序。表 5-2 显示了一个用等距量表法编制态度量表的题目示例。

表 5-2　用等距量表法编制态度量表的题目示例

原题号	题目	选项	分数
1	在某些情况下，为了维持正义，战争是必要的	同意□　不同意□	(7，5)
4	战争是没有道理的	同意□　不同意□	(0，2)
6	战争通常是维护国家荣誉的唯一手段	同意□　不同意□	(8，7)
9	战争徒劳无功，甚至导致自我毁灭	同意□　不同意□	(1，4)
14	无战争即无进步	同意□　不同意□	(3，7)
18	国际纠纷不应以战争方式解决	同意□　不同意□	(10，1)

瑟斯顿量表的不足之处主要表现在：编制的过程较复杂，较难掌握题目的选择及等级评定的客观性，且各等级间是否等距亦值得怀疑。此外，这类量表上的态度分数是由

中位数决定的，同样的态度分数并不一定代表相同的态度形态（包括范围和程度），这些在使用时都要注意。总的来说，当测量的主题较清晰、调查范围不是十分广泛时，等距量表法是一种比较有效的工具。

2. 综合评定法

美国心理学家利克特于1932年首次倡导综合评定法，也称利克特量表法或总加量表法。它的编制比较简单，假设每一态度题目皆具有同等的量值，但不同被测者对同一题目的反应有程度上的强弱差异。利克特量表的结构包括两部分：一系列表明对所测量主题持正向或反向态度的叙述语句和一个用来表示好恶程度的评分表。此评分表通常有“非常同意”“同意”“无所谓”“不同意”“非常不同意”五个等级，由被测者对每一语句或题目给出评价。当使用量表的对象为儿童时，仅使用三个等级（如“同意”“未定”“不同意”）。编制时，通常先编写四五十道或更多的备选题目，然后用备选题目进行一次预试，通过对题目进行分析可找出辨别力最强的题目，将这些筛选出的题目组成正式量表（通常正、反向语句各半）。

被测者在各题目上得分的总和即为其态度分数，分数越高表示态度上越趋向赞同，总分越低越趋向不赞同。被测者所得的态度分数还可利用各种常模加以解释，以期得到更详细的资讯。表5-3列出了利克特量表的范例。

表5-3　利克特量表的范例

原题号	题目	选项（在“□”上打钩）				
		非常不同意	不同意	无所谓	同意	非常同意
3	我对任职的机构很忠心	□	□	□	□	□
6	我以所任职的机构为荣	□	□	□	□	□
16	我常想到要辞职	□	□	□	□	□
17	我很可能明年另寻新的工作	□	□	□	□	□
25	目前我的工作表现极为卓越	□	□	□	□	□

利克特量表是测量态度时最常用的工具，远比其他方法更普遍。它的一个优点是在编制上比瑟斯顿量表简单，且在信度与效度上并不逊色。此类量表中的题目可以涵盖更广泛而全面的主题范围，不受评判者好恶的限制。它的另一个优点是在测量上兼顾程度差异，精确性较高。它的潜在缺点是有些被测者在这类量表上的反应有时会出现向中间集中的趋势。此外，和瑟斯顿量表一样，利克特量表以单一总分代表一个人的态度，无法分辨同一态度分数下，不同个体之间在态度形态上的差异。

3. 语义分析法

语义分析法（或语义差别法）（semantic differential technique）是态度测量的另一种方法，它源自美国心理学家奥斯古德等人于1957年首先采用的一种对词义进行数量分析的方法。此法是让被测者对词汇做出语义判断，由语义判断引出态度反应。使用语义分析法测量态度时，并不是像其他量表使用表明赞成与否的叙述语句，而是以两极形容词量表（bipolar adjective scale）表示。奥斯古德等人利用因素分析法研究人们对词义的情绪反应，发现词义的特征可分为三种，被测者大致是从评价、强度和活动这三方面来评定词义的。评价因素如“好/坏”“喜/恶”“有价值/无价值”等，在两极形容词量表上具有高度的因素负荷（指因素分析模型中各公共因素和独特因素的加权系数）；强度因素与“强/弱”“大/小”“轻/重”等类似的词有关；活动因素则与“主动/被动”“快/慢”等形容词有关，三者中以评价因素最具重要性。使用此法时，编制者必须首先确定要测量的态度主题，并选择约 15 对系列或更多成对的两极形容词制成一个量表，每对中两个形容词在意义上完全相反，如“好/恶”“冷/热”等，在这两个形容词之间设七个等级，被测者根据自己对这两个极端形容词的反应倾向进行选择，量表上的数值可以是 1，2，3，4，5，6，7 或−3，−2，−1，0，+1，+2，+3。表 5－4 列出了一个两极形容词量表的示例。

表 5－4　两极形容词量表的示例

主题词：婚姻									
评价量表	好	7	6	5	4	3	2	1	坏
	美	7	6	5	4	3	2	1	丑
	聪明	7	6	5	4	3	2	1	愚蠢
强度量表	大	7	6	5	4	3	2	1	小
	强	7	6	5	4	3	2	1	弱
	重	7	6	5	4	3	2	1	轻
活动量表	快	7	6	5	4	3	2	1	慢
	主动	7	6	5	4	3	2	1	被动
	敏锐	7	6	5	4	3	2	1	迟钝

4. 态度量表的发展与应用

对态度的研究向来以社会心理学及相关的社会科学领域为主，近年来在民意调查、消费者研究、劳动关系和教育等方面的应用与日俱增。态度量表无疑是心理学上使用极频繁的一种工具，但这类量表的编制和使用大多以个别研究为主，较少有经过标准化程序而公开发行的。早期较著名的态度量表是加利福尼亚 F 量表（或称加州 F 量表）(California F scale)，此量表用于测量与权威主义有关的态度（例如保守的政治观、遵从、极度道德化、权力取向、定型化等），它曾被用来研究权威性态度与社会偏见的关系，也经常用于其他人格及社会心理学研究。用瑟斯顿量表法编制的一系列主要态度量表包括测量对学校课程、职业、机构、团体、社会、家事、个人与团体士气等态度的九种量表；以利克特量表法编制的明尼苏达教师态度调查表（Minnesota teacher attitude inventory）可测量被测者对教师角色以及学生的态度。总之，公开发行的态度量表数量很少，但是从各种文献中可以发现，在大量研究中，如对老人、艾滋病患者、超常儿童、残疾人、吸烟者等的研究中，都有态度量表的应用。在人与环境的交互作用中，态度指向的内容广泛，只要编制方法正确，态度测量在很多研究中都可以发挥作用。

5.3 价值观测验

价值观与兴趣、态度是相似却不相同的心理特质。价值观是辨别是非善恶的评价标准，进而决定取舍。人的价值观主要表现在他对道德、社会、宗教、金钱等方面的批评与判断。“视钱财如粪土”“仁义值千金”等更是佐证了人与人之间的价值观有明确的区分。本节将介绍什么是价值观以及如何测验价值观。

5.3.1 价值观

价值观（value）是指个人对客观事物（包括人、物、事）及自己的行为结果的意义、作用、效果和重要性的总体评价。它涉及对什么是好的、什么是应该的等问题的总体看法，是推动并指引一个人做出决定和采取行动的原则和标准，是个性心理结构的核心因素之一。它使人的行为带有稳定的倾向性。价值观是人区别好坏、明辨是非及其重要性的心理倾向体系。

由于个人的身心条件、年龄阅历、教育背景、家庭影响、兴趣爱好等方面不同，人们对各种职业有着不同的主观评价。这些评价形成了人的职业价值观，并影响着人们对择业方向和职位的选择。

价值观应从内容和强度两个维度进行理解。内容维度告诉人们某种方式的行为或存在状态是重要的；强度维度表明其重要程度，根据强度排列一个人的价值观，就可以形成一个人的价值系统。

价值观是态度和动机的基础，对研究组织行为至关重要。同时，价值观影响着人们的知觉和判断。每个人在加入一个组织之前，早已形成了辨别是非的思维模式。

价值观有如下四个特点：

1. 主观性

价值观的主观性是指用来区分好与坏的标准，即所说的区分得与失、荣与辱、成与败、福与祸、善与恶的标准，是根据个人内心的尺度进行衡量与评价的，这些标准可以称为价值观。对于客观存在的客体，个人都是依据主体自身的需要对客体的意义进行评价。

2. 选择性

价值观是在个体出生后随着社会实践的拓展而逐渐萌发和形成的。儿童期的价值观是通过对父母和亲人言行的模仿形成的。他们的价值观具有明显的感性形式，是对成人价值观的照搬照抄。因此，儿童期还未真正形成价值观，其价值观只能称为价值感。到了青年期，随着自我意识逐渐成熟，个体开始有意识地选择符合自己评价标准的价值观，进而形成个人特有的价值观。

3. 稳定性

个人的价值观形成之后往往不易改变，具有相当的稳定性。稳定性通过多种形式表现出来，如兴趣、愿望、目标、理想、信念和行为等。

4. 社会历史性

价值观的社会历史性是指在不同时代、不同社会生活环境中形成的价值观是不同的。

5.3.2　价值观测验

每个人都有自己独特的价值观，人们根据价值观系统主观地判断事物是否与自己有关，并评价其重要性与意义。心理学家编制出许多价值观测验，目的是了解个人对人、事、物的主观评价。其特点是对问题的选答具有价值判断，数种答案并列，且无对错之分，被测者只需按个人的价值标准给予主观的评价。

罗克奇价值观测验是较为典型的价值观测验，下面对罗克奇价值观测验进行简单阐述，以使大家对价值观的理解更为具体。

罗克奇价值观调查表是国际上广泛使用的价值观问卷，是米尔顿・罗克奇（Milton Rokeach）于 1973 年编制的。罗克奇的价值系统理论认为，各种价值观是按一定的逻辑意义联结在一起的，它们存在着一定的结构层次或价值系统，价值系统是若干套价值观按性质、重要性联结成的有功能、有层次的持久组织。

罗克奇价值观调查表提出了两类价值系统：

（1）终级性价值观（terminal values）指的是个人价值和社会价值，用于表示存在的理想化终极状态和结果，它是一个人希望通过一生来实现的目标。

（2）工具性价值观（instrumental values）指的是道德或能力，是达到理想化终极状态所采用的行为方式或手段。

罗克奇价值观调查表包含 18 项终极性价值观和 18 项工具性价值观，每种价值观后都有简短的描述。施测时，让被测者按其对自身的重要性对两类价值系统分别进行排序，将最重要的排在第 1 位，次重要的排在第 2 位，依此类推。该量表可测得不同价值在不同人心目中所处的相对位置，或相对重要性程度。这种研究把各种价值观放在整个系统中，更加体现了价值观的系统性和整体性的作用。

表 5－5　罗克奇价值观

终极性价值观	工具性价值观
・舒适的生活（富足的生活）	・雄心勃勃（辛勤工作、奋发向上）
・振奋的生活（刺激的、积极的生活）	・心胸开阔（开放）
・成就感（持续的贡献）	・能干（有能力、有效率）
・和平的世界（没有冲突和战争）	・欢乐（轻松愉快）
・美丽的世界（艺术和自然的美）	・清洁（卫生、整洁）
・平等（兄弟情谊、机会均等）	・勇敢（坚持自己的信仰）
・家庭安全（照顾自己所爱的人）	・宽容（谅解他人）
・自由（独立、自主的选择）	・助人为乐（为他人的福利工作）
・幸福（满足）	・正直（真挚、诚实）
・内在和谐（没有内心冲突）	・富于想象（大胆、有创造性）
・成熟的爱（性和精神上的亲密）	・独立（自力更生、自给自足）
・国家的安全（免遭攻击）	・智慧（有知识、善思考）
・快乐（快乐的、休闲的生活）	・符合逻辑（理性的）
・救世（救世的、永恒的生活）	・博爱（温情的、温柔的）
・自尊（自重）	・顺从（有责任感、尊重的）
・社会承认（尊重、赞赏）	・礼貌（有礼的、性情好）
・真挚的友谊（亲密关系）	・负责（可靠的）
・睿智（对生活有成熟的理解）	・自我控制（自律的、约束的）

资料来源：张厚粲，龚耀先．心理测量学．杭州：浙江教育出版社，2012.

5.3.3 职业锚测验

一个人在进行职业选择时，往往喜欢自己所认同的职业中至关重要的东西或价值观。职业锚实际上是指人们在选择和发展自己的职业时通常有一个核心范围，并乐于在该范围内寻找适合自己的工作。职业锚是进行职业决策时所要考虑的核心因素，在职业生涯规划中受到人们的重视。

1. 职业锚的定义

职业锚（career anchor）的概念是由埃德加·沙因（Edgar Schein）提出的，他认为职业规划实际上是一个持续不断的探索过程。在这一过程中，每个人都在根据自己的天资、能力、动机、需要、态度和价值观等慢慢形成较为明晰的与职业有关的自我概念。研究表明，职业锚是一个人内心深处对自己的看法，它是由自己的才干、价值观、动机经过自省后形成的，可以指导、约束或稳定个人的职业生涯。沙因指出，职业锚是指当个人不得不做出选择时，无论如何都不会放弃的职业中的那种至关重要的东西或价值观。要想对职业锚提前进行预测是很困难的，这是因为一个人的职业锚在不断地发生变化，它实际上是一个不断探索的过程所产生的动态结果。有些人也许一直都不知道自己的职业锚是什么，直到他们不得不做出某种重大选择时，他们过去的所有工作经历、兴趣、资质、性向等才会集合成一种富有意义的模式（或职业锚），这种模式会告诉他们到底什么东西是最重要的。

职业锚在职业生涯规划中非常重要，因为它是以人们实际的生活工作经历和他人的反馈为基础形成的。即使面临非常困难的状况，职业锚在职业选择过程中也不会被放弃，所以它可以解释个体与组织之间如何互相影响、互相作用。这意味着人们不会放弃目前的工作，转而从事一份不能满足职业锚需要的其他工作。

2. 职业锚的分类

沙因根据自己多年的研究，提出了五种职业锚：技术/职能型（technical/functional competence）、综合管理型（general managerial competence）、创业创新型（entrepreneurial creativity）、自主/独立型（autonomy/independence）、安全/稳定型（security/stability）。他后来又根据实际研究情况增加了服务奉献型（service/dedication to a cause）、纯粹挑战型（pure challenge）和生活方式型（life style）三种职业锚，扩展为八种类型，这种分类方法在目前职业生涯规划中普遍应用。

（1）技术/职能型。技术/职能型职业锚是一种围绕能力所设的职业锚，它反映的是某个技能或职能领域的能力。比如：你不愿意放弃将自己的技能应用到某领域和继续提高这些技能的机会；你从运用技能上获得成就感，当工作使你体会到所在领域的挑战时你最快乐；你可能愿意在你的技术或职能领域管理他人，但你对管理本身没有兴趣，不会选择一般的综合管理职位，以免不得不离开自己的专业领域。有技术/职能型职业锚的人，面临的最大问题是他们往往会被安排至其不喜欢的综合管理职位上，而他们在这样的职位上往往会失败。

（2）综合管理型。综合管理型职业锚也是一种围绕能力所设的职业锚，它反映的是综合管理能力。持这种职业锚的人不愿意放弃在组织中到达足够高的位置、能够整合不同职能部门中其他人的努力及负责组织某特定单元产出结果的机会。这些人的职业经历往往使他们相信自己具备被提升到综合管理性职位所需的各种能力以及相关的价值倾向，他们将承担较大责任的管理职位视为最终目标。有资格获得管理职位的人应具备以下三个方面的能力：

1）分析能力：在信息不完全以及不确定的情况下发现问题、分析问题和解决问题的能力；

2）人际沟通能力：在各种层次上影响、监督、领导、操纵以及控制他人的能力；

3）情感能力：在情感和人际危机面前只会受到激励而不会被困扰和削弱的能力，以及在较大的责任压力下不会变得无所作为的能力。

（3）创业创新型。创业创新型职业锚是沙因根据自己多年来的研究提出的。在沙因看来，有些学生在毕业之后之所以逐渐成为成功的企业家，是因为这些人都有一种建立或创造某种完全属于自己的东西的需要，例如，一件署着自己名字的产品或工艺品、一家自己的公司或某些彰显自己成就的个人财富等，比如麻省理工学院的一位毕业生成为一个成功的城市住房购买商、修缮商和承租商，另外一位毕业生则创办了一家成功的咨询公司。

（4）自主/独立型。具有自主/独立型职业锚的人希望随心所欲地安排自己的工作方式、工作习惯和生活方式，追求能施展个人能力的工作环境，最大限度地摆脱组织的限制和制约。他们宁愿放弃工作发展或提升的机会，也不愿放弃自由与独立。

沙因发现，有些毕业生在选择职业时似乎被一种自己决定自己命运的需要驱使着，他们希望摆脱那种因在大企业中工作而依赖别人的境况，因为当一个人在某家大企业中工作时，其晋升、调动、薪金等诸多方面难免要受制于人。这些毕业生中有许多人有着强烈的技术或功能导向，然而，他们却不是到某一个企业中去追求这种职业导向，而是决定成为一位咨询专家，要么是自己独立工作，要么是作为一个相对较小的企业的合伙人来工作。具有这种职业锚的人还可能成为工商管理方面的教授、自由撰稿人或小型零售公司的所有者等。

（5）安全/稳定型。具有安全/稳定型职业锚的人追求工作中的安全与稳定感。他们关心财务安全，例如退休金和退休计划。稳定感包括诚实、忠诚，以及完成老板交代的工作。尽管他们有时可以到达一个更高的职位，但他们并不关心具体的职位和工作内容。他们因为能够预测到稳定的将来而感到放松。

例如，麻省理工学院还有少部分毕业生极其重视长期的职业稳定和工作保障，他们比较愿意从事那些能够提供有保障的工作、体面的收入以及可靠的未来生活的职业。这种可靠的未来生活通常由良好的退休计划和较高的退休金来保证。对另外一些追求安全/稳定型职业锚的人而言，安全意味着所依托的组织的安全性。他们可能优先选择到政府机关工作，因为政府公务员看起来是一种终身的职业。这些人显然更愿意让他们的雇主来决定他们去从事何种职业。

（6）服务奉献型。具有服务奉献型职业锚的人一直追求他们认可的核心价值，例如帮助他人、改善人们的安全状况、研制新的药品消除疾病等。他们一直在追寻这种机会，这意味着即使变换公司，他们也不会接受不允许他们实现这种价值的变动或工作提升。

（7）纯粹挑战型。具有纯粹挑战型职业锚的人喜欢解决看上去无法解决的问题，战胜强劲的对手，克服难以克服的困难等。对他们而言，参加工作或从事某职业的原因是可以在工作中战胜各种不可能。他们喜欢面对新奇、变化和困难的事情，如果事情非常简单，他们马上会变得很厌烦。

（8）生活方式型。具有生活方式型职业锚的人希望将生活的各个主要方面整合为一个整体，喜欢平衡个人、家庭和职业的需要，因此，生活方式型的人需要一个能够提供足够弹性的工作环境来实现这一目标。他们甚至可以牺牲职业的某些方面，例如放弃职位的提升来换取三者的平衡。他们将生活成功看得比职业成功更重要。相对于工作环境和工作内容，生活方式型的人更关注如何处理家庭事务以及怎样自我提升。

3. 职业锚的作用

职业锚适用于社会上的一般人员，但要求个体具有一定的工作经验。职业锚是在工作经历中习得、通过工作经验积累产生并形成的，因此它不适合在校的高中生、中专生或大学生使用（除非个人有较强的社会实践和工作经验）。

职业锚作为一个人的自省才干、动机与价值观的模式，在个人的职业生涯规划与工作生命周期以及个人与组织的事业发展过程中都发挥着重要的功能与作用。

（1）选择职业发展道路。职业锚是在具体的工作经验中习得的，通过工作经验的积累产生并形成，能够清楚地反映个人的价值观与才干，也能反映个人进入成年期的潜在需求和动机。个人锚定某一职业的过程，实际上就是个人自我认知的过程，即认识自己具有什么样的能力、才干，需要什么。通过对职业锚的认识，找到自己长期稳定的职业贡献区，从而决定自己将来的主要生活与职业选择。

（2）确定职业目标，发展职业形象。职业锚清楚地反映出个人的职业追求与抱负。例如技术/职能型职业锚的员工，其志向和抱负是在专业技术方面事业有成，有所贡献。同时，根据职业锚可以判断个人达到职业成功的标准，例如对锚定于综合管理型的员工来说，其职业成功在于升迁至更高的职位，获得更大的管理机会。因此，明确自己的职业锚可以帮助确定自己职业成功的标准和职业成功要求的环境，从而确定职业目标及职业角色。

（3）提高工作技能，提升职业竞争力。职业锚是个人经过长期寻找所形成的职业定位，是个人的长期贡献区。职业锚形成后，个人会相对稳定地从事某种职业，从而积累工作经验、知识与技能。随着工作经验的丰富和积累以及知识的扩充，个人的职业技能将不断增强，职业竞争力也会提高。

小资料

职业锚测验量表（节选）

下面给出了40个问题，根据你的实际情况，从“1～6”中选择一个数字，数字越大，表示这种描述越符合你的情况。例如，“我梦想成为公司的总裁”，你可做出如下选择：

选“A”代表这种描述完全不符合你的想法；

选“B”或选“C”代表你偶尔或者有时这么想；

选“D”或选“E”代表你经常或者频繁这么想；

选“F”代表这种描述完全符合你的日常想法。

确定最符合你自身情况的选项：

A. 从不　B. 偶尔　C. 有时　D. 经常　E. 频繁　F. 总是

职业锚测评题目：

1. 我希望做我擅长的工作，这样我的内行建议可以不断被采纳。

A. 从不　B. 偶尔　C. 有时　D. 经常　E. 频繁　F. 总是

2. 当我整合并管理其他人的工作时，我非常有成就感。

A. 从不　B. 偶尔　C. 有时　D. 经常　E. 频繁　F. 总是

3. 我希望我的工作能让我用自己的方式，按自己的计划去开展。

A. 从不　B. 偶尔　C. 有时　D. 经常　E. 频繁　F. 总是

4. 对我而言，安定与稳定比自由和自主更重要。

A. 从不　B. 偶尔　C. 有时　D. 经常　E. 频繁　F. 总是

5. 我一直在寻找可以创立自己事业（公司）的创意（点子）。

A. 从不　B. 偶尔　C. 有时　D. 经常　E. 频繁　F. 总是

6. 我认为只有对社会做出真正贡献的职业才算是成功的职业。

A. 从不　B. 偶尔　C. 有时　D. 经常　E. 频繁　F. 总是

7. 在工作中，我希望去解决那些有挑战性的问题，并且胜出。

A. 从不　B. 偶尔　C. 有时　D. 经常　E. 频繁　F. 总是

8. 我宁愿离开公司，也不愿从事需要个人和家庭做出一定牺牲的工作。

A. 从不　B. 偶尔　C. 有时　D. 经常　E. 频繁　F. 总是

9. 将我的技术和专业水平发展到一个更具有竞争力的层次是成功职业的必要条件。

A. 从不　B. 偶尔　C. 有时　D. 经常　E. 频繁　F. 总是

10. 我希望能够管理一个大公司（组织），我的决策将会影响许多人。

A. 从不　B. 偶尔　C. 有时　D. 经常　E. 频繁　F. 总是

11. 如果职业允许自由地决定自己的工作内容、计划、过程，我会非常满意。

A. 从不　B. 偶尔　C. 有时　D. 经常　E. 频繁　F. 总是

12. 如果工作的结果使我丧失了自己在组织中的安全稳定感，我宁愿离开这个工作岗位。

A. 从不　B. 偶尔　C. 有时　D. 经常　E. 频繁　F. 总是

13. 对我而言，创办自己的公司比在其他公司中争取一个高的管理位置更有意义。

A. 从不　B. 偶尔　C. 有时　D. 经常　E. 频繁　F. 总是

14. 我的职业满足感来自我可以用自己的才能为他人提供服务。

A. 从不 B. 偶尔 C. 有时 D. 经常 E. 频繁 F. 总是

15. 我认为职业的成就感来自克服自己面临的非常有挑战性的困难。

A. 从不 B. 偶尔 C. 有时 D. 经常 E. 频繁 F. 总是

…………

□复习思考题

1. 简要分析霍兰德职业兴趣测验的六种类型，并对霍兰德职业兴趣正六边形模型中的位置关系进行描述。

2. 什么是价值观？价值观的特点有哪些？

3. 什么是职业锚？职业锚的分类有哪些？

4. 什么是态度？态度有什么特征？简要论述态度的测量方法的优缺点。

第 6 章

投射测验

| 学习内容 |

- 投射测验
- 罗夏墨迹测验
- 主题统觉测验
- 画图测验
- 笔迹分析

| 学习目标 |

- 理解并掌握投射测验
- 理解并掌握罗夏墨迹测验
- 理解并掌握主题统觉测验
- 理解并掌握画图测验
- 理解笔迹分析

引导案例

投射效应

宋代著名学者苏东坡和佛印和尚是好朋友。一天，苏东坡去拜访佛印，与佛印相对而坐。苏东坡对佛印开玩笑："我看你是一堆狗屎。"佛印微笑着说："我看你是一尊金佛。"苏东坡觉得自己占了便宜，很是得意。回家以后，苏东坡得意地向妹妹提起这件事。苏小妹说："哥哥，你错了。佛家说'佛心自现'，你看别人是什么，就表示你自己是什么。"

心理学原理告诉我们，人们在日常生活中，常常不自觉地把自己的好恶、欲望、观念、情绪等心理特征投射到别人身上，认为别人也具有同样的特征，并将这种心理现象称为投射效应。其实“佛心自现”就是一种心理投射。

思考题

1. 什么是投射效应?
2. 怎么把投射效应应用到人才测评上?

6.1 投射测验概述

1939年,弗兰克(Frank)提出了投射的概念。投射测验是指通过施测者给被测者一些不确定的刺激物,被测者根据自己的感受对刺激物做出描述或者反应,施测者通过分析这些描述或反应来判断其心理特征。投射测验被广泛应用于教育、临床诊断、军事等领域。

6.1.1 投射测验的含义

心理学研究发现,人们在日常生活中常常不自觉地把自己的好恶、欲望、观念、情绪等心理特征投射到别人身上,认为别人也具有同样的特征。例如,一位认真听课的同学在上课时拿出手机,平时上课喜欢玩手机的人认为他要聊微信,而老师可能认为他要拍下PPT的内容,以便课后梳理这节课的知识点。拿出手机的真正目的只有这位同学自己知道,而对于拿出手机这个行为,不同的主体做出了不同的解读。这种无意识地将自己主观世界的态度、需要、情感投射到其他的人或物上并进行解读的过程就叫投射。

从一个人对人或事的反应中推测这个人的真正意图或心理特征,这个逆向的过程就是投射技术。对于投射技术过程中的不自觉、不经意的心理活动,心理学家称为潜意识。把投射技术应用在心理测验领域的方法,我们称为投射测验法。通过投射测验法,我们可以解读那些不自觉、不经意的潜意识活动,看到被测者没有表露出来的内在人格。整个测验过程的双方处在和谐开放的氛围中,这能让被测者敞开心扉,深度挖掘被测者的内心,得到大量真实性较高的信息。由此可以看出,投射测验法实质上就是让施测者通过一定的媒介,引发被测者的联想,在没有任何指引的环境中,表达出其个性特征的一种测验方法。

6.1.2 投射测验法的理论基础

投射测验法的理论基础主要有精神分析理论、刺激-反应理论和知觉理论。精神分析理论表达的是人的无意识范畴在人格结构中的作用,这种无意识范畴无法察觉,却深深地影响着人们的行为。刺激-反应理论认为个体不是被动地接收外界的各种刺激,而是主动地、有选择地给外界的刺激赋予某种意义,然后表现出适当的反应。知觉理论认为人对事物的反应是在整合刺激物引起的知觉和已有记忆痕迹的基础上形成的，知觉者常把自己的情绪投射到外部事物上去。基于上述理论可以得知，在现实中是无法直接察觉一个人的情感、动机和欲望的，需要借助一些模糊、不确定的刺激物，引导被测者把隐藏在内心深处的动机、欲望和情感等不自觉地显露出来，然后对他们显露出来的内容做出分析，就有可能发现被测者的人格特征或潜意识中隐藏的东西。

6.1.3 投射测验法的假设与特点

投射测验法的基本假设为：

（1）个人对于外界刺激是可以预测的，并非偶然发生，并且反应都是有原因和特定含义的。

（2）个人反应不仅取决于当时的刺激和情境，当时的心理感觉、已有的知识结构和对未来的憧憬也会对反应产生很大的作用。

（3）大部分的人格结构都处在潜意识当中，被测者无法凭借意识说明自己的人格。当其面对一种模棱两可的刺激情境时，常常可以把隐藏在潜意识中的欲望、需求、动机等展现出来，即个人能无意识地把一个反映自己人格特点的结构附加到刺激物上去。因此，通过对刺激情境进行解释，就可以推导出被测者的人格结构的一些特点。

基于以上假设，我们可以看出投射测验法是一种很独特的测定方法，具有以下两个特点：

（1）不能只看被测者反应出来的某一种人格，要从整体上考察被测者的人格特征。

（2）刺激物没有任何固定的结构，被测者也不会被引导、限制，被测者可以自由回答，尽可能发挥自己的想象力。把自己的人格特征投射到无结构的刺激物上。

6.1.4 投射测验的分类

林达塞（Lindzey）将投射测验分为五类：联想型、构造型、选择型、完成型和表露型。

联想型：让被测者说出某种刺激所引起的联想，如荣格文字联想测验和罗夏墨迹测验。

构造型：要被测者根据他所看到的图画编造含有过去、现在、将来等发展过程的故事，如主题统觉测验。

选择型：要被测者根据某一准则来选择项目，或进行各种排列。可以用图画、照片、数字等作为刺激物，如内田测验。

完成型：提供一些不完整的句子、故事或辩论材料等，让被测者自由补充，如语句完成测验。

表露型：使被测者利用某种媒介（如绘画、游戏、心理剧等）自由表露他的心理状态，如房-树-人测验。

在投射测验中，对反应的含义进行解读需要注意的是，反应不是固定不变的，也不是一对一的关系，而是可变的。一种无意识内容可以有不同反应，个体差异也会导致反应内容不一样，同一种反应也有不同的解释。因此在解读反应内容时，不要僵化、固定一种解释，从整体上进行把握和从一系列测试中进行把握是非常必要的。

6.2 罗夏墨迹测验

6.2.1 罗夏墨迹测验简介

罗夏墨迹测验（Rorschach inkblot method，RIM）是瑞士精神病学家罗夏在 1921 年正式提出的。早些年间，他就开始研究精神障碍对于知觉的影响，用墨迹图来测试患者。墨迹图是一张对称的图片，他把墨水滴到一张对折纸上，用力下压，使墨迹流向四面八方，形成形状不定但对称的墨迹图。罗夏通过临床测试发现，不同类型的患者见到墨迹图会有不同的反应，通过对各种人群的大量测验，包括艺术家、精神病患者等，最后选定了十张墨迹图作为标准化的测验材料，并说明了测试方法、记分方法和解释分析方法。

1957 年，美国已经发展出五大罗夏系统，这五大系统采用相同的刺激物，但是测试过程、记分方法和解释结果方面却千差万别。1968 年埃克斯纳（Exner）成立了罗夏基金会，经过大量的实验和临床研究，把 RIM 基本发展成了一个标准的心理测验，把测验的操作过程、记分过程以及解释都做了统一的标准。

由于罗夏墨迹测验采用图片作为刺激物，并且被测者对图片的反应也受图片本身的影响，所以它的客观性很强，并且结果可以量化。罗夏墨迹测验是一种非直接测量人格的测验手段，测验目的隐蔽，这使被测者处在一个自由开放的环境中，避免其作伪行为，提高了测验的可信度和有效性。

罗夏墨迹测验由 10 张标准的墨迹图组成，见图 6-1。

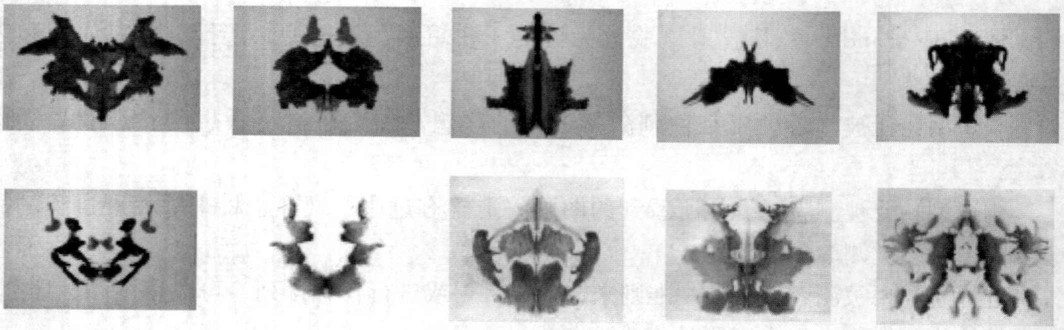

图 6-1 罗夏墨迹测验图

6.2.2 罗夏墨迹测验的实施

测验开始前，准备好测试过程中所要用到的工具，包括 10 张罗夏墨迹测验图（见图

6－1)、反应记分表（见表 6－1)、记录用具、定位图（罗夏墨迹图的复印件，用来标记被测者的反应位置)、罗夏墨迹测验答卷手册和秒表。把十张图片按顺序扣放在桌子上。本书罗夏墨迹测验的实施操作表格均借鉴日本的相关研究。

表 6－1　反应记分表

检查日		检查者	
姓名		出生日期	
性别		文化程度	
职业		家庭情况	
诊断			

临床症状：

既往病史：

态度：

其他信息：

测验的指导语一般为："从现在开始请你看 10 张图片。这是用墨迹偶然制成的图案，你看成什么都可以。你看出什么就说出什么。那么，现在就请一张一张地看，用手拿着随便看。请把你看出的东西毫无保留地告诉我。"在测验过程中，施测者每次出示一张图卡，问被测者："这张图卡像什么?"被测者在讲述的时候，他对图片的部位、形状、颜色的解释会被记录下来并进行类别编码，测验结束之后，这些编码会被解读成有意义的信息，被测者的人格状态会得到一个综合的评定。

1. 罗夏墨迹测验的过程

罗夏墨迹测验的过程如图 6－2 所示。

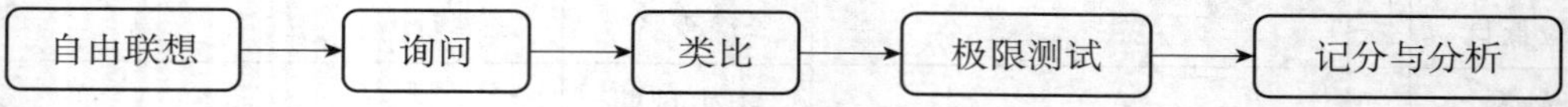

图 6－2　罗夏墨迹测验的过程

自由联想阶段：按一定的顺序把 10 张图片依次展示给被测者，让被测者回答他看到了什么，这个阶段的时间不限。施测者尽量避免一切诱导性的提问，只是详细记录被测者的全部反应，包括记录被测者做出第一反应的时间和结束反应的时间。主要记录被测者反应的语句，每张图片出现到开始第一个反应所需的时间，各反应之间较长的停顿时间，对每张图片反应总共需要的时间，被测者的附带动作和其他重要行为等。

询问阶段：施测者逐一询问被测者是根据整体还是具体哪个部位来做出回答的，为什么会做出这样的回答。施测者要向被测者提出一些问题，这些问题将有助于施测者对被测者的反应类型做出判断。罗夏墨迹测验是根据被测者反应的数量、反应的速度、反应的部位、反应的内容等来评分的，仅根据自由联想阶段里被测者不连贯的、含含糊糊的反应，很难对反应部位和反应内容做出准确的判断，也无法准确地评分，因此，需要通过系统地提问来确认被测者的反应类型。

类比阶段：如果经过询问阶段尚不能确认被测者的反应类型，需要进一步通过类比阶段和极限测试阶段来确认。在类比阶段，主要是通过询问被测者的某种考虑是否与其他反应相类似，即主要询问被测者对某个墨迹图反应所使用的决定因子是否适用于对其他墨迹图的反应，从而确定被测者的反应是否有某个决定因子的存在。

极限测试阶段：施测者对被测者是否使用了某些部分和定性部分（决定因子）加以确认。通过类似自陈式测验那样的“是或否”的方式进行提问。直接问被测者能否看到某种东西。

记分与分析阶段：前四个阶段要施测者和被测者共同完成，第五个阶段由施测者完成。墨迹测试的方法多种多样，罗夏墨迹测验的方法也多种多样。如罗夏本人和贝克发展的记分系统、克洛普弗的记分系统以及埃克斯纳的综合计分系统。

2. 计分规则

为了更精准、清晰地把握被测者，要对反应内容进行分类，常见的分类围绕定位、定性、内容、平凡性或独创性、形态水准等方面展开。其中，定位是指被测者看见墨迹图的哪部分，定性是指被测者根据墨迹图本身性质中的什么因子来决定反应，内容是指被测者看见的具体事物，形态水准是指被测者所讲的事物与相应墨迹图的视觉特征相符的程度。常见分类标记见表 6－2。

表6-2 罗夏墨迹测验常见记分规则

	描述内容	记号
定位	对墨迹图整体的回答	W
	对图片中较大部分的回答	D
	对图片中细微部分的回答，这些细微部分通常不被人注意	d
	对图片中空白部分的回答	S
	将两个以上的部分组合起来的回答	Z
	对图片中不经常看见的地方回答	Dd
定性	以生命物运动为决定因素的回答	M
	以形状为决定因素的回答	F
	以颜色为决定因素的回答	C
	以黑白光度为决定因素的回答	K
内容	对人形的解释	H
	对人形一部分的解释	Hd
	对动物形的解释	A
	对动物形一部分的解释	Ad
	对解剖图形的解释	At
	对自然物的解释	Na
	抽象性解释	Ab
平凡性或独创性	最频繁出现的反应分类为平凡反应	P
	根据临床经验，在100个记录中只出现一次的反应分类为独创反应（O）	O
其他	反应总数	R
	反应拒绝（对墨迹图没有任何反应的次数）	ReJ
	反应时间	RT
形态水准	优秀	+
	标准（良好）	−+
	允许	+−
	不良（病理）	−

3. 结果解释与分析

罗夏墨迹测验综合系统的解释是一项复杂的工作，对施测者的要求很高。施测者首先应该熟练掌握罗夏墨迹测验的反应区域、反应内容、决定因素、特殊记分及各种变量的潜在含义，了解被测者的生活经历，搞好与被测者的关系；其次应该通晓精神分析学、人格心理学、测量心理学和病理心理学等知识，了解人格的形成规律及病症的形成原因；最后，施测者还应该具备整合上述各部分信息的能力，才能形成一个完整的解释，描述出被测者的整体心理特征。经验表明，没有多年的临床实践和探索，很难把握好罗夏墨迹测验的解释。

表 6-3 列举了对罗夏墨迹测验结果的一些常见解释。

表 6-3　罗夏墨迹测验常见解释

记分内容	标志	解释
定位反应	整体（W）	有高度的组织能力和抽象思考能力
	局部（D）	有具体的、实际的、少创造性的心理能力
	特殊部分（Dd）	有特殊的知觉，有时有精确批评的能力
定性反应	运动反应（M）多	有创造力、情绪稳定、内向
	彩色反应（C）多	感情丰富多变，灵巧机敏
	人像反应（H）高	对他人过于敏感和过于批判性的倾向
内容反应	人形反应（H）在平均数以下	此人没有共感性，没有承认他人而产生共鸣的能力，缺乏温暖的对人关系
	动物形反应（A）高	焦虑或抑郁
	动物形反应（A）低	轻躁狂者
	性反应（sex）	病态倾向
回答总数	总数多、质量差	躁狂症
	总数多、质量高	多为内向者
	总数少、质量高	抑郁症
	总数少、质量差	脑部器质性疾病
反应时间	过快	躁狂症
	过慢	抑郁症
	比较慢	容易生病（隐形抑郁）
	非常慢	自杀倾向

罗夏墨迹测验综合系统最终提供了 14 项结果，包括 6 个特别指标和 8 个变量群。6 个特别指标为：(1) PTI（感知-思维指数）；(2) DEPI（抑郁指数）；(3) CDI（应对缺陷指数）；(4) S-CON（自杀指数）；(5) HVI（超警戒指数）；(6) OBS（强迫指数）。这 6 个特别指标会直接给出结论，意义明确，不需要过多分析。8 个变量群（代表 8 种心理特征）为：(1) 信息处理；(2) 认知调节；(3) 观念化；(4) 控制力；(5) 情境压力；(6) 情感；(7) 自我概念；(8) 人际概念。这 8 个变量群由若干变量组成，需要深入分析才能确定变量群的意义。通常，施测者会先考察 6 个特别指标中是否存在阳性指标，这些指标会对其他评估给出十分重要的方向性指导。然后，按一定顺序解释 8 个变量群（解释顺序由 12 个关键变量决定，在极少数的情况下，会出现以上 12 个条件均不满足的特例，这时则根据 9 项诊断力度略弱一些的第三位关键变量来确定解释路径）。

总的来说，罗夏墨迹测验综合系统对个体的评估主要有认知发展水平和社会性发展水平两大方面，前者包括认知过程的三个环节，即信息输入、认知调节和观念化作用，而后者包括被测者的自控能力、情绪情感状态、自我概念和人际概念等。当然，这两大方面的考察存在着诸多的交叉，是两个相对独立又相互依存的心理模块，对于评估被测者的整体心理健康水平及人格特点都是不容忽视的。

罗夏墨迹测验综合系统的结论主要用于心理诊断、制订咨询与治疗计划、进行疗效评估以及向其他专业工作者提供帮助，因此不仅要综合各个群组及指标的所有假设，还要结合被测者的背景资料，对被测者的心理状态及人格特征给出全面的评估。但对于政府、学校、公司提出的一些司法鉴定、职业胜任力评估等测试要求，出于保护被测者隐私的考虑，报告中仅针对性地给出分析结果，其他与这些机构的要求无关的结果则不宜透露。

6.2.3　罗夏墨迹测验的展望

罗夏墨迹测验的应用极为广泛。在美国，罗夏墨迹测验在很多大学是研究生必修课程，鲁宾和沃特金斯（Lubin & Watkins，1969，1982，1995）调查发现在临床上常用的 30 个心理测验中，罗夏墨迹测验始终排在前 4 位。

由于罗夏墨迹测验内容全面、形式灵活，其在智力测评、儿童学习障碍评估、药物成瘾、攻击行为、性变态、各种神经症的研究，甚至轻度的精神病患者等群体的人格特征研究方面发挥了重要作用，成为病理心理学研究领域不可或缺的心理测量工具。罗夏墨迹测验新的版本把精神分裂指数替换为知觉-思维指数（PTI），使其在对被测者的认知功能诊断上更为严谨和精确。

对心理咨询的从业人员来说，罗夏墨迹测验也有很大的效用。如果能精通该工具，随着案例的积累也许就能打开一扇洞悉人性的门，这是由罗夏墨迹测验的特点决定的。罗夏墨迹测验不单单是一个诊断性测验，它也能呈现和解释很多人格特征，并按科学的途径进行整合，使施测者能有目的地获得咨询中所需要的信息，这也是罗夏墨迹测验的魅力所在。此外，罗夏墨迹测验还是一个很好的结构性访谈，与其他测验不同，这个测验需要施测者与被测者之间积极互动，测验的过程也是一个建立和谐关系的过程。

人力资源测评领域也是罗夏墨迹测验的一个应用方向。由于罗夏墨迹测验在揭示人格特征方面的巨大价值，我们认为罗夏墨迹测验可以作为一种人格特征的参考，但不鼓励将其作为判断的绝对标准。在人力资源管理方面，一般的招聘很少用到罗夏墨迹测验，只有在高层的选拔中才有涉及，但因其技术性强、操作难度大，推广性并不高。

6.3　主题统觉测验

6.3.1　主题统觉测验简介

20 世纪 30 年代，美国心理学家莫瑞和摩根创立了主题统觉测验。主题统觉测验是投射测验的一种，通过给定的图片，刺激被测者表现出内心的精神活动。施测者经过严格的训练后，通过主题统觉测验可以获得被测者隐藏在内心深处的人格特质、心理活动、情绪特征等。目前，主题统觉测验在心理咨询方面有着非常广泛的应用，特别是在测验人们的心理压力方面，有非常好的效果。主题统觉测验的测试材料由 30 张黑白的、模棱两可的图片和一张空白的图片组成。图片内容有的是人物，有的是风景。图片被组合成四类，分别用于 14 岁以上的男性、女性和 14 岁以下的男性、女性，另外有些图片是共用的。主题统觉测验的图片由两个系列图片的四种类型组合而成，B 代表 14 岁以下的男性，G 代表 14 岁以下的女性，M 代表 14 岁以上的男性，F 代表 14 岁以上的女性。没有 B、G、M、F 字母标记的图片适合所有人。BM 代表适合所有年龄段的男性，GF 代表适合所有年龄段的女性；B 只适合 14 岁以下的男性，G 只适合 14 岁以下的女性，BG 则适合 14 岁以下的男性和女性；M 只适合 14 岁以上的男性，F 只适合 14 岁以上的女性，MF 则适合 14 岁以上的男性和女性。

测验时根据被测者的性别以及是儿童还是成人（以 14 岁为界），取统一规定的 19 张图片和一张空白图片为一套进行测试，每套又分两个系列，每个系列有 10 张图片。每个系列的测试时间大概一小时，两个系列要间隔一天以上。被测者看到一张图片，然后据此讲述一个故事，被测者在讲述故事时会将自己的思想感情投射到图画中的主人公身上，故事要描述图片展示了一个怎样的情景、图片中的情景是怎样发生的、图片中的人物在想什么以及结局怎么样。测试前要了解被测者的基本信息，包括姓名、性别、年龄、文化程度、婚姻状况、近亲状况等。

6.3.2 主题统觉测验的实施

主题统觉测验的实施分两个阶段，第一阶段用第一系列的 10 张图片，第二阶段用剩下的 10 张图片，即第二系列的图片。

1. 第一阶段

（1）指导语。根据莫瑞的指导手册，让被测者处在一个舒适的环境中，背对施测者而坐，指导语为："这是一个想象力测验，想象力是智力的一种形式。我会给你看一些图片，一次一张，你的任务是用你的想象力来编故事。描述一下此刻正在发生什么事，是什么因素促进图片中事件发展的，主角感觉到了什么，在想什么，然后给出故事的结局。当这些思想一出现在你的脑海中就马上说出来。你有 55 分钟来完成这 10 张图片，你可以 5 分钟一张。这是第一张图片。"

（2）测验实施。被测者讲完第一个故事时，施测者要做出回应，如果所讲述的内容覆盖了要了解的内容（故事的主人公、故事发生的情景、主人公的所想所做、故事发生的原因、故事最后的结果等），施测者肯定答案之后，接着测试第二张图片。若没有覆盖，则要有针对性地提问，不要问与测验无关的问题。

2. 第二阶段

第一阶段的测试完成后，至少间隔一天，再进行第二阶段的测试。

莫瑞的指导手册中第二阶段的指导语为："今天的流程与上次一样，这次你要让你的想象力更加自由。前 10 张图片你都表现得非常好，但你太过局限于日常生活。现在来看看，当你忽视了平时的现实时你会做什么。这是第一张图片，让你的想象力随意发挥，神话、童话、寓言都可以。”

关于空白卡片，被测者可能会说：“这上面什么也没有，你让我说什么啊?”这时施测者要说：“看看你能从这张白纸上看到什么。想象一下那是一幅画，描述一下它的细节。”若被测者还是不能说出任何故事，施测者可以说：“闭上你的眼睛，想象一下。”等被测者完整描述完他的想象之后，施测者可以说：“现在请告诉我关于你想象的一个故事。”①

3. 计分和分析

在主题统觉测验中，被测者会感同身受，把自己跟故事主人公的幻想、目标、关系、冲突等相联系。故事主人公的各方面表现都反映了被测者的自身特点。主题统觉测验的分析系统有很多，本书采用莫瑞主题统觉测验手册中的分析方法，从被测者讲述的故事中反映出的主要需要和压力的角度进行分析。

第一步，确定主角。区分出在被测者讲述的故事中，哪个人物是他自己，可以从四个方面来判断。第一，该人物贯穿故事始终，主导故事发展；第二，该人物通常是图片里的；第三，该人物在性别、年龄、身份等方面与被测者比较像；第四，被测者比较认同或者感兴趣的是哪个人物的观点、看法和行为。

第二步，分析主角的需要和压力。被测者在讲故事时会不自觉地把自己投射到故事中来，在听故事的过程中施测者要分析出被测者的需要和压力，这需要施测者受过非常专业的训练并有丰富的经验。常见的需要类型和压力类型见表 6－4。

表 6－4　主题统觉测验分析中常见的需要类型和压力类型

测验类型		表现
需要类型	成就需要	精力充沛，努力高效地完成重要事件；团体工作中，行为显露出雄心壮志
	攻击需要	行为中有明显的攻击和暴力倾向
	支配需要	试图影响其他人的行为、思想、情绪；以当上管理者为目的而努力工作；有管理、压制、限制、支配等行为或想法
	求助需要	寻求别人的帮助和安慰；危机中感到无助；喜欢接受别人的同情与帮助等
	性需求	追求异性，喜欢与异性在一起；有性关系；陷入爱河、恋爱、结婚
	消极需要	喜欢安静、放松、睡眠；稍稍努力之后便感觉到疲惫、懒散；习惯性地顺从他人
	谦卑需要	顺从管制或压制，从而避免惩罚、责备等；消极地听任自己屈从无法容忍的形势；受虐狂
	语言情绪攻击	主角感到厌恶、生气；参与口头争论，咒骂，指责；在公共场合攻击性地指责某人
	财产破坏	攻击或杀死动物；弄碎、打破、烧毁有型物体

① 郑日昌．心理测验与评估．北京：高等教育出版社，2005.

续表

测验类型		表现
压力类型	情感型压力	有一个人（父母、友人、爱人）充满热情地为主角奉献；主角有一个爱人或者结婚了
	联想型压力	主角有一位或一位以上的朋友，社会性同伴，他是意气相投的团体中的一员
	支配压力	有人试图强制、制约、引诱主角做某些事
	抵制压力	有人拒绝、嘲弄、声明断绝关系、拒绝给予帮助、离开。对主角漠不关心；主角不受欢迎，身份不被接受，被解雇
	缺乏压力	主角缺乏生存、成功或快乐的基本需要，缺乏地位、影响力，没有朋友，没有开心的机会，没有升职的机会
	丧失压力	与缺乏压力有相同的地方，也有不同的地方，主角在故事中失去某个东西或某个人
	教养压力	某人养育、保护、帮助、安慰、原谅主角

根据莫瑞的主题统觉测验系统，记分需要 3 小时，而解释需要 4～5 小时。现在使用比较广泛的分析系统是贝拉克的主题统觉测验分析系统，该系统具有全面、容易记分、比较简洁、时常更新的优点。施测者可以通过贝拉克提供的分析表来整理分数（见表 6－5）。

表 6－5　贝拉克主题统觉测验分析表（部分）

1. 故事主题：						
2. 主要人物：	年龄		性别		能力	
	兴趣		特质		躯体形象	
	恰当性和/或自我形象					
3. 主要人物的主要需求和压力						
a. 主要人物的行为需要（在故事中）：						
隐含的内容：						
b. 增加的人物、事物或环境：						
隐含的需要：						
c. 忽略的人物、事物或环境：						
隐含的需要：						
4. 对环境（世界）的看法是：						
a. 对父母的人物（男女）的看法是：						
被测者对父母的人物的反应是：						
b. 对同辈的人物（男女）的看法是：						

续表

被测者对同辈的人物的反应是：		
c. 对小辈的人物（男女）的看法是：		
被测者对小辈的人物的反应是：		
5. 主要冲突：		
焦虑的性质（√）：		
关于身体伤害或惩罚	关于不被赞同	
关于缺乏或丧失爱	关于疾病或外伤	
关于被抛弃	关于被剥夺	
关于被击败和无助	关于孤独	
关于被占有		
6. 对冲突和恐惧的主要防御机制（√）：		
压抑	反向形成	分裂
退行	否认	内摄
隔离	抵消	
合理化	其他	
7. 通过对“有罪”人物的“惩罚”表现超我的恰当性（√）：		
恰当	不恰当	
过分严厉（也表现为立即惩罚）	过分宽容	
此外：		
起始反应的延迟或停顿	口吃	
超我干扰的其他表现		
8. 自我的整合，表现在（√）：		
主要人物	恰当	不恰当
结果	愉快	不愉快
驱力控制	现实	不现实
反映思维过程的情节特点（√）：		
刻板印象的	原创的	适当的
完整的	不完整的	不适当的
融合的	具体的	混杂的
智力	成熟水平	机体信号

根据表 6－5 中的第 1～3 点，可以归纳出被测者无意识的结构和需要；根据第 4 点，可以归纳出被测者对世界的理解和对他人重要性的知觉；根据第 5～8 点，可以归纳出与人格有关的维度。这种归纳需要施测者有非常丰富的经验和经过专业的技术培训，能准确地掌握被测者的特征。

6.3.3 麦克莱兰改良的主题统觉测验

莫瑞传统的主题统觉测验的计分方式十分复杂，这里我们采用麦克莱兰修改后的简化计分方式。以成就需求、权力需求和情感需求为主要分析点，测验使用的图片简化为 5 张一组（见图 6－3）。

图 6－3　主题统觉测验图（麦克莱兰法）

准备好纸、笔和测试的图片，依次向被测者展示一组的 5 张图片。要求被测者根据看到的图片，讲一个小故事，故事必须包括图画说了一件什么事，此时发生了什么事，图画中的主人公此时有何感受、想些什么，结果如何。在被测者讲述故事的同时，施测者要分析故事，提取出故事的主人公（最像讲述者的那一个）、主题、关键词等，分析故事表现出来的需求动机，依据需求的强烈程度（从弱到强对应 0～5 分）打分。测试完成后，计算每个需求的总分。哪个总分最高，哪个需求动机就占主导地位。表 6－9 显示了一张麦克莱兰主题统觉测验打分表。

表 6-6 麦克莱兰主题统觉测验打分表

姓名		图片序号	
提取内容			
主人公			
主要关键词			
次要关键词			
分析内容	强烈程度（0～5），0 表示没有，5 表示最强		
成就需求			
权力需求			
情感需求			

6.4 画图测验

画图测验是一种心理测验，给被测者铅笔、橡皮和一张白纸，要求他们在白纸上描绘一些图画，然后根据一定的标准，分析师对这些图画进行分析、评定、解释，以此来了解被测者的心理现象，并判定其心理活动是否正常。本部分主要介绍画树测验、房树人测验及雨中人测验。

6.4.1 画树测验

画树测验是瑞士心理学家科克（Koch）创立的一种人格投射测验工具，是通过被测者在纸上所绘制的树的位置、大小、用笔、风格、方式及行为等分析其智商、情商、自我概念和人格特征，是一种心理自画像。画树测验借树来投射人的情绪、态度，相比其他人物画更容易投射出个体封存的内在情感。目前画树测验被广泛应用于众多领域，如人才选拔、心理咨询及临床应用等。

画树测验的指导语通常为："请在准备好的纸上用笔画一棵树。"另外，在测试中可以适当地告诉被测者我们不是为了测试画画技术的高低，请按照他自己的想法画，认真地画，没有时间限制。在被测者绘画过程中观察他的情绪变化，结束后问被测者一些问题，比如这是什么季节的树、画的是什么树等有助于分析的问题。

6.4.2 画树测验的分析

1. 空间与树的解读

画纸从上到下分为上、中、下三个部分，上部代表被开发的意识和属于精神生活的内容；中部表示情绪、感情和感觉；下部跟本能、无意识的经验有关。树的树根、树干和树冠三个部分同画纸的三个部分所表达的意思相同。树冠代表精神与智能，树干代表情绪，树根代表本能①。树的空间解读见图 6-4。

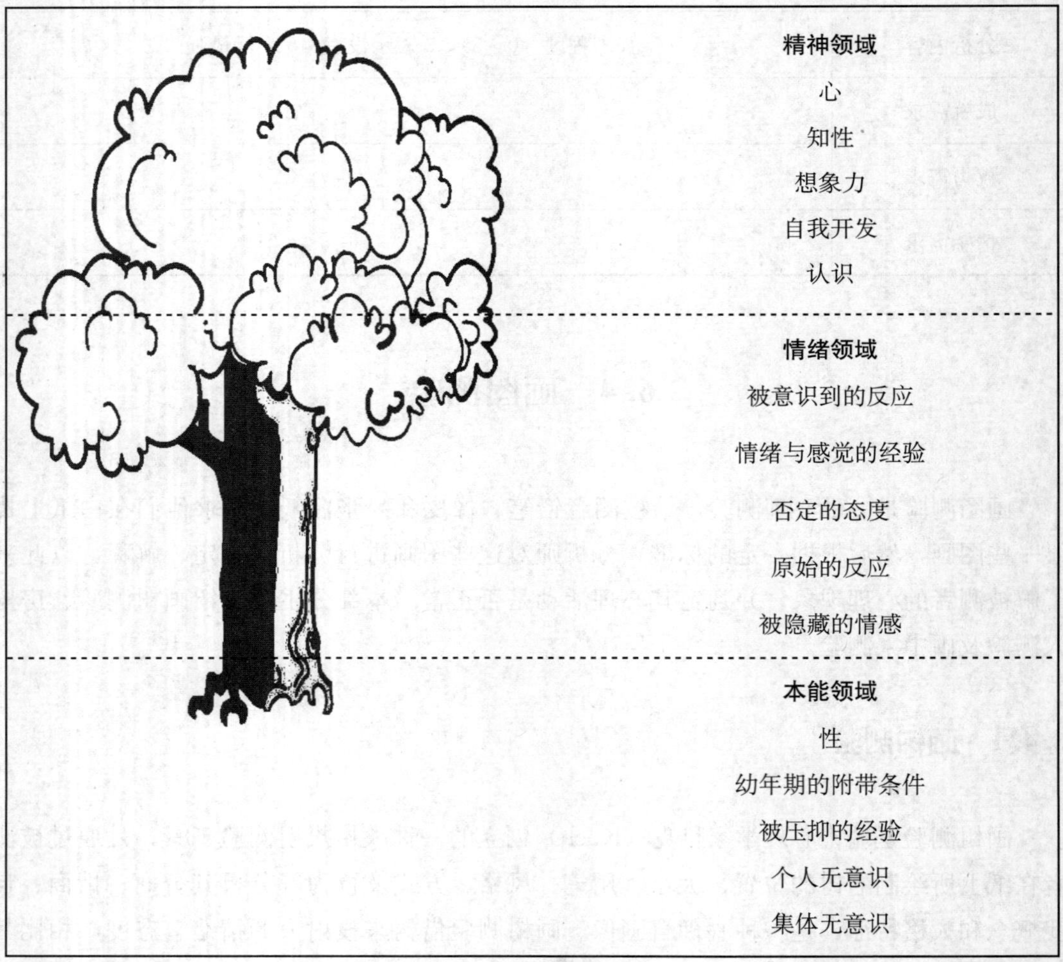

图 6-4 树的空间解读

有时候被测者会把树画在一张纸的某一个角落，在这种情况下，应该先根据树画在纸上的上、中、下三个部分进行解释，再根据纸上树的位置来解释。具体见图 6-5。

① 杨东，吉沅洪．实用罗夏墨迹测验．重庆：重庆出版社，2008.

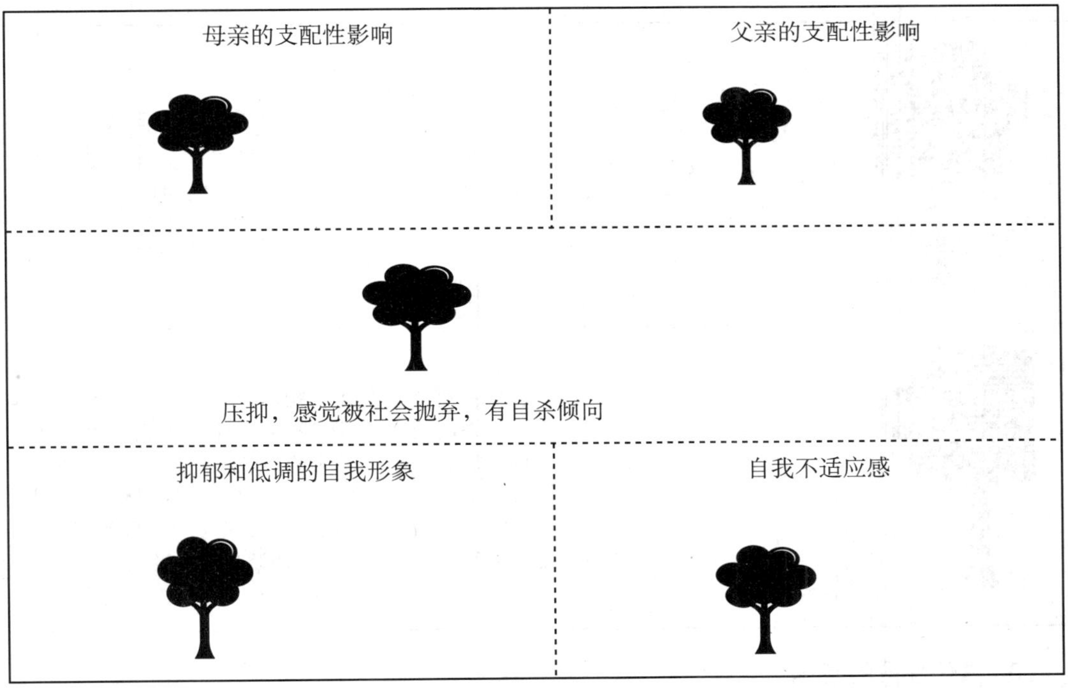

图 6-5 树在纸上的空间位置解读

2. 溢出画纸的树

对溢出画纸的树的解读见表 6-7。

表 6-7 溢出画纸的树的解读

	画在画纸中央，树冠溢出画纸边缘	年轻人，精力旺盛，对未来抱有期待。乐观、自信、热心地追求自己的目标
	在画纸下方边缘并且下部消失的树	有意拒绝本能领域和性领域，在其人格背后，甚至能感觉到压抑不住的性冲动和对自身的性别认识混乱
	树冠全体溢出画纸上方三处边缘的树	表现出病态的自我倾向，或者周期性的暴躁状态，容易受到来自各个方面的影响，容易受骗，不能很好地判断事物

续表

	溢出画纸右侧	容易受到其他男性影响，缺乏评论性判断，有无条件接受权威性思想的倾向，不理性
	溢出画纸左侧	容易受到其他女性影响，向往音乐、艺术及神秘的事物，无论对男性还是女性的权威言论都无条件地接受。如果是男性，他会不断陷入恋爱中，活力都被女性的魅力所吸收，而且很容易受到心灵的或者非合理性精神现象的影响；如果是女性，则会专心于知性或者美丽装扮的女性活动

3. 具体部分的解读

树是生命的象征，是成长的象征。树的枝叶象征着保护、供养。树的生长过程跟一个人的成长过程非常相近。下面将树分为树冠与树枝、树干、树叶、树根、果实、树种以及抽象的树几个方面来分析，具体见表 6－8。

表 6－8 树具体部分的常见解读

类型	特点	含义
树冠与树枝	匀称、优美、比例恰当	一个人发展平衡
	伸展舒畅	常代表发展顺利
	巨大	有强烈的成就动机、雄心壮志和自豪感，有时喜欢自我赞美，是一个非常自信的人
	特别小	对于成人而言，则是幼稚、退化的象征
	倒心形	缺乏创造性，比较温和，没有攻击性，有时会优柔寡断，并且缺乏持久的毅力
	如杨柳状下垂的树枝	关注过去，能量都流向过去，具有怀旧、恋旧情结
	枝叶描画细致	具有强迫症倾向，一旦开始做一件事就无法停止，哪怕自己已经厌烦，且过分关注细节，追求完美
	用笔简洁流畅	思维的流畅性、高智力或做事风格干脆利落
	树冠开放型	具有自由的自我表现和对事物的包容性
	完全封闭型树冠	与生俱来或后天强化的自制性格
	半封闭型树冠	处于二者之间

续表

类型	特点	含义
树干	树干上的疤痕	成长过程中受到创伤
	过细	成长过程中缺乏支持和支撑
	粗大	旺盛的生命力
	越往上越细、最后收于一点	生命力的衰减
树叶	茂盛	生机勃勃
	稀少	活力不足
	没有任何叶子	生命的衰落感
	大叶形	有依赖性，不愿意独立，但容易相处
	针叶形	缺乏滋养的表现，被测者可能比较尖锐或刻薄，不易相处
	手掌形	有同情心
	浓密	生命力旺盛，有活力，能量大
树根	暴露	关注过去，心态不成熟，没有足够的自信心，内心中有很多纠葛想要整理清楚，希望通过回顾过去的经验解决目前的问题
	向左边膨胀	有某种情感压抑，可能与母性有特殊联系
	向右边膨胀	在人际关系方面较难信任他人，可能与父性有特殊联系
	枯死的树根	对早期成长阶段的感受是沮丧的，情感上有干涸的感觉
果实	果实大，数量少	目标明确
	果实小，数量多	目标多，比较盲目
	果实掉落到地上	敏感，富有感悟力，有灵性，听天由命，缺乏坚定性
树种	柳树	压抑的标志，容易迷信，智商高
	白杨树	注重知性多于情绪，乐观
	松树	拥有达到目的的强烈动机，相当顽固，以自我为中心，野心勃勃
	枯树	认为没有希望，感觉自己的发展受到了阻碍，无法想象未来，或者感到未来是压倒性的威胁
抽象的树	单线条	情绪机能不够发达，潜伏性精神分裂症
	抽象松树（三角型）	对世俗活动几乎总是抱有自信，顽固，会决断性地采取直接实现目标的行为
	圣诞树	对现实不满，一般表示期待某些事物，比如特殊的或者高兴的事

对于附加物，如果在树上画了小鸟，说明渴望自由；如果画了鸟巢，说明恋家；如果画了树洞和树洞里的动物，说明需要被保护，需要依赖他人的感觉；如果画了云朵，

说明是个浪漫的人；如果画了光芒四射的太阳，太阳在右边说明对未来充满希望，在左边说明有着对过去的美好回忆，如果太阳被云彩遮住了，说明可能遇到了困难。被测者画出附加物，说明被测者与附加物有独特的情感投射，需了解被测者画附加物的原因之后再做出解释。

小资料

树的解读示例

	树上果实小而多，有较多欲望和目标，不确定什么是自己真正最重要的需求，没有足够信心实现自己的目标。树干略细，缺乏支持和支撑，渴望关爱和支持。直曲型，代表有创造性，遇到挫折容易逃避。附加物房子在左边代表母亲，表现渴望归属，代表画者的家或理想的家或者身体、精神家园
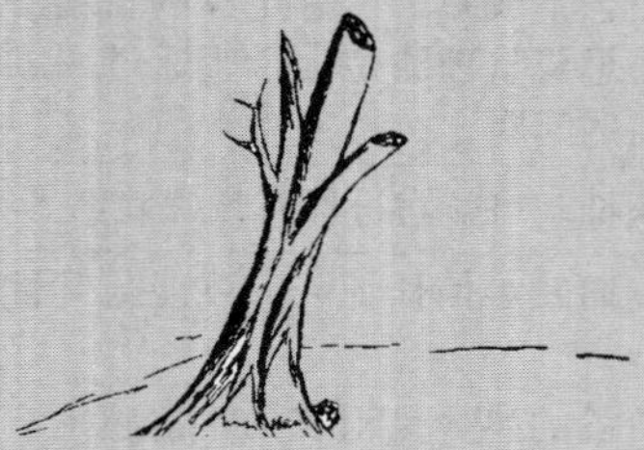	这是一个被不治之症折磨，即将独自面对死亡的母亲的画，树枝虽没有折断，很明显也并非自然枯萎，而是被锯断的，右侧被切断的树枝表示，她认为孩子的先天性疾病是遗传于自己的父亲或者丈夫
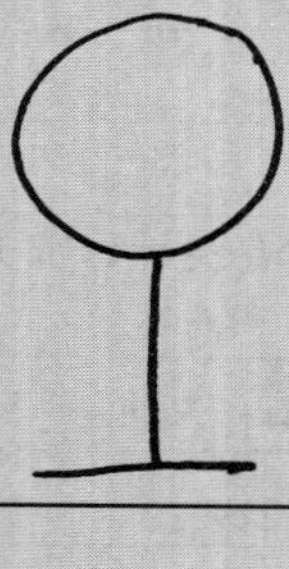	树干的单线表示来访者的情绪机能不够发达，完全封闭的空白的树冠表示他将自己与环境完全隔离，被动地退回到个人的幻想世界里。我们发现绘出与这幅画近似的画的人几乎都是潜伏性精神分裂症患者，有的还曾多次表现出急性精神分裂症的症状

6.4.3 房树人测验

房树人测验最早由美国心理学家巴克（Buck）提出，要求被测者在三张纸上分别画出房、树、人三个要素，通过对被测者的绘画进行分析，反映被测者的情绪、人格和精神病性状态等心理特征。1790 年，罗伯特 · 伯恩（Robert C. Burn）开发了动态的房树人测验，要求被测者把房、树、人三个要素画在一张纸上，通过三个要素的位置、距离、形态等诸多方面，综合分析、评定、解释被测者的心理现象、智力状态和人格特征。

房树人测验避免了被测者在语言描述过程中的曲解变形，对测验本身没有任何知识方面的要求。测验结果分析有相对标准化的分析程序，能更加真实、具体地反映被测者的人格特征，发现被测者不易显露的内心情感。通过画图也能初步了解被测者的智力水平，不易造成因智力结果低下而带来的失落感。

1. 准备工作

房树人测验的测试材料有被测者要用的纸、笔（可以是铅笔，也可以是带颜色的笔）和施测者用的分析手册。测验正式开始前，首先让被测者填写姓名、年龄、职业等个人信息，然后把纸、笔给被测者，说出指导语："请拿笔，认真地画一座房屋，画任何结构的房屋都可以，在时间上没有特别限制（一般要求 15 分钟以内），只要你认认真真地画就可以。"

由于被测试者的知识结构和文化水平不同，有的测试者会有"我没学过画画，我也不是画家"的抵触情绪。这时施测者要告诉被测者，房树人测验是一个心理测验，并不是一场艺术考试，不需要大师级别的绘画功底，能画什么，就画什么。切记，不能给被测者尺子等其他辅助画图工具，也不能采用临摹的方式，只能用笔手绘。

2. 实施与观察记录

在测验过程中，施测者要记录下被测者画图所用的时间，被测者画房、树、人三个要素的先后顺序以及画某一个要素内部结构的先后顺序，比如画人的时候，先画脑袋，然后是五官、身体、四肢等。测试过程中，被测者可能自言自语，这部分内容也要记录下来。在这个绘画过程中，还要观察被测者的情绪是喜悦还是焦虑，是愤怒还是急躁等，包括被测者在绘画过程中是一气呵成还是有所停顿。

比如，大学生小张，男，24 岁。其观察记录如下：（1）人物脑袋；（2）眼睛；（3）鼻子；（4）嘴巴；（5）头发；（6）停顿，皱了一下眉；（7）身体；（8）双臂；（9）双腿；（10）衣服；（11）露出微笑（以画人举例，数字表示被测者绘画以及出现反应的顺序）。画人用时 1 分 32 秒。画完之后，施测者可以通过提问来更深刻地了解被测者。提问的原则是以画所呈现的内容为基础，提有助于分析被测者内心活动的问题，避免负面消极的提问。比如，在房子这一元素上可以提问：这间房子是在城里还是在郊外？这间房子附近有别的人家吗？这张画上是什么天气？这是你从远处看到的房子还是近处？家庭气氛是温暖还是冰冷？你自己的家比这个大还是小？你怎么会想到画这样的房子？等等。在树这一元素上可以提问：这是什么树？这是种在什么地方的树？这画上的天气如何？这棵树的树龄是多少？这是活树还是枯树？对这棵树来讲什么最重要？这棵树比你大还是比你小？等等。在人这一元素上可以提问：这个人大约几岁？结婚了吗？家里有几个人？他是个什么样的人？这个人是干什么的？他正在干什么？身体是否健康？你喜欢这个人吗？你想成为这样的人吗？你想跟这样的人一起生活或者成为朋友吗？在画人时，你想画谁？这人像你吗？你怎么会想到画这样的人？等等。

3. 结果分析

房树人测验中包含了诸多要素。简单来说，房树人中的房子是个体出生、成长的象征，一般包括对家庭的态度、想法；房还是人际关系的象征。树是自我形象、姿态、内心平衡的象征，树的类型象征生活的态度；树枝是实现目标的力量、能力和适应力；树冠象征个性，树上挂满果实可见心思缜密，有创造力和想象力。人代表心理与躯体；头部代表幻想和对人际关系的理解；面部是与外界现实的接触。本书中我们简单介绍房树人一些常见的要素，对其解读如表 6-9 所示。如果需要非常详细的解读，我们要参阅房树人测验操作指导手册。

表 6-9 房树人常见三要素解读

三要素类型			含义解读
房子	房屋样式	画楼房	智商较高
		房子画得像庙宇	两个极端，要么是人才，要么是怪异的行为表达
	屋顶	屋顶特别大，其余很小	显示好空想，好幻想，逃避现实生活及人际关系
		屋顶与墙壁相连	分裂症
		屋顶上画窗	表现在现实生活中会有意识地行动
		屋顶过大	指维持有限的活动
		窗和门在一面墙上，并且连在同一条线的屋顶上	提示缺乏想象力，智力低下，对缺乏想象力的智能正常者，则表示好幻想，追求现实的具体事物时情感不丰富
		屋顶线浓重	唯恐不能控制自己摆脱空想生活，焦虑不安，努力控制自己，精神病初期
		屋顶线较淡	不能自我控制而被压倒的象征
		瓦片描绘得很细致	追求完美，黏着性格
		除了瓦片就是高高的围墙	不能保持与现实接触，自我崩溃
	烟囱	烟囱冒着浓烟	家庭内存在着矛盾、冲突。内心具有紧张感，对自己家庭状态不满意并具有叛逆心理，与权威人物有冲突
		没有烟囱	比较常见的情况，是正常的
		向上的直烟	被测者需要出气筒
		向左	可能有精神分裂的倾向
	地面	强调地面	缺乏安全感
树			参照画树测验的分析标准
人	符号化的人		被测者有掩饰性，说谎的能力较强
	头	头画得越大	被测者的心理年龄越小 一般 12 岁以后不应该出现头大身体小的样子，否则可能是智力有问题
	耳朵	孩子不画耳朵	可能有逆反心理
		画大耳朵	被测者如果画的不是卡通形象，就可能比较敏感
	鼻子	画纽扣鼻	可能智力有问题
		成人画出鼻梁	表示对性的关注
	牙齿		被测者有情绪、言语攻击性

续表

三要素类型			含义解读
人	眼睛	画得太大	比较敏感、多疑、偏执
		画眼睫毛	对美过分关注
		不画瞳孔	在人际交往中有回避倾向
	手	画手指	太注意细节
		画中手放到后面	一般有被动攻击行为，如果是儿童则可能经常掩饰自己的错误行为
	脚		代表人的活动力，分得越开活动力越强；反之则比较拘谨，不善与人交往
	头发		把头发画得竖起来的被测者攻击性较强
	衣服	画口袋、纽扣	比较注意细节
		注重对称	有强迫症的倾向
	躯体	棱角分明	个性倔强
		过大	防御心态
		过小	自卑，压抑自己
		圆圆的	缺乏主动性，有幼稚、退化的倾向。如果被测者是儿童，属于正常现象
		先画四肢	人际关系有问题，有罪恶感
房树人图在白纸中的位置		居中	被测者自我意识较强，以自我为中心
		偏左	被测者留恋过去
		偏右	被测者憧憬未来
		偏上	被测者喜欢幻想
		偏下	被测者注重现实，对安全较为关注
		画在角落	被测者可能有病理性疾病
附加物		太阳	儿童比较常见，成人画太阳代表需要温暖
		月亮	忧郁
		落日	情绪抑郁，落落寡合
		星星	象征身体或情感上的剥夺

小资料

房树人的解读示例

树冠是三角形尖状：对人比较尖锐，不温和
房子门前有一条小路通往房门：希望有人能走进他的内心世界
符号化的人：被测者有掩饰性，说谎的能力较强

续表

	树冠是圆润的曲线：为人温和，容易接触 结果实：有小孩了 两个人一男一女：已婚或者热恋中 有地平线：缺乏安全感 烟囱有烟：家庭内存在着矛盾、冲突

房树人测验作为一种测验工具，已经被很多实践证明了其信度和效度。分析时先从整体入手，再局部分析。看被测者的图画时，先整体上看房树人等要素的布局、线条的粗细、整体的气氛等，得出一个整体的印象，再看其他具体的要素；在分析过程中遵循“大胆假设，小心求证”的原则。分析时可以大胆地从操作指导手册中所列的项目中猜测，同时小心地向被测者求证，反复对比得出确切的含义。在向被测者做分析陈述时，要把消极的结果转换成积极的语言，比如图画表明被测者内向、不愿与人交谈，施测者在表达时可以表述成他人不理解他，不能与他很好地沟通。当被测者相信施测者的时候，就会完全敞开心扉，施测者的任何一句话都可能产生很大的影响。所以，在向被测者陈述分析结果时应该更多地用鼓励的话和积极的思想观点，特别是对那些感觉自己心理有问题的被测者，做到既不伤人又能点悟人生。

6.4.4 雨中人测验

雨中人投射测验是绘画心理测验中常用的一种，是非常具有应用价值的一种心理测验方法，它考察人们在压力情境下的反应，雨就象征着外界压力。给被测者铅笔、橡皮以及一张白纸，要求他们在白纸上绘出一些图画，然后根据一定的标准，对这些图画进行分析、评定、解释。

雨的大小，表示压力的大小；是否有应对雨的措施，以及应对的效果，表示是否有应对压力的方法及其效果；画中人物的情绪状态，表示现阶段的主要情绪；画中出现的其他人，表示现实或理想中重要的人；雨中人为一个人，说明被测者的独立性强，或喜欢、习惯孤独，甚至有不婚观念，画两个人则说明，被测者的内心还是想找个伴侣，只是要求的条件过高。只看见后背的人，说明被测者逃避压力。画中出现动物，先看动物与人的互动，这时的动物可按动物本身解释，也可以代表其他含义。总体来说，解释图画不是根据一定的套路进行的，需要根据被测者的联想进行。

小资料

雨中人测验解释示例

	小女孩在雨中没有打伞，也没有任何其他雨具保护自己，表示绘画者遇到压力，常常感到无助，有一定依赖性
	小男孩在雨中打伞，脸上的表情也很乐观，表示绘画者能够应对压力，信心十足
	图中人借助大树来躲雨，但是效果并不明显，身上还是被淋湿，表示绘画者常常备感压力，压力到来时可能会适应不良，如果适当调整，也可以很好地适应压力

6.5 笔迹分析

6.5.1 笔迹分析的发展史

笔迹，顾名思义，是人们用笔书写后留下的痕迹。在笔迹学中，笔迹是书写者使用书写工具亲笔书写后所形成的符号或痕迹。笔迹的外在形式通常特指文字、数字、字母和标点符号，而不包括绘画、图画和几何图形。

笔迹具有独一无二的特点，一般很难模仿。一个人从小到大经过长时间的书写，已经形成了一定的书写习惯。笔迹是一个人意识的直接反应，从笔迹中我们可以大致地分析一个人的性格特征，字如其人也就是这个道理。英国法庭笔迹鉴定专家戴维斯说："一个书写者能变化字体的斜度、大小、轻重和速度，但他一生中的书写习惯如同指纹一样，是改不掉的，即使他涂抹或雕刻。"法国著名作家小仲马说："笔迹学是一门被高度使用的科学，因为它不必见面就可以了解一个人。"

1622年，意大利哲学家、医学博士巴尔迪在其专著中论述了笔迹与性格的关系，但没有深入研究。随着时间的推移，17世纪中叶，大量的笔迹研究开始出现。被誉为"欧洲笔迹学之父"的米尚（Michon）和他的老师弗朗德兰（Flandrin）系统地研究了笔迹与人的性格之间的关系。笔迹分析学的奠基者米尚通过大量的收集和比较，发现性格相似的人的笔迹有相似之处，得出笔迹反映书写人性格的结论，并在之后出版了《笔迹学的体系》《笔迹学方法》两部著作。1875年，米尚成立了笔迹学社，笔迹学开始被世人重视。19世纪，耶鲁大学心理学教授普雷尔（Preyer）出版了《笔迹心理学》，提出"笔迹乃心迹"的观点。

随后，克拉格斯确立了建立在他自己的哲学理论基础上的笔迹学、性格学及表现行为的一些规律。1929年，罗伯特·索德克出版了《实验笔迹学》。海德堡大学教授罗伯特·海斯将心理学同笔迹学相结合，出版了《笔迹解读》。关于笔迹学的研究在西方已经进行了几百年，通过对不同心理学家的理论的分析，总结出了压力、速度、布局、运动等300多个与书写者心态、个性相关的特征。在一些国家，笔迹学已成功地应用于刑侦、公关、管理、心理学、人员选拔等领域。

我国自古以来就有关于笔迹的研究，西汉文学家扬雄在《法言·问神篇》中说道："书，心画也。"唐太宗李世民说："夫字以神为精魄，神若不知，则字无态度也；以心为筋骨，心若不坚，则字无劲健也。"1943年，我国近代笔迹学代表作《笔迹学》问世，由徐圣熙编写。1964年，杨国枢与林碧峰发表实证研究论文《中文字迹与人格：一项探索性研究》，这是关于汉字笔迹研究的首篇著作。20世纪70年代，徐庆元和韩进开始研究汉字笔迹。金一贵提出了笔迹矫正二十八法。20世纪90年代前后，我国部分省份和国外相继成立汉字笔记研究室，开始分析笔迹与其他心理学测试之间的关系。1994年，在北京师范大学心理系召开了中国首届笔迹学研讨会，成立了"中国笔迹学研究会"，这是汉字笔迹学发展史上的里程碑，标志着笔迹学在中国已经登上了学术殿堂。1999年，国家人事部人事与人才研究所完成了《笔迹分析在人才招聘中的应用研究》的课题研究，把笔迹分析运用于人才测评。2000年笔迹分析网的成立以及2007年笔迹读心网的创立，为笔迹研究和传播搭建了平台。

6.5.2 笔迹分析的理论依据

笔迹分析以心理学、生理学和社会学为理论基础，笔迹分析专家学者的实践研究也都以此为基础，具体包括以下三个方面：

从心理学角度看，笔迹分析以投射理论和潜意识理论为理论依据。投射理论是指隐藏在内心深处不易察觉的性格特征、内心活动不自觉地投射在某些人或某些物上而表现出来。潜意识理论是人在某一个领域成长过程中养成的某些习惯，到一个新的领域仍按照原来的思维处理周围的事物。比如热恋中的人，当她收到一封情书的时候，只关心情书的内容和表达的情感，所以对方在写情书的时候会把写作的重心放在遣词造句上，把自己全部的感情投射到这封信里面，对于笔顺这种早已形成的习惯，书写时会在潜意识的作用下写出来，不会研究它。

从生理学角度看，书写的产生是客观世界的各种刺激作用于视觉、听觉和其他感受器，并由相应的传入神经传到中枢——大脑，经过大脑一系列的心理、生理综合分析过程，才得以发出指令，然后再由相应的传出神经将指令传至效应器——手，才使书写动作得以进行。也就是说，笔迹就是脑迹，字迹是大脑的书写。比如，写情书的过程，便是看着对方的照片，脑子里憧憬着美好的未来，经过大脑一系列的分析，写出扣人心弦的句子。

从社会学角度看，笔迹与人的教育背景、成长环境、年龄阶段、心情心境等方面有着密切的联系。一个从小生活优渥的人与一个从小在艰苦环境中长大的人，其字体在字态、字势、风格等多方面存在着差异。不同的历史时期，社会背景不同，文字的书写也不同。每个朝代都有自己的书法大家，每个朝代都有自己的书法风格。

6.5.3 笔迹分析的内容

笔迹分析主要研究的内容是书写者的心理特征，分析线条、结构、字阵三个方面。从这三个方面我们可以分析出书写者的性格特征、品格特征、思想观念、生活态度等。

1. 线条

线条是组成文字的最基本单位，是最基本的书写形式，在我国也就是笔画。人们在长时间的文字书写过程中形成了带有自己个性特征的笔画线条，这种特征是稳定的，很难被改变。线条可分为四类，即柔性线条、刚性线条、凝重线条和粗糙线条。

笔迹学家认为柔性线条的书写者握笔松、下笔轻，书写速度慢，笔迹中常表现为曲线线条，其心理特征表现为思维反应舒缓、对事物善于微观把握、对细节较为敏感、有耐心等。刚性线条的书写者握笔紧、下笔重，书写速度快，笔迹中常为直线线条，其心理特征表现为思维反应敏捷迅速、对事物善于宏观把握、对细节易于忽略等。凝重线条（主要是笔迹线条上的墨汁凝滞）给人感觉线条缩头缩尾，书写途中停笔次数较多。表现了书写者忧心忡忡、患得患失，最近压力比较大。粗糙线条生硬、不流畅、曲折，书写者下笔重，书写速度快，表现了书写者散漫悠闲、放荡不羁的性格。

2. 结构

结构是指单字整体在书写过程中的布置安排，包括各笔画之间的比例关系、偏旁部首与字之间的搭配和间架布势的组织规律与构成形式。

结构严谨的笔画齐全，结构安排得当，上、中、下三部分比例协调、匀称，书写规范。这类书写者沉稳、理智、务实、不苟言笑、思维严密，考虑问题比较全面。做事注重计划性和程序性，有条不紊。

结构松散的字体看起来缺少章法，没有凝聚力，字形散乱，不美观，书写不规范，字体中部笔画稀疏，笔画安排不紧凑。如果是合体字，上下或左右结构相距较远。这类书写者粗心、马虎，注意力不集中，自由散漫且自控能力差。如果是小学生写这种笔迹，则多动、淘气，上课不注意听讲，注意力非常容易转移，多有小动作。

结构紧密的字笔画紧紧聚在了一起，像是被胶粘合了起来，笔画与笔画之间有一种向中心凝聚的力。这类书写者认真、执著、专注、谨慎、自控力强，但谨小慎微，心胸不开阔，耿耿于怀。

结构疏朗的字笔画宽松，字体笔画安排合理，美观大方。这类书写者视野开阔、目光长远、心胸宽广、待人宽容，一般不记仇，不斤斤计较，凡事不爱强求，善于从宏观和大局着想，对钱财名利看得相对较淡。

合体字上大下小或左大右小的书写者有雄心壮志，思维活跃、善于思考、富于幻想，有些理想主义，会为了自己的理想而奋斗。动脑能力强而动手能力相对较弱。如果字体下方或右方过于短小或窄小，说明书写者思考能力强而行动能力弱。

合体字上小下大或左小右大的书写者是行动主义者，不善于思考，埋头于一些具体的工作或活动，思考问题的能力相对较弱，但行动能力更强一些。

3. 字阵

大量的单个汉字在书写上有一定的次序和方向，能够反映书写者个性心理的笔迹特征，实质上就是字的排列和布阵。

字间距很紧的人，喜欢社交，喜欢互动，但互动中保持戒备心。

行间距宽的人，不喜欢主动与人交往，内心需要安全感，自我保护意识强；字间距紧、行间距宽的人，表面很活跃活泼，但实际上不喜欢主动与人交往，属于两种矛盾性格的结合体。

字行逐渐上升的人，心态积极，追求向上，有雄心，充满生机和热情，有斗志和锐气，有奋斗精神，活泼开朗，是个乐观主义者，喜欢社交活动，内心对自我要求高，有高估自我的倾向，遇到挫折敢于争取，继续奋斗；字行逐渐下降的人，性格大都内向，不善交际，顺从，谨慎，谦虚，敏感，好静，能自我反省，看问题比较实际，看事情的阴暗面较多，心态比较消极，有时宁愿改变自己、压抑自己去适应周围的环境。但有时是一种暂时性的状况，反映书写者可能遇到了挫折而情绪低落，缺乏自信。

字行呈波浪起伏型的人，情绪起伏较大，情绪主导性格；行文两边高，中间低的人，是很好的任务完成者。

喜欢用带行信纸书写的人，喜欢中规中矩，性格有依赖性，做事情可能比较稳妥。字行方向一直向左倾斜的人，内心有无意识的不安情绪，不愿意面对过分的现实状况，谨慎小心，不容易接近，自我克制，压制，有自我否定倾向，对自己认知不够，与人交往有所保留，害怕别人知道自己的真实想法，或沉默寡言或讲得太多，只是为了掩饰自己的不安情绪。

签名比较花哨，甚至难以辨认的人，不要对他们打破砂锅问到底，他们喜欢神秘，不喜欢别人过多地干涉其隐私，对他们怀有崇敬的心情即可；签名比较流畅，且容易辨认的人，有一定的机会意识，信息捕捉能力强，有预见性。签名规范，使用楷体的人，无论外表多奔放，内心还是中规中矩的，或潜意识里希望自己能成为中规中矩的人。

6.5.4 笔迹分析在人力资源管理中的运用

人力资源是人的个性与能力、技能的集合体，为了使资源发挥出最大的价值，我们要对资源进行了解，在了解的基础上进行培训和开发，把人力资源变成人力资本。笔迹分析可以帮助管理者更深刻地了解人，通过笔迹分析来识人，之后再进行人力资源管理中的用人和育人，落实到具体的人力资源管理工作，包括招聘、员工流动、人才培训与开发等方面。

（1）招聘。招聘对于人力资源工作者来说是一项日常工作，有时用人部门催得紧，对候选人却不能有效甄别就会带来巨大压力。我们可以通过笔迹分析来对候选人的价值观、性格特征等方面做出基本判断，对不符合企业核心价值观的候选人直接淘汰，其余候选人再经过其他测评方法继续筛选；对于已经敲定的候选人，也能根据其笔迹分析得到的价值观、性格特征等来匹配岗位。

（2）员工流动。员工的流动包括内部流动和外部流动，内部流动指员工的升降，外部流动指员工的入职和离职。通过笔迹分析对员工有了一定的了解，在员工升降、入职和离职的时候，管理者可以有理有据地做决策。

（3）人才培训与开发。培训最核心的问题是因材施教，把握员工的可塑性与潜力。运用笔迹分析，可以看出员工有什么素质、优势及短板，有无潜在优势，为领导选准选好培训对象提供心理素质保证，也为领导造就优秀的员工队伍打下坚实基础。

小资料

笔迹分析示例

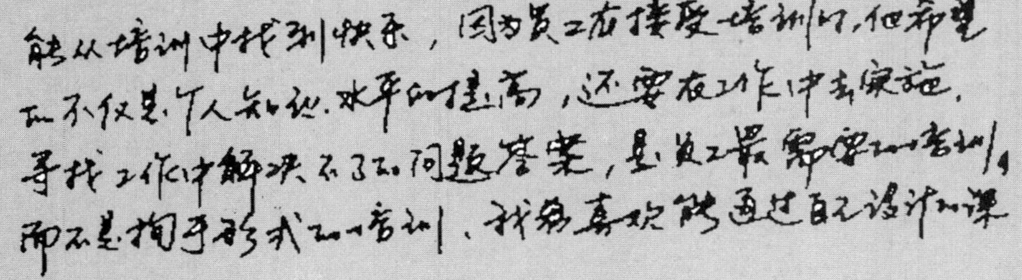

笔画舒展，速度快，末笔外展。字体连笔，多曲线，结构疏朗。字间距、行间距较适中。书写者性格外向，活泼开朗，乐群性高，交际能力强；语言表达能力强，容易接受新事物，执行力和动手能力强。

□复习思考题

1. 投射测验与罗夏墨迹测验有什么联系和区别?

2. 简要论述罗夏墨迹测验的过程。

3. 主题统觉测验分析的需要类型和压力类型有哪些?分别有什么表现?

4. 如何解读房树人测验的三个要素?

5. 笔迹分析的内容包括哪三个方面?如何根据这三个方面对书写者的心理特征进行分析?

第7章

笔　试

| 学习内容 |

- 笔试的概念、优缺点、分类及题型
- 笔试的流程

| 学习目标 |

- 明确笔试的概念和种类
- 掌握笔试的设计与应用的基本步骤
- 掌握试卷分析报告的内容

引导案例

某银行第三期“百人计划”后备人才实施方案

某银行为深入贯彻人才培养战略，不断充实后备人才队伍，人力资源部计划于7月起组织开展第三期“百人计划”后备人才选拔工作，具体实施方案如下：

总体思路：进一步落实全省“千人工程”在人才选拔、培养和使用上遵循的“使用中培养、培养中使用”原则，按照人才成长规律，将银行现任各层级管理岗位人员直接纳入行内后备人才库，进行逐级后备、梯队培养，注重实绩、择优启用。本期后备人才选拔工作主要是对其他管理岗位（具体包括总行部门经理岗、支行行长助理岗、支行部门经理岗）后备人才的选拔，旨在为优秀的年轻员工搭建展示自我的平台，适当扩大选拔范围，加强对年轻后备人才的发掘、选拔、锻炼和培养，为银行提升竞争力、适应新形势奠定坚实的基础。

本期后备人才选拔工作采用民主推荐、公开竞聘的选拔方式，通过笔试初选、面试复审对候选人进行能力测试，设计的部分笔试题目如下。

第一部分　专业知识

答题时间：60分钟　题量：单项选择题80道，多项选择题20道

一、单项选择题（共80道）

请考生根据题目要求，从四个选项中选出一个最恰当的答案。

1. 中央银行的公开市场业务的优点是（　　）。

A. 主动权在商业银行　　B. 主动权在中央银行

C. 主动权在企业　　D. 主动权在政府

2. 专门为金融机构之间资金融通和外汇交易提供服务并收取佣金的非银行金融机构是（　　）。

A. 信托公司　　B. 证券公司　　C. 货币经纪公司　　D. 投资银行

3. 个体工商户、个人独资企业投资人、合伙企业合伙人等在合法生产和经营过程中出现资金短缺时，可以向商业银行申请（　　）。

A. 个人商用房贷款　　B. 个人经营贷款

C. 个人信用卡透支　　D. 个人权利质押贷款

…………

第二部分　行政能力测试

答题时间：40分钟　题量：单项选择题50道

请考生根据题目要求，从四个选项中选出一个最恰当的答案。

一、常识判断

1. 下列关于消防常识的表述中，错误的是（　　）。

A. 煤气泄漏充满室内时，应首先打开门窗通风

B. 当汽车因燃油泄漏着火时，应立即用水浇灭

C. 电器因短路着火时，可用干粉灭火器扑灭

D. 当炒菜不慎着火时，可以用湿布覆盖扑灭

2. 古代“子时”指的是（　　）。

A. 晚上9点到晚上11点　　B. 晚上10点到晚上12点

C. 晚上11点到凌晨01点　　D. 晚上12点到凌晨02点

…………

二、词语填空

11. 过度奢华包装，已成为一个令商家________、百姓愤懑不解、政府难脱尴尬的现实。从粽子到月饼，从茶叶到酒，过度包装涉及的商品________，不断蔓延。

填入画横线部分最恰当的一项是（　　）。

A. 爱不释手　比比皆是　　B. 津津乐道　俯拾即是

C. 乐此不疲　不胜枚举　　D. 趋之若鹜　不计其数

12. “有用”对思维而言是一种巨大的________，很容易让我们摒弃理性，走向________，结果造成知识的无效积累，记忆负担日增，在沉重的学习压力下，下一代的

创造空间也被________。

填入画横线部分最恰当的一项是（　　）。

A. 诱惑　功利　窒息　　B. 引诱　浮躁　抽空

C. 蛊惑　感性　排挤　　D. 吸引　浅薄　挤压

…………

三、言语理解

31. 如今的年轻人，面对着工作的压力、竞争的焦虑以及对成功的渴望等，难免选择嘻哈作为一种放松的方式，这无可厚非。嘻哈是属于年轻人的文化，其中蕴含着对公平正义的追求和对自由的渴望。某些说唱者认为血腥暴力、毒品色情是嘻哈文化的特色，但这种想法恰恰偏离了嘻哈的本质，嘻哈文化真正关注的是人真实经历的喜怒哀乐，它是给予个人自由与激情、和平与爱的一种信仰。

这段文字针对的社会现象是（　　）。

A. 低俗的嘻哈在世界范围内遭到了抵制

B. 嘻哈文化在年轻人中受欢迎的程度最高

C. 某些说唱者把低俗当嘻哈文化的特色

D. 把脏话当态度，拿低俗当个性的风气

32. 我国家庭小型化的特点造成了家庭养老功能的不足，所以必须有社会化的服务为养老提供支持。为此，政府将积极推进居家养老服务，鼓励社会团体和企业从事居家养老方面的服务，同时也应积极推进利用网络资源建立养老服务热线、养老服务的求助系统和救援系统的工作。也就是说，要建立一个“没有围墙的养老院”。

这段文字中“没有围墙的养老院”指的是（　　）。

A. 多方参与的社会化居家养老系统

B. 政府提供服务的公益性养老系统

C. 个人自办的居家养老场所

D. 基于网络的开放性资源共享的养老院

…………

第三部分　写作

答题时间：40分钟　题量：写作题1道

前段时间，领英发布的“第一份工作趋势洞察”显示：70后的第一份工作平均超过4年才换；80后是3年半；90后骤减为19个月；95后则平均7个月就离职……

面对一言不合就离职，骂不得说不得的90后和95后，管理者突然没办法了，不知道该怎么对待90后和95后员工。

问题：假如你是某银行的管理者，你将在工作中如何做好90后和95后的员工管理？

要求：

(1) 自拟题目，立意明确，思想深刻；

(2) 结构完整，思路清晰，语言流畅；

(3) 内容充实，论证有力；

(4) 总字数1 000～1 200字。

…………

思考题

该实施方案是否适合该银行？请给出理由。

7.1 笔试概述

7.1.1 笔试的概念

笔试的定义有狭义和广义之分。从狭义上看，笔试主要是指对被试者知识水平的测量和检验。它是由主考部门根据工作岗位的需要，事先拟定好笔试试题，让被试者以书面的形式作答，从而对被试者的基础知识、专业知识、管理知识、技术知识、生产知识以及其他专业知识水平进行检测评判的一种测试工具。从广义上看，它是一种以书面形式测量、考核被试者的知识水平、分析力、判断力、想象力、记忆力以及文字表达和逻辑推理等多项能力素质的重要测评工具。

7.1.2 笔试的优缺点

1. 优点

(1) 公平性。笔试为所有求职者提供一个均等的公开竞争机会，这是其他测验方法所难以替代的。

(2) 经济性。笔试可以同时对大批处于不同时间、不同空间的被试者进行测试，出题、阅卷都比较迅速，因此所花时间相对较少，效率高，成本低。

(3) 客观性。笔试的考卷要求密封，考官与被试者不必直接接触，评卷又有可记录的客观标准或等级，而且可以保存被试者回答问题的真实材料。

(4) 广博性。笔试包含的信息容量大，一份试卷可包含大量不同类型的命题，同时考查不同方面的知识广度和深度。

(5) 简便性。笔试测验一般不需要特殊的仪器和特殊的专业人才，因此测试的时候比较简便，试卷的评阅在计算机的使用下也显得尤为简便。

另外，笔试中被试者的心理压力相对较小，容易发挥正常水平，一定程度上提高了笔试的可信度。

2. 缺点

(1) 难以测出被试者的实际操作能力。笔试的测验内容偏重于机械记忆，不能很好地反映个人的创造性和推理能力，同时出现猜测的机会也较多，会在一定程度上影响个人真实水平的发挥。

（2）试题的难易程度不易把握。编制测验试题的过程中可能会编进一些简单的试题，也可能出现偏题、怪题，题目的难易程度不容易把握。编写试题时，应该充分了解被试者掌握知识的程度，良好的试卷能够把被试者区分出几个等级，一般来说笔试的成绩应该是呈正态分布的。

（3）阅卷可能不够客观。对试卷中主观题的批阅，由于阅卷人员素质高低不同或者评卷标准不一致，测验的结果可能会变得不够客观、准确。

7.1.3 笔试的分类

根据笔试的性质、科目、目的、题目的难易程度以及参加测试的人数等，可以将笔试分为多种类型。

1. 依据试题性质分类

依据试题性质，笔试可分为论文式笔试和直答式笔试。

（1）论文式笔试。通常是被试者按照论文题目写出一定字数的文章，发表自己的观点、看法和主张。论文题目有三种选择方法：自由选择、区间选择、指定选择。自由选择就是被试者选题不受任何限制，由其任意选取一个题目；区间选择就是被试者从指定的若干题目中选取一个；指定选择就是由主试者指定题目，而被试者不能选择。论文式笔试一般适用于招聘高级管理人员。

（2）直答式笔试。直答式笔试是通过填空、判断、计算和问答形式来测试被试者的知识水平。它主要考查被试者的学历以及理解能力和记忆能力。这种方法一般用于招聘一般人员。

2. 依据考试科目分类

依据考试科目，笔试可分为基础文化测试和专业知识测试。

（1）基础文化测试。主要针对被试者应具有的基本文化素质而进行的测试，常考的科目有语文、数学、英语等，这种测试适用于各种工作岗位的招聘。

（2）专业知识测试。主要针对被试者应具有的专业知识和对公司的了解程度而进行的测试。由于招聘对象和招聘岗位不同，专业知识测试的科目也不同。这种测试适用于各种岗位和工种的招聘。

3. 依据考试时间和目的分类

依据考试时间和目的，可分为随机笔试、定向笔试和资格考试。

（1）随机笔试。随机笔试是指学校在学期中间或升学之前所组织的考试，也可以指机关单位、企事业单位组织的临时考试。这种考试的目的是让主试者了解被试者的知识掌握情况。考试结果可以直接反映全体被试者的整体知识水平以及每位被试者的个体知识水平。

（2）定向笔试。定向笔试是指通过考试将被试者进行定向分流的考试，如中考和高考。这种考试的目的是根据个人的特长和能力倾向，将他们进行定向发展，培养出多方面的人才，为社会各种职业岗位提供专业人才做准备。

（3）资格考试。资格考试是通过性考试，通过这种考试的被试者能够获得特殊的资格认定或权力认定。如大学英语四六级考试、公务员考试、会计师资格证考试等。

此外，还可以根据测试试题的难易程度，将笔试分为速度测试和难度测试；根据被试者的人数，将笔试分为团体测试和个体测试。

7.1.4 笔试的题型

根据试题的正确答案是否唯一，阅卷给分是否客观，可以将试题分为主观性试题和客观性试题。主观性试题的正确答案不是唯一的，被试者可以自由发挥，阅卷结果与阅卷者的个人认识、判断有关，主要包括简答题、论述题、案例分析题、作文题等。客观性试题的答案具有唯一性，阅卷评分只与答案有关而与阅卷者无关，基本不受阅卷者主观因素的影响，主要包括选择题、填空题、判断题、匹配题等。下面对这两大类题型各自的特点进行简要分析。

1. 客观题

客观题是指让被试者从事先拟定的答案中辨认出正确答案的一种题型。客观题也称固定应答型试题。客观题分为完成式和选择式两种，完成式包括常见的填充、改错等题型，选择式包括常见的选择、判断、匹配等题型。由于客观题具有命题灵活性大、知识覆盖面广、考查内容偶然性小以及采分客观性强和速度快等优点，现在的考试广泛地采用了客观性试题，并且所占分数比例大大超过主观性试题。客观题有如下特点：

（1）知识涵盖面广。客观题大多是“供给式”或“固定应答式”的，只要求被试者对已给答案做出判断或选择，用时较短。同时客观题的解答大多是画记号或是少量的文字，作答速度较快，因而可以保证考试有较大的题量，覆盖面可以很广，测试内容容易做到均衡，使试题样本更具有代表性。

（2）评分更客观。客观题的标准答案通常只有肯定的一个或几个，评卷者的偏好等主观因素影响较小，正确的得满分，错误的不得分，不同的人评阅也会给出相同的分数。另外，客观题易于采用现代量化方法和工具进行计分，不仅评阅的错误率低，而且速度较人工评阅快得多。

（3）适用面广。客观题不仅适合测量被试者对知识与技能的记忆、理解和应用能力，而且可以应用于不同岗位的测验中。

（4）效率比较高。可以同时对大量被试者实施考试，由于题目答案唯一，评分较为容易，便于统计分析，使用机器阅卷时尤为高效。

（5）不易对被试者的发散思维能力、综合分析能力、文字表达能力等进行测试。选择题、判断题都是直接给出答案让被试者判断，这样就只能顺着命题者已圈定的思路去思考，属于定向思维。而且评卷者只能看到最终答案，无法了解被试者的思维过程。

（6）容易导致舞弊、抄袭、猜测答案的现象发生。客观题一般只要求被试者选择已给答案，或者答案只是符号、代码或几个文字，因此与主观题相比，更容易出现猜测、抄袭等行为。

2. 主观题

主观题是现代考试中最基本的题型之一，各科考试都有此类试题。主观题不仅能更好地要求被测者回忆所学的内容，还要求被测者组织某些材料，有时只需简短地解释和回答某些问题，有时则要详尽讨论和阐述某个问题。这类考题常称为“发挥性题目”，使被测者有机会表现自己准备的程度和对某项知识理解的深度和广度，同时施测者也能在评卷时做出更多独立的思考和判断。通过这类试题的考试，可以全面了解被测者对某学科领域的某个具体部分理解和掌握的程度以及深刻了解问题实质的能力。主观题具有如下特点：

（1）试题的内容综合程度高。主观性试题在一道题里可以涉及多个考点，考查多方面的知识以及多种能力，有利于评价被试者对知识的分析、综合、应用、评价等方面的能力。例如，要求被试者“根据企业现状，设计一幅组织结构图”，完成这道题就要求被试者具有战略管理、组织行为学等多方面的知识。

（2）更具有发散性。试题可以由主考机构设计情境，使被试者自由发挥，充分考查被试者的知识深度和广度。例如，设计一项企业人员素质测评方案，要求被试者“评述这项方案，并分析该方案在推行时可能出现的问题及解决办法”。通过被试者的作答，可以了解被试者对人员素质测评技术的掌握程度以及发散性解决问题的能力。

（3）侧重于对知识的运用能力进行测试。客观性试题往往只要求被试者写出最后的结果，不能反映被试者的思维过程，在这方面主观性试题具有优势。施测者可以从被试者的回答中得到更多的信息，有利于对被试者进行深入的考查。

小资料

某银行笔试题中的主观题

2017年10月，党的十九大报告提出“弘扬劳模精神和工匠精神”。

2020年12月，习近平总书记致信祝贺首届全国职业技能大赛举办，强调“大力弘扬劳模精神、劳动精神、工匠精神”。

请你谈谈对“工匠精神”的理解。

参考答案：

1. 工匠精神的定义

工匠精神是一种职业精神，它是职业道德、职业能力、职业品质的体现，是从业者的一种职业价值取向和行为表现。

2. 基本内涵：敬业、精益、专注、创新

（1）敬业。敬业是从业者基于对职业的敬畏和热爱而产生的一种全身心投入的尽职尽责的职业精神状态。

（2）精益。精益就是精益求精，是从业者对每件产品、每道工序都凝神聚力、精益求精、追求极致的职业品质。

（3）专注。专注就是内心笃定而着眼于细节的耐心、执着、坚持的精神，这是一切“大国工匠”所必须具备的精神特质。工匠精神意味着一种执着，即一种几十年如一日的坚持与韧性。

（4）创新。工匠精神强调执着、坚持、专注甚至是陶醉、痴迷，但绝不等同于因循守旧、拘泥一格的“匠气”，其中包括追求突破、追求革新的创新内蕴。工匠必须把“匠心”融入生产的每个环节，既要对职业有敬畏、对质量够精准，又要富有追求突破、追求革新的创新活力。

3. 工匠精神的意义

（1）对于国家来说，工匠精神是中国制造前行的精神源泉。只有当敬业、精益、专注、创新的工匠精神融入生产、设计、经营的每一个环节，实现由“重量”到“重质”的突围，中国制造才能赢得未来。

（2）对于企业来说，工匠精神是企业竞争发展的品牌资本。工匠精神在企业品牌形象塑造和品牌资本创造过程中具有十分重要的作用。工匠精神是企业品牌内涵的重要体现，也是企业品牌知名度、美誉度以及顾客忠诚度培育的有效途径，更是企业品牌资本价值增值的重要来源。

（3）对于个人来说，工匠精神是员工个人成长的道德指引。尊重员工的价值、启迪员工的智慧、实现员工的发展，不仅是员工个人成长的强烈需求，也是现代企业的责任和使命。而工匠精神作为一种职业精神，是企业员工提升个人精神追求、完善个人职业素养、实现个人成长进步的重要道德指引。

4. 企业拥有具有工匠精神的人才的方法

（1）建立相应体制机制，健全人才培养、使用、评价、激励制度。

（2）提高劳模和技能人才的政治待遇、经济待遇、社会待遇。

（3）为劳模和技能人才发挥作用搭建广阔舞台，使他们在经济上有保障、发展上有空间、社会上有地位。

7.2 笔试的实施过程

笔试实施起来对试题的要求较高，一次笔试有没有较高的效度和信度，关键在于试题的质量，以及试题能否考察出企业和组织真正需要的人才的素质。笔试的实施过程见图 7-1。

7.2.1 笔试的准备阶段

1. 成立考务小组

笔试过程中要进行大量的准备工作，成立考务小组可以有效推进整个过程的实施，具体包括计划的制订、试题的编制、考务的组织等工作。考务小组应该包括考务组长、副组长、组员以及专家，专家可以是内部专家也可以是外聘专家。考务组长的主要职责是制订考试的计划和方针，确定考试试卷的结构；副组长的主要职责是协助组长制订考试方案并确定考试试题的内容；组员的职责是负责落实计划和方案，起草规定性的文件，编制试题；专家的主要职责是给予整个考务小组技术指导，提出一些建设性的意见，对

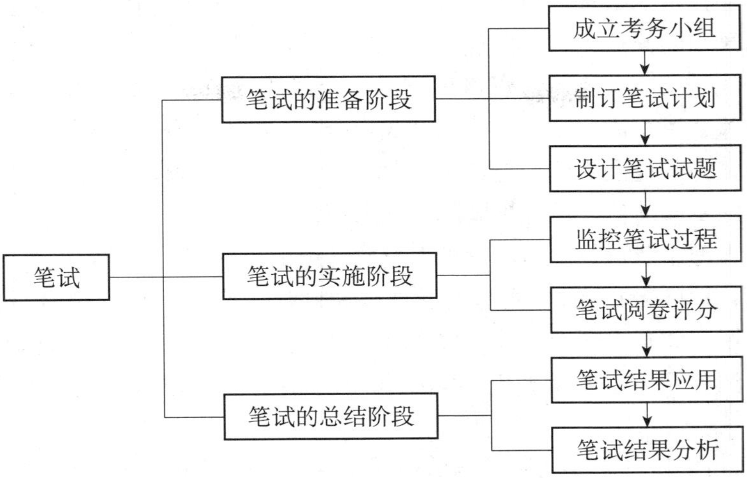

图7-1 笔试的实施过程

试题的信度和效度进行判断和检查。最终，各个部分相互配合、相互协调，共同完成一次高质量的笔试。

2. 制订笔试计划

（1）为了使笔试有序进行，需要制订周密详细的笔试计划，具体内容主要包括：

1）笔试目的和科目的确定，试题的设计，即考试大纲的编制；

2）试卷的审定、印制、装订与保管；

3）笔试人员的管理和安排以及笔试负责机构或负责人的确定；

4）对考试规模的预计，即有多少人员报名参加考试；

5）考试时间和地点的确定；

6）监考人员和阅卷人员的组织与安排以及阅卷的组织与管理等；

7）笔试的经费预算与效果预测①。

其中，编制考试大纲是笔试计划的核心内容。

（2）编制考试大纲的注意事项。考试大纲是对笔试考什么、怎么考这两个基本问题做出回答，包括考试的功能、测评要素（项目、指标和标准），以及考试测评的方式方法等内容。设计考试大纲的基本思路是：在工作分析和岗位胜任特征模型的基础上，清晰界定各类岗位人员任职的资格条件以及知识、能力水平，确定笔试要测评的知识与能力。编制考试大纲的注意事项如下：

1）对笔试的功能定位要准确，测评要素要全面，从而使笔试能有效检测应聘者的知识和能力素质。

2）明确笔试的结构类型，即对笔试试题的内容比例、难易比例、题型比例等给出明确的规定。

3）为了提高笔试的科学性和公平性，必须明确评分规则，确定按照怎样的机制来甄选应聘者。对于笔试的最终成绩，一般有两种筛选方法：逐轮淘汰法和比例合分法。

---

① 中国就业培训技术指导中心．企业人力资源管理师．北京：中国劳动社会保障出版社，2014.

逐轮淘汰法是指通过资格审查、笔试、面试、背景审核等逐轮淘汰应聘者，最终胜出的才能成为录用的候选人，它体现了优胜劣汰的原则。

比例合分法是指应聘者通过资格审查后，全部进行笔试、面试和综合考察。然后将笔试、面试和综合考察成绩按一定比例合成综合分，成绩最优者才能成为录用的候选人。

一般来说，为了提高笔试试题的系统性、全面性、科学性、有效性和正确性，必须根据用人单位的不同岗位，设计不同的考试大纲。

例如，某大型企业选拔中高层管理人员的笔试测验考试大纲规定：

1）公共科目笔试的主要功能是测试被试者胜任中高层管理岗位必须具备的基本素质，特别是运用有关基本理论、基本知识和基本方法分析解决企业经营管理工作中实际问题的能力。测评要素主要有理论素养、知识素养、分析解决问题能力和文字表达能力等。

2）专业科目笔试的主要功能是测试被试者胜任工作岗位必须具备的专业素质，特别是运用专业知识分析解决实际问题的能力。测评要素主要有专业知识素养、专业决策水平、专业管控能力，以及应聘岗位所应具备的其他能力。

3）试题类型划分为客观性试题和主观性试题。在客观性试题中，选择题包括单项选择题和多项选择题两种；在主观性试题中包括简答题、案例分析题、论述题等。

4）运用基本理论、基本知识和基本方法解决工作中实际问题的能力需达到 70 分，综合分需达到 220 分，给予下一轮面试的资格。

3. 设计笔试试题

设计笔试试题需要根据企业计划招聘岗位的要求，明确笔试的目的，确定需要测试的主要内容和指标，并以此为基础确定试题的内容、项目、类型、难易程度、题量、计分方法、标准答案或参考答案等。笔试试题的设计必须符合考试大纲的各项具体规定，既不能太浅显又不宜太深奥，其难度需根据被试者的具体水平以及从业要求等而定；既不能重知识轻能力，也不能过分强调应用，其考查的知识需要根据被试者专业及其水准而定；不能照搬考试大纲的内容，也不能漫无边际、海阔天空，脱离考试大纲的要求。

针对人员需求数量大、招聘周期长、重复性强的岗位，企业可考虑建立笔试试题库系统。通过试题库的建立，可以避免大量人力物力的重复投入和占用，也能提高考试的公平性和公正性。同时，经过一定周期的循环之后，还需要不断补充、更新、修订和完善笔试的试题库。构建一个健全完善的笔试体系，不但能够提高测试的效率，保障人员选拔的质量，还可以为员工以后的培训与开发提供必要的素材。在试题编制完成之后，可以选择一部分相关人员进行试测，在此基础上对试题进行审核与修订，确保试题的信度和效度。

（1）编制主观题的注意事项。

1）试题应考查测评指标的重点内容。由于试题量有限，无法考查所有内容，所以在设计试题时，应主要考查重点内容。

2）试题应强调知识的应用能力、分析能力、解决问题能力和创新能力。主观性试题应避免对书本知识的机械记忆。

3）试题要注意为被试者提供发挥创造力的余地。不应对被试者的作答过多限制，让被试者充分自由发挥，以便深入考查其相关能力。

（2）编制客观题的注意事项。

1）试题应反映考查内容的重点。虽然客观题的题量相比主观题较多，但也不可能覆盖所有内容，编制题目时，也要考查重点内容。

2）要保证每道题的独立性。一道题的回答不可影响对另一道题的回答，同时不可让被试者从题目中找到答案。

3）题意简洁、明确。要让被试者理解题目的意思和要求，避免出现晦涩难懂的语句。

4）答案必须明确唯一。客观题的答案具有固定性和唯一性，正确的答案只能有一个。

7.2.2 笔试的实施阶段

1. 监控笔试过程

为了保证测试的质量，应当加强对笔试实施全过程的监督和控制。笔试的实施包括考前通知、考场管理和考卷保管等内容。考前通知是指根据考试计划的时间、地点通知应聘者和安排培训监考人员；考场管理是指考试现场的布置、考务的组织以及监考等工作；考卷保管是指考试结束后的考卷回收和存放管理。

小资料

某银行笔试考务人员职责

（一）现场指挥职责

1. 组织协调考官、考务工作人员的各项工作，监督考场秩序。

2. 统一调度和指挥各项考务工作，处理考场突发情况。

（二）监考职责

1. 严格执行考场纪律要求，对所有考生一视同仁，不得有对考生不尊重的行为和语言，保证考试过程公平、公正。

2. 组织考生进入考场，核对考生人数、身份信息。未按考试时间要求参加考试者，一律取消考试资格。

3. 向考生宣读《考生须知》，提示应注意的事项，维护考场秩序，杜绝应试考生与外界发生任何联系。

4. 领取试卷与答题卡，确认试卷与答题卡封条是否完好无损，如发现封条破损，及时告知现场指挥，同时暂停考试。

5. 当着考场全体考生的面，拆开试卷与答题卡封条，核对试卷与答题卡数量并填写《考务信息表》，考试结束后连同试卷与答题卡一同上交考务组。

6. 集中管理考生通信工具、背包等与考试不相关的物品。

7. 一经发现考生有抄袭行为，立即取消该考生的考试资格，并填写《笔试考场纪要》。

8. 严禁以任何方式向考生和其他人员泄露考试相关信息，不得回答考生任何与考试题目内容有关的问题。

9. 无特殊情况不得随意离开工作岗位，也不得与其他考场人员随意互串。

10. 监考过程中不得使用手机等通信设备。

11. 负责笔试考场计时，严格执行考试时间安排，并在距离每科考试结束前30分钟，提醒考生。

12. 陪同考生去洗手间，确保考试信息不泄露。

13. 回收考试试卷与答题卡，确认收、发数量一致后，方可允许考生离开。

（三）阅卷人员职责及操作程序

1. 从考务组领取考生答题卡、评分标准以及其他阅卷工具。

2. 严格按照评分标准批阅试卷，杜绝打“人情分”“关系分”，确保批阅试卷的准确性与分数核定的正确性。

3. 笔试阅卷结束后，确认笔试成绩表信息准确并签字。清点、上交批阅后的答题卡并将笔试成绩表及其他阅卷物品一并交还考务组。

（四）监督员职责及操作程序

1. 负责笔试考场、阅卷现场的纪律监督，确保笔试全流程符合相关规定程序和要求。

2. 复核笔试成绩，并在《笔试成绩表》上签字。

3. 在笔试全过程中，如发现违反相关保密规定、考试纪律和考试程序的情况，须立即向现场指挥报告。

2. 笔试阅卷评分

阅卷是笔试测验的重要环节，它是指对回收的试卷，安排阅卷人员进行阅卷评分，阅卷人员审核分数最终形成笔试成绩报告。为了保证阅卷评分的质量，应当围绕试题的评分标准和参考答案等内容，对阅卷人员进行一次系统的培训，力求使每一个阅卷人员都能理解并掌握评分的标准和要求。要提高人员选拔笔试测验的有效性，就必须实施细化规范的阅卷制度。实施细化规范的阅卷制度要求：

（1）制定评分标准与答案。考试一般都要专门制定评分标准，包括标准答案和有关的评分要点及各解答步骤的分数分配方案等。评分标准是阅卷者评分的依据，阅卷者必须按评分标准严格评分，以保证评分的一致性。在类似申论、材料作文等主观题的评分标准制定中，一定要考虑到试题的主题，先确定基本的评分标准，包括主题的确定、逻辑思路清晰与否、语言文字的书写要求、字数要求等方面。除此之外，还要考虑到应聘者的多样性及思维的发散性，对一些相对偏离但阐述较好的答题要进行讨论并留有一定的评判空间。表7-1是国家人力资源管理师论文评分标准。

表 7-1 国家人力资源管理师论文评分标准

序号	评分项目	考核内容及要求	配分	评分标准	备注
一	主题与立论	观点正确，符合实际工作情况	20	所论述主题与实际情况相符，8分； 对促进工作有现实意义，12分	
二	论据和设想	论据和设想充分	16	论据充分，12分； 事例有典型性，4分	
三	内容完整性	内容完整	12	内容完整，12分； 基本完整，8分； 不完整，0分	
四	措施可行性	具备可行性、可操作性	24	所提对策措施必须符合实际、具备可行性，12分； 所提各项措施必须具体、可操作，12分	
五	论述过程	逻辑严密、结构完整、系统性强	16	论述层次分明，叙述与结构完整，逻辑严谨，16分； 每出现一次逻辑错误，扣2分，扣完为止	
六	文字表述	语言准确，行文流畅，文字简练	12	通顺无病句，12分； 每出现一个病句，扣2分，扣完为止	

（2）确定阅卷方式。多样性与针对性的阅卷方式是笔试测验的必然趋势。目前，公务员考试的试题类型主要有客观性试题和主观性试题两类。

根据题型不同，可以灵活运用阅卷方式。例如，对于客观性试题的阅卷，可以采用计算机阅卷，减少人为误差。目前，有些组织已经建立了笔试的在线考试系统，即事先将测验的试题导入考试系统，安排应聘者在线测验。采用这种在线测验的笔试方式，一方面提高了客观性试题的批阅效率，更有利于对各类测试信息进行统计分析和比较研究；另一方面，还有效地防止了试题库内容的外泄，一定程度上杜绝了个别中介机构、人员猜题、押题等不良行为的出现。

对于主观性试题的阅卷，为减少阅卷者自身的差异性造成试卷结果的差异，可以采用专家集体阅卷方式，即三个或以上专家对同一份试卷进行判定，对有异议的试卷集体讨论。在较高级别的人员选拔笔试中，基本以主观性试题为主，因而专家集体阅卷就成为规避阅卷者个人评价差异的最好方式，从而更好地保证笔试结果的客观公正性。

一般来说，应首先抽取一定数量的试卷进行初评，然后请设计试题的专家进行讲评，以提高阅卷的正确性和准确性。

7.2.3 笔试的总结阶段

1. 笔试结果应用

将笔试的结果同其他选拔手段密切结合是提高笔试测验有效性的重要途径之一。例如，将笔试结果同面试结果结合起来，借助笔试的分析报告及面试情况分析进行具体能力的匹配与一致性的验证，确定应聘者综合素质能力的状况，并根据招聘岗位的需要，在选拔决策的过程中，建立笔试试卷档案查阅分析机制。

笔试所体现的不仅是应聘者所具备的基础知识与专业知识，更重要的是应聘者所具备的逻辑思维能力、问题解决能力以及研究分析能力，对应聘者的这些主观能力的测定还需要工作考核与背景调查的验证。因此，笔试结果的深层次运用需要同工作考核与背景调查结合起来，二者互为补充、互相验证，从而提高选拔应聘者的准确性与有效性。

2. 笔试结果分析

在笔试中，无论何种科目的考试，最终呈现的仅仅是一个分数而已，并不能体现被试者的整体素质。这种成绩在人员选拔过程中只能作为一个参考，不能对应聘者的整体素质做出概括性的评价。因此，寻求一种合理化的方式，展现考试的整体情况以及应聘者的素质，是提高人员选拔笔试测验有效性的一种必要手段，撰写试卷分析报告就是较好的选择。试卷分析报告的主要内容包括：

（1）整体分析。考试情况的整体分析是试卷分析的重要组成部分，它有助于了解应聘者的总体知识能力水平，以及个体应聘者在参与人数中所处的位置。考试情况的整体分析可以借助统计方法以及信息技术，以便正确地把握考试的整体状况。整体考试情况分析的内容包括应聘者的年龄、性别、文化教育程度等结构性分析，应聘者的成绩分布及平均成绩分析，测试试题正确率分析等。

（2）个体分析。人员选拔的岗位越高，笔试所被赋予的功能与作用就越大，因此，提供针对应聘者个人的试卷分析，是未来人员选拔应聘者的笔试测验的发展趋势。这种试卷分析主要分析应聘者对试卷的各种知识点的作答状况，以及应聘者通过笔试所展现出来的逻辑推理、分析归纳以及理论联系实际的能力。

（3）试题分析。增强应聘笔试的科学性不仅要以考试大纲为基本依据，而且要以笔试试卷和试题的信度、效度、难度和区分度为内在依据。笔试的信度就是笔试成绩的真实性、稳定性和一致性程度。试题只有具有足够的代表性和覆盖面，涵盖各测评要素的知识结构，代表各知识点的典型性，才能有效刺激被试者，使其做出的行为反应符合测评要素的要求。笔试的信度不仅来源于高质量的试题，而且来源于高水平的组织管理、高素质的考官队伍等。

另外，要使选拔出来的应聘者符合选拔的目标和标准，还必须保证笔试的效度。笔试的效度包括两层含义：一是笔试实际测试它所要测试项目的精确程度；二是所要测试的项目反映笔试目标的准确程度。只有科学地设计笔试的内容和方法，合理地取舍、利用笔试成绩，使笔试结果与目标更具有相关性，更趋于一致，才能达到笔试的效度要求。此外，笔试还必须具有一定的难度和区分度。笔试命题在把握好广度和深度的同时，还要考虑试题的难度，并把难度分为若干等级。只有这样，才能把众多的被试者划分为不同档次，区分出素质和能力的优劣，选拔出符合岗位要求的优秀应聘者。

小资料

某大学的试卷分析报告

（________学年第____学期）

课程名称：________ 课程代码：________ 课程性质：________ 学分：________

<table>
<tr><td colspan="8">任课教师： 班级名称：</td></tr>
<tr><td colspan="3">考试形式：</td><td colspan="3">考试日期：</td><td colspan="2">人数：</td></tr>
<tr><td rowspan="11">统计分析</td><td rowspan="4">成绩分布</td><td>等级</td><td>优秀
（90～100分）</td><td>良好
（80～89分）</td><td>中等
（70～79分）</td><td>及格
（60～69分）</td><td>不及格
（<60分）</td></tr>
<tr><td>人数</td><td></td><td></td><td></td><td></td><td></td></tr>
<tr><td>比例</td><td></td><td></td><td></td><td></td><td></td></tr>
<tr><td>平均成绩</td><td colspan="2"></td><td>标准差</td><td colspan="2"></td></tr>
<tr><td rowspan="2">难度</td><td>适中
（0.20～0.30）</td><td>偏易
（0.15～0.20）</td><td>偏难
（0.30～0.35）</td><td>太易
（<0.15）</td><td colspan="2">太难
（>0.35）</td></tr>
<tr><td></td><td></td><td></td><td></td><td colspan="2"></td></tr>
<tr><td rowspan="2">区分度</td><td>优秀
（>0.40）</td><td>良好
（0.30～0.40）</td><td>中等
（0.20～0.29）</td><td colspan="3">较差
（<0.20）</td></tr>
<tr><td></td><td></td><td></td><td colspan="3"></td></tr>
<tr><td colspan="7"></td></tr>
<tr><td colspan="7"></td></tr>
<tr><td colspan="7"></td></tr>
<tr><td>效果分析</td><td colspan="7"></td></tr>
<tr><td>改进措施</td><td colspan="7">任课教师签字：</td></tr>
<tr><td colspan="4">教研室主任（签字）： 年 月 日</td><td colspan="4">系主任（签字）： 年 月 日</td></tr>
</table>

注：本表于考试结束后、试卷归档之前填写，经教研室主任审核后一式两份，与试卷归档、各系（院）保存各一份。

试卷分析报告中的相关概念解释：

（1）标准差：设有一组数据 $x_1,x_2,\cdots,x_n$，共 n 个，$\bar{x}$ 是它们的平均值。

$$S=\sqrt{\frac{1}{n}[(x_1-\bar{x})^2+(x_2-\bar{x})^2+\cdots+(x_n-\bar{x})^2]}$$

s 为这 n 个数据的标准差。标准差是用来衡量一组数据波动程度的重要指标。若用 $x_1,x_2,\cdots,x_n$ 分别表示一个班级全部 n 个学生在一门课程考试中的成绩，$\bar{x}$ 表示他们的平均成绩，则由公式计算得到的标准差反映此班级 n 个学生在此门课程考试中成绩的分布情况，也从侧面反映考试试卷的出题水平。

（2）难度：难度是指正确答案的比例或百分比。这个统计量称为试题的难度或容易度。难度一般用字母 P 表示，P 越大表示试题越简单，P 越小表示试题越难。试题要有梯度，因此各试题的难度应有不同，这是命题时要特别考虑的。P 的计算公式为：

$$P=平均分/满分值$$

例如：第一大题平均分为 8.5 分，此题的满分值为 10 分，则第一大题的难度 $P=8.5\div10=0.85$。又如：第一小题选择题满分是 4 分，全班 50 名学生中有 20 名学生答对，则第一小题的难度为：

按照定义计算：$P=$正确答案的比例或百分比$=20\div50=0.4$

按照公式计算：平均分$=4\times20\div50=1.6$，$P=1.6\div4=0.4$

(3) 区分度：区分度反映试题区分不同水平受试者的程度，即对不同受试者的水平的鉴别程度。其计算公式为：

$$区分度(D)=\frac{高分组平均分-低分组平均分}{试卷总分}$$

其中，高分组指将班级学生按成绩从高往低排序后，前 27%的那一部分；低分组指后 27%的那一部分。

区分度指标的评价：$-1\leqslant D\leqslant+1$，区分度指数越高，试题的区分度就越强。一般认为，区分度指数高于 0.3，试题便可以接受。

□复习思考题

1. 笔试的优缺点是什么？
2. 在笔试测评中，要测评什么素质和能力？
3. 如何组织一场高效率和有效果的笔试？

第8章

面　试

| 学习内容 |

- 面试的概念、特点及发展趋势
- 面试的基本程序
- 面试结果的反馈
- 面试的四类题型

| 学习目标 |

- 明确面试的概念、类型和发展趋势
- 掌握面试的基本程序和实施技巧
- 掌握面试实施过程中的常见问题

引导案例

求职的故事

某公司要招一个办公室助理，办公室的几个同事一起讨论了招聘标准、职责和要求后，有人提议采用情境面试的方式，看看招聘的效果会怎样。

面试安排在早上9点，办公室的同事基本都在8点50分左右到达。根据设计，办公室的四个人分工如下：小王整理近期报纸；小张打扫卫生；HR总监王女士看近期报告；小李待在隔壁的办公室，等9点的时候，打电话给王女士，说老总要求尽快把报告整理出来，9时10分必须给总经理。

三个面试者A君、B君、C君，都被通知面试时间在早晨9点，他们的到达时间分别为8点55分、9点02分和9点10分。

A君到达后，小张边让他在沙发上坐一下，边忙于整理报纸，并告诉A君可以自己倒杯水，也可以看看报纸。A君说了谢谢后，就规规矩矩地待在那里。B君来了，进来后首先对自己迟到表达歉意，并解释说走错楼了。小王还是在整理报纸，同时解释因为王女士有急事，需要他等一下，面试于9点20分开始。同样，小王告诉B君可以自己倒杯水或看看报纸。B君说了谢谢后，倒了两杯水，一杯给了A君，另一杯留给了自己。看到小王在整理报纸，B君说："反正现在也是等，我帮你一块儿整理吧。"小王说不必，B君说："你负责日期，我帮你按版面整理，这样会快一些。"然后就开干了。A君有些不自在，就拿了报夹上的报纸翻起来。C君9点10分到达。他是通过关系介绍过来的，进来后，冲着办公室里面的人点点头，就自己找位置坐了下来。沙发边上杂志乱糟糟的，C君胡乱翻了一下，抽出其中一本，跷着腿看起来。9点12分，隔壁的小李过来招呼打扫卫生的小张，要把办公室的一张桌子搬出去。A君站起来，看到桌子必须从沙发边搬出去，知道碍事，就把报纸放在边上；B君又一副"我可以帮忙"的架势来帮忙；而C君仍然跷着腿看杂志。

最后，你猜HR选择了谁？答案是三个人都选了：A君是因为公司需要一个库房管理人员；B君被办公室录用了；C君被领导安排在销售部门。

你知道三个人后来的发展吗？王女士说，一年后，这几个人不出他们所料，有不同的命运：A君规规矩矩，B君得到了晋升，C君离职了。

专家点评：从企业招聘的角度来说，该企业重视员工职业生涯，这一点是非常值得肯定的。企业充分考虑入职匹配的问题，注重员工的长久发展，也考虑其发展与公司整体发展的关系，这已成为企业招聘的主流趋势。面试是非常重要的环节，参与其中的应聘者需要注意每个细节。从时间方面来说，迟到肯定是很不好的。A君守时，从这一点来看他基本符合要求；B君迟到了，但迟到时间不长，并且他主动地解释了原因，看来对面试和工作是重视的；C君迟到时间太长，且有些漫不经心，可能他对工作就不重视。

从面试中的行为来看，A君老实、缺乏灵活性，属于完全服从指令行事的员工。因此，安排给他仓库管理的岗位是比较匹配的，他符合该岗位的基本要求。B君灵活，乐于帮助别人。办公室助理等工作的岗位要求就是要灵活、善于协调和沟通、圆润、喜欢帮助他人等。B君的特质与此岗位的要求很符合，且有一定的晋升条件。C君从一开始就不值得录用，迟到只是一方面的问题，他冷眼旁观这些事的态度不可取，而且他本身也不适合做销售。

思考题

1. 面试题目应该如何设计？
2. 此次面试的题目分别测评的是什么能力？
3. 面试的具体流程应该是什么？
4. 面试在整个招聘中发挥着怎样的作用？

8.1　面试概述

面试是指在特定的时间和地点，由面试考官与应聘者按照预先设计好的目的和程序，进行面谈、相互观察、相互沟通的过程。通过面试，可以了解应聘者的经历、知识、技能和能力。它主要用于员工的终选阶段，也可用于员工的初选阶段和中选阶段。

8.1.1　面试的特点

面试是人才甄选的重要手段，它能够评价应聘者的知识素养、能力以及心理素质等多方面的情况，对录用决策的影响很大。面试具有如下特点：

1. 直观性

面试是用人单位与应试者直接接触的一项活动，通过面试，用人单位会对应试者形成一种直观的印象，这种印象对用人单位的最终录用决策具有重要影响。就像买房子，无论置业顾问将房子描绘得如何精美，如果你没有亲临现场考察房子，了解其所在的位置、周边的环境、房子的设计和布局等具体情况，你是不可能决定购买房子的。由此可见，面试的这种直观性为用人决策提供了可靠的依据。

2. 灵活性

面试的方式和内容具有较大的变通性。一方面，由于不同的职位对人有不同的要求，面试可以根据不同职位的特点，灵活地采用不同的方式去考察被试者。另一方面，尽管面试的问题可以事先设计好，但在面试实施的过程中并不是对所有被试者都一定要按同样的内容来进行（严格的结构化面试除外），主试者可以针对被试者的具体情况和所获得的信息是否足够来决定面试问题的多少。如果被试者的回答已经充分地显示了某方面的信息，那么已准备好的问题也可以不问；而如果被试者的回答不足以显示某方面的信息，或者主试者觉得对被试者的有关情况还把握不清，就可以多追问被试者一些相关的问题。这样，面试的时间就可长可短，不过一般在 20 分钟到 1 小时之间。

3. 互动性

面试中主试者和被试者之间是互相交流信息的，这种交流不仅仅局限于语言交流，也包括非语言的肢体交流。一方面，面试中，主试者会随时根据被试者回答问题时的表情和行为举止等情况，积极地变换面试问题；与此同时，被试者也会根据主试者的提问充分发挥自己的能动性。另一方面，被试者的表现时时影响着主试者的评价，而主试者的信息反馈又会影响到被试者的表现。面试中，主试者与被试者之间的这种直接的交流，提高了相互沟通的效果和面试的真实性。被试者应充分利用面试的互动性，积极主动地回答有关问题。

4. 主观性

面试评价受主观影响，不同主试者依据各自的评论标准，对同一位被试者进行打分时，结果可能会有较大差异。因此，面试评价的主观性似乎是面试的一大弱点，但人的素质评价是一项非常复杂的工作，主试者可以把自己长期积累的经验运用到面试评价中。从这个角度来说，面试的这种主观性也有其独特价值。

8.1.2 面试的类型

面试根据不同的标准，可以划分出不同的类型。

1. 依据提问方式划分

根据面试提问的方式，面试可以分为结构化面试、非结构化面试和半结构化面试。

（1）结构化面试。所谓结构化面试，就是首先根据对职位的分析，确定面试的测评要素，在每一个测评的维度上，预先编制好面试题目并制定出相应的评价标准，面试过程遵照一种标准化的程序，对被试者的表现进行量化分析，给出一种客观的评价标准，不同的主试者使用相同的评价尺度，以保证判断的公开合理性。结构化面试比较可信，过程的标准化可以增强被试者评价标准的一致性，提高面试与工作的相关程度，减少主观性的影响。但是，结构化面试会使测评人员失去了解被试者一些有意义的信息的机会。

（2）非结构化面试。非结构化面试与结构化面试恰恰相反，即没有固定问题，测评人员可以向多个方向展开，也可以追踪自己的兴趣点提问。在整个面试过程中，只有少数问题是事先规定的，大部分问题有较大的随意性，而且很少对被试者的回答做出评价的规范标准。这种面试方式很像一次普通的谈话过程。非结构化面试的过程较短，偶然性较大，问题的选取比较随意，通过这种面试所得到的信息可能会存有偏见，与将来的工作绩效无法挂钩。

（3）半结构化面试。半结构化面试也叫混合式面试，既有结构化方式也有非结构化方式。这种面试具有双向沟通性，面试官可以做到结构性和灵活性相结合，得到的应聘者的信息更加丰富、深入。一般包括两种形式：一种是主试者提前准备重要问题，但不遵循固定的提问顺序；另一种是根据不同的工作类型设计不同的问题，先进行规定的结构化面试，再依据各测评人员关注的问题追问被试者。面试官依据结构化部分和非结构部分的综合表现，对被试者做出评价。

2. 依据面试内容划分

根据面试的内容或集中询问的问题，可以将面试分为情境面试、行为面试、工作相关面试和压力面试。

（1）情境面试。所谓情境面试，即要求被试者假设其在某个特定情境下，根据主试者的问题回答自己会有什么样的行为表现。情境面试也可能是结构化面试，即在面试前已经设定好提问的情境和问题的答案。

（2）行为面试。行为面试要求被试者回答自己是如何处理以往某种情境的。在行为面试中，追问是必不可少的。我们关注四个方面：情境（S），描述员工经历过的典型的工作情境或任务；目标（T），描述在那种情境下要实现的目标是什么；行动（A），描述员工为实现目标说了什么、做了什么；结果（R），描述采取的行为所取得的整体结果是什么（积极的、消极的、有成效的、没成效的等），称为 STAR 模型。它与情境面试的区别在于，情境面试要求被试者描述自己会对将来的某种情境做出什么反应。

（3）工作相关面试。在工作相关面试中，测评人员根据被试者对以往有关行为的回答来推断其未来的工作绩效。在这种面试中，测评人员不是围绕假设的情境或情节反复提问，而是提出一些与工作相关的问题，以便就某些情况得出结论。

（4）压力面试。在压力面试中，测评人员时常用一些直率的提问故意让被试者感到不舒服，目的是发现敏感的被试者和被试者压力忍受度的高低。测评人员可能会首先从被试者的背景着手找其弱点。压力面试有助于确定那些可能会对批评做出过度反应的敏感者，但其本身具有侵犯性且不符合常规道德，不适合业余的测评人员和不具备面试控制技能的人来实施。

3. 依据实施方式划分

按照面试的实施方式，可以将面试分为个别面试、小组面试和集体面试[①]。

（1）个别面试。个别面试是一对一进行的，即测评人员通过口头询问来对被试者进行面试，以期了解被试者是否适合所要招聘的岗位。大多数情况下，个别面试是顺序式的，即会有好几个人依次对同一个被试者进行面试，然后综合几个测评人员的意见做出是否录用的决定。

（2）小组面试。小组面试是由一组测评人员对一个被试者进行面试。与顺序式的个别面试相比，小组面试可以避免被试者在顺序面试中重复回答每个测评人员所提出的相同或相似的问题，节约面试时间，提高面试效率。小组面试由于是测评人员同时在场进行的，因而其相互之间更容易达成一致。但是，对于被试者而言，由于面对众多的测评人员，压力较个别面试大，因而可能会影响其面试时的表现。

（3）集体面试。集体面试是由面试小组同时对若干个被试者进行面试。通过比较被试者对同一个问题的不同反应来确定所需的人。集体面试有助于测评人员找出那些具有领导特质的人，因为在集体面试中，有时需要被试者之间相互协作形成一个答案，而这个过程需要一个人出来领导大家。

4. 依据面试媒介划分

根据面试实施时所依赖的媒介，可以将面试分为直接面试、电话面试和计算机辅助面试[②]。

（1）直接面试。直接面试是最常用的面试方式之一。虽然它有助于测评人员了解被试者的许多有用信息，但随着现代社会的发展和全球化进程的推进，有时直接面试对于面试的双方而言成本都过高，特别是对于那些在异地的被试者。

（2）电话面试。电话面试是测评人员通过电话对被试者进行面试。与直接面试相比，电话面试更能准确地判断被试者的真实情况，因为其避免了直接面试时外表、礼仪等因素的干扰，使得双方都更专注于面试的内容。此外，采用没有事先约定的电话面试时，由于被试者没有特别的准备，可能获得更加准确、真实的信息。

---

① 刘葵，蔡圣刚．人员测评技术．4版．大连：东北财经大学出版社，2018.
② 刘轩，肖祥国．人才选拔与测评．大连：大连理工大学出版社，2013.

（3）计算机辅助面试。计算机辅助面试是由计算机向被试者呈现问题并且由计算机记录被试者的回答而进行的面试。计算机辅助面试可以视频、语音和书面的方式进行，但到底采取何种方式，则要依据招聘的目的等因素综合决定。计算机辅助面试常被用来初步筛选招聘职位的被试者，否决不合格的被试者，挑选能够进入下一个招聘环节的合格被试者。随着计算机技术的发展，人工智能逐渐被引入面试领域。

现在的招聘中常将三种方式结合使用，一般首先利用计算机辅助面试对职位的被试者进行第一轮筛选，否决不合格的人选，缩小被试者的范围，然后进行电话面试，进一步对被试者进行考察，再否决一部分不合适的人，决定哪些人能够进入面对面的直接面试。最后，通过面对面的直接面试来确定最适合招聘岗位的人选。三种方式的结合降低了面试的成本，提高了面试的效率，被越来越多的企业采用。

8.1.3 面试的发展趋势

从近年来的面试实践来看，面试呈现出以下几个发展趋势：

1. 面试测评的内容不断扩展

面试测评的内容不仅限于仪表风度、语言表达、知识面等，而是已经扩展到对思维能力、反应能力、心理成熟度、求职动机和进取精神等全方位的考察。此外，面试已经由以一般素质作为评价依据发展到主要以拟录用职位的要求为依据，包括一般素质与特殊素质在内的综合测评。

2. 面试的形式丰富多样

从单独面试到集体面试，从一次性面试到分阶段面试，从非结构化面试到结构化面试。面试早已突破了那种两个人面对面一问一答的模式，呈现出丰富多彩的形式。

3. 提问的弹性化

以前许多面试基本等同于口试，主试者的提问问题一般都事先拟定好，被试者只需要抽取其中的一道或几道来回答即可，主试者评定成绩时仅仅依据事先拟定的标准答案，看回答内容正确与否。现在则不同，面试中主试者提出的问题大多围绕测评情境、测评目的、被试者的胜任素质弹性展开。

4. 面试考官的专业化

以前的面试多由用人单位的领导和人事部门来主持。这些主试者对工作与职位比较了解，但是他们往往缺乏专业的面试技巧。现在更多的做法是由用人单位与人事测评专家组成面试考评小组共同主持工作，在面试的专业技巧方面有了很大的提高。

5. 结构化面试被越来越广泛地采用

以前对面试的过程缺乏有效的把握，面试的随意性较大，面试的结果也得不到有效的保证，得到的结果一般都是考官的印象分。为了改进这一点，目前许多面试的操作过程已逐步规范，评价标准更加客观，结构化面试被越来越多地使用。

8.2 面试的基本程序

面试的结果受到很多因素的影响，如面试环境、面试考官、应聘者等。为了提高面试结果的科学性和可靠性，应该对面试的每个部分进行研究，设计结构完整的面试流程，对整个面试过程提供详细说明。这样，无论在何时何地，由谁来组织，面试的结果都是十分可靠的。完整的面试基本程序包括准备阶段、实施阶段和总结阶段。

8.2.1 面试的准备阶段

1. 制定面试指南

面试指南是促使面试顺利进行的指导方针，一般以书面形式呈现，主要包括如下内容：

（1）面试团队的组建。规定面试团队的人数、成员来源、谁具体负责等内容。如面试由面试评价小组负责，小组由主考官、副考官、考官组成。

（2）面试准备。在面试前应明确面试的目的，通过面试评价小组共同商议确定面试的题目和答案、面试的评分标准、面试的地点等内容。必要时，要对考官进行面试培训。

（3）规定面试提问的方式。面试提问方式一般分为两种：

第一种，漏斗式提问。即在面试开始的阶段，考官提出一些日常性的问题，例如“你今天如何到达面试现场”，目的是舒缓应聘者的心理情绪，然后考官直奔面试主题，通过持续提问来考察应聘者的知识素养和能力素质。

第二种，结构化提问方式。即提前规定面试的过程中，由谁来提问，提什么问题，谁来记录。当然，结构化提问在面试过程中，可以让主考官发问，亦可让组员或者记录人员来发问。

（4）确定面试评分办法。制定面试评分标准，给所有考官参考答案，保证面试打分的公正性。用人单位采取的面试评分方法一般分为三种：

第一种，加权平均法。在面试过程中，面试评价小组成员分别打分，主考官或者部门主管和专家分配较高的权重，其他小组成员分配较低的权重，计算出加权平均分，作为面试成绩，并排列出应聘者面试成绩的名次。

第二种，去掉最高最低分。小组面试过程中的最高分和最低分不进入分数的计算，然后进行分数的算术平均。

第三种，非政策扭曲方式。经济学家黄有光在其著作《经济与快乐》里，对同行互评中的扭曲问题及其解决办法做了清晰的例解。假定甲、乙、丙三人组成一个班组，现在由他们进行同事互评，评分标准是满分 10 分，同时，假定各自评分不存在明显的扭曲（例如，乙知道甲是自己的对头而故意给甲很低的分数），他们的评价结果基本符合实际情况，即甲最好，乙次之，丙最差（见表 8-1）。

表 8-1 评价分数表

主试者	被试者			
	甲	乙	丙	总分
甲	9	8	7	24
乙	6	5	4	15
丙	9	8	7	24
原评价总分	24	21	18	
排己后总分	15	16	11	

正确计分法应该得出甲领先、乙次之、丙最后的排序。如果用简单总分计算，甲得 24 分、乙得 21 分、丙得 18 分，符合合理的排序。如果用排除自评分数后的总分来计算，则甲得 15 分、乙得 16 分、丙得 11 分，乙反而成为最优者。出现上述不合理结果的原因在于：乙给各被试者的评分明显比其他人低。这样，在计算乙的排己总分时，所排除的分数是低数（5 分）；计算甲排己总分时，却排除了高数（9 分）。反过来看，甲给应得第二名的乙是高数的 8 分，乙给应得第一名的甲却只有 6 分。甲给自己应得的高数 9 分未被计算，乙给自己更低的 5 分也未被计算，因此出现了不合理的结果。为避免此类问题，黄有光提出一种应对办法。他提出的计分法虽非完美无缺，但在没有扭曲的情形下，可以避免自评分数不合理提高，同时避免出现不合理排序的问题。

方法是：调整每位主试者对所有被试者的总评分数。例如，仍以表 8-1 的数据为例，通过统计方法的调整，将三位主试者给出的总评分数调整为 21 分，保证每个评分者在同一评分尺度下对被试者进行测评，并对每位主试者的得分进行调整后，计算最后成绩（见表 8-2）。

表 8-2 调整后的分数表

主试者	被试者			
	甲	乙	丙	总分
甲	7.875	7.000	6.125	21
乙	8.400	7.000	5.600	21
丙	7.875	7.000	6.125	21
原评价总分	24.150	21.000	17.850	
排己后总分	16.275	14.000	11.725	

经过以上平衡后，排己后总分也会得出甲优秀、乙中等、丙居末的合理排序。

2. 准备面试问题

准备面试问题可以帮助招聘考官获得求职者是否具备合格的岗位胜任力方面的信息。

（1）确定岗位胜任素质的构成和比重。首先，分析空缺岗位所需要的胜任素质有哪些；其次，分析专业技能和综合能力各占多少比重；再次，分析综合能力包括哪些内容，各自占多大比重等；最后，用图表的方式将该岗位的胜任素质以及相应的权重列出。

（2）提出面试问题。面试问题要严格依据岗位胜任力的要求来设计，一次面试是否能为用人单位选拔出与岗位、组织以及用人单位相匹配的员工，关键在于面试问题是否能真正考察用人单位所需要的员工素质。对于如何拟定面试问题，我们可以从有经验的部门主管和专家手中获得，可以在以往的面试问题中筛选，也可以借鉴同行业的权威或知名企业相关岗位的面试问题。初步确定面试问题后，考官和专家需要对面试问题的效度和信度进行检验，如果面试问题的信度和效度不高，就需要重新选择面试问题，如此反复确定最终的面试问题。最终的面试问题确定后，需要对面试问题进行封闭管理，以避免外传。

（3）确定评估方式。完整的评估方式是按工作岗位需要的标准对面试中所收集到的信息进行评估。评估方式需要确定如下两方面内容：

1）确定面试问题的评估方式和标准。在面试问题准备的基础上，确定相应的评价标准，尽可能给出统一的答案或者参考答案，以客观评价应聘者。

2）确定面试评分表。面试评分表是考官对应聘者表现的评价记录，以便尽可能客观公正地评估应聘者的每一项才能，做出综合评价。制定面试评分表时，首先要确定测评维度。根据面试问题分析出测评维度，同时给出测评维度的分数。不管是什么面试，仪表举止和沟通表达能力是必须考察的，其他维度可以通过几道面试问题共同确定，亦可以每道面试问题测评一个维度。表 8－3 是某公司 2018 年春季校园招聘结构化面试评分表，其中，逻辑思维能力、战略决策能力、组织协调能力和团队建设能力都是由所有面试题目确定的测评维度。其次需要给出测评要素。测评要素就是对测评维度的深层次解读，也就是测评维度要考察的那些要素。最后制定评分标准。评分标准需要根据测评维度和测评要素来确定，评分标准的形式主要有两种，第一种是给出评分标准的分级，然后每个分级给出区间分数（见表 8－3）；第二种是根据测评维度和测评要素给出评分的要点，即应聘者答题时答出对应的评分要点给予相应的分数（见表 8－4）。

表 8－3　某公司 2018 年春季校园招聘结构化面试评分表

测评维度	仪表举止	沟通表达能力	逻辑思维能力	战略决策能力	组织协调能力	团队建设能力
总分	10	10	20	20	20	20
测评要素	穿着整洁、得体、美观大方；沉着、冷静；言行举止恰当、友好、符合礼节；谈吐自如，用语礼貌	准确理解他人意思；认真倾听，及时回应他人；能够将所表达的内容清晰传达给对方；主题明确，有条理性；口齿清晰，语言简洁，用词准确	思维反应敏捷，能从宏观和微观方面关注整体与细节；注意事物各部分间的有机协调	决策目标明确；定位清晰准确；整合信息，选择最佳方案；决策兼顾效率与效果，具有科学性	善于沟通分配、协调利用各种资源；区分轻重缓急，完成工作；协调各种关系	有正确的权力价值观；清晰认知管理角色；能正确处理正副职关系、同事关系、上下级关系；能主动培育、恰当利用关系，适度激励员工

续表

评分标准	高于标准	9～10	9～10	18～20	18～20	18～20	18～20
	略高于标准	7～8	7～8	15～17	15～17	15～17	15～17
	达到标准	5～6	5～6	12～14	12～14	12～14	12～14
	低于标准	3～4	3～4	9～11	9～11	9～11	9～11
	远低于标准	1～2	1～2	1～8	1～8	1～8	1～8
要素得分							
考官评语							

考生姓名： 考官姓名： 总分：

考官签字： 年 月 日

表 8-4 某公司 2021 年春季招聘面试评分表（部分）

序号	评分维度（权重）			分值	得分
1	仪表举止（10 分）	（1）穿着整洁、得体、美观大方		2	
		（2）言行举止恰当、友好、符合礼节		3	
		（3）沉着、冷静		2	
		（4）谈吐自如，用语礼貌		3	
2	沟通表达能力（10 分）	（1）准确理解他人意思		2	
		（2）认真倾听、及时回应他人		2	
		（3）能够将所表达的内容清晰传达给对方		2	
		（4）主题明确，有条理性		2	
		（5）口齿清晰，语言简洁，用词准确		2	
3	题目一：逻辑思辨能力（30 分）	（1）概括性点题	这是一道关于风险认知与防控的题	3	
		（2）解释题面含义		6	
		（3）两个问题相关性解释		6	
		（4）与行业或岗位相结合		6	
		（5）其他		3	

3. 考场布置

（1）选定考场。面试考场一般在面试 1～2 周前确定。面试考场要根据当次面试的目的要求、形式以及应试人数等因素综合考虑。考场要求环境安静，交通便利，面积适中，卫生整洁，通风采光良好，温度适宜。

（2）制作横幅。选定悬挂横幅的位置，根据其实际尺寸制作横幅，确定横幅文字内容。

（3）制作、张贴标识牌。在各功能室张贴相应的标识牌，如“候考室”“面试考场”或“面试考场一”“休息室”“考务办公室”等。

（4）布置考场。在布置面试考场时，必须考虑面试考场的大小和位置安排。应试者和考官的位置安排要保持适当的距离。考官席一字排列，中间是主考官，两侧是其他考官。主考官席的正对面是应试者席。在考官席的两侧适宜位置安排计时员、计分员、监督员等工作人员席。

（5）制定面试考生纪律。

小资料

某面试的考生纪律

一、应试考生按照面试公告的要求，按规定时间到考场报到，未按规定时间报到的视为自动放弃面试资格。

二、参加面试的考生必须在指定的候考室，按先后顺序凭准考证和有效身份证抽签，按抽签顺序参加面试。

三、因故不能参加面试或面试时因疾病等原因不能继续面试的，可劝考生自愿放弃面试。

四、面试期间采取入闱封闭的办法进行管理。除规定用品外，应试人员不得携带电子记事本类、手机、录音笔等任何存储、通信等设备进入候考室，已带入的要按考务工作人员的要求关闭电源并存放在指定位置。否则，按违纪处理，取消面试资格。

五、考生在候考室期间，有事必须向考务工作人员报告。如上厕所，必须由候考室工作人员陪同，不得擅自离开候考室。

六、应试考生在候考室等候，由引导员引领进入面试考场接受面试。面试期间，只允许说出面试抽签顺序号，严禁透露姓名等任何有关个人的信息，否则按违纪处理，取消面试资格。

七、应试考生要按照试题要求进行答题。

八、应试考生要按照规定的时间进行准备和答题，答题时间结束时必须立即停止答题。

九、听从考场工作人员的指挥，遵守面试纪律。面试期间必须在指定的地点休息，不许大声喧哗，严禁吸烟，保持候考室的安静和室内卫生。

十、服从考务工作人员的管理，不得无理取闹，辱骂、威胁、报复考务工作人员。

4. 考务培训

在面试开考前，应召开面试考务工作预备会，对相关面试考务工作人员进行动员培训，组织考务人员学习面试相关文件、规定和要求，通过培训使考务人员：

（1）明确各自职责，知道自己能做什么、怎么做；

（2）明确工作纪律，知道不能做什么，要严守工作规矩和工作纪律；

（3）明确工作程序，知道怎么操作，了解流程和操作步骤；

（4）明确相关规定和要求，了解面试业务和相关要求，提高面试质量；

（5）熟悉突发事件处理办法，能及时应对和处理各种突发事件。

小资料

某面试的考务工作纪律

一、考务工作人员须认真按照各自的职责和操作程序进行工作。

二、面试启用前的试题、评分标准、命题工作及其人员情况、尚未公布的考试成绩、统计数据和分析情况及其他考试信息属密级材料。所有接触上述资料的人员，均应按保密工作程序进行工作，不得有任何疏漏，更不得以任何形式向外人透露或暗示有关上述资料的内容和情况。考试的有关资料，未经组织批准不得私自拷贝、复印、电传等，不得对外公布和传播。违者取消考务工作资格，调离考务工作岗位；情节严重的，按有关规定处理。

三、考官及考务工作人员不得泄露考官的身份，违者取消考务工作资格，并视情节轻重，按有关规定给予相应处理。

5. 考官培训

考官培训是提高测评质量的重要环节之一。一般在面试实施前，应对考官进行集中培训。面试是一项复杂的工作，考官必须掌握一定的面试技术，才能保证面试过程的有效实施，保证面试结果的科学性和客观性。培训的主要内容应包括：

（1）面试工作的有关纪律和要求。严格的纪律要求是考官做好面试评判工作的保障，通过培训让考官明确纪律和要求。考官工作纪律主要包括：公平公正，不徇私情；严守机密，不向任何无关人员泄露面试内容和面试有关情况等。

（2）面试工作程序。明确面试的工作程序是考官做好面试评判工作的基础。通过培训，可以让考官进一步明确面试操作规程。

（3）面试评判的方法技术。掌握面试评判的方法技术是考官做好面试评判工作的关键。通过培训，可以统一考官的评分标准和评分方法。

（4）提前告知考官在面试过程中应该注意的事项、问题，明确面试过程中的要求。通过培训，可以对考官进行前期动员，对考官提出具体要求，告知其能做什么、不能做什么、要做到什么程度等。

考官培训还包括：面试问题参考答案的解读、提问的技巧、追问的技巧、评价标准的掌握、规避面试时考官容易产生的偏见等。考官个人的偏好和过去的经历会对面试有很大的影响，如个人喜好、信仰等与工作无关的因素会在一定程度上影响考官正确挑选应聘者。

6. 考官与考务人员的职责

（1）现场指挥职责。

1）组织协调考官、考务工作人员与各考生关系，维护考场秩序。

2）统一调度和指挥各项考务工作，处理考场突发情况，保证面试顺利进行。

（2）主考官职责。

1）负责主持考场面试工作，掌握面试的进展。

2）负责与面试考场负责人联系，协调处理面试中遇到的问题。

3）负责面试程序的把关，保证面试工作的质量和公正透明。

4）协调、监督各评委的打分。

5）负责考生所得分数的最后认定，负责各考生考分的汇总签字。

6）宣布考生的成绩。

（3）考官职责。

1）严格执行公开招聘有关的政策规定。

2）按照面试的有关规定，认真及时地开展工作。

3）自觉遵守面试工作纪律。

4）保证面试工作的质量和公正透明。

（4）候考室考务人员职责。

1）面试当天组织应试考生进入候考室，核对应试考生人数，并核对考生准考证和身份证与本人信息是否一致。

2）向考生宣读《面试考生守则》，提示应注意的事项，维护候考室秩序，杜绝应试考生与外界发生任何联系。

3）负责面试考生的抽签工作，填写考生抽签登记表，待考生本人签字后将登记表密封并由两名考生签字后交给本组监督员。

4）集中管理应试考生通信工具。

5）陪同候考考生入厕。考官和考生不能同时入厕，已面试考生也不能和候考生接触。

（5）引导员职责及操作程序。

1）按照主考官的指令，引领应试考生到本组面试室，并报告“这是XX号应试考生”（不得说出应试考生姓名），不得带错考场。

2）当主考官宣布应试考生退场时，引导员应及时引导应试考生从面试室到候分室候分。公布分数并由考生签字后，引导考生迅速离开考场。

3）对候分考生进行严格监督，保证考生在候分室期间不能擅自离开，不与外界人员接触，保证每个应试考生面试结束后离开考场。

4）为面试考场所有工作人员和考生送水、送饭。

5）仔细倾听面试室是否隔音，如候考室或入厕人员能够听到答题情况，则必须关好走廊门窗。

（6）计分员职责及操作程序。

1）从试卷保管员处领取面试题签、面试题本、《面试考官评分表》及其他各种表格。

2）给考官送面试题本以及《面试考官评分表》。

3）准备好必需的纸、笔、胶水、密封袋、计算器、钟表及订书器等有关用品。按照监督员提供的《面试考官评分表》，准确计算出应试考生的最后得分，如发现差错，应返还考官本人处理。

4）负责回收、清点面试题签和面试题本。

5）向应试考生送公共面试题签。

6）根据监督员提供的《面试考官评分表》，逐一将考官姓名、应试考生公共面试终评得分过录到《面试成绩汇总表》上，并对考官的打分进行核对。如遇考官未计算公共面试终评得分，应返还考官本人填写。

7）按计分规则，计算出应试人员的最后得分。

8）将应试考生的最后得分认真核对后，签署姓名、日期，交监督员复核并让其签署姓名、日期。

9）面试结束，立即回收、清点面试题签和面试题本，连同考官评分表和汇总表等一并交给（考务室）试卷保管人员。

（7）监督员职责及操作程序。

1）负责面试全过程的监督，确保面试按照规定程序和要求进行。

2）负责面试考场的纪律监督。

3）负责对应试考生的终评成绩进行复核。

4）负责监督销毁面试题签、面试题本。

5）负责考生面试题签、草纸的更换，如上一名考生没在面试题签、草纸上写字，则不用更换。

6）负责面试环节的计时，严格掌握应试人员面试的规定时间。

7）检查核对计分员加分汇总的结果是否正确。

8）主考官宣布“现在开始面试”时，开始计时。例如，10 分钟面试，考生答题到第 9 分钟时提醒考生距面试结束还有 1 分钟，考生答题到 10 分钟时，宣布面试结束。（如遇考生思考时间过长，可在第 5 分钟时，提醒考生答题时间。）

9）在面试全过程中，如发现违反国家保密法和人事考试纪律，或违反面试规定程序和要求的情况，须立即向现场指挥报告。

10）监督考生抽签，考生抽签完成后，收取密封的考生抽签登记表。

11）在每个应试考生面试结束、各考官的终评得分填写好后，逐一向考官收取《面试考官评分表》交计分员，并监督计分员将每名考官的姓名以及应试人员面试终评得分过录到《面试成绩汇总表》上。

12）对《面试成绩汇总表》各栏目的内容进行复核，复核无误后签署姓名、日期，并将《面试成绩汇总表》交给主考官。

13）将考生《面试成绩通知单》送至候分室，当面向考生宣读面试成绩，并在《面试成绩通知单》上签字确认，一式两份，考生一份，存档一份。

8.2.2 面试的实施阶段

1. 面试实施的技巧

（1）充分准备。面试前应做好充分的准备，包括：明确面试的目的，设计结构完整的面试，同时针对面试的每一步设计合理的问题，制定科学的评价标准，以及对面试工作人员进行培训。

（2）灵活提问。在面试过程中，应察言观色，认真观察应聘者的行为与反应。同时，还要对所提的问题、问题之间的变换、提问的时机，以及对方的答复等多加关注，尽可能采用灵活的提问方式，进行多样化的信息交流。所提问题可根据在简历或应聘者申请表中发现的疑点，先易后难逐一提出，尽量创造和谐自然的环境。

（3）多听少说。在面试的过程中，面试考官应该多听少说。一般而言，面试考官的提问时间不宜过长，可以向应聘者提问，了解应聘者的工作经历和取得的业绩，澄清对应聘者的某些疑问，向应聘者提供关于企业和岗位的信息，并回答应聘者提出的问题。同时，应该给应聘者留出足够的时间，让他们具体详细地回答提问，充分发表自己的意见。在应聘者回答问题时，面试考官应该全神贯注认真倾听，不要发表任何结论性意见。面试考官应该在倾听的同时注意思考。比如，可以分析一下应聘者所说的话，对比应聘者前后语言的一致性和逻辑性，思考下一个要问的问题，也可以观察应聘者的肢体语言，做一些笔记等。这样有利于面试更有效地进行。

（4）注意肢体语言沟通。肢体语言是语言的有效补充，在面试中不仅传递了语言信息，也传递了肢体语言信息。在不同的情境中，不同的肢体语言有着不同的含义。

肢体语言的情境性强，不同员工在不同情境下的同一肢体语言传递的信息也不尽相同。因此，面试考官可以参考肢体语言传递出的信息，却不能单纯地根据肢体语言信息得出结论，而应在接下来的面试提问中，收集更多的有用信息，并进一步做出验证和判断。表 8－5 列出了一些常见的非语言信息的含义。

表 8－5 非语言信息的含义

非语言信息	典型含义	非语言信息	典型含义
抬一下眉毛	怀疑、吃惊	眯眼睛	不同意、反感、生气
目光接触	友好、真诚、自由、果断	鼻孔张大	生气、受挫
不做目光接触	冷淡、紧张、害怕、说谎、缺乏安全感	手抖	紧张、焦虑、恐惧
摇头	不赞同、不相信、震惊	身体前倾	感兴趣、注意
打哈欠	厌倦	懒散地坐在椅子上	厌倦、放松
搔头	迷惑不解、不相信	坐在椅子边缘上	焦虑、紧张、有理解力
微笑	满意、理解、鼓励	摇椅子	厌倦、自以为是、紧张
咬嘴唇	紧张、害怕、焦虑	驼背坐直	缺乏安全感、消极
踮脚	紧张、不耐烦、自负	坐得笔直	自信、果断
双臂交叉在胸前	生气、不同意、防卫、进攻		

（5）排除各种干扰，不要带有偏见。面试人员通常会选择安静的地点进行面试，尽量避免面试过程受到干扰，但在实施的过程中仍可能会遇到一些干扰，例如，办公室外面有人讲话，电话铃声突然响了等。无论发生什么样的情况，面试考官都应该控制自己，集中注意力，认真倾听应聘者的谈话。

面试考官在面试的过程中或多或少会带有个人的偏见，通常表现为：

1）对比效应：即面试考官对比前一个接受面试的应聘者来评价目前正在接受面试的应聘者的倾向。如第一个应聘者表现一般，而第二个应聘者表现出色，则第二个应聘者得到的评价可能会比他本应得到的评价更高。

2）与我相似心理：在面试时，当应聘者谈及自己的经历，正好与面试考官自己相似时，面试考官会产生一种相见恨晚的好感，这种好感就会成为决策的心理偏差。相似的经历包括很多方面，比如都曾经在某个学校就读或某个公司就职，或者是同乡。这种心理会因为这种经历相似者在日常生活中遇到的稀缺程度的增强而更加容易发生。

3）录用压力：当上级对招聘结果有定额要求时，或由于招聘时间紧迫，未完成招聘任务，不得不加快速度，急于求成，面试考官对应聘者的评价就会偏高。

2. 面试中的常见问题

（1）面试目的不明确。在进行面试前，面试考官应考虑：通过本次面试，要达到什么目的，面试的重点是什么，要不要先向应聘者介绍工作岗位的真实情况，是否允许应聘者提问，其他面试考官会问一些什么问题，等等。

（2）面试标准不具体。许多主持面试的人把重点放在问一些能使他们洞悉应试者是否能够成功的问题，可是在很多情况下，对于究竟什么原因能使他们获得成功并不明确。对任何一个岗位来说，他们能获得成功的原因是胜任工作的才能。这些才能指的是工作成功所必需的相关知识、技能、能力和动力等范畴。

（3）面试缺乏系统性。面试的系统性要求设计出结构完整的面试流程，各个流程之间应密切联系起来。为了保证面试的系统性，面试考官应事先根据招聘岗位的要求拟定面试提纲。面试的流程应该有怎样的顺序，每一个步骤要完成什么工作，获取什么信息，在拟定面试提纲时都应该考虑到。

8.2.3 面试的总结阶段

面试结束后，应根据每位考官的评价结果对应聘者的面试表现进行综合分析与评价，形成对应聘者的总体看法，以便决定是否录用。面试结果的处理工作包括三个方面的内容：综合面试结果、面试结果的反馈以及面试结果的存档。

1. 综合面试结果

（1）综合评价。面试中，每位考官对每位应聘者在面试评价表中都有一个独立的评价结果，现在需要做的是将多位考官的评价结果进行综合，形成对应聘者的统一认识。这个工作可以在综合评价表上完成。

（2）面试结论。面试结束后，主考官和面试小组还要给出一个面试结论，具体步骤如下：首先，根据面试评价汇总表的平均分对应聘者进行综合评价；其次，对全部应聘者进行比较；最后，将岗位条件与应聘者实际情况进行比较，应特别重视那些和应聘岗位的关系最为密切的评价项目。总之，面试考官衡量应聘者素质应以公司岗位需求为前提，着眼于应聘者的长期发展潜力，判定是否符合公司的需要。

2. 面试结果的反馈

面试结果的反馈是指将面试的评价建议通知给用人部门，经协商后，做出录用决策，并通知应聘者的过程。有时还要进行一次“录用面试”，解释录用的相关事项，解答应聘者的各种疑问。

（1）了解应聘者的要求。在录用面谈中应商谈更具体的条件和要求，如待遇和福利事项、录用的体检条件和证明材料、录用期限和报到日期的规定等，以及一些特殊问题，如是否需要经常出差，是否在公休节假日值班、加班等，这些都要在面谈时向对方说明。

（2）关于合同的签订。企业录用员工以后，一定要严格按照相关的法律法规，与劳动者正式签订劳动合同。

（3）对未被录用者的信息反馈。在面试结果的反馈阶段，应同时发送聘用（或试聘）或辞谢通知书。辞谢通知书的内容必须顾及应聘者的自尊，要标明应聘者未获企业录用并不是能力不足，而是企业目前不需要他。我国大多数企业的人力资源部门只将聘用（或试聘）通知书发到聘用者手中，而往往忽视了对未被聘用者的辞谢，没有给予未被聘用者应有的尊重，在一定程度上损害了企业的形象。

3. 面试结果的存档

以上工作全部结束后，应将有关面试的资料备案。对公司而言，这些资料是企业人力资源档案管理系统的基础资料。这些资料体现了公司对新员工的首次全面性的评价，是公司对新员工系统考评的开始。

8.3 面试的题型

面试题型主要分为社会热点类、逻辑思辨类、危机应对类、人际关系类四大题型。

8.3.1 社会热点类

社会热点，顾名思义，指面试题在题干描述中通过简明扼要的语言描述一个社会当下的热点话题，来询问应聘者对其的看法或建议。这个热点话题，可以是在社会上引起广泛议论造成深刻影响的事情，也可以是有很大争议性的话题。社会热点类试题分为积极型、消极型和争议型三种。

1. 积极型社会热点类

积极型社会热点主要体现为某种社会现象对整个社会具有积极的意义。解答这类题型的基本思路为：

第一步，表明对这一社会现象的看法，并指出这种现象的本质所在；

第二步，具体分析其出现的背景和积极意义；

第三步，指出这种现象还有哪些不足之处，并提出完善的改进措施。

例 8-1

2008 年，汶川地震捐了 600 万元；

2013 年，与福建省残联基金会携手，捐赠超过 2 500 万元爱心物资；

2019 年，向中国残联捐款 1 亿元；

2021 年，向河南灾区捐赠 5 000 万元物资；

…………

尽管持续亏损却一直默默捐款的鸿星尔克最近引发“野性消费”的热潮。线上网店与线下实体店销售额暴增，数百万人参与扫货。

请结合竞聘岗位谈谈你对鸿星尔克“意外走红”事件的看法。

参考解析：

1. 鸿星尔克的爆火是人们对善良价值观的坚守。这是一个善引发善、爱传递爱的动人故事。尽管长期处于经营不善的局面，但鸿星尔克每次在人民需要帮助的时候仍毫不犹疑地捐款，这是鸿星尔克的善；人们纷纷涌入鸿星尔克的直播间和线下实体店，通过“野性消费”表达对鸿星尔克的支持，这是民众的善。在这场爱的传递中，我们可以看到中国人接力传递、团结一心的力量。经历过疫情、洪灾等考验的中国人，对同舟共济、守望相助有着更深的感悟和更强烈的共鸣。

2. 鸿兴尔克的爆火是民众爱国情绪的激发。企业的爱国热情令人感动，值得称赞，然而，这次事件真正的主角并非鸿星尔克，而是广大民众。近年来，民众心中不断积攒着各种需要释放出来的情绪，情绪的释放需要事件来触发，需要具体的形象作为载体。“快倒闭”的鸿星尔克为灾区捐款，这个事件很有象征性，鸿星尔克成了承载集体情绪的形象，于是在民众中瞬间就形成某种集体心流。鸿星尔克意外地成为集体情绪的载体，“理性消费”的呼吁也就没用了，因为情绪天然就是“野性”的，“理性”的就不叫“情绪”了。

3. 良好的企业形象是最有价值的品牌营销。河南捐款事件为鸿星尔克树立起了一个积极正面的企业形象。良好的企业形象可以为企业吸引很多社会资源，如客户、投资、政府政策的支持和高素质人才等。

4. 自身实力才是企业走得长远的根本保障。企业要想从“意外走红”转化为“持续走红”最终还是要靠过硬的产品和自身实力。一个品牌能走多远关键还是看内功。舆论带来的关注很快就会消失，一个品牌美誉度的提升靠的是产品力、渠道力以及客户满意度。

5. 企业应该承担社会责任。无论是发展的外部性还是企业公民的社会身份，都决定了作为社会经济基本单位的企业需承担相应的社会责任。只有富有爱心的财富，才是真正有意义的财富；只有积极承担社会责任的企业，才是具有竞争力和生命力的企业。

2. 消极型社会热点类

消极型社会热点主要体现为某种社会现象对整个社会或局部区域具有消极意义。解答这类题型的基本思路为：

第一步，背景陈述＋判断表态，判断社会现象是否属于消极型，比如钓鱼执法、老人摔倒无人搀扶、孕妇上车无人让座等等都是明显属于消极型的社会现象；

第二步，分析此现象的危害；

第三步，揭示导致此现象的原因；

第四步，针对原因给出相应对策。

例 8-2

材料一："黑土地"难留"金种子"：东北地区人才吸引力严重不足

人才吸引指数＝当地人才净流入量/全国流动人才总量。人才吸引指数反映了一个地区对人才的吸引力，指数为正表示该地人才净流入，指数为负表示该地人才净流失。东北虽然有吉林大学、哈尔滨工业大学等名牌院校，然而不同于其他地区高校毕业生毕业后的"恋校情节"，东北地区的许多毕业生在毕业后选择了离开。2019 届毕业生人才吸引指数省份排名见下图。

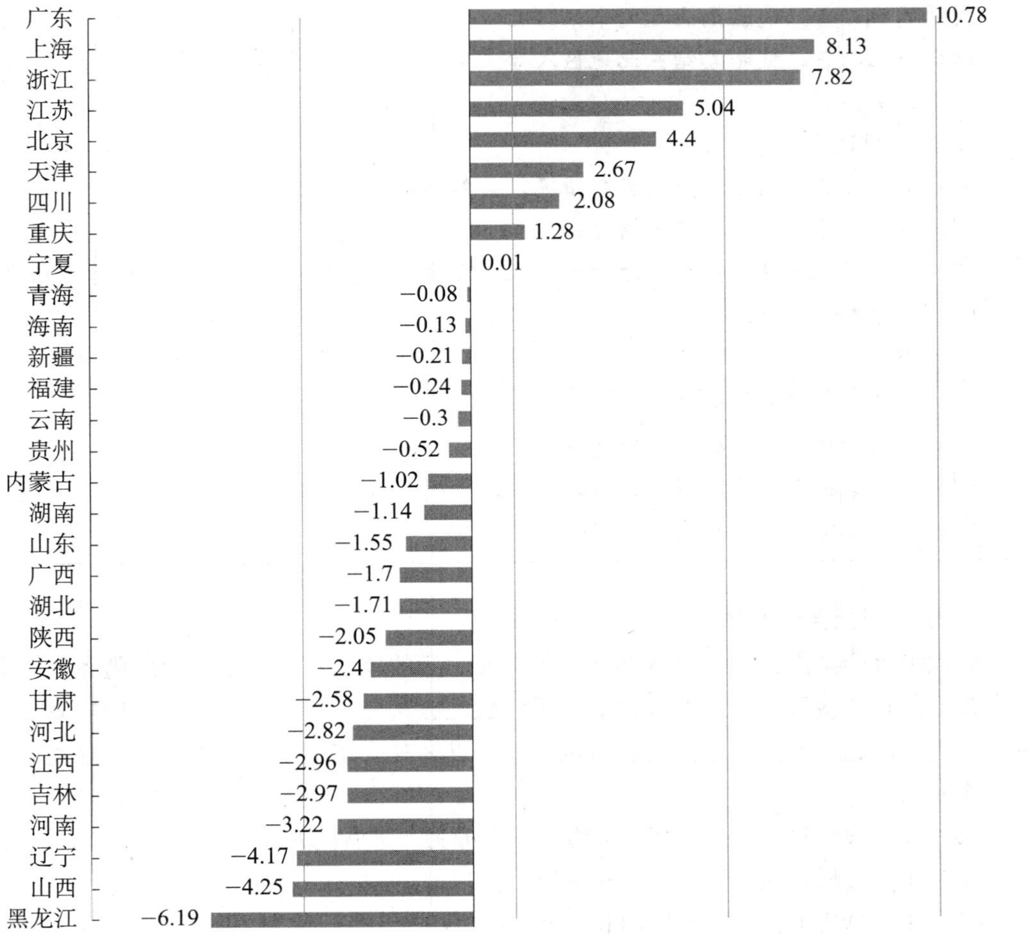

2019 届毕业生人才吸引指数省份排名

材料二："人才东南飞"——华北、华东虹吸大量人才

东北三省 2019 届毕业生就业意向省份排名显示：北京成为东北毕业生最青睐的就业

地区；江苏、浙江、山东等省市属于第二梯队，也吸引了一大批东北地区毕业生前来就业；四川、河北、河南属于第三梯队，也受到了一小部分东北地区毕业生的青睐。

材料三：南方 北方（诗歌节选）

阅过莺飞草长的江南，再读北国的风光
缺少色彩的故乡啊，让我喜悦也让我忧伤
尽管北方有我童年的土炕，南方却是我一生奋斗的疆场
我的青春，已化作南方的山水，我的爱，已在南方生长
我的家在南方，北方却住着我的爹娘
也曾千里万里地回到北方，可再也回不到出发的那个晚上
我像一只候鸟，既栖息南方也栖息北方
心如风筝般地系着思念，也系着梦想
也许我的后人，会像我来南方一样回北方闯荡
我的灵魂，却只能在南北之间来来往往

结合以上材料，概括总结东北地区人才流失的原因并提出解决方案。

参考解析：

1. 流失原因

（1）地区经济吸引力，产业集群情况，自然环境影响；

（2）地区人才政策，软环境措施；

（3）人才所在单位的人才管理模式、人才发展平台、职业规划空间、配套激励政策；

（4）各地人才争夺战。

2. 解决方案

（1）做强做大地方经济；

（2）切实加强人才发展软环境建设；

（3）人才所在单位事业留人、待遇留人、环境留人；

（4）因地制宜，制定相应的人才吸引政策。

---

3. 争议型社会热点类

争议型社会热点题是社会热点类试题中最常考的题型，主要是要求应聘者针对某一有争议性的现象谈看法。此类试题最常用的解题方法是唯物辩证分析法，应聘者要一分为二地看待问题，不要持过多的感情色彩，要以客观的态度进行作答。解答这类题型的基本思路为：

第一步，表明自己对这一现象的看法，一分为二地看问题；

第二步，分析积极方面的原因和影响；

第三步，分析消极方面的原因和影响；

第四步，针对消极方面提出可行的解决对策。

例 8-3

某大学毕业典礼上，校长针对社会兴起的“躺平族”致辞：“累了可以躺平歇会儿，

可不敢一直躺平啊！躺得了初一，躺不过十五！”

“躺平”成为网络流行语，通俗地讲就是佛系、低欲望，对很多东西失去兴趣与热情。相比靠拼命工作来攒钱，不断产生焦虑而伤身的生活模式，“躺平族”更愿意过与世无争的生活，通过主动降低自身欲望来缓解生存压力，但也有人在各种压力面前选择逃避，一躺了之。

请结合以上材料，对于当下很多年轻企业员工成为“躺平族”的现象，谈谈你的看法。

参考解析：

1. 承认躺平的合理性

躺平的存在是有其合理性的。一方面，少部分年轻人的确喜欢这种无欲无求、与世无争的生活方式，他们有选择自己喜欢的生活方式的自由；另一方面，许多90后、00后只是喜欢通过自嘲来表达情绪，躺平不完全意味着年轻人不想奋斗，更不意味着堕落，而只是一种缓和的姿态。通过适当的躺平，年轻人可以调整自身的状态，他们通过改变心态、降低落差来更好地适应社会变化。对于因巨大工作压力而产生心理问题的员工，躺平不失为一种缓解压力的有效方法。

2. 说明躺平的危害性

躺平过度也有其危害性。少部分躺平青年在岗位上早早失去斗志，缺少进取心和成就动机，工作主动性、积极性不够，缺少迎难而上、攻坚克难的勇气，不能在高压下完成工作。这不仅是对自己苦学多年的不负责，也浪费了实现自身价值的机会。

总之，对于躺平青年，我们可以理解，但是不能认同，躺得了一时，躺不了一世。作为管理者，我们对于躺平青年不能停留在道德层面上的指责，而是应该积极引导。

3. 企业中躺平的解决措施

（1）企业文化上，构建以奋斗者为本的企业文化，鼓励奋斗，支持奋斗，以积极的价值观增强青年奋斗的动力。创造一个精益求精、做好本职工作的文化氛围，重视年轻人的工作归属感和成就动机。

（2）企业应合理安排薪酬和晋升机制，让不同岗位员工的努力都得到应有的认可，让努力奋斗的人收获满意的成果。

（3）管理者需要加强对“躺平族”员工工作过程的管理，对其进行有效指导并给予建设性反馈（怎么做），同时管理者需要具备员工心理健康疏导和压力管理的技术。

（4）在企业中树立榜样。首先，管理者应该成为员工的榜样；其次，企业需要在工作中树立楷模，宣传平凡中的伟大，激励员工努力奋斗。

8.3.2 逻辑思辨类

逻辑思维能力的测试要点是逻辑推理和辨析能力，主要考察应试者能否把握事物的本质，对事物的认识是否深刻，思维的条理是否清晰，思维的过程是否敏捷和流畅，判断是否准确，尤其是应试者有没有较强的辨析能力。涉及逻辑思维能力的试题一般选取的素材包括：

第一，广泛流传于人们生活和工作中，同时得到人们基本认可的一些谚语、俗语和道理。然而，这些谚语、俗语和道理在现实工作中又受到了质疑，因此，需要应试者有较强的辨析能力。此类试题比较典型的是："俗话说，'车到山前必有路，船到江心补漏迟'，按照这样的观点，人们完成工作、处理事情该怎样做计划？请谈一谈你的理解。"

第二，某一时期，社会普遍关注的热点、焦点和难点问题。这类问题的解决，不仅需要认同传统观念，遵循一般原则，还需要被试者依时代变迁和社会环境变化，与时俱进地提出新颖的观点和看法。只有具备较强逻辑思辨能力的被试者才能给出较全面的答案。此类试题比较典型的是："艰苦朴素、反对奢侈、勤俭节约是中华民族的传统美德。但是，扩大内需、拉动消费又是当前推动我国经济发展的重要政策。对此，你如何理解？"

第三，针对某一问题有明显不同的看法或者观点。这些看法或观点似乎都有一些道理，需要应试者做出选择并分析回答。此类试题比较典型的是："有人说，领导者有丰富的经验是首要的，创新是次要的；有人说，领导者的创新是首要的，经验是次要的。对此，你的看法如何？"

逻辑思维能力测试的题目，首先与被试者的日常生活密切相关，每个人都有某种程度上的思考，容易引起话题；其次，这些问题一般都没有法律和道德上的定位，允许个人从不同的角度和立场发表不同观点和解决意见，因而给应试者思维的逻辑性、条理性、深刻性、流畅性以及发散性以自由表现的空间；再次，被试者应该是敏学、博学以及积极参政议政的代表，应对各种知识有比较广泛的了解和兴趣，对国家大事和人民生活表现出一定程度的关注，有强烈的主人翁精神；最后，被试者必须有较强的认识问题、分析问题和解决问题的能力，而这种能力往往表现在对一些社会观点、社会现象和社会困惑的辨析能力上。这类题目大多从机遇和能力、智商和情商、学历和经验、规矩和创新、对立和统一、计划和变化以及量变和质变等角度去出题。比如，"学校、家庭、社会哪一个对学生成长最重要？""不想当元帅的士兵不是好士兵？"都属于逻辑思辨类的题目。

例 8-4

有专家说，世界已经越来越像一个"液态的世界"，所有的东西都在不断流动、改变和升级，变成另外的东西。

也有人认为，这个世界在许多方面变得越来越确定。例如，信息化与互联网使企业的运营从黑箱逐步变成了明箱；云计算、大数据使整个世界变得越来越有迹可循……

作为银行业的一名管理者，请结合材料，谈一谈你是如何看待变与不变这个问题的？

参考解析：

这是一道关于创新与坚守（确定与不确定）二者关系的题目。不变是企业目标，变是手段，用于更好地实现目标。

以不确定应对不确定是最危险的，管理者需要在不确定的世界里变得确定，首先把确定的事做好。银行业不动摇、不变化的是坚守企业愿景、企业核心价值观（开拓创新、诚信共赢）、企业文化。

应对变化的世界，要求我们以客户为上帝，拥抱颠覆，拥抱创新。创新的领域包括：组织结构、人才队伍、经营策略、机制、思维、管理、产品、服务。

结合自己所在的部门，谈如何应对创新与坚守（变与不变）。

8.3.3 危机应对类

危机应对类题型主要考察被试者面对突发事件与复杂情况能否做到及时应对、全面考虑、措施得当，是一种对综合能力的考察。正确地认识这类题型的特征，对于被试者有效地预防和处置突发事件，减少人民的生命财产损失，具有重大的现实意义。

突发事件根据发生过程、性质和机理，主要分为四类：自然灾害、事故灾难、公共卫生事件、社会安全事件。

1. 自然灾害

自然灾害是人类依赖的自然界发生的异常现象。我国由于特有的地质构造条件和自然地理环境，是世界上遭受自然灾害最严重的国家之一。我国自然灾害的特点主要表现在种类多、频度高、分布广、损失大，主要包括水旱灾害、台风、暴雨、冰雹、风雪、高温、沙尘暴等气象灾害，地震、山体崩塌、滑坡、泥石流等地质灾害，风暴潮、海啸等海洋灾害，森林火灾和生物灾害等。

自然灾害会引起压力、焦虑、压抑以及其他情绪和知觉问题。影响的时间以及个别人无法适应的原因仍然是未知数。个体在遭遇死亡威胁后持续存在的一种精神障碍，称为创伤后应激障碍，这种疾病在自然灾害发生后时有发生。

自然灾害的处置要点包括：

（1）预警。灾害来临之前，加强监测，发布预警信息。

（2）汇报。在第一时间汇总、汇报灾情。

（3）抢救。抢救伤者，预防次生、衍生灾害；紧急救援和转移灾民，最大限度减少人员伤亡和财产损失。

（4）安置。视灾情和灾区需求，及时向灾区下拨救灾应急资金和物资（必要时派工作组进行救援），为灾民提供临时住所、应急食品、衣被等生活必需品。

（5）通畅。保障灾区通路、通水、通电、通信，以便更好地紧急救治伤病员，控制疫情发生和蔓延。

（6）保持稳定。组织力量维护灾区社会治安和交通秩序，保障人民生活环境，使社会秩序井然。

（7）宣传。向社会发布灾情及救灾工作等有关信息，稳定人心。

（8）重建。恢复重建因灾毁损的住房、学校校舍；修复因灾害毁损的交通、通信、水利、电力、供水等基础设施。

2. 事故灾难

所谓事故灾难类应急应变题，要解决的主要问题是工矿商贸等企业的各类安全事故、交通运输事故、公共设施和设备事故、环境污染和生态破坏事件等。由于安全生产问题颇受社会各界重视，而人为疏忽或偶发因素造成的事故灾难又时时发生，此类题目在各级公务员面试中经常出现。

从问题解决的时间逻辑来看，事故灾难的解决方案可以具体表述为：

（1）迅速启动应急预案，第一时间赶赴事发现场，体现出解决问题的应激性；

（2）联动相关部门，迅速开展救援工作，如发生食物中毒事件，就要迅速请求公安、医疗、质检等部门的协作配合；

（3）以人为本、轻重缓急、有序处理，尽最大努力减少人员和财产损失，在题目中凡是出现人的安全受到损害，一定要优先保障人员生命安全，受伤则抢救，潜在危险则疏散附近人员；

（4）安抚群众情绪，主动回应媒体，及时澄清谣言，同时注意善后抚恤的相关事宜要责任到人；

（5）进行事故原因调查，对相关责任人严肃处理，汇报处理方案，完善应急机制。

接下来我们就以一道事故灾难类应急应变题为例，详细阐述这一解决方案的具体运用。

例 8-5

未拆迁完毕的建筑突然发生坍塌，有部分路过的群众被埋，领导让你赶赴现场负责处理，你怎么办？

参考解析：

安全重于泰山，面对题目所述的情况，我会第一时间赶赴事故发生现场，在赶赴现场的途中，请求公安、消防、医疗、工程质量监察等相关部门的协作配合。

赶到现场后迅速启动应急预案，成立抢险指挥部。首先请消防人员使用专业救援器械想方设法把被困人员从废墟中抢救出来，有百分之一的希望也要尽百分之百的努力，竭尽全力确保被困人员的生命安全。医疗人员严阵以待，保证第一时间对脱困人员进行医疗干预，并把他们送到就近的医疗单位全力抢救。同时，一定要维护好现场秩序，一方面圈划隔离带防止行人在危险区域继续穿行，另一方面及时疏散围观群众，确保现场秩序井然；在现场还要及时安抚被困者家属的情绪，由专人负责医疗费用、善后抚恤等相关事宜；对于前来采访的新闻媒体记者，一定要引导他们客观地发布新闻事实，避免媒体的误读，掌握新闻监督的主导权。

对事故现场妥善处置后要会同有关部门成立事故原因调查组，调查事故原因，对相关责任人进行严肃处理。同时引以为戒，对全市的待拆建筑进行安全生产大检查，排查隐患，查找不足，提高应变能力，完善应急机制，坚决避免类似的安全悲剧再次发生。

---

3. 公共卫生事件

公共卫生事件主要包括传染病疫情、群体性不明原因疾病、食品安全、职业危害、动物疫情以及其他严重影响公众健康和生命安全的事件，如鼠疫、霍乱、传染性非典型肺炎、食物中毒、重大动物疫情及外来有害生物入侵等。近年来，我国人民医疗保健水平有了较大提高，但仍有传染病尚未得到有效遏制，公共卫生事件仍然威胁着群众的生命和健康。据统计，全球新发现的30余种传染病已有半数在我国发现，有些传染病尚未得到有效遏制，有些还造成了较严重的后果。重大传染病和慢性病流行仍较严重，职业病危害有待进一步控制，生产、销售假冒伪劣食品药品违法犯罪活动尚未得到完全遏制，食品药品安全事故时有发生。

例 8-6

自8月初我国首次发现非洲猪瘟以来，截至11月22日，全国有20个省份47个市/区/盟发生73起家猪疫情、1起野猪疫情，累计扑杀生猪60万头。你作为政府卫生部门的负责人，应该怎样应对？

参考解析：

我们可以从以下几个方面采取应对措施：

1. 果断处置，加大疫病防治力度。
2. 密切配合，形成防治工作合力。
3. 依靠科学，为防治工作提供有力支撑。
4. 依法防治，把防治工作纳入法制化轨道。
5. 群防群治，为做好防疫工作奠定坚实基础。
6. 开展合作，推动与有关国家、地区和国际组织的合作与交流。

4. 社会安全事件

社会安全事件主要包括恐怖袭击事件、经济安全事件、涉外突发事件、重大刑事案件和大规模群体性事件等。尽管我国长期政治稳定，人民安居乐业，但影响国家安全和社会稳定的因素依然存在。尤其是随着时代发展，新的犯罪形式和手段不断出现，违法犯罪活动日趋组织化、职业化、国际化。境内外敌对势力勾结，国际恐怖主义活动对我国国家安全和社会稳定的现实威胁加大。

例 8-7

给我们生活提供极大便利的网约车软件，频频爆出了各种安全问题，请你评价一下网约车安全问题。

参考解析：

1. 网约车是在“互联网+”的时代背景下，互联网技术与出租汽车行业融合产生的新型服务模式。

2. 网约车的出现创造了新的就业机会，促进了对车辆和道路资源的有效利用，有利于缓解交通压力。相比传统的出租车，网约车具有叫车便捷、服务优质、环境舒适等优点。

3. 网约车的突出问题主要体现在安全问题上，同时也有辱骂乘客等劣质服务问题。

4. 要实施政府+企业监管路径，实现“政府管平台，平台管专车”的机制。政府制定监督标准、监测市场运行、评估监管效果。网约车平台要不断完善网约车司机的审核机制，加强对现有网约车司机的监管。充分发挥行业协会的重要作用，以行业自律的方式进行服务质量管控。

作为消费者，在享受便捷服务的同时，自身安全问题不可忽视。

8.3.4 人际关系类

人际关系类题型针对被试者人际适应性、人际合作的主动性、处理人际关系的原则性与灵活性以及对组织中权属关系的意识（权限、服从、合作、协调、指导、纪律、监督）等，主要考察被试者处理冲突的能力、建立关系的能力、说服与影响他人的能力、团队合作与协调的能力、倾听与沟通的能力及处理人际关系的原则性和灵活性。

1. 题型介绍

生活中人际关系的种类很多，但具体到各种机构单位，其交往范围有一定的职业侧重性。根据单位人际关系重点涉及的主体，我们将人际关系面试题分为六类：与领导、与同事、与下属、与群众、与亲朋和多重关系的人际交往。

（1）与领导的人际交往。

例 8-8

你和同学一同考入新单位，你工作勤奋，成绩突出，但领导对你印象不佳，同学受到领导信任，并且经常为难你，你怎么办？

参考解析：略。

（2）与同事的人际交往。

例 8-9

你是在职研究生，一年需要 20 天的时间脱产学习。你到新的岗位后，同事对你去学习有意见，认为你无法很好地工作，你将如何处理？

参考解析：略。

（3）与下属的人际交往。

例 8-10

你们公司有个重大项目，之前是李某负责，但是由于李某出现重大失误，领导让你来接管项目，李某担任你的副手，但李某态度消极，不配合，你怎么办？

参考解析：略。

（4）与群众的人际交往。

例 8-11

假如你是居委会工作人员，社区有人反映小李总是玩架子鼓扰邻，你怎么和小李沟通解决这件事？

参考解析：略。

（5）与亲朋的人际交往。

例8-12

同事小王工作时间离开一会儿，领导批评了他，但是他非常不服，开始懈怠，你作为他的好朋友该怎么办？

参考解析：略。

例8-13

曾经在你最困难的时候帮助过你的好朋友，到单位来找你，让你利用职务之便帮他解决遇到的工作危机，你该怎么办？

参考解析：略。

（6）多重关系的人际交往。

例8-14

你到一个新单位，同事对你不是很信任，领导也只是交给你一些琐碎的事情去做，你该怎么办？

参考解析：略。

例8-15

如果你新到某单位的一个处室，正副处长之间有分歧，经常背后指责对方，还有一位老同事也经常背后议论，你作为新人，该怎么办？

参考解析：

我觉得，单位应该团结，领导政治觉悟高，应该不会出现这种情况，如果真的有这种现象存在，那么我要做好以下几点：

第一，我要端正态度，正副处长对我而言都是领导，他们布置的任务我都要不折不扣地完成，不能因为这个领导布置的任务，那个领导不以为然就不重视。

第二，我要找准位置。作为一名新员工，我的工作重心应放在工作上，尤其要注重提高自己的业务水平和工作素养；我要始终以一个新人的心态去学习，以一个新人的心态去尊重领导、同事，不断向各位领导、同事学习办事经验，不断提升自己的综合素质，磨练自己为人处世的能力；在工作中做到少说话多做事，不利于团结的事不说，不利于团结的事不做，从自身出发，严于律己。

第三，我要用准心力。在工作中，我还将继续严格地要求自己，树立起正确的事业观。努力在自己的岗位上不断进步，做到最好，希望兢兢业业工作，老老实实做人，赢得领导及同事的赞许。

2. 人际关系题五大答题技巧

(1) 保持积极心态。在作答人际关系题时，要善于从积极的角度发现问题并解决问题。“积极的人像太阳，照到哪里哪里亮；消极的人像月亮，初一十五不一样。”心态是积极还是消极直接反映了一个人的人格特征和内在品质，也决定了他从什么样的角度思考和回答问题。消极的心态往往会将自己逼入绝境，而积极的心态总能找到解决问题的方法和回答问题的思路。

(2) 主动沟通交流。大多数人际交往问题的根源是沟通不够，因此考生应该积极主动地进行沟通交流，并尽快调整自己的工作方式和交往方式，采取相应措施改变现有人际关系的紧张状态。

(3) 自我反思。在回答所有人际关系题时，考生要首先考虑到自我反思，即在紧张的人际关系中首先要考虑自己做得有什么不足，是沟通不够，还是不注意听取他人的意见或建议等。如果有这些问题，就表示自己要及时改正和调整，如果没有，就表示要寻求合适的时机向对方进行解释和说明，或主动征求对方意见，或让对方参与到自己的工作或活动中来。

(4) 权属意识。所谓权属意识主要是指在一个组织中对上下级权属关系和服从意识的理解和认同。考生在遇到涉及上下级关系的问题时，对上级做出的错误决定、提出的不符合实际的要求和交办的非分内的或难以胜任的工作，一般情况下首先应该是服从，然后再寻找时机解释或建议。

(5) 回避冲突。在因一时一事造成人际关系冲突的情境中，可以采取暂时回避的措施，日后找恰当的场合和时机进行解释和沟通。比如针对某项工作而引起领导的误解和批评以及同事的误解和反对，可以采取暂时回避、日后解释的方法化解矛盾。

□复习思考题

1. 面试的特点有哪些?
2. 结构化面试的含义及优缺点?
3. 如何制定面试指南?
4. 各考务人员的职责有哪些?
5. 面试官常见的偏见有什么?
6. 各种面试题型该如何作答?

第 9 章

无领导小组讨论

| 学习内容 |

- 无领导小组讨论的概念与发展历程
- 无领导小组讨论的类型
- 无领导小组讨论的实操流程
- 无领导小组讨论的应试技巧

| 学习目标 |

- 掌握无领导小组讨论的概念
- 区分并掌握无领导小组讨论的不同类型
- 掌握无领导小组讨论的实操流程
- 了解并掌握无领导小组讨论的应试技巧

引导案例

新员工职业发展的工作要领

每个初涉职场的新员工都希望自己的职业发展能够顺利。如果学会遵循一些工作的关键要领，他就可以在职业发展的道路上走得更加顺畅，心情也会更加愉悦；如果忽视了这些工作的关键要领，他的职业发展道路就会荆棘遍布，长此以往，将会失去工作的激情和斗志。

那么，什么是新员工职业发展的关键要领呢？以下是专家给出的部分答案：

1. 成为学会联络、报告、协商的人
2. 成为能够正确听懂别人说的话的人
3. 成为不会让周围的人变焦躁的人

4. 成为和蔼可亲、好相处的人
5. 成为有责任心的人
6. 成为能够好好回应的人
7. 成为“爱管闲事”的人
8. 成为执着的人
9. 成为明白自身立场的人
10. 成为能够积极思考的人
11. 成为懂得感恩的人
12. 成为能够熟练使用工具的人
13. 成为“自豪”的人
14. 成为能够好好发表意见的人
15. 成为乐意“打扫厕所”的人
16. 成为“会打算盘”的人
17. 成为能够撰写简要工作报告的人
18. 成为有时间观念的人

思考题

以小组为单位，分析哪些关键要领应该排在前5位，请给出排序并说明理由。小组在限定的时间（40分钟）内做出集体决定，形成小组共同的意见，并自行指定成员，代表小组向专家评委汇报讨论结果。小组成员地位平等。

上述案例是某公司招聘面试无领导小组讨论环节的题目。无领导小组讨论的题目是如何设计的？又是如何对被试者进行评判的？本章将从概述、类型、实操流程和应试技巧等方面对无领导小组讨论技术进行详细介绍。

9.1 无领导小组讨论概述

无领导小组讨论作为人才测评的一种技术手段，已经被越来越多的组织应用。

9.1.1 无领导小组讨论的概念

无领导小组讨论（leaderless group discussion，LGD）是评价中心应用频率较高且较具特色的情境模拟测试方法。

从理论角度理解，无领导小组讨论是指运用小型松散群体讨论的方法，快速诱发被试者的特定行为，通过对被试者行为的定性描述、定量分析以及人际比较来判断被试者素质特点的测试方式。

从实际操作角度理解，它是指由多个被试者（通常为6～7人）组成一个临时小组。

主试者不提出具体要求，在小组内不事先确定会议主持人，给予每位被试者平等的地位和资源。通过编制具有针对性的题目来诱发被试者讨论，让他们根据指定的真实或假设的材料，就某个题目进行自由讨论、自由发挥，尽情表现自己的特点，并要求小组最后形成一致意见。主试者则作为旁观者，观察每位被试者的表现，并加以评分。所谓“无领导”，是指小组中没有事先指定领导，每位被试者的地位都是平等的，并且由他们自己组织整个讨论的过程。在无领导小组讨论的过程中，主试者不参与被试者的讨论，他们的工作是观察和记录被试者在讨论中的行为表现，并对被试者在各个评价维度上进行评分。那些优秀的被试者在讨论进程中会脱颖而出，成为小组自发的领导者，主动去组织讨论的开展、引导讨论的方向，也会有人承担小组中的其他工作，如记录讨论结果、控制讨论时间等。当然，这些分工都不是主试者事先安排的，都是由被试者在讨论过程中自发决定的。

无领导小组讨论通过现场观察或录像观察的方式，观察并记录被试者在讨论过程中的语言与非语言行为，并以此对其在各个评分维度上进行打分。在应用于招聘与选拔时，无领导小组讨论不仅可以考察个体的行为能力，还可以考察被试者个性方面的特点。一方面，无领导小组讨论的主要目的是引发和考察被试者的能力素质，包括组织协调能力、口头表达能力、人际交往能力、辩论能力、说服能力及决策能力等，权衡这些能力素质是否达到拟任岗位的用人要求。另一方面，观察评价被试者的个性特点和行为风格是否与岗位相适应，具体包括自信心、进取心、责任感、灵活性、情绪稳定性及团队精神等，从而实现对被试者的深入了解，为综合评估被试者的优劣势提供参考信息。主试者通过对以上两个方面的观察考评，实现对被试者的深入评估。

9.1.2　无领导小组讨论的发展历程

无领导小组讨论源于 20 世纪二三十年代德国军事心理学的发展，其创始人为基弗(Kieffer)，但是德国军方直到 1939 年才开始将无领导小组讨论技术用于军官的选拔。无领导小组讨论通常在饭桌上进行，用于观察同级之间的互动行为。军队中不同部门改进了不同的方式，以适应各自需要。20 世纪 30 年代后期，德国陆军暂停了这种做法，后经过修改，又为德国海军所用，延续至第二次世界大战结束。战后，无领导小组讨论被拓展应用到德国的商业和民间领域，并传入英国、南非、挪威、美国、澳大利亚等地，得到了初步的应用。直到美国联邦政府开始应用无领导小组讨论选拔人才，这项技术才得到真正的重视。此后随着心理学家引入更多有意义、有针对性的讨论话题，无领导小组讨论开始广泛应用于贸易、商业、教育及艺术职业等更多领域。

最初，无领导小组讨论在商业领域的应用中没有固定模式。美国电话电报公司在使用这种测评方式时，将 5～6 人分为一个小组，模拟公司管理工作，指定他们为某家公司的经理成员，要求他们在一定的时间内为公司发展业务、提高盈利，同时告诉他们当前的市场与公司状况，但不规定实现和增加利润的方法与途径，更不指定会议的召集人和主持人，而是在小组讨论中观察谁能自然而然地成为一个领导角色。为了进一步增加情境压力，主试者每隔 20 分钟就发布市场价格和成本变化的信息，有时甚至在小组成员刚刚做出决策时就告知新的信息变化，迫使被试者不得不立刻推翻原方案，重新讨论并改进方案。这种紧张的工作氛围能够很好地激发被试者的真实能力水平。

之后，无领导小组讨论开始逐渐被各大公司（如 IBM、通用电气、美孚等）采用。IBM 在利用这种方法时，要求每位参与者假定自己作为待晋升的候选人进行 5 分钟的自我介绍，并要求每人与群体中的另外五名参与者进行讨论。评定者精心设计了所要提升的职位要求和组织结构。然后评定者对所有参与者的进取心、说服力、沟通能力、自信程度、压力、承受力、人际交往等方面进行评价。

1970 年，伯罕（Byham）在《哈佛商业评论》发表了题为《运用评价中心发现未来职业经理人》的文章，对进一步推广无领导小组讨论在各类组织机构中的应用起到了深远的影响。总体来说，无领导小组讨论的发展历程证明，无领导小组讨论对于领导、组织等技能的评价很有效，也适用于分析问题、解决问题及决策能力的素质测评。

9.1.3 无领导小组讨论的优缺点

作为人才测评的主要方法，无领导小组讨论既有优点，又有缺点。

1. 无领导小组讨论的优点

（1）人际互动性高。无领导小组讨论最突出的优点就是具有生动的人际互动性。被试者需要在与同组成员的互动过程中，展现自己各方面的才干及性格特点。在讨论中，被试者表达的观点马上会得到反馈，多种观点会即时碰撞或融合，被试者无论是自己的发言或是对他人观点的反应，都是自己的素质或个性的折射。因此，无领导小组讨论在考察与人际交往有关的素质方面效果明显。

（2）真实性强。在无领导小组讨论中，开始时被试者会认为讨论是一场测试，但随着讨论的进行，被试者会越来越投入，进入一种真正的讨论状态。在这种情况下，被试者的态度会越来越认真，真实的观点也会逐渐表达出来。在讨论过程中产生的种种压力下，被试者的快速反应和随机反应都有利于诱发被试者真实的行为模式，被试者的自我掩饰会逐渐减少和去除，往往在无意之中表现出自己各方面的素质特点。

（3）公平性高。无领导小组讨论不指定主持人和发言顺序的做法，为被试者提供了一个公平且平等的互动机会。被试者需要在相互制约的平等环境中展现自己各方面的能力。无领导小组中的各位被试者实际上是在同一起点展开比赛，主试者可以对小组内的各位被试者进行直观的横向比较，在冲突对比中发现各位被试者的特点。

（4）效率高。无领导小组讨论能够同时考察多名被试者的多重素质。从时间成本的角度看，无领导小组讨论能够在一个小时内同时对 6～8 名被试者进行测试，节约了主试者的大量时间。在测评中，无领导小组讨论又能同时考察被试者的多重能力和个性特质，在短时间内对被试者的多项素质做出评估。

2. 无领导小组讨论的缺点

（1）对测试题目要求高。题目的优劣直接关系到对被试者评价的全面性和准确性。基于工作分析及胜任特征的题目编制，时间投入以及人力投入都比较高，工作分析、胜任特征及评分标准的确定、制定测试前的指导语等，都需要出题者具备专业知识和丰富的经验。

（2）对主试者的要求较高。在无领导小组讨论中采用相对标准。这一标准只能对同组成员进行组内差异的评价，无法对不同小组间的差异进行评价。同一个讨论题目，有的小组讨论热烈，气氛活跃；有的小组则死气沉沉，无法展开充分的讨论。被试者的表现过多地依赖于同一小组中的其他成员的表现，一个说服能力很强的人在遇到一组都是能言善辩的成员时，会显得表达能力一般；而如果此人被分在一个其他人说服能力较弱的小组时，则会显得说服能力很强。主试者对被试者的评价很容易受小组整体表现的影响，造成不易对不同无领导小组成员进行比较的局面。

（3）被试者存在掩饰性。在无领导小组讨论中，由于被试者知道主试者会根据自己的表现打分，所以被试者存在作弊、表演或者伪装的可能性。在被试者了解测评意图及测评维度且具有一定的无领导小组讨论经验的情况下，被试者可以有针对性地表现出迎合主试者期望的行为。在评价决策能力、影响力等素质时，主试者往往根据发言数量而非发言质量做出评价，这有利于外向型的人而不利于内向型的人，而在实际管理工作中，内向型的人的决策能力和影响力等素质不亚于外向型的人。

（4）性格差异会影响测评效果。无领导小组讨论是西方文化背景下的产物，更多地反映了西方人的性格特点。西方人大多外向，强调在竞争中主动展现自我。而中国文化强调谦虚、内敛，反对张扬，认为夸夸其谈、爱出风头的人往往“金玉其外，败絮其中”，沉默寡言者却深藏不露。在短短的一个小时的无领导小组讨论中，不能准确得到被试者的综合能力和个人素质评价。因此，在我国引用无领导小组讨论技术，应当与其他技术结合，共同构成评价中心技术甄别人才。

9.2 无领导小组讨论的类型

无领导小组讨论可以根据主题、是否给被试者分配角色、被试者的相互关系、岗位相关性、题目特点、时间安排方式等维度进行划分。

9.2.1 依据主题划分

依据讨论的主题，无领导小组讨论可以分为有情境性的无领导小组讨论和无情境性的无领导小组讨论。

有情境性的无领导小组讨论是让被试者置于某个假设的情境中进行讨论，被试者按照情境中所规定的角色思考问题，寻找解决问题的思路和方法。

小资料

有情境性的无领导小组讨论示例

现在我们要根据企业的要求开一个讨论会。在座的各位现在就组成一个小组。现在公司要对下列问题进行讨论、分析，并做出决定。请大家充分讨论，并拿出小组的意见。讨论共有40分钟，请大家充分利用时间。讨论一旦开始，将不再回答你们的任何提问，也不干预你们的讨论。

一天上午，你们乘坐的一架小型客机正由我国西北飞至东部的一个城市，就在飞临某严寒地区的一个荒无人烟的雪野时，飞机遇到大风雪不幸失事。此时正是一月，气温低达−15℃。飞机可乘坐10人，是双引擎机，机身已撞毁并起火。飞机驾驶员及1名乘客死亡，其他人则没有受到严重伤害。

驾驶员还没来得及告诉大家飞机的具体位置就死去了。就在失事之前，你曾注意到飞机上的高度显示：飞机是在3 000米左右出现故障。失事地点正好在雪线下面不远，地面崎岖不平，树林茂密。乘客们穿着秋装，并且每个人都有一件外套。

问题

在飞机爆炸以前，乘客们从机舱中抢救出15件物品。现在请你们将这15件物品按照对生存的重要性按1～15的顺序排列出来。请在最重要的物品旁边写上（1），第二重要的旁边写上（2），依此类推，在最不重要的旁边写上（15）。

排序用的物品表

（ ）该地区的航空地图	（ ）大型手电筒
（ ）4条羊毛毯	（ ）一支手枪及十发子弹
（ ）一支雪橇	（ ）两小瓶白酒
（ ）一面化妆用小镜子	（ ）一把小刀
（ ）4副太阳镜	（ ）三盒火柴
（ ）一个军用水壶	（ ）急救箱
（ ）12小包花生米	（ ）一张塑料防水布
（ ）一支大蜡烛	

无情境性的无领导小组讨论一般是让被试者就一个开放性问题展开讨论，阐述自己的观点，并说服他人，要求被试者在规定时间内得出一致性结论，推举一人进行总结汇报。

小资料

无情境性的无领导小组讨论示例

2018年4月16日（北京时间17日），美国商务部宣布，美国商务部工业和安全局（BIS）对中兴通讯实施禁令，禁止所有美国企业在7年内与其开展任何业务往来，发展“中国芯”已成为刻不容缓的事情。

问题

请你谈一谈对中兴通讯发展中国芯事件的看法。

9.2.2 依据是否给被试者分配角色划分

依据是否给被试者分配角色，无领导小组讨论可以分为不定角色的无领导小组讨论和指定角色的无领导小组讨论。

不定角色的无领导小组讨论是指在讨论过程中没有给被试者分配一个固定的角色，他仅仅是自己原有的身份。在这种讨论中，被试者仅仅是阐述自己的观点或充当小组中的一个与其他人没有任何差别的成员。

小资料

不定角色的无领导小组讨论示例

现在我们要依据上级传达的精神召开一个讨论会，现场的各位现在就组成一个专题工作小组。我们要对下列问题进行讨论、分析并最终做出决定。讨论时请大家充分表达自己的想法，并拿出小组的意见来。讨论时间共有40分钟，请大家充分利用时间，尽快做出决定。

问题

你认为什么样的领导是好领导？好领导以工作为中心还是以人为中心？

指定角色的无领导小组讨论是指在讨论过程中给每一个被试者分配一个固定的角色，这个角色是与他在日常生活中的角色不同的。被试者要履行这个给定角色的责任，完成这个角色所规定的任务。指定角色的无领导小组讨论示例如下。

小资料

指定角色的无领导小组讨论示例

假设你是一家名牌空调厂商深圳营销中心的客户服务经理，负责公司在深圳所有直属专卖店的客户服务工作。工作流程如下：首先，各专卖店在客户下单后将信息传送到客户服务部，由客户服务部完成后续的送货、安装、收取剩余货款、调试、跟踪等工作。

现在，客户服务部收到来自一家专卖店的订单，需要给一位住在香蜜湖的客户送货安装。作为客户服务经理，你怎样安排后续的客户服务活动呢？请设计出一个方案，越详尽越好。

然而，事情并不像你们所设想的那样顺利。首先，你们的送货车队在路上出了故障，以至于到傍晚才将空调送到客户家中，这比客户要求的时间整整晚了半天。在安装空调的过程中，又因为客户的居室构造比较特殊而额外花费了半天时间，施工过程中安装工人的一些不礼貌行为引起了客户的反感。更可怕的是，空调安装完毕之后，客户发现空调的噪声太大，为此他拒绝支付剩余的货款。作为生产厂商，你们知道自己的空调产品声音就是这样大，是可以忍受的，可是客户不这样认为，他强硬地认为产品不合格，甚至提出要退货。你们的送货员百般解释，客户就是不付款，而且矛盾还有扩大的趋势。事情已经到了你非出马不可的地步了。

要求

1. 不能退货；
2. 最多少收 200 元；
3. 防止事态扩大蔓延。

你会采取怎样的策略调解纠纷呢？

请进行小组自由讨论，在规定时间内得到一致结果，并选派一位代表陈述讨论的结果，说明理由。

9.2.3 依据被试者的相互关系划分

依据被试者的相互关系，无领导小组讨论可以分为竞争型无领导小组讨论、合作型无领导小组讨论和竞争合作型无领导小组讨论。

在竞争型无领导小组讨论中，小组成员往往代表他们各自或者所属团队的利益，彼此为了各自的目标，对存在的某些机会或者资源进行争夺。

小资料

竞争型无领导小组讨论示例

今天讨论的主题是奖金分配。你们是公司薪酬委员会各个部门的代表，现在公司决定将一笔特殊的奖金发给工作表现出色的员工。公司的六个部门各自推荐了一名候选人，你们各自代表其中的一个部门。这笔奖金的数额是 1 万元。虽然你们希望所有的候选人都能得到这笔奖金，因为他们的表现都非常优秀，但公司并不允许你们这样做，这笔奖金只能发给一等奖 1 人，奖金为 5 000 元；二等奖 2 人，奖金各 2 500 元。你们将会得到一份关于各自所代表部门候选人的事迹、年薪情况及其他一些情况的材料，并且你们已经和各自代表部门候选人的主管谈过，得知他们是有资格获得这笔奖金的。

在讨论中，你们的任务是代表各自的候选人去争取更多的奖金，同时帮助薪酬委员会做出最合理的奖金分配决定。在讨论开始之前，你们有 10 分钟熟悉材料和准备的时间，然后有 50 分钟的讨论时间。在讨论结束的时候，必须得出一个一致性的意见，否则，任何部门候选人都将无法得到这笔奖金。

在合作型无领导小组讨论中，往往要求小组成员之间相互配合来共同完成某一项任务，每一个小组成员的成绩都依赖于合作完成这项任务的结果，同时也取决于他们各自在合作完成这项任务过程中所做出的贡献。合作型无领导小组讨论示例如下。

小资料

合作型无领导小组讨论示例

给每个小组一个鸡蛋，一些吸管和胶带，要求在20分钟内想出一个办法，利用这些资源，让鸡蛋从2米的高空掉下来而不碎。最后选出一个人做演示和总结，并请每一个人对自己刚才的表现做总结。

在竞争合作型无领导小组讨论中，一般是将该组成员分为几个小组，不同小组间存在竞争，而在小组内部则是合作型的。所有被试者既存在共同目标及合作，又存在相互竞争。竞争合作型无领导小组讨论示例如下。

小资料

竞争合作型无领导小组讨论示例

材料一：两名“80后”大学生村干部在北京街头，脖子上挂着一个牌子，上面写着“招商引资”。他们通过这一办法吸引媒体，通过媒体帮助，进行招商引资。

某地政府在进行招商引资时，颁布了一项新政策，只要是加入的商家都会有相关的优惠政策，重点是如果商家亏损，政府负责赔偿，并且提供政策上的补贴。

材料二：某镇人口中少数民族较多，经过调查，部分人口在外地务工，还有1万左右的人口在镇内留守没有工作。镇政府出台政策，对留守镇内的人口进行培训，经过培训后，这些人对本镇第二、三产业的发展起到了巨大的推动作用。

材料三：重庆某村山清水秀、资源丰富，该村村民利用这些资源，将本地打造成一个旅游胜地，吸引了大量外地人观光，推动了当地第三产业的发展。

问题

1. 针对材料一谈谈你的看法。
2. 根据材料二，讨论怎样吸引更多的企业来此投资开发，促进当地发展。
3. 你们作为吸引投资的工作小组，请制订一个关于吸引投资的计划。

9.2.4 依据岗位相关性划分

依据拟任岗位相关性，无领导小组讨论可以分为与工作情境相关的无领导小组讨论和与工作情境无关的无领导小组讨论。

与工作情境相关的无领导小组讨论，是指题目设定的情境与拟任工作或拟任岗位相关，一般要求被试者处理实际工作中可能遇到的关键事件。

小资料

与工作情境相关的无领导小组讨论示例

现在由你们组成一个特殊的顾问小组，讨论“曙光中学在A镇建立分校”的问题，设计出一个方案，争取得到市教委的5 000万元投资。

曙光中学是某市重点中学，学校领导管理能力强，教师水平高，但人数较少，师资力量比较紧张，同时学校位于市区繁华地段，学校面积比较小，越来越不能满足广大学生的求学需要。经学校领导研究决定，学校拟打算在该市郊区A镇开办住宿式分校。按照曙光学校的财务状况，前期可以拿出资金300万元；经过艰苦攻关，市教委领导答应“如果项目计划比较完善，政府可以考虑资助5 000万元”；必要时候学校还可以考虑从银行贷款。目前正在进行学校布局的设计，近期将开始进行硬件建设，如建设教学楼、体育场等。如何进行软件建设？如何形成有吸引力的办学思路和办学计划，既能保持和利用曙光中学原有的声望和优势，又有创新？如何充分得到社会的认可？如何以最低的成本投入获得最大的回报？这项工作的风险大不大？这样的投入占总经费的多大比例？等等。

任务

你们作为他们聘请的智囊团，请拿出一个涵盖硬件和软件各方面建设的方案，并且给出令人心服口服的理由，力争能够回答上述问题。

请你们用8分钟先分别拿出方案，然后大家一起讨论，每人尽可能说服小组接受自己的意见，但最后要达成一致意见，形成一个方案。

建议大家先列出不少于10项的好方法，然后选出最好的3～5项，所选的方法要得到大家的一致认可。针对这些方法，大家集思广益，共同做一套办学方案，越详细越好，最后推选一位代表，现场向在座的市教委领导和学校领导汇报你们的计划，并接受他们可能提出的质询。

开始有8分钟的自我准备时间，每个人先独立作业，不许交流，做出方案，并填写在“个人意见表”上；然后大家有40分钟的讨论时间，拿出统一意见，并推选一个人总结发言。注意，你们自己把握时间。时间到了，你们若没有达成较好的一致意见则市教委可能会收回资助计划。

现在大家有什么问题可以提问。如果没有问题，马上开始！

与工作情境无关的无领导小组讨论，是指题目设定的情境与拟任工作或拟任岗位无关，该情境往往是很难遇到的虚拟情境。在虚拟情境下，可以保证不同背景的被试者在平等的条件下参与讨论，能较好地体现对每一位被试者的公平性。

小资料

与工作情境无关的无领导小组讨论示例

外卖小哥雷海为击败大学高材生，勇夺《中国诗词大会》第三季的总冠军，请问你是如何看待这一事件的？

9.2.5　依据题目特点划分

依据题目特点，无领导小组讨论可以分为开放式无领导小组讨论和封闭式无领导小组讨论。

开放式无领导小组讨论是指讨论的题目是开放性的问题，题目中并没有规定答题的范围，被试者可以根据自己的理解自由作答。

小资料

开放式无领导小组讨论示例

一个人能否在事业上取得成功，取决于许多因素，如机遇、能力、学历、人际关系、家庭背景、兴趣爱好、智商、毕业院校、牺牲精神、谈吐风格等。可能仍然有很多因素未被列出。你们的任务是，大家一起谈谈事业上的成功取决于哪些因素，尽量达成一致意见，然后派一位代表来汇报你们的意见，并阐述你们做出这种选择的理由。

在讨论之前，首先给你们 5 分钟的时间考虑，然后每人将自己的答案写在纸上。接下来，大家用 45 分钟的时间针对这个问题展开讨论。如果到了规定的时间，你们还是不能得出一致意见的话，就要在你们每个人的成绩上都减去一定的分数。现在开始。

封闭式无领导小组讨论是指讨论的题目给出具体的答题范围，被试者需要在此框架内完成作答，此类型的题目多见于排序题、资源争夺题等。

小资料

封闭式无领导小组讨论示例

腐败现象是社会舆论的热点问题之一。有人将腐败现象滋生蔓延的原因归纳为以下 10 个方面：

1. 国外不健康思潮涌入我国，给人们带来消极影响。

2. 一些干部存在“做大官，发大财”“当官做老爷”的封建意识，为人民服务的宗旨意识淡化。

3. 市场经济的负面效应诱发了"一切向钱看"的不良倾向，导致拜金主义和个人主义泛滥。

4. 相对来讲，公务员的收入不高，这会使他们产生一种失落感，但公务员有一定的权力和地位，因此容易被拉下水。

5. 古人云："仓廪实而知礼节，衣食足而知荣辱。"现在是社会主义初级阶段，一些人的物质生活水平不高，贫富差距大，造成了一种畸形心态。

6. 思想政治教育工作跟不上，存在"一手硬一手软"的现象，对优良传统不敢宣传。

7. 在治理腐败问题上，处理不严，打击不力，人们对反腐败信心不足。

8. 认为腐败是任何社会都有的共同现象，是人类社会无法消除和遏制的。

9. 目前，在某些领域，法律法规不健全、不配套。

10. 不能做到高薪养廉。

要求

从这 10 个导致腐败现象滋生蔓延的原因中选出 3 个最重要的，并说明理由。首先给你们 5 分钟的时间各自独立地从这 10 个原因中选出 3 个最重要的，在这一阶段不要互相讨论，接下来用 45 分钟时间进行讨论，要求最后拿出小组的一致意见，推选一名代表向主试者进行汇报，并陈述理由，其他人可以进行补充。

如果到了规定的时间，你们不能得出一致意见，就要在你们每一个人的成绩上都减去一定的分数。现在开始。

9.2.6 依据时间安排方式划分

依据讨论时间的安排方式，无领导小组讨论可以分为整体讨论和分步讨论。

整体讨论是指无领导小组讨论只对总体时长做了规定，但是各部分讨论的时长由被试者自行安排。

小资料

整体讨论示例

"隐形贫困人口"是指：月入一万多元，但在护肤、穿衣、饮食上毫不吝啬——穿着 3 000 元的西装，敷着 100 元一片的面膜，吃着来自智利葡萄界的香奈儿，租着月租 6 500 元带落地窗的房子。所以，所谓"隐形贫困人口"更多是自我消费不节制所造成的——不是没有钱，只是花得多而已。

问题

请谈一谈你对"隐形贫困人口"的认识。

分步讨论是指主试者将无领导小组讨论的总体时间进行具体分割，规定每部分的时长，被试者需要遵守各部分规定的时间，分步展开讨论。

小资料

分步讨论示例

大家好！欢迎参加今天的小组讨论活动。小组讨论要求大家共同参与，就给定的主题进行讨论，形成一致意见。

今天的小组讨论活动分为三个环节。第一个环节，在这个房间里进行讨论前的个人准备；时间15分钟。个人准备结束后，被试者在工作人员带领下分别进入各组的指定考场，按照抽签的座次号就座，按主试者的指示进行第二个环节，各人依次陈述自己的观点，时间3分钟。个人观点陈述完毕后，开始第三个环节，进行50分钟的自由讨论。

现在开始第一个环节的个人准备，在此过程中请不要相互讨论，我们也不回答任何问题。

现在请打开题本，进行个人准备。

（15分钟后）

个人准备时间到，请大家带好题本和刚才准备的材料，分组跟随工作人员到达讨论现场。

9.3 无领导小组讨论的实操流程

在进行无领导小组讨论前需要进行总体规划，以保证测评过程的一致性，进而保证对所有被试者的公平性。

完整的无领导小组讨论有如下流程：题目设计、评分表设计、场地选择、成立考务组、考前主试者培训、讨论实施、测评报告的撰写。

9.3.1 题目设计

无领导小组讨论题目的设计是非常重要的，直接决定了测评能否取得成功。考试机构会根据被试者拟报职位的特点和所要考察的测评要素，选择适当的题目，必要时还会准备一个备份题目，以防意外情况的发生。

1. 确定选题原则

在无领导小组讨论中，必须给被试者充分展示自身的机会，从而使主试者能够对其做出较为准确的评价。无领导小组讨论的难点在于题目设计，题目设计应遵循以下原则。

（1）思想性原则。题目的内容应该思想健康，最好不要涉及政治问题和敏感性问题。比如，敏感性问题会令被试者在小组讨论时有所顾忌，从而不利于充分考察被试者的有关素质。

(2) 针对性原则。针对性原则是指，无领导小组讨论的命题一方面要考虑具体的测评目的，既要考虑所要考察的测评要素，又要考虑被试者群体的状况；另一方面要考虑无领导小组讨论自身的特点。

(3) 典型性原则。无领导小组讨论的问题情境应具有典型性，从现实中来的情境要经过典型化处理。尽量不使用完全杜撰或完全真实的情境。

(4) 可鉴别性原则。测评的目的是将不同素质的被试者区分开来，这就要求题目具有一定的鉴别能力，让那些真正有水平的被试者脱颖而出。

题目的质量直接影响到无领导小组讨论的有效性。因此，要对所招聘的岗位进行工作分析，了解拟任岗位所需员工应该具备的特点、技能，根据这些特点和技能进行有关试题的收集和编制。试题必须具有争论性，题材要为大家所熟悉，保证人人有感可发，且题目的内容不会诱发被试者的防御心理。如果使用案例，应筛选出难度适中、内容合适、有较好典型性和现实性，且符合无领导小组讨论要求的案例。对所收集的试题备选答案进行甄别、筛选，确定出最符合本岗位工作特点的答案，对其进行检验、修正，使其真正成为具备科学性、实用性、可评性、易评性的测试题目。

2. 题目试测与反馈

(1) 选择题目类型。目前比较流行的无领导小组讨论题目可以分为五种：资源争夺问题、开放式问题、两难问题、多项选择问题和操作性问题。无论选择哪类题目都需要注意题目的优缺点，以及题目类型与测量要素的契合程度。

(2) 完成初稿。在熟悉选题原则之后，需要根据这些原则开发题目。无领导小组讨论题目的设计需要团队合作，一般来说，经过几次讨论之后，出题者相互之间不仅可以启发思路，而且比较容易形成一致的目标，达到很好的效果。并且要尽可能地收集资料，可通过互联网、图书馆等进行查找。

(3) 咨询专家。在写出初步的设计方案之后、进行试测之前，应该请有关专家对方案进行初审，以消除题目设计中的常识性错误，减少试测的次数。可以向心理学家、测评专家或者是部门领导咨询，确定方案是否与实际工作相联系、设计是否均衡（资源争夺型问题）、是否适合考察要考察的素质、是否存在常识性错误、是否还有需要完善的地方、是否有更好的建议等。

(4) 试测。实践是检验真理的唯一标准，初稿送请专家审阅之后，还需要进行一个关键步骤——试测，试测的效果直接关系到题目设计的成败。一项设计无论在理论上如何完美，在没有经过实践之前，都不能够说是成功的。测试应该注意的问题就是选择合适的测试对象，他们中的一部分人以后可能会成为甄选的对象。在条件有限的情况下，大学毕业生和 MBA 学员也是较好的选择。

(5) 收集反馈意见。试测的反馈意见包含三个部分：被试者的意见、主试者的意见和统计分析的结果（主要是主试者信度和预测效度）。其中被试者的意见是案例修改和完善的重要依据；主试者的意见可以用来完善评分表和评分要素，在一定程度上可以作为案例修改的依据；统计分析的结果主要决定试测的效果，如果难度合适，统计分析的结果达到了预想的效果，就可以形成终稿。

(6) 再次试测。这一步骤和收集反馈意见是紧密相连的，如果试测效果已经满意，就不需要再次试测；如果试测效果不满意，具体表现为案例需要大的调整、统计分析不能达到预想效果等，就需要根据反映出来的情况，重新修订题目，并再次进行试测。这个过程可能要循环几次，直至试测效果达到满意。

9.3.2 评分表设计

无领导小组讨论的评分表是无领导小组讨论的重心，它是衡量题目内涵、题目编制水准和测评效果的主要工具。评分表中的评分标准很重要，它是指主试者对被试者观察、评价的参照指标，即依据什么指标做出优劣、好坏的量化评分。

1. 评分表内容

无领导小组讨论的评分表包含测评指标、测评维度等重点内容。测评指标构成评分表考核要点，测评维度构成计量尺度，其他信息构成测评补充要素。

测评指标来源于岗位胜任素质模型。测评维度是所要测量与评定的内容，也就是被试者的智力水平、人格特征和行为特点等方面在特定的岗位或职位上的具体表现。

2. 测评指标分类

无领导小组讨论的测评指标可分为一级指标和二级指标。一级指标主要有仪表举止、沟通表达能力、个人成熟度、成就意愿、指导控制能力、团队意识、创新能力等。一级指标又可以细化为二级指标，以便于主试者评分。整个测评指标分类的实际操作是：先依据每个胜任素质项划分出一级指标，再依据该指标包含信息的多少和目标职位的特殊需要划分为不同数目的二级指标。

3. 确定指标的原则

在确立评分指标时，必须考虑三个原则：一是必须保证测评维度与竞聘岗位的胜任特征相匹配；二是不同维度之间不能有概念上的重叠，以免测评人员产生混淆；三是要明确各维度的操作定义和典型行为表现，同时应辅以系统的测评师培训，保证所有测评人员对各个测评维度的理解统一且准确，从而保证不同测评人员之间评分的一致性。

4. 建立评分表流程

首先，采用经验总结法、问卷调查法、个案研究法、专题访谈法、因素分析法等方法，结合无领导小组讨论的测评功能，整理归纳出人才测评和诊断的关键维度。

其次，确定测评的关键要素，如组织协调能力、领导能力、情绪稳定性等，以此归纳出每个要素在无领导小组讨论中的观察要点。以组织协调能力为例，其观察要点就可以包括参与讨论的主动性、控制引导讨论的能力，容纳不同意见、综合提炼同类观点的能力等。

再次，进一步细化在具体的题目和情境下的要点，最好能够细化到行为描述程度，使得在最后的编码和打分时更加方便和客观。

最后，完成测评指标体系，即对每个测评维度进行权重的分配，同时确定好测评的结果标准，即通过无领导小组讨论测试之后，什么样的被试者才算符合要求可以留用或者进行下一步的测评。在此过程中，也可以根据组织所需的人数和竞聘者的人数确定筛选的比例和具体细致的标准。

根据本节对无领导小组讨论评分表的阐述，给出本章引导案例的无领导小组讨论评分表样表，见表 9－1。

表 9－1　无领导小组讨论评分表样表

被试者序号：　　　　　　　　　　　　　　　总分：

测评维度		仪表举止	沟通表达能力	个人成熟度	成就意愿	指导控制能力	团队意识	创新能力
权重		10%	10%	16%	16%	16%	16%	16%
测评要素		穿着整洁、得体、美观大方；沉着、冷静；言行举止恰当、友好、符合礼节；谈吐自如，用语礼貌	准确理解他人意思；认真倾听、及时回应他人；能够将所表达的内容清晰传达给对方；主题明确，有条理性；口齿清晰，语言简洁，用词准确	相信自己具备完成某项任务的能力；有较强自我控制能力，情绪稳定平和；愿意承担组织成败的责任；在面对压力和挫折时，沉着、冷静、积极；稳定团队成员情绪，并给予信心	积极主动思考；善于捕捉机遇；搜寻相关信息，充分论证观点；并能够运用影响策略说服他人，取得支持	具备全局意识；制定明确合理目标，并进行分工；把握进度，关注时间与流程；注重效率、兼顾质量；果断决策，达成预定目标	关注团队目标；能够与小组其他成员合作；支持合理意见，发挥成员的优势；引导和鼓励小组成员的士气；化解团队冲突，保持小组良好的集体讨论气氛	具有较强创新意识；能够不断提出新思路、新观点；具有较强的利用新方法的能力；拥护创新思维，支持创新措施，对小组目标的达成起到了"智多星"的作用
评分标准	高于标准	9～10	9～10	15～16	15～16	15～16	15～16	15～16
	略高于标准	7～8	7～8	13～14	13～14	13～14	13～14	13～14
	达到标准	5～6	5～6	11～12	11～12	11～12	11～12	11～12
	略低于标准	3～4	3～4	9～10	9～10	9～10	9～10	9～10
	远低于标准	1～2	1～2	1～8	1～8	1～8	1～8	1～8
要素得分								
主试者评语								

主试者签字：　　　　　　　　　　　　　　　　　　　　　　年　月　日

9.3.3　场地选择

由于考察方式、主试者和被试者人数和经费的限制，无领导小组讨论的场地需进行科学选择。

无领导小组讨论通常是在一间特定的会议室中进行。室内有一张会议桌和数把座椅，房间中一面墙上装有单向透光的玻璃，从被试者方向望去，它是一面镜子，但从主试者所在方向望去，它是一面透光的玻璃。具体见图 9－1。

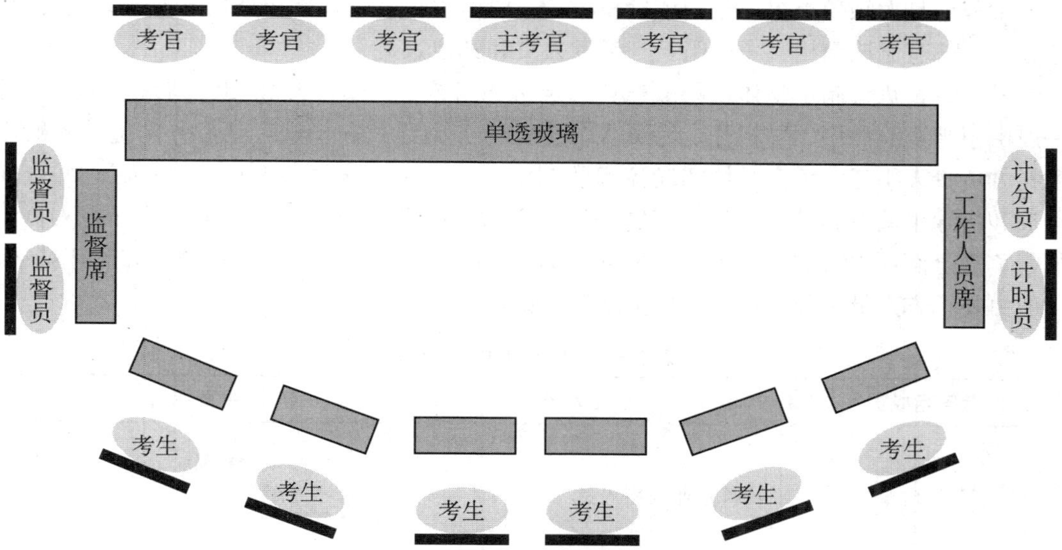

图 9－1 单透玻璃讨论现场布置图

有的会议室在暗处安装有监控系统，主试者在隔壁房间中，通过闭路监控系统在电视屏幕上观察被试者的表现。

然而在目前大多数的公务员面试中，由于条件限制，主试者和被试者处在同一会议室内，即无领导小组讨论的面试考场是封闭式的，中间放置会议桌，房间四周是主试者席。具体见图 9－2。

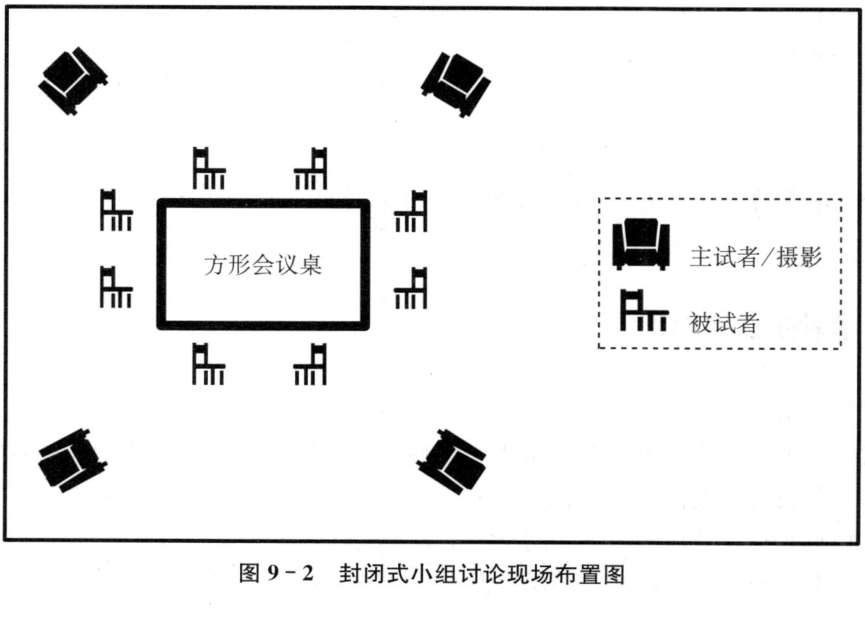

图 9－2 封闭式小组讨论现场布置图

9.3.4 成立考务组

考务组是无领导小组讨论的评价核心，一般由招聘企业人员和委托方人员共同构成。考务组一般有三层结构：考务组长、考务人员和其他人员。

考务组长负责制定整体招聘战略、选定考务组核心人员和复核测评结果。考务组长一般由招聘企业高层领导担任。考务人员分为考务副组长和主试者，考务副组长一般由委托方负责人担任，负责具体招聘流程的制定，是考场纪律的监督者和执行者，并全面培训和指导主试者和其他人员的招聘知识；主试者由招聘企业中层领导和委托方人员组成，负责全面评价被试者。其他人员负责实施测评流程、记录测评过程和计算测评结果，一般由委托方人员担任。考务组成员规划表见表 9－2。

表 9－2 考务组成员规划表

考务组成员	担任人员	主要职责
考务组长	招聘企业高层人员	制定整体招聘战略 选定考务组核心人员 复核测评结果
考务副组长	委托方负责人（专家）	具体招聘流程的制定 考场纪律的监督者、执行者 全面培训和指导主试者和其他人员的招聘知识
主试者	招聘企业中层领导和委托方人员	全面评价被试者
其他人员	委托方人员	实施测评流程 记录测评过程 计算测评结果

考务组应秉持客观公正的核心思想。考务人员的自律性直接决定了测评结果的准确性。

9.3.5 考前主试者培训

无领导小组讨论的主试者应该对面试形式及答案有充分准确的理解，以选用可以推动组织目标实现的人才。每种职业由于工作性质、环境、条件、方式不同，对工作者的能力、知识、技能、性格、气质、心理素质等有不同的要求。主试者应根据所需职位的特征，选择具有特定特点的人才。同时主试者不应以表面的知识和技能为依据选拔人才，而应选择具有核心动机特质和与组织价值观吻合的人才。

9.3.6　讨论实施

无领导小组讨论前期准备完成后，进入讨论实施阶段。讨论实施阶段主要包括候场及抽签分组，被试者入场，宣读指导语，个人陈述，自由讨论，总结陈述，被试者退场，计算考试结果八个步骤。严格执行无领导小组讨论实施的各个阶段可以保证测评科学化、流程规范化和结果精准化。无领导小组讨论实施流程见图 9－3。

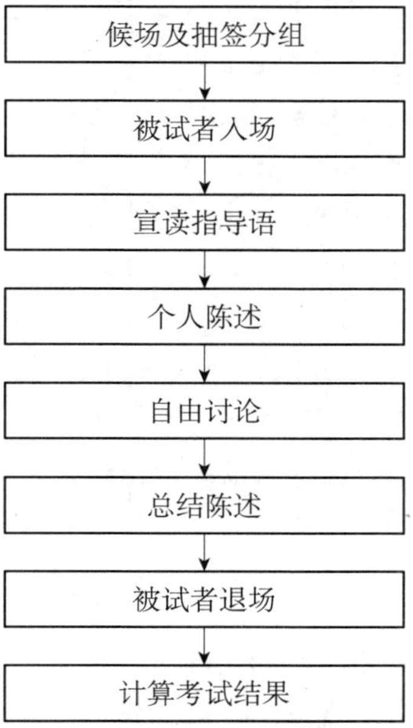

图 9－3　无领导小组讨论实施流程

1. 候场及抽签分组

考务人员应为考前、考后的被试者分别安排等候室，考务人员应安排两个等候室，在所有被试者讨论结束之前，主试者和被试者的手机必须由管理人员统一保管，保证不会泄题，确保测评结果的准确性。

被试者入场前应先由工作人员对其身份进行确认，确认无误后进行抽签分组。每位被试者随机抽取号签，签上注明组数及组内编号，并在工作人员的引导下入场。主试者根据事先排好的位置将被试者引到相应的座位上。为了便于主试者观察和评价，每位被试者面前应有桌签，上面有被试者的序号，序号按“1、2、3、4”这样的顺序排列，这样主试者在评价时只需记住每位被试者的序号即可。

2. 被试者入场

被试者进入考场要服从工作人员的安排，由工作人员引导，排队入场。被试者在敲门得到“请进”的允许后按顺序进入。进入考场后，被试者根据桌签找到自己的座位，在椅子侧或椅子后站定，等主试者示意可以坐下时，道谢后坐下，调整座椅时，避免发出刺耳声响。

3. 宣读指导语

主试者向被试者宣读无领导小组讨论测试的指导语，介绍讨论题的背景资料、讨论步骤和讨论要求。主试者要使用规范的指导语，指导语的内容应包括每组所要完成的任务、时间及注意事项。

小资料

指导语示例

某生产企业面临许多挑战，其中人才问题是最迫切的问题。关于如何激励、吸引和留住人才，开展好团队建设，是企业领导和各个部门主管思考最多的问题。为此，企业办公室工作人员经过访谈与问卷调查，收集了13条意见与建议。

请认真阅读这些意见与建议，选出三种最可行、最有效的好办法，并选出三种最不可行的办法。请在10分钟内完成此项任务。然后，大家进行小组讨论，每人自由发言，要有理有据地论证自己的观点，最好用自己的实际案例和亲身体验说明论述，力争让别人接受自己的观点。

大家要在50分钟之内讨论出结果，达成一致意见，还要针对最可行、最有效的三种办法拿出综合的落实方案。

最后，小组推选一位成员向主持人报告讨论结果，时间为3分钟。

4. 个人陈述

个人陈述环节可根据实际需要与时间情况进行取舍。

被试者轮流发言，阐明各自的观点。一般为每人3～5分钟。每个人发言的顺序可以是随机的，也可以是固定的，但无论如何，都保证每个人在此环节拥有发言机会。另外，主试者会根据被试者的发言，记录发言的观点。个人陈述环节是被试者在无领导小组讨论中第一次系统陈述自己的观点，是在主试者面前的第一次“亮相”。

个人陈述阶段是表明被试者观点立场的阶段，被试者在处理此类题目时首先应确立原则和标准，再对选项进行同类项合并。题目分类的形式有很多种，只要符合情理、逻辑，易于操作即可。被试者在表达时应注意时间的把握，在观点表达清楚的基础上切勿超时；发言时要注意向主试者展现思维的逻辑性、语言的丰富性和观点的明确性，同时还要注意各种细节，如坐姿、眼神、目光等。不发言的被试者，要做一个优秀的倾听者，适当做些记录，不可过于放松。

个人陈述可从以下几个方面入手：

第一，开篇阐明观点。被试者要在个人陈述开始时就阐述自己的观点，避免拖沓，可以根据题目和给定材料进行适当铺垫，但不要过多，最好在开篇前五句话中就阐明自己的观点。

第二，展开论证。建议被试者采用“总—分—总”的形式进行个人陈述并展开论证。被试者在开头先阐述观点，再将观点分成几个要点展开论证，最后总结强调自己的观点。这种形式结构感和逻辑性都很清晰且较为简单，可保证被试者在自我陈述环节不至于失分过多。

第三，总结提升。如果被试者在个人陈述环节中发言顺序较为靠前，则有较多观点可以进行陈述；如果被试者在小组中发言顺序较为靠后，则经常会感到无话可说，所想到的观点基本上都被之前发言的被试者说过。在这种情况下，对于发言靠后的被试者，要发挥发言顺序较晚、思考时间充分、可供借鉴的内容较多的优势，通过总结他人的观点，进行结构的完善和逻辑的优化，提出自己的创新点或者总结出大家的陈述的共同点。

5. 自由讨论

自由讨论是无领导小组讨论面试中最为重要的一环。在讨论过程中不安排谁是领导，不指定被试者发言的方向、顺序等，被试者在讨论中处于完全平等的地位，针对相关事项、问题等进行一定时间内的、平等的、自由的、公开的讨论，并达成一致的意见。

在自由讨论环节，被试者需要牢牢记住两个核心。第一，基于达成小组统一意见这样一个组织目标来设定自己的职责。在这个过程中，要注意为小组服务，这才是核心。自己所阐述的观点和他人所讨论的内容都要以小组的利益为核心。第二，在这个过程中，要做到审时度势，随机应变，或者选择以合适的方式阐明自己的观点，或者选择支持别人的观点。自由讨论强调的是"自由"和"讨论"，可以在讨论中自由地修正甚至变更自己的观点，也可以在讨论中自由地发挥以显示自己的作用和价值。

自由讨论对被试者的能力和素质有较高的要求，被试者要根据不同的情况来灵活应对，在个人陈述完毕后基本能有一个迅速的判断。迅速分析比较之后，一般会得出三种结果：敌弱我强、势均力敌、敌强我弱。敌弱我强型，接下来的讨论中适宜采取领导者策略，通过充分发言展示自己，引导其他被试者，在此过程中不妨给小组中的过弱者提供机会；势均力敌型，要尽最大可能展现个人魅力，广结同盟，真正成长为小组中最有价值的一名被试者；敌强我弱型，如果被试者所在的小组中其他被试者实力较强，不要慌张，而应冷静灵活地应对，可以采取追随者策略，走出奇制胜的道路。不要太急于抢先，可以适当地保持沉默，仔细倾听其他人的意见，充分吸收别人的优势，从中捕捉那些对自己有用的信息，修正和完善自己的论点，以他人之长来补己之短。等到初期的领导者气势略疲，或陷入争执时，再挺身而出，详尽地分析各方的观点，化解矛盾争执，这样无形之中你就能成为获得众人赞同、跨越矛盾界限、驾驭全局的中心人物。

自由讨论环节是个重视被试者发挥的环节，在此环节中没有过多的束缚，每位被试者凭自己的能力来争取发言机会和发言次数，表达自己的观点，并尽可能使自己的观点成为小组的主流观点。

在此环节中，被试者经常犯的一个错误是为了讨论而讨论，却忘了这是一场面试，沉浸在讨论的氛围中，最后暴露了自己原本打算隐藏的缺点和不足。自由讨论环节的最大魅力就在于，将被试者放在一个激烈的讨论氛围中，使每位被试者展现出最真实的水平，以求用最公平的方式来考察被试者。

6. 总结陈述

总结陈述是对小组讨论结果的概括陈述。一般由小组成员选举一名组员作为小组讨论的总结者，但有的面试也要求每个成员都进行总结。总结时间一般在 3～5 分钟，包括总结和补充总结时间。总结方式分为口头总结和书面总结两种。口头总结即由小组成员推举出一名组员口头进行总结汇报；书面总结即小组成员以书面的形式总结讨论结果后上交主试者。

总结陈述阶段主要考察被试者的综合分析能力、语言表达能力和逻辑思维能力。总结陈述具有概括性、条理性、充分性的特点。概括性是指在总结中要体现出小组成员讨论中的不同观点，同时又要体现观点整合后的一致性。条理性要求被试者在总结陈述中的表达清晰有层次。充分性要求论证合理，能准确论证所持观点。总结陈述应按照以下流程进行：

第一，介绍整个讨论的过程和大家的主要观点。

第二，把大家的结论做一个总结。如果还有其他意见，可以补充总结。注意要对整个小组的意见进行总结，杜绝提出与小组意见不同的反面意见，否则总结陈述失败；要全面，不要忽略补充意见；要简洁，不能过于复杂。

第三，记录讨论过程中的不同观点。在讨论过程中，要将每个小组成员的观点记录下来，以便在总结陈述中逐一表达。

第四，统一结论的整理及预陈述。在小组形成统一意见时要准确记录相关观点。可以在汇报前模拟总结，确认结论的准确性。

第五，陈述的整理及汇报。将结论做最后整理，使陈述条理清晰，论证充分。

7. 被试者退场

考试结束时，得到主试者、工作人员面试结束的示意或可以退场的提示后起立，被试者鞠躬行礼："谢谢各位主试者。"然后将桌上的纸笔摆放整齐，不要将试题、考场草稿纸、笔等带出考场，将座椅轻轻放归原位，随工作人员依次走出，注意走姿和面部表情。队伍的最后一位被试者要注意轻轻将门关上。

8. 计算考试结果

无领导小组讨论的评委需要对被试者进行评分，评委评分直接决定了被试者的无领导小组讨论测试成绩，因此无领导小组讨论的评分方法一定要科学严谨、公平合理。评分方法包括总体评分法和维度评分法。

(1) 总体评分法。对每名被试者的整场讨论表现给出一个总分，一般采取10分制或100分制。

优点：有利于评分者对评价信息进行全面整合。

缺点：难以解释总分的具体含义，不同评分者的评价标准不一。

(2) 维度评分法。事先采用确定的评价维度（一般为6～7个），对每名被试者的每个评价维度都给出一个具体的分数。

优点：标准统一，能够区分被试者的优劣势。

缺点：评分者工作量大，每名评分者要打分的个数是维度数量与被试者人数的乘积；容易出现趋中现象，分数区分小；在某些维度上缺少表现的被试者，难以评价。

在这里我们重点介绍维度评分法的几个分类，即等级评分法、行为检核法和排序法。

1) 等级评分法：首先将被试者的总体表现或各维度表现按照"优、良、中、差"分为四个等次，然后再按"上、中、下"分为三档，如"优上、优中、优下"，对应不同的分值，如分别对应9、8、7。具体见表9-3。

表 9-3　等级评分法评分表

	优	良	中	差	成绩汇总
上					
中					
下					
主观评价：					

优点：扩大评分范围；使测评结果具有一定的辨别力；能将平均分控制在较小的分数范围，评价难度小。

缺点：易产生趋中效应；主试者的主观性难以克服。

2）行为检核法：题目开发者在设计评分标准时，对每个评价维度提炼出具有代表性的、可观察的典型行为表现作为评分标准，赋予每个行为相应的正分数或负分数。主试者只需观察和判断被试者是否出现了相应行为。具体见表 9-4。

表 9-4　行为检核表

倾听能力评分标准	得分
注视发言者，点头或摇头	1
打断别人谈话	−1
别人谈话时接受	1
别人谈话时拒绝	−1

优点：标准清晰，可操作性强；观察评价简单，具有较强的一致性和公平性。

缺点：对评分表设计要求很高，难以把握每个测评维度的所有关键行为；评分者只能受限于评分表；不能反映行为频次差异。

3）排序法：将被试者在各维度上的表现按照由最好到最差的顺序进行排列，并赋予相应递减的分数，如 7 分到 1 分，然后依次对每名被试者在所有维度上的分数加总，形成总分。

优点：操作简单，评价容易。

缺点：难以进行不同小组之间的比较，分数是顺序变量，分数差异只反映被试者的相对位次，不能反映被试者的水平差异。

在评分结束后，负责人需要进行分数合成与决策。合成分数有两种方法：一是简单平均法，将评分者的评分平均计算，对每位被试者的分数排序；二是讨论确定法，无领导小组讨论结束后，评分者对每个被试者的表现逐一进行讨论，报告他们观察到的被试者的典型行为以及对其表现的评价，并充分交换意见。

针对同行互评产生的政策扭曲现象，我们可以采用非政策扭曲技术对结果进行计算，尽可能达到结果的合理性。

9.3.7 测评报告的撰写

无领导小组经过讨论实施阶段之后，需要撰写一份客观详尽的测评报告。报告要有较好的结构性和逻辑性，让委托方能够充分地理解、明白。

测评报告应包含测评机构的名称和测评时间、被试者的个人信息、测评项目、测评结果、结果分析、总体评价、复核意见、报告撰写人的姓名和日期等内容。

1. 测评报告范例

综合以上对无领导小组讨论测评报告的格式和复核要求的描述，给出以下测评报告的范例。

小资料

无领导小组讨论的测评报告样例

竞聘职位：综合部主任

编号：6号　　姓名：XXX　　性别：男　　年龄：33岁

各维度得分：

维度	得分
仪表举止	8
沟通表达能力	7
个人成熟度	6
团队意识	7
成就意愿	7
指导控制能力	6
创新能力	7

评语：

第一，具有良好的组织意识，在小组讨论中能够主动鼓励他人发言，且善于归纳他人的观点，缓和组内冲突，积极推动小组讨论的继续进行，表现出善于给他人施加影响，也表现出较强的组织能力。

第二，对问题有良好的洞察力，能比较深入地把握事物的关键属性，做出正确的反应，也能倾听并接纳他人的观点，语言表达清晰准确。

第三，在与他人的合作中表现出较好的沟通能力，合作意识强，人际关系倾向较好。并且能够有效说服他人接受自己的观点，对小组决策的产生有很大贡献。

第四，在行为举止上，心理成熟度一般，说明成熟度还需要进一步提高。

2. 测评报告的复核

测评报告的复核可以按照如下步骤进行：

（1）判别报告撰写人对被试者的总体评价是否全面、准确、中肯，是否前后矛盾。

（2）检查各项解释是否客观、贴切和适当，对偏颇之处提出修改意见。

（3）对总评中不全面之处提出修改意见并补充，对于需要特别注意的地方应当予以强调。查实被试者是否存在掩饰和作假的行为。

（4）对其他错误的检查，如标点符号、错别字和报告行文。

另外，复核人员必须是经验丰富的人才测评专家。

9.4 无领导小组讨论的应试技巧

前几节详细讲述了无领导小组讨论的题目类型和评分要点。本节主要站在被试者角度，提出无领导小组讨论的五大角色和无领导小组讨论的答题要点，让被试者掌握无领导小组讨论的加分项，从容应对每一场无领导小组讨论，知己知彼，方能百战不殆。

9.4.1 无领导小组讨论的五大角色

1. 组织领导者

（1）什么是组织领导者。组织领导者是指领导本小组对问题进行讨论和分析，组织大家明确分工并最终达成统一意见的被试者。组织领导者是一个小组中比较容易出彩的一个角色，但是机遇和挑战并存，如果担当组织领导者角色的被试者水平实力不足以领导大家，无法发挥其应起的作用，就会遭到小组其他成员的抛弃。

（2）怎么做组织领导者。组织领导者并不需要在小组讨论中提出特别多的观点和看法，而是要控制小组讨论的进程和节奏，保证小组讨论能够顺利地进行下去，并取得良好的效果。

具体而言，可从以下几个方面入手：

第一，和思路引领者积极配合，确定小组讨论框架。思路引领者提出小组讨论的方向或者框架后，组织领导者要站在全局的角度，在充分考虑小组其他成员意见的基础上，对意见进行丰富和完善，达成小组一致的讨论方向。

第二，积极引导小组成员参与讨论。组织大家积极融入讨论，在确定讨论方向和框架的基础上，引导小组成员对框架中的某些问题进行讨论。一般而言，在一个无领导小组讨论中，有的被试者发言较多，有的被试者发言较少，这时作为组织领导者要合理分配小组成员的发言时间，鼓励发言少的被试者多发言，例如："这位被试者一直在倾听大家的讨论，我们不妨来听听他的看法。"

第三，注意营造融洽的小组氛围。在遇到两难式的题目时，经常会遇到被试者讨论针锋相对的情况，这时组织领导者要注意营造融洽的讨论氛围，不要在某些细节上纠缠不休，以至于到了结束的时间还没有结论。组织领导者要时刻注意营造融洽的小组氛围，既要组织大家积极讨论，又要协调处理其中的争执和矛盾。

要想做好组织领导者，还要灵活应对小组中可能出现的突发情况。要时刻记住一点，小组整体的成功就是组织领导者最大的成功，小组整体的失败更是组织领导者最大的失败。在无领导小组讨论中，经常有被试者在采取组织领导者策略时遭遇“心有余而力不足”的情况，即自身的学识见解、个人影响力等不足以领导其他成员，在小组中遇到能力超强的被试者。此时，可以适当采用点评总结法，就是在适当的时候对其他发言者的言论进行点评、总结，特别是要吸收完善能力超强的那位被试者的观点，争取创造表现自己的机会。也可以在某个发言者所说的问题无突出见解时，自己帮他总结，争取发言机会。在讨论结束之前，可对各成员的交谈要点分析优劣并适时抛出令人信服的观点，使自己处于讨论的中心，无形中增加自己在小组中的分量，体现自己的价值。

2. 思路引领者

（1）什么是思路引领者。思路引领者是指在自由讨论开始后，某位被试者为整个小组讨论提供一个整体的思路，来引领讨论的方向和进程的被试者。思路引领者是另外一种意义上的“领袖”，要第一时间把握住所给无领导小组讨论题目的核心所在，针对题目所提出的问题，理清自己的思路，为小组提供一个讨论的方向和框架。

（2）怎么做思路引领者。做思路引领者关键在于抢占发言时间，在思想上影响小组其他的被试者，进而凸显自己的价值。

具体而言，可从以下几个方面入手：

第一，尽量争取第一个发言，发言要言简意赅，争取获得小组成员的一致认可。

第二，注意记录。注意在自我陈述阶段记录各个组员所陈述观点的共性和不同，总结出已经达成一致的观点和存在争议的观点，便于自己在自由讨论阶段能有针对性地提出思路，进行思路引导。

第三，注意求同。在自由讨论阶段，当组员对某个细节或者问题争议较大时，思路引领者要从思路的高度总结其共同点，推动自由讨论的进行。

做好思路引领者需要被试者抓住发言时间，当自由讨论环节开始后，尽量第一个发言，给后面发言的被试者提供一个思路和框架。被试者要注意的是，当自由讨论环节开始后，如果想引领思路，就要跳出在自我陈述阶段时自己发言时的观点，在小组整体利益的基础上，总结小组各个成员在自由陈述阶段发言的精髓和要领，广泛吸收别人的精华，进行理论和逻辑层面的提升，只有这样，自己所提供的思路才能得到更多被试者的认同。此外，要注意倾听其他被试者的不同意见，营造一种良好的人际关系，给其他人留下良好的印象，才能得到大家的认可，使自己思路引领者的作用得到最大限度的发挥。

3. 时间管理者

（1）什么是时间管理者。时间管理者是指注意时间进展，提示小组成员注意发言和讨论时间的被试者。时间管理者的角色是一个经常被被试者忽视的角色，很多被试者觉得这个角色技术含量太低，没什么意义。其实，时间管理者这个角色很容易上手，如果发挥得当，可以是仅次于组织领导者的“二当家”的角色。

如果一个小组没有注意考试的时间，出现了超时现象，就会影响小组整体的评分，影响每一位被试者的分数。

时间管理者的角色除了提示被试者注意时间外，也能够通过“时间管理”的方式组织领导小组讨论的进行。

（2）怎么做时间管理者。做时间管理者，要注意合理地把握小组讨论的时间，保证小组能在题目限制的时间内完成讨论任务。具体要注意以下几个方面：

第一，准备一块手表，最好是一块可以显示秒数的电子表，时间管理者要时刻关注时间，以便进行管理和控制。

第二，在自由讨论环节开始后，时间管理者要争取在前期说明时间安排，得到大家的同意后，按照时间安排合理控制自由讨论的进程。

第三，善于记录。在草稿纸上做详细的时间分配计划，便于整体把握；此外，要时刻关注时间，对于超时者友善地进行提醒。

可以采用“三段制”时间管理方法。“三段制”时间管理法，即小组讨论环节可分为三个阶段，时间管理者可以根据三个时间阶段的划分来确定自己在每个阶段不同的任务，通过时间管理的方式来显示自己在小组中的价值。

前三分之一的时间段为“完善观点期”。在此阶段，时间管理者要尽自己的最大努力，使小组中的每个人都来补充、丰富、完善自己在个人陈述时的观点，陈述自己的新观点，并配合组织领导者和思路引领者来初步确定小组统一观点的主体框架和思路，为最后形成小组的统一结论打下良好的基础。

中间三分之一的时间段为“求同存异期”。在此阶段，时间管理者要在保证整体的时间不超过预定计划的同时，以时间管理的方式协助领导者通过适当的让步、修正，使同组成员的观点逐渐向主观点靠拢，注意不要把自己的观点强加给其他被试者，而要以求同存异的态度来使自己的观点被最大化地接纳和采纳，形成小组的结论。

后三分之一的时间段为“结论完善期”。此阶段如果已经形成了主要观点，要对观点进行完善，如果没有，则要提醒组员尽快达成一致，尽力完善小组的一致意见并商议确定总结者的人选，针对总结发言的内容进行完善补充，积极建言献策。

4. 意见提供者

（1）什么是意见提供者。意见提供者是一个小组中成员最多的角色，每个人都可以承担这个角色。对自身实力没有信心的被试者，建议从这个角色入手来锻炼自己的无领导小组讨论的能力和技巧。

（2）怎么做意见提供者。做意见提供者，要运用发散思维，多思考、多提供观点，为小组提供更多选择，以推动小组讨论进程。

意见提供者要在小组中尽可能地提出解决问题的思路和方法，用类似于头脑风暴的方法来带动小组讨论。意见提供者要多为思路引领者的思路框架补充内容，多与组织领导者配合推动小组讨论的进行。

做好意见提供者，应注意以下几个方面：

第一，围绕核心多思考一些相关的观点和看法。所围绕的核心可以是小组讨论总的核心，也可以是讨论进程中某一部分的核心。

第二，发言简明扼要。意见提供者的发言一定要短 ，用最少的语言表达最多的含义，如果在小组讨论环节中发言冗长，说不出重点，就会让其他组员反感，所表达的观点也不会得到小组成员的重视。意见提供者在小组讨论环节发言中要尽量用简明、通俗的语言来表达自己的观点，所表达的观点要和小组正在讨论的内容相关，最好是和小组所讨论的核心相关，起到“拨云见日”的效果。

第三，及时表达意见。讨论中常有这种情况发生：被试者有了好的观点和看法，却把握不住时机，思考许久，待观点思考成熟后，却发现自由讨论的内容已经更改。在自由讨论环节中，意见提供者要把握住发言的机会，有了观点和看法就要及时表达。对于这个角色，没必要强求所说的内容是多么完整、逻辑是多么完善，而要通过意见的表达来推动小组讨论的进行。

5. 总结陈述者

(1) 什么是总结陈述者。总结陈述者是代表小组阐述小组讨论结果的角色，这个角色是较容易出彩的一个角色，但也是一把“双刃剑”，如果把握不好，就会产生不好的影响。

(2) 怎么做总结陈述者。总结陈述者的发言内容是小组讨论的结论，不再需要花太多的精力来进行思考。一般情况而言，总结陈述者都会有话可说，但是要想总结好，却不容易。

具体而言，总结陈述者要从以下几个方面入手：

第一，如果自己在个人陈述和自由讨论阶段表现不突出，就要积极争取总结陈述者的角色来为自己加分。一般来说，总结陈述者不是小组中一直表现最好的被试者。若想要争取总结陈述者的角色，在小组讨论阶段结束后就要率先做总结发言。例如：“我看大家说得都特别好，我对大家提出的问题（观点）进行了记录和整理，关于对第一个问题的看法，大家的意见是……有记录和总结不全面之处，请大家补充。”

第二，要注意记录每位被试者的发言。总结陈述就是要总结小组成员的观点，自己来代表小组陈述整体的结论。这需要被试者在个人陈述阶段和自由讨论阶段都总结记录好小组内各被试者的观点，全面准确地表达小组的结论，使本小组得到一个较好的分数。

第三，要注意仪态落落大方。总结陈述者这个角色，一般而言，要单独面对主试者发言。在那个时候，不论是主试者还是被试者都会静静地听你来阐述，这样的情况下就要求被试者口齿伶俐、吐字清晰，不卑不亢地来表达，给主试者留下一个良好的印象。

第四，要表现自己的领导能力和组织能力。总结陈述者要在小组讨论阶段适当组织大家为自己的总结提供材料，对整个小组的观点进行概括总结，要全面准确、语言简洁。

此外，在表达要结束时，总结陈述者要对题目或开篇说的话加以发挥和强调，使前后表述一脉相承、结构紧凑。结尾时也可以引用名言警句或者结合当前社会热点与经典理论，使结尾更有深度和高度。

做好总结陈述者，需要从以下两个方面入手：

第一，集体为重。总结陈述者在最后总结时，要注意以集体的讨论结果为根本出发点，自己所扮演的角色是要把整个小组讨论的结果完整地表达给主试者。千万不要犯“个人主义”的错误，在此环节过分地表现自己，这是得不偿失的。此时，要体现自己的集体荣誉感和团队意识。

第二，简明扼要。总结陈述者在总结发言时一定要力求表达的内容简明扼要，不要拖拉，否则极易引起主试者的反感。总结陈述者所表述的内容并不需要自己过多地构思，所要做的就是把大家讨论出的内容系统地表达出来。所以总结陈述者要用简洁的语言、完整的逻辑框架向主试者表述。

9.4.2 无领导小组讨论答题五要点

无领导小组讨论答题环节要重点注意以下五个方面。

1. 观点鲜明

在无领导小组讨论的任何题型下，被试者都要保持清醒的头脑，找到题眼，抓住重点词汇，确定答题方向，这样才能不落后于人。

例 9－1

为进一步改善民生，某省政府围绕解决与人民群众利益相关的突出问题，决定新增财力 70%用于改善民生，办好十个方面民生实事。

1. 增强社会保障能力。
2. 积极扩大就业。
3. 实施保障性安居工程。
4. 搞好农村文化设施建设。
5. 加强农村扶贫开发。
6. 加强城市安全防控体系建设。
7. 实施暖房子工程。
8. 继续改善义务教育条件。
9. 继续实施农村饮水安全工程，解决 100 万农村人口饮水安全问题。
10. 提高城乡基层医疗卫生设施水平。

要求

1. 被试者认真读题，并准备发言提纲，时间为 5 分钟。
2. 根据轻重缓急原则，确定这十项工作的顺序。依照抽签顺序，小组每一位被试者依次发言表明观点并陈述理由，时间为 3 分钟。
3. 小组自由讨论发言。被试者进入自由讨论，并达成一致意见，时间为 40 分钟。
4. 小组推荐一位代表进行总结陈词，时间为 3 分钟。

上题涉及“民生十大工程”，是典型的多项选择排序题，无领导小组讨论应注意的关键词是“省政府”。抓住题眼就相当于站在出题人的角度思考问题，这样才能朝着正确的方向前进。

2. 真诚谦虚

不同于笔试，面试是一种直观性很强的考查方式，在这种考查中，主观感受非常重要。笔试中，被试者与主试者的交流方式是书面的，主试者通过卷面来对一个被试者进行判断和评分，不容易看到某个人的真实态度。面试中，形式直观，被试者整个人的精神面貌和语言表达都会全面地展现在主试者面前。

特别是无领导小组讨论，还存在被试者之间的互动和相互影响，在这个过程中体现出来的态度就十分重要。主试者会通过你在讨论过程中与人沟通交流的方式推测出你在今后的实际工作中将如何处理人际关系。同时，从考试内容的角度看，良好的态度更加便于和小组成员之间的交流，在大家存在分歧的时候更加便于有效沟通，更能有效地说服别人赞同自己的观点，不会轻易让人产生抵触心理。

（1）个人表达。切忌狂妄自大。适度的自信在面试中是很重要的，要立场鲜明、坚定，而自信过度就会给人一种自负的感觉。在阐述自己观点的时候，要做到语言准确、语气肯定，但是不要采用比较极端的表达方式进行表述，避免出现绝对化的语言。比如："在这个问题上我是权威，因为我曾经接触过类似的问题，并且成功解决，所以我认为这一点没有讨论的必要了，大家相信我就行了。""我认为我的观点是正确的，这个问题就该这么解决。"

切忌过强的优越感。这样的情况在个人综合素质和语言表达水平都比较高的人身上更容易出现。他们在别人否定自己意见的时候，比较容易用很绝对的方式去肯定自己，这样反而容易适得其反。有一些被试者还会有意无意地在发言的时候透露自己的名校身份，这容易引起同组成员反感，让人觉得不够谦虚，而且容易让主试者觉得他优越感过强，有可能不服从领导，在人际交往方面有欠缺。所以要调整好自己的心态，意识到实际工作中的问题很具体、很烦琐，看问题的时候不能太主观，要有一个谦虚的态度去倾听别人的意见。只有把心态调整好，在考试过程中与其他组员交流的时候态度才会端正。

切忌蔑视他人。在一定程度上，"怎么说"比"说什么"更重要，因此，在发表自己观点的时候一定要真诚谦虚，要意识到在无领导小组讨论中，组员之间的关系并不是辩论赛中"我方辩友"和"对方辩友"的关系，而是一个团队。虽然和其中的某一个或者几个人有具体的实质的竞争关系，但是这种面试形式模拟的是一个工作小组集中智慧解决问题的场景，在团队中是不应该出现敌对情绪和轻视他人、贬低他人的情况的。即使在具体的问题上存在分歧，也仅仅是观点上的不同，不要上升到人与人之间的高下之分。面对不同的意见，采取什么样的态度去对待，这也是主试者的考查点所在。证明自己的观点正确并不是通过否定别人来实现的，而是通过沟通和交流，吸取不同人意见中的精华部分来实现的。考试过程中应该采取的态度不是"你死我活"，也不是"我对你错"，而应该是"你有你的道理，我有我的道理"，在共赢的情况下突出自己更胜一筹。

（2）情绪控制。无领导小组讨论的面试方式和传统的结构化面试相比，考试时间比较长，因此被试者在整场考试过程中的情绪控制是非常关键的。一个人面对一排主试者很容易紧张，可能会语无伦次。无领导小组讨论是群体性面试，相对来说对个人的临场压力不会那么大，但是到个人单独发言的时候也难免会紧张。这就需要大家放平心态，做好准备，不要贸然开口，心中有数之后再流畅表达。讨论逐渐热烈甚至是激烈之后，大家往往都会从紧张中平复下来，这个时候失控的情绪主要体现在过于放松。有的时候容易陷入激烈的争论当中，几乎忘记身处考场，情绪越来越激动，很多面试前提醒自己注意的问题都忘记了，言辞也开始变得激烈，甚至开始互相攻击。

有的被试者在考场上还会出现由于情绪的波动导致发言分布不均的情况。在讨论的前半段比较积极主动，发言次数也很多，但是由于中途几次准备发言被别人抢先，或是自己的观点被别人否定，或是自己准备得很充分的内容被别人说出，导致情绪一下子低落下去，后半段基本就不发言，作壁上观。每个人在交流的时候都希望能够得到别人的肯定，当被肯定时，会产生更大的信心继续表达自己。相反，在被否定或者是别人不认同自己的观点时，难免会有些信心受挫。在无领导小组讨论过程中，这样的情况也是难免的，这个时候大家千万不要灰心丧气、妄自菲薄，不要因为自己提出的见解没有被采纳就消沉下去，在后面的阶段很少发言。被试者从始至终都应该以一种积极乐观的态度参与到小组讨论中去。不被认同是正常的，重要的是找出原因进行调整，继续参与小组讨论。因此我们要注意保持情绪的稳定，避免消沉或者激动这两个极端，调整好自己发言时的态度和表达方式。

还有一些被试者是“慢热型”的，在自由讨论阶段的前半段很紧张，不敢轻易开口，到讨论时间过半了才逐渐放松情绪，开始发言。这种情况也是不可取的。在公务员考试的面试环节，主试者手中的打分表项目很多，分数细化，同时群体性面试人数很多，主试者的工作量也很大。如果发言的分布非常不均衡，很可能当主试者想给某人评分的时候发现这个人迟迟都没有发言，这样必然会影响其分数。即使在后期发言很积极，那么第一印象已经形成，往上提分的空间就非常小了。因此，发言次数的均衡分布是非常重要的。

（3）非语言表述。在与人交谈的时候，眼神应该平视对方。斜眼看人、居高临下俯视或者是向上仰视看人都是不可取的。戴眼镜的被试者要注意调整自己眼镜镜架的松紧度，不要让眼镜滑到鼻梁下端，否则容易出现两种情况：一是眼镜上缘会遮住自己的眼睛，影响自己和别人的交流；二是很容易让自己情不自禁地抬头，抬起下巴来才能使目光透过镜片看人，给人留下蔑视别人的印象。

说话的时候保持柔和的面部表情，避免挑眉、皱鼻这类表情。特别是在别人发言的时候，即使你不同意其观点，也不应该有撇嘴、冷笑等不屑的表情，这样会给人自以为是的感觉，引起别人的反感，让别人在你发言前就对你有了抵触情绪，不易赞成你的观点。同时，这也让主试者提高了对你的预期，如果后面你的发言也一般的话，反而会给主试者一种“不过如此”的感觉，进而影响到你的得分。

对于面试的礼仪规范，很多被试者在刚刚入场的时候都能够严格做到，时刻提醒自己注意。但是随着讨论的逐渐深入，整个人逐渐放松，就很容易出现松懈状态。保持一段时间的端正坐姿难免觉得有点疲惫，有时就会身体放松靠在椅背上，让人觉得散漫，甚至是游离于讨论之外。有时随着讨论的激烈程度加剧，人的身体会情不自禁地逐渐前倾，特别是脖子牵引着头部往前伸，这样会给人攻击性很强的感觉。讨论时碰到针锋相对的情况，很多人会采用一种防御性的姿势来应对：双手交叉抱在胸前，这样的身体语言易给人一种拒人于千里之外的感觉。以上提到的这些情况应该尽量避免。同时，应该保持端正的坐姿，当别人说话的时候抬头注视说话者，赞同的地方微微点头致意，讨论激烈的时候也要做好身体控制。

不要有一些多余的小动作，特别是注意不要用手指或者是笔尖去指别人。另外，手势的幅度切勿过大，大概控制在胸前两尺范围内即可，手势不要影响到坐在身边的人，切忌将手伸到别人的面前或直接触碰到身边的人。

3. 定位准确

被试者拿到题目后首先应把题目定位准确，前文对无领导小组讨论进行了详细分类，被试者需要做的就是记住这些分类，定位题眼，抓住一根主线，以严谨的逻辑关系进行自我表述。

其次，要根据身份角色对自己和其他人进行身份确认，即谁是时间管理者，谁是组织领导者等。这些角色虽然分工不同，但并不是截然分立的，交叉的部分非常多，对于角色的定位一定要根据讨论的具体情况来进行。无论在讨论中将自己定位为什么样的角色，一定要注意积极主动地发言，保证自己的发言次数，提高自己的发言质量。

同时，记录和计时这两项基本功都是必须掌握的，可以在关键时刻起到画龙点睛的作用。提醒时间，可以督促推动小组讨论的进度，弥合分歧。运用好记录，可以找到不同意见之间的共同点，是讨论过程中求同存异的基础。另外，做好记录也可以为最后担任小组总结者做好准备，在争取总结发言的时候不至于手足无措、错失良机。角色定位是建立在充分发言的基础上的，也就是说，发言才是角色发挥的舞台。

4. 发言精炼

（1）言简意赅。很多人对无领导小组讨论的一个误解是在讨论的过程中发言次数越多越好，发言时间越长越好。其实，在无领导小组讨论的过程中，适度原则是很重要的。讨论过程中一定要积极主动，珍惜每一次发言机会，但是要注意言简意赅，不要过于冗长。特别是在讨论进行得很激烈的时候，不容易争取到发言的机会，很多人就会在发言的时候尽量延长时间。有时候明明已经表达得很明确了，却仍然要将相同的意思重复多遍甚至同一句话重复多遍，效果反而适得其反。

有效的、高质量的发言并不一定需要非常长的时间，重要的是其精准度。语言的力量不在于长度而在于内容，真诚友善的态度和具有说服力的言辞才是取胜之道。任何时候发言都一定要抓住问题的实质。特别是在限定了单次发言时间的情况下，如果单次发言超时，就会被计时员打断，影响主试者对自己的评分。同时在心理上必然也会受到干扰，影响后面的正常发挥。我们做一个简单的计算，假设无领导小组讨论 10 个人为一个小组，规定自由讨论的时间不超过 40 分钟，那么平均下来每个人在自由讨论阶段的发言时间只有 4 分钟。在实际考试中当然不会这么平均分配，但是假设某位被试者的单次发言时间就超过了 3 分钟，特别是如果每次发言都是如此，必然会引起主试者和其他被试者的反感。“同义反复”在某些情况下是一种强调自己发言内容的有效方式，但一定不要过度。

（2）语言规范。语言是思维的载体，在无领导小组讨论的时候要将自己独到的见解表达出来，一定要采用规范准确的语言。面试语言与我们日常生活中的语言有所不同，因此要注意不能过于口语化，尽量严谨，注意措辞得体。

在正规的无领导小组讨论中，原则上被试者的个人信息是处在保密状态的，主试者是不知道被试者的姓名和所竞聘的具体岗位的。并且，被试者也不可以在考试过程中透露自己的个人信息，以杜绝舞弊的情况。因此，在面试过程中，被试者只能用考号去称呼对方。

在无领导小组讨论面试现场，被试者为了能让其他人听清楚，一定要适当提高自己的音量，但是不宜过大。不论观点是否正确，被试者一定要心平气和，真诚地与他人交流。

在发言的时候，不要使用外语和方言，也不要使用网络语言和粗话。站在主试者的角度思考，除了某些特殊岗位，外语不是无领导小组讨论中语言表达的考察要点，方言和网络语言可能会让主试者无法理解，也体现了对主试者和其他被试者的不尊重；至于粗话，更是切忌，文明是一个人的基本素养，讨论过程中一定要注重文明礼貌。

“他山之石，可以攻玉”，每个人的思想都会有局限的地方，所以在讨论过程中可以借鉴与自己观点相同的组员发言的精华内容，不必因为与他人重复就刻意回避，在肯定别人的同时也可以完善自己的内容。

5. 求同存异

一位外交家曾说过：“人与人之间互相争吵，往往是因为他们不知道对方到底在说什么。”了解别人的观点是求同存异、让讨论顺利进行的一个前提条件。如果连对方到底持什么样的观点以及具体的理由都不清楚，所谓的讨论就毫无意义。

（1）倾听和记录的技巧。在无领导小组讨论中，有很多被试者的注意力都放在准备自己的发言上，并没有认真去听别人说了什么，这样准备出来的发言其实是没有针对性和说服力的。讨论中一定要做到“一心多用”，除了想之外还要听，并且根据别人的发言适当调整自己的发言，避免用一模一样的语言去表述别人已经说过的观点，同时根据别人的发言有针对性地进行反驳，把握住说服对方的机会。

在讨论过程中做记录并不需要大家逐字逐句、字迹工整地写下来，而是要用最快的速度和最直观的方式记录下有效信息。记录时注意把关键词写下来，同时分配好草稿纸的使用区域，将自己的发言提纲和别人的发言分开记录，并在记录别人发言时在前面标上序号，留足空白，避免出现张冠李戴的情况。在讨论过程中有两方面信息是必须记录的：一是能够支持自己观点的一些理论和例证；二是对方发言过程中的硬伤和可以反驳的地方。

（2）全局观念。在讨论过程中，全局观念体现在要始终明确小组讨论的主题是什么、主要任务是什么、矛盾和焦点在什么地方，只有明确了这几点，才能有针对性地进行下去。讨论时难免会出现小组成员在某个细节上存在争执不下、偏离主题的情况。比如，在某个以改善社会治安为主题的讨论题目时，涉及摄像头安装的问题时，有被试者的专业与摄像头的电子技术相关，于是就具体的摄像头型号、安装位置等专业问题发表意见。此时其他被试者不同意其观点，于是就摄像头的安装问题讨论许久。这个时候如果有被试者能够从全局出发，提醒大家意识到这是一个无关紧要的细节，引导小组回归到讨论主题上，就可以获得加分。切忌为了增加发言次数盲目地就自己熟悉的内容展开讨论，而不顾是否偏离主题。

我们在之前的内容里提到，无领导小组讨论不是辩论赛，小组成员之间的关系并不是辩论中的正方和反方，不是对方辩友和我方辩友的关系，但是在讨论过程中观点不一致是必然的，根据观点的不同必然会有阵营的划分。因此，在个人陈述阶段就应该仔细倾听组员的发言，明确各自的观点是什么，哪些人和自己持相同观点，哪些人和自己持相反观点，自己是在多数人的阵营中还是在少数人的阵营中，或者持两种意见的人数相当。在讨论的过程中要吸取和自己意见相同的组员发言的精华，完善自己发言的同时也要注意到和自己观点不同的人的发言中是否有漏洞，是否可以为己所用，把其作为说服对方的理由。要找准双方分歧之所在，本着求同存异的原则进行讨论，不要用贬低或者否定对方的方式来证明自己的正确性。

（3）积极表达。在与人沟通交流的时候，采取积极的表达方式是非常重要的，这样不仅能够传达出自己乐观向上的生活和工作态度，也更有利于与其他人有效地沟通，传递出有效的信息。在无领导小组讨论的过程中也要采用积极的表达方式，多汇总讨论过程中已经达成的共识，在此基础上求同存异。特别是在涉及我国现阶段存在的一些社会问题时，要用积极阳光的心态去面对，消极现象只是支流，社会的主流是发展的、前进的，表达的时候不要刻意去扩大社会生活中的一些阴暗面。尤其在否定别的组员的发言或者提出不同意见的时候，应该采取先肯定后转折的方式，这样既能够表现出自己是一个善于倾听别人意见、尊重别人意见的人，也能够委婉地表达出自己的独立意见，还便于别人平和地接受你的想法，不会一听到你的发言就产生抵触的情绪，从而导致更激烈的争论。

□复习思考题

1. 请简述无领导小组讨论的概念。
2. 请简述无领导小组讨论的流程。
3. 请简述无领导小组讨论的五大角色。
4. 如果你是被试者，在无领导小组讨论中，应注意哪些事项？

第 10 章

其他测验

| 学习内容 |

- 公文筐测验
- 角色扮演
- 即兴演讲
- 管理游戏
- 案例分析
- 深度访谈

| 学习目标 |

- 了解包括公文筐测验、角色扮演、即兴演讲、管理游戏、案例分析和深度访谈在内的人才测评方法
- 理解各种测评方法在实际应用中的优缺点
- 掌握各种测评方法的实操流程和应用技巧

引导案例

共享单车的衰败

被称为中国“新四大发明”之一的共享单车在第一辆车诞生短短两年多时间就走过了其他行业十几年的发展历程，实现了从 0 到超过 2 000 万辆的投放规模，但是过山车式的增长最终迎来了倒闭潮，3Vbike、悟空、町町、小蓝、酷奇、小鸣等一大批共享单车品牌因为资金链断裂纷纷倒闭或停止运营，剩下的摩拜卖身美团，还有一些企业频发资金枯竭、法人变更、多家供应商停止合作等负面消息。

一大批共享单车倒闭的背后，是惨淡的运营数据。北京市交通委 2018 年宣称：共享

自行车的月活跃度水平不足50%，近一半车辆处在闲置状态。但即便闲置严重，也无法真正满足消费者的用车需求。很多消费者上下班时间在地铁附近无法找到可以使用的共享单车，即使找到了也是被损坏无法使用。在中国的一、二线城市，共享单车堆积如山，形成了一个个壮观的“单车坟场”，运营损耗触目惊心。

这些共享单车的“死亡”并不让人惊讶，因为其战略和商业模式高度一致，无外乎是靠押金来玩金融，靠单次骑行收费来分摊折旧和维护成本。最终谁活下来拼的是运营成本谁更低，谁能够真正盈利，带来正的现金流。但是很遗憾，至今没有哪一家共享单车在运营上有太大的差异化竞争优势，商家只能拼谁的资金链更稳固，一旦没有后续资金输血，只能倒闭或被其他公司收购。

照理说，共享单车想实现盈利并不难。一辆车如果成本是1 000元，自然折旧周期是3年，那么每年的折旧成本不到333元，平均下来每天不到1元。如果再算上投放、维护、损坏、偷盗等运营成本，一辆车每天的运营成本大约是2～3元。如果每次骑行的费用是1元，每天每辆车被骑3次，则可以持平，高于3次则可以盈利。如果再加上押金带来的金融收益，2～3年内实现盈利不是不可能。

实际上，由于整个运营管理的混乱，共享单车的成本早已失控，看看那些共享单车“坟场”就能够知道答案，不到50%的利用率，要不是各大城市开始限制投放量，只怕单车多到都要堆到机动车道上去。一个城市需要多少单车，如何通过大数据分析来精准投放以及进行单车免维护的设计等，都是共享单车运营者们需要考虑的问题。再好的商业模式没有好的运营做支撑，最终也会一败涂地！

思考题

1. 分析共享单车运营模式的缺陷。

2. 如果你是一家共享单车的高层人员，你认为该如何塑造企业的竞争战略？请给出几条合理化建议。

3. 你认为共享单车的出路在哪里？

管理评价中心（management assessment center）是现代人员素质测评的一种主要形式，也是人力资源开发的一种重要方法。它通过创设一种逼真的模拟管理系统或工作场景，将被测者纳入该环境系统，使其完成环境系统下对应的各种工作，使用定性与定量相结合的方法来测评被测者的心理和行为特点、素质特征和发展潜力。

西方管理学家在分析管理评价中心的预测准确性时发现：由企业领导随意选拔的管理人员，按照使用的结果，其正确性只有15%；经过各级经理层层提名推荐的，其正确性有35%；通过管理评价中心选拔的管理人员，正确性达70%。美国电话电报公司通过管理评价中心对一批经理候选人进行测评并跟踪其后续发展，8年后，把测评结果与实际情况进行核对，发现以前预测会晋升的候选人中，有64%晋升为中层主管；以前预测不会晋升的候选人中，只有32%晋升为中层主管。

典型的管理评价中心技术手段丰富。其中，面试、无领导小组讨论、心理测评，前面章节已经系统介绍过。在这一章，将继续介绍管理评价中心技术的其他手段，包括公文筐测验、角色扮演、即兴演讲、管理游戏、案例分析、深度访谈。

10.1 公文筐测验

10.1.1 公文筐测验概述

公文筐测验（in-tray tests）也称文件筐测验或公文处理练习，是以胜任力理论与胜任特征模型为依据开发出的一种情境模拟测验，是在模拟实际工作的情境中评价被测者与特定岗位所需的胜任特征是否匹配的一种对特定岗位人才的甄选与培训极为有效的测评技术。它一般以某个公司或组织的一个岗位为模拟对象，要求被测者扮演岗位领导者的角色，处理一系列的文件材料，内容涉及生产、财务、人事、市场、客户及公共关系等等，这些文件材料以备忘录、通知、报告、传真、电话记录等形式呈现。在测评过程中，被测者要模拟实际管理中的想法，在规定的条件下对各类文件材料进行处理，提出处理意见、对有关问题做出决策、制订计划和行动方案等等，被测者的这些处理结果都要以书面的形式呈现。公文筐测验作为一种评价方法，最早起源于美国，是管理评价中心技术的核心，在中高级管理人员的选拔、培训、晋升、职业咨询中应用广泛。

10.1.2 公文筐测验的优点与缺点

1. 优点

（1）考察内容范围广。作为纸笔形式的文件筐测验，借助被测者对文件的处理，可以对其背景知识、业务知识、操作经验以及能力等要素进行考察。

（2）信度和效度高。公文筐测验把测评对象置于模拟的工作情境之中，考察测评对象解决相关问题的实际工作能力，与传统智力测验或个性测验相比，其强可靠性和高仿真性的特点使得大多数研究者对公文筐测验的内容信度和效度有比较一致的认可。

（3）情境性强。公文筐测验本质上是对工作情境的模拟和浓缩，测验情境与实际工作情境很相似，表面效度很高，能够激发被测者的作答兴趣。测验材料涉及日常管理、人事、财务、市场、公共关系、政策法规等各项工作，能够对高层及中层管理人员进行全面的测评与评价。

2. 缺点

（1）题目设计难度高。公文筐测验的题目既要求与现实工作情境相关，又要求具有典型性，难度也需要适中，这就要求考官既要工作经验丰富，又要有足够的出题经验，这无疑加大了公文筐测验的实施难度。

（2）对考官要求高。公文筐测验对考官的综合素质要求较高。考官不仅要具备管理学和心理学领域的基础知识，了解公文筐测验的理论和实践依据，而且要对测评对象所任职务的职责权限和任职资格（工作经验、学历、能力、潜能和个性心理特征等）进行系统研究。他们不仅要能够独立或与他人合作设计测评题目，了解各测评题目之间的内在联系，还要能够恰如其分地开展测评问询，并对被测者进行全面、客观、公正的评价。考官要对每个可能出现的答案及其代表的意义做到心中有数并与其他考官事先达成共识。

（3）评分难度大。对公文处理结果的评价受多种因素的影响，机构、氛围、管理观念不同的组织，具有不同的评价标准。除此之外，在公文筐测验的评分确定过程中，专业人员和实际工作者还往往存在着理解上的差异。

（4）成本高。公文筐测验的试题设计、实施、评分都需要花费较长的时间进行研究与筛选，必须投入相当大的人力、物力和财力才能保证较高的表面效度，因此花费的精力和费用都比较多。

10.1.3 公文筐测验的题目设计与开发

进行公文筐测验，题目设计与开发是重点。题目设计与开发共有三个环节：工作岗位分析、公文设计和确定测评要素。

1. 工作岗位分析

在设计试题之前，应该深入分析工作岗位的特点，确定任职者应该具备哪些知识、经验和能力。工作岗位分析的方法可以是面谈法、现场观察法或问卷法。通过工作岗位分析，要确定公文筐测验需要测评哪些素质和能力，哪些素质和能力可以得到充分测评，各个要素应占多大权重。表 10-1 是某公司咨询顾问职位说明书。

表 10-1　某公司咨询顾问职位说明书

<table>
<tr><td rowspan="2">基本信息</td><td>职位名称：咨询顾问</td><td>任职者姓名：</td></tr>
<tr><td>所属部门：市场营销部</td><td>日期：</td></tr>
<tr><td colspan="2">职位描述</td><td>衡量标准</td></tr>
<tr><td rowspan="4">专业管理咨询</td><td>（1）搜集与整理客户的行业及经营管理数据、资料，具体进行客户访谈</td><td>访谈报告</td></tr>
<tr><td>（2）提供客户解决方案，完成相应的专项咨询模块，并撰写专项咨询报告</td><td>咨询方案通过率</td></tr>
<tr><td>（3）与客户进行沟通，修订方案</td><td>客户满意度和方案完善情况</td></tr>
<tr><td>（4）对客户具体实施培训与辅导</td><td>客户满意度</td></tr>
<tr><td rowspan="3">客户关系管理</td><td>（1）根据咨询团队的角色分工，管理与协调客户关系</td><td rowspan="3">客户满意度</td></tr>
<tr><td>（2）在项目运行过程中，具体协调与专业模块相关的管理层及执行层人员关系</td></tr>
<tr><td>（3）挖掘客户潜在需求，及时跟踪，提供专业服务</td></tr>
</table>

续表

职位描述		衡量标准
市场业务支持	(1) 根据公司安排或个人申报，参与或独立进行新咨询项目的发掘、筛选、储备、跟进等工作	新项目数量
	(2) 根据公司安排，参与咨询项目的前期调研、客户需求沟通	客户满意度
	(3) 根据公司安排，对待开发的咨询项目提供智力和技术支持	项目完备情况
	(4) 根据公司安排，参与待开发咨询项目的建议书、投标文件要件的编写	文件编写情况
	(5) 参与或独立组织项目投标和合同谈判	合同签订数量
知识管理	(1) 归纳、整理所承担的专项模块的相关资料，进行知识提炼与总结	知识库完备情况
	(2) 参与公司的知识管理与知识库建设工作	
	(3) 咨询理念、咨询工具的创新与改良	咨询理念、工具完善情况
	(4) 参与或独立组织咨询模块与相关培训课程的设计与开发	项目开发数量
其他相关事务	(1) 密切加强与综合管理、项目、研发、财务部门的工作联系，协作配合工作	员工满意度
	(2) 按要求开展其他相关工作	工作完成情况
任职资格	(1) 教育背景：本科及以上学历。经管类、管理类相关专业，MBA、经管类硕士优先 (2) 工作经验：有 2 年以上管理咨询工作经验 (3) 专业资质/职称证书：英语六级 (4) 能力/素质： • 熟练使用计算机办公软件 • 熟悉战略管理、组织行为学、人力资源管理、绩效管理、薪酬管理等模块专业理论以及咨询方法与常用工具 • 能够快速搜索、整理、分析、提炼知识与信息 • 具有较强的逻辑思维能力，善于深入思考，问题穷尽，准确、深刻领会客户决策者意图 • 具有良好的心理素质和情绪管理能力，内心平静、不急不躁，喜欢迎接挑战，能够在高压下完成工作 • 具有良好的沟通表达能力，强烈的责任心和团队合作意识	

2. 公文设计

公文设计包括选择哪些公文种类，如信函、报表、备忘录、批示等，确定每种公文的内容，选定公文预设的情境等，特别需要注意公文与测评要素之间的关系。

公文设计过程要把握两个原则：

一是测验材料难度的把握。材料过难，固然可以选拔到很好的人才，但容易大材小用，很难设想此人会安心于本职位工作，且会导致人力资源的浪费。材料过于容易，测验会出现“天花板效应”，大家都得高分，区分不出被测者的能力大小。

二是材料真实性程度的把握。完全杜撰的材料，被测者可以根据一般知识推理，推理的结果没有针对性，看不出被测者的水平差异，被测者被录取后需要经过较长时间的培训和适应才能胜任工作。完全真实的材料，过于偏重经验的考察，忽视对潜能的考察，最后选拔到的人无疑是完全与招聘单位文化气氛相合的人，但违背了引入外来人才给单位输入新鲜血液的目的。同时，完全真实的材料使招聘考试本身对单位内部考生和单位外部考生不公平，同样的能力水平下内部考生被录取的可能性更大，结果给人留下“一切都是内定，考试不过是走形式”的印象，这对真正想引进外部人才的单位尤其不利。

3. 确定测评要素

公文筐测验可以测评的要素主要包括：专业能力、工作经验、统筹计划能力、组织管理能力、预测分析能力、决策能力、沟通表达能力、角色认知等。

(1) 专业能力。考察被测者是否具有胜任岗位工作相对稳定的系统化的专业知识和技能，能否在职业生涯开始后管理职业的能力。

(2) 工作经验。考察被测者的所有工作史，以及随着工作时间的增加持续改善和进一步解决问题的能力和工作技巧。

(3) 统筹计划能力。考察被测者能否有效地提出处理工作切实可行的方案，系统地进行安排和分配工作、识别问题及注意不同信息间的关系，并根据信息的不同性质和紧迫性对工作的细节、策略、方法做出合理的规划。

(4) 组织管理能力。考察被测者能否协调各项工作和部属的行动，使之成为有机整体，做到有章可循和有条不紊；同时协调各部门之间的关系，调节不同利益相关方的矛盾冲突，使组织内外关系和谐；还要合理配置组织资源，让组织中每个人的行动都指向总体目标。

(5) 预测分析能力。考察被测者能否全面系统地考虑环境的各种因素，对各种因素做出恰当的分析，并做出合乎逻辑的预测，同时对预测提出行之有效的实施方案。预测分析能力包括三部分内容：预测的质量、所依据的因素、可行性分析。

(6) 决策能力。考察被测者能否对复杂问题进行审慎的剖析，能否灵活地寻找各种解决问题的途径，并做出合理的评估，对各种方案的结果有清晰的判断，从而提出高质量的决策意见。

(7) 沟通表达能力。要求被测者设计公文，撰写文件或报告，以书面的形式有效地表达自己的思想和意见。考察被测者的思路清晰度、意见连贯性、措辞恰当性、文章条理性。

(8) 角色认知。考察被测者能否按照岗位角色开展工作，明确布置的任务，做好不同任务和业绩期望之间的优先排序，并确定完成任务的首选方法。

根据工作分析的流程或者岗位说明书的岗位胜任要素进行能力的初步筛选，再结合企业发展阶段、内外环境、企业文化、战略目标以及测评目的，对测评要素进行合理的取舍、组合，最后赋予相应的权重。

10.1.4　公文筐测验的实操流程

1. 准备阶段

准备阶段主要指测验材料和测试场所的准备。

（1）测验材料。给每个考生的测验材料，事前要编上序号，答题纸也要有相应序号，测验实施前要注意清点核对。答题纸主要由三部分内容构成：一是考生姓名（或编号）、应聘单位和职位、文件序号等；二是处理意见（或处理措施）、签名及处理时间；三是处理的理由。文件序号只是文件的标识顺序，不代表处理的顺序，应允许考生根据轻重缓急调整顺序，但给所有考生的文件顺序必须相同，以示公正。表 10－2 显示了一份公文筐测验答题纸。

表 10－2　公文筐测验答题纸示例

考生编号：	招聘职位：	文件序号：
处理意见： 签名： 年　月　日		
处理理由：		

（2）测验场所。测试的场所要求宽敞、安静，每个人一桌一椅，相互之间无干扰。为了保密，最好所有考生在同一时间完成。如果文件内容涉及招聘单位内部的一些情况，测试前应对所有考生提供培训，介绍相关情况，缩小内部考生和外部考生对职位熟悉程度的差别。

2. 实施阶段

公文筐测验实施阶段的基本程序为：

（1）测试前 20 分钟，引导员将被测者从休息室（候考室）带到相应的考场；

（2）监考人员到保管室领取公文筐测验试卷；

（3）监考人员一一查验被测者的准考证、身份证、面试通知单；

（4）由主监考员宣读《考场规则》，并请纪检人员和被测者代表查验试卷密封情况并签字；

（5）测试前 5 分钟，由主监考员宣布发卷并宣读《公文筐测验指导语》；

（6）监考人员对答题要求和步骤进行具体指导；

（7）考试时间到，由主监考员宣布“应试人员停止答题”，被测者离开考场，监考人员收卷密封；

（8）主监考员填写考场记录情况，监考人员和纪检人员签字后，将试卷交送保管室。

3. 评分阶段

测试时间依文件数目而定，通常需要两小时左右。被测者的文件处理意见一般要求写在答题纸上。除非评价中心特别设定，一般要求被测者独立工作，不与考官、其他被测者或外界交流。被测者给出相同的处理办法，但不同的处理理由往往反映其不同的能力水平。

（1）评分原则。是否能分清轻重缓急，抓住主要矛盾和关键问题，有条不紊地处理；处理问题是否果断、妥当，便于下级执行；是否能发现问题，找出问题的内在联系，采取措施解决问题。

（2）评分方法。公文筐测验的评分方法主要有两种形式：整体评价法和要素评价法。

1）整体评价法。整体评价法主要指在全面了解和掌握被测者作答的基础上，对被测者的答题情况做出一个总体的主观判断，而不区分评分维度。这种方法虽然能让考官从更全面的角度进行评价，但受制于考官的水平高低，主观性强，在实践中很少应用。

2）要素评价法。要素评价法就是根据要素的操作定义对被测者的行为表现进行比较笼统的评价，一般采用 5 点或 7 点量表。要素评价法被大多数使用者采用。要素评价法包括行为清单法和参考框架法。

第一，行为清单法。行为清单法是一种行为导向的记分方式，它关注具体的行为，并对这些行为进行归类与判断，从而形成评价结果。

实际操作中，要把某一评价要素和关键行为表现列举出来，然后要求施测者根据被测者的表现判断这些行为是否发生或发生的频次，这样施测者只需要在行为水平上进行划分。

行为清单法可以大大降低施测者对信息加工的重复度，使得施测者能区分各个维度，提高评价的准确性，但它对设计的要求比较高，开发过程比较复杂，开发成本也比较大（如表 10-3 所示）。

表 10-3　行为清单法示例

行为清单	计划组织
A. 召开产销协调会或生产会议，请生产部、技术部、财务部、采购处、各生产厂、人力部等相关单位参加，讨论订单更改事宜； B. 转呈章副总经理，请他予以协调； C. 请华东、华南办事处召集各自的销售人员，就订单的出货日期进行排查，看其他客户的订单是否可以延缓，以安排凯莉公司的订单； D. 请秘书联络生产部高经理，于 29 日上午与其沟通。	得分：
1　2　3　4　5 差　一般　中等　良　优	

第二，参考框架法。参考框架法也称维度评分法，是一种图式导向的记分方式，它给予施测者一个具体的模板，即哪些表现得高分，哪些得低分，哪些得中等分数，并以此进行行为定位，在施测者心中形成一个高、中、低不同等级的心理图式，然后根据这个图式衡量被测者的表现，从而做出评价（如表 10-4 所示）。

表10-4 参考框架法示例

行为定位点	计划组织
5分表现：亲自与生产部沟通，并建议上级主管召开产销协调会或生产会议，同时要求部门内各销售人员做好订单的排查，以确定可延缓交货的订单。 3分表现：与生产部沟通，同时要求部门内各销售人员做好订单的排查，以确定可延缓交货的订单，或者与生产部沟通，并建议上级召开产销协调会或生产会议。 1分表现：与生产部沟通，或者请求上级来处理。	得分：

小资料

公文筐测验示例

假如你有机会担任×公司人力资源部副总经理。由于人力资源部的马总经理正在外地分公司视察，因此你将在他回来之前全权代理他的职务。×公司是一家大型国有股份制企业，其人力资源部下设三个处：人事处、劳资处、福利处，分别处理人力资源调配、工资奖金和员工福利三项工作。现在是上午9点，在听取了下属的工作汇报并做好今天的工作安排后，你来到办公室。秘书已经将你需要处理的近日积压的文件整理好，放在了文件夹内。文件的顺序是随机排列的，没有任何意义，你需要自己排序处理。你必须在两小时内处理完文件，并做出书面批示，最后交给秘书负责传达。上午11点在会议室还有一个重要的会议等你主持。

在公司，你被员工称为“肖副总”。

现在你可以开始工作了。

文件一

肖副总：

前一段时间，福利处对同行业的员工福利状况进行了一次调查。就每个月用于员工的人均福利费而言，我们公司处于同行业的中上等水平。但考虑到现在行业的激烈竞争和高流动率，为了增强公司的凝聚力和吸引力，我们认为提高员工的福利待遇是一项有力的激励措施。因此，我们提出一项增加员工福利的计划，也就是将现在的人均福利费1 000元/月提高到1 500元/月。不知您对这项计划的意见如何？

请指示。

福利处

××××年××月××日

文件二

肖副总：

近几周来，第三分公司某些员工反映他们的工资分配不合理，他们指责分公司经理王卫在进行绩效考核时不能客观、公正地对员工进行评定。此外，第三分公司还有克扣临时工工资的现象，他们可能会集体罢工或辞职。

此事如何处理，请您批示。

劳资处

××××年××月××日

文件三

肖副总：

收到一份通知，本月20日将在北京饭店召开北京地区大型人力资源管理研讨会。届时到会的均为各企业人力资源部总经理或副总经理及国内外一些人力资源管理专家和学者。

您是否参加？请回复，以便我及早做出安排，办理相关报名事务。

开会时间：4月20日上午8：00—11：30，下午13：00—16：30

秘书

××××年××月××日

文件四

肖副总：

根据刘总经理上周的指示，我们做了一个工资分配调整方案，基本思路是增加核心岗位上优秀员工的工资收入，吸引他们留下为企业长期服务。同时降低公司一般事务性岗位上员工的工资收入，因为他们可能轻易被劳动力市场上的其他人所替代，他们的流动不会影响企业的发展。

此方案是否可行，请指示。

劳资处

××××年××月××日

文件五

肖副总：

近期各部门相继反映，由于我公司不断发展壮大，各部门的事务性工作量大幅增加，因此需要聘用一些专职秘书以缓解各部门的工作压力。以往我们的做法是从公司的员工中选拔能胜任此项工作的人员。总的感觉是，这些员工从事一般性秘书工作还可以，但是，从现代管理的角度出发，他们的个人素质限制了公司秘书工作的质量和效率。因此，我们拟从社会招聘一批素质较高的秘书人员，数量大约20名，此项工作不知您意下如何？

另外，如果决定招聘这批秘书人员，您是否参加面试？

人事处

××××年××月××日

文件六

肖副总：

公司办公室转来封群众来信。信中说公司总务处员工王建军在其居住地扰得四邻不安，群众很有意见。如果情况属实，将会对公司名誉产生负面影响，特别是其居住地附近住有我们公司重要大客户的一些中高级管理人员。总裁要求尽快处理此事。

秘书

××××年××月××日

文件七

肖副总：

最近，从财务部的部分员工那里反映上来的一些情况引起了我们的注意。您知道，前两个月我们刚刚从其他公司调入了具有丰富管理经验的刘茂林任财务部经理，目的是进一步开展财务部的工作。但近来我们发现，因为多种原因原来的财务部副经理在与刘茂林的工作配合上不尽如人意，并产生了一些矛盾。虽然二人之间的冲突尚未公开化，但已在财务部内部造成了一定影响。这件事如何处理，想听听您的意见。

人事处

××××年××月××日

请对以上文件提出处理意见。

资料来源：朱庆芳．面试攻略．北京：中国铁道出版社，2009.

10.2　角色扮演

10.2.1　角色扮演概述

角色扮演（role-playing）属于一种情境模拟的测评方法[①]。一般的做法是由施测者给被测者描述或呈现一种经过精心设计的情境，在情境中设置一系列尖锐的人际矛盾和人际冲突，要求被测者扮演某一角色并进入预设情境，去处理各种问题和矛盾。施测者通过观察和记录被测者在不同角色情境中表现出来的行为，对其素质和潜能进行考察。

1. 角色扮演的分类

根据被测人数不同，角色扮演可以分为单人测评和多人同时测评。单人测评是指为个人提供一个角色，让其根据角色特点来分析、解决问题；多人同时测评是指由多个人共同参与测评，根据指定的情境和角色来分析、解决问题。

根据角色间不同的身份关系，角色扮演可以分为合作型角色扮演和对立型角色扮演。如被测小组中的成员根据角色分配共同完成某一任务就属于合作型角色扮演，而被测小组中的成员如果分别去争取同一个标案就是对立型角色扮演。

根据任务不同，角色扮演可以分为问题解决型、技能考察型和案例分析型，如“你

① 邢雷，朱军梅，郑雪琴，等．华夏基石方法：人才评价中心．北京：企业管理出版社，2013.

怎么解决工人罢工事件”“请根据提供的材料，阐述某产品的营销方案”“针对这个案例，你的观点是什么”。

2. 角色扮演的优点

（1）参与性强。角色扮演能够充分调动被测者的积极性。在角色扮演中，被测者的角色明确、任务清晰，再加上角色扮演只是一种模拟情境，被测者不必顾虑因角色失误可能造成的实际损失。因此，被测者可以按自己的意愿尽情表现，积极投入角色，充分展现自己的才华，这为施测者发现被测者的潜能创造了条件。

（2）仿真程度高。角色扮演的情境来源于实际工作的典型事例，能够很好地再现组织中复杂的真实情况。由于模拟情境与实际工作情境相似，施测者通过观察被测者处理问题的行为表现，可以判断其实际工作能力，这便于施测者对被测者做出准确的判断。

（3）灵活性强。角色扮演的形式和内容可以根据测评目的进行灵活调整，测评的主体和情境丰富多样。在测评过程中，施测者也可以根据被测者的表现设置各种各样的人为障碍，以充分考察被测者在多种情境下的素质。角色扮演可以为被测者提供无限制的表现空间。

3. 角色扮演的缺点

（1）情境设计难度大。角色扮演在情境设计上可能出现两个问题：一是模拟情境与测评内容不一致，导致被测者的表现无法反映拟测的素质维度；二是情境设计可能不够真实，出现表面化、简单化的倾向，在这种情况下被测者的表现无法反映其真实能力。

（2）被测者不适应。在角色扮演过程中，某些被测者可能由于自身特点而不习惯或不喜欢这种测评方式，从而表现得漫不经心，或无法进入角色状态；还有些被测者在角色扮演中会表现出模式化行为，其在测评中的表现可能是刻意的模仿行为或者模式化表现，与其在实际工作情境中的真实状态相差甚远。若出现上述情况，测评效果将大打折扣。

（3）标准化困难。不同的施测者对被测者的评价标准可能不同。即使是同一个施测者，面对不同的被测者，也不能保证交谈形式和交谈内容完全标准化，从而影响评价结果。

（4）对施测者要求较高。角色扮演测试要求施测者不仅要掌握好背景材料，而且要有管理学、表演学、心理学的知识，还要全面了解岗位的胜任素质、岗位职责等各方面内容。施测者的选择和培训对测评效果影响很大。

10.2.2 角色扮演的操作步骤

1. 题目编制阶段

（1）明确测评目的。角色扮演比较适用于以下情况：需要对被测者的人际沟通与协调能力进行评价；目标岗位的核心职责中有大量的人际沟通与互动；有合适的人担任施测者等。

（2）确定测评维度以及测评要素。角色扮演的测评维度一般包括对角色的把握程度、角色的表现、仪表仪态以及其他内容，各项维度中又包含不同的要素。

角色扮演适合测评的要素有很多，根据被测者所在职位不同，可以选择 3～5 个要素作为考查重点。测评职位胜任素质要与测评要素（能力）基本匹配，从而保证测评结果的有效性。表 10－5 显示了一些测评维度及要素。

表 10－5 测评维度及要素

测评维度	测评要素
对角色的把握程度	能否迅速准确地对形势进行判断； 能否尽快进入角色； 能否根据指定的角色和背景采取相应的对策
角色的表现	与人相关的能力：语言表达能力、说服能力、人际敏感性、人际沟通能力、应变能力等； 与事相关的能力：判断决策能力、压力应对能力、矛盾处理能力、问题解决能力、冲突管理能力等； 人格特质：思维活跃性、自信程度、紧张性等
仪表仪态	角色扮演时的仪表仪态是否符合角色要求，是否与当时的情境匹配
其他内容	缓和气氛的能力、化解矛盾的技巧、达到目的的程度、行为策略的正确性、情绪控制能力、人际关系能力等

（3）编制题目。通过查阅相关资料以及对目标岗位任职人员及其上级的访谈，收集目标岗位在工作中经常出现的、处理起来有一定难度的人际沟通典型案例，并进行整理、综合和修改，形成角色扮演题目素材。

常见的角色扮演题目素材，针对沟通目标对象大致有五种类型：上级—下级、下级—上级、平级—平级、员工—客户和员工—公众。

小资料

员工对同级沟通素材

你在一家汽车制造厂的物流部门工作，负责向生产部门按需供给其他厂家生产的部件。

你的任务是：接受并处理生产部门发出的订单，协调所需零件并及时足量供应生产。订货通过订单进行，订单上需填写订货以及日后结算所需的必要信息，通过内部邮寄一天送达你处。没有该订单你无法与各相关成本中心按月结算。

你的同事朱先生，他在生产部门工作并负责订货，经常在紧急情况下通过电话向你订货。原则上你在这种情况下表现出合作的态度，而且你要求日后补单，因为你需要它。朱先生经常很晚才补单或干脆忘了补单，以致你必须多次提醒。这使你备感气愤，因为这种情况下你无法继续自己的工作，而且电话提醒也妨碍了自己的工作。尤其在月末时使你的工作陷于停滞并且延误了你的月末结算。

刚好两周前又出现了这种情况，朱先生打电话给你，说他要紧急订货，否则将面临停产。你非常气愤，因为上次的电话订货你已两次催问，至今尚未补单，因此你拒绝接受这次的电话订货。接下来朱先生保证，当天发出上次和本次的订单，因此你同意最后一次接受电话订货。事实上你 6 天之后才收到两份订单，你的月末结算工作不得不推迟了很长时间。为了解决这个矛盾，找到一个长久的解决办法，使你的工作不至于因朱先生缺乏配合而受阻，你请朱先生来你处商谈，现在会谈开始。

请你为这次会谈做准备，准备时间为 20 分钟。

会谈将持续 10 分钟。

角色扮演的题目通常包括两部分，一部分是提供给被测者的材料，另一部分是提供给施测者的材料。

提供给被测者的材料通常包括：背景信息、角色扮演者的资料、指导语、时间限制、任务目标、特殊要求等。

提供给施测者的材料一般包括：上述被测者的材料、扮演者扮演角色的剧本（言行、表情、动作等）、被测者做出言行后扮演者的应答方式等。

2. 培训阶段

角色扮演需要对扮演者和施测者进行培训。

（1）扮演者培训。扮演者的选择和培训是角色扮演能否取得预期效果的关键环节。在选择扮演者时，应当注意扮演者的某些个人特征，如年龄、性别、体貌等与所扮演角色的匹配性。

对扮演者进行培训，可以参照图 10－1 的流程进行。

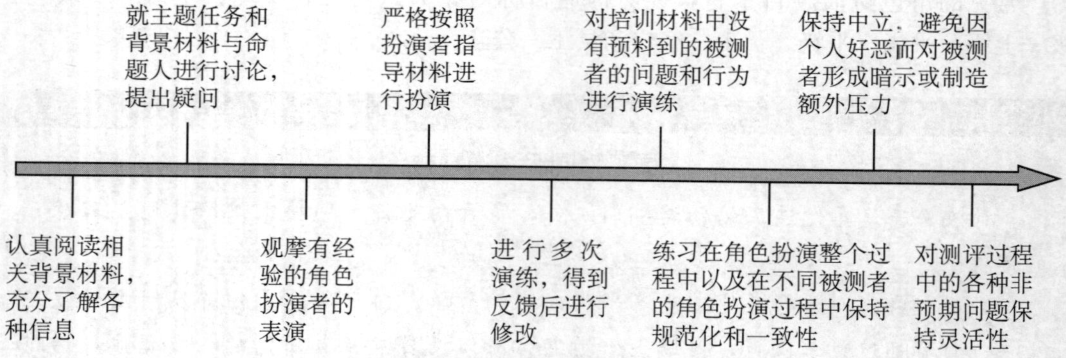

图 10－1　扮演者培训流程

（2）施测者培训。施测者除了要熟悉目标岗位职责、任职要求、模拟主题、被测者和自身的任务外，还必须熟悉各个维度的操作定义和评价标准。施测者的评价主要看被测者是否具备目标岗位需要的素质和能力，而不是看其扮演的角色像不像。

3. 试测阶段

角色扮演题目设计完毕后应进行试测，以确定题目的完整性、逻辑性。在试测时，重点观察以下几个方面：

（1）测评维度能否通过角色扮演过程得到充分展示，以便于评价；

（2）背景信息是否有一定的难度和挑战性，是否有区分度；

（3）各阶段时限安排是否恰当；

（4）被测者的各种反应是否在预先设想的范围内；

（5）扮演者是否能够适当应对并保持一致性；

（6）施测者能否观察到充足的信息并做出评价。

4. 实施阶段

（1）位置安排。一对一沟通的角色扮演，一般为两人面对面地相视而坐，根据需要也可以在中间放一张桌子，两人的距离在半米至一米之间，两人的座位无主次之分，以创造平等沟通的氛围。被测者的座位需面对施测者，以便施测者观察记录。一对多沟通的角色扮演，一般也是相对而坐，一边是被测者，另一边是多个角色配合者，被测者面对多个角色配合者完成角色任务。

（2）宣读指导语。施测者宣读指导语，强调角色扮演的规则、注意事项及纪律等，并就被测者提出的不明白之处做出解答。

（3）被测者阅读测评材料。施测者向被测者发放测评材料，测评材料包括情境信息、角色说明、需完成的任务等。被测者熟悉测评材料的时间一般在 10～30 分钟，具体视情境信息与任务的复杂程度而定。

（4）被测者现场沟通。被测者在清楚理解自己的角色、任务及所处情境后，开始正式的现场沟通。沟通时间一般为 15～30 分钟。时间过短不易判断被测者的素质，时间过长会增加测评成本。

被测者在正式沟通中一般扮演领导者的角色，所以应主动发起会话，掌握沟通的话题、节奏、气氛等。角色配合者的任务在于故意设置多重障碍，为被测者充分展现各方面的素质创造机会和条件。

角色扮演规定的沟通时间结束时，无论被测者是否完成角色赋予的任务，施测者应立即宣布测评结果。原因是角色扮演主要考察被测者的行为，而非最终结果。另外，为了体现公平性，沟通时间也必须限定在规定时间内。

（5）角色转换。为了测评多项素质维度，角色扮演的测试过程可能由几个任务构成，被测者完成一项任务后需要转换角色，完成另一项任务。这中间需要一定的时间间隔，一般为 5～10 分钟，以便被测者从第一项任务的情境中走出来，调整好身心状态后再完成第二项任务。

5. 评价阶段

角色扮演的结果评估，包括打分评价和评语评价两部分。

打分评价就是施测者根据评定标准，按照角色扮演评分表对被测者进行打分。当每一位施测者对被测者打分或初步评估后，施测者可以进行讨论，各位施测者根据讨论的内容、评分的客观标准以及自己观察到的行为，重新给被测者打分。最后的分数，可以是每一位施测者重新打分后，对所有施测者的评分进行加权的分数，也可以是施测者相互讨论之后得出的统一分数。

评语评价是对打分评价的补充。被测者的某些素质特征可能在打分评价中无法充分体现，评语评价可以通过具体生动的描述记录来强调被测者的这些特征，并对其进行定性评价。

小资料

角色扮演测验示例

你是公司销售部门经理，负责 VW 品牌售后用户投诉的反馈和处理。

你的一项任务是鉴别和整理售后市场的用户投诉，并将疑似质量问题转给质保部售后质量分析科，之后根据质保部反馈的问题分析结论，给出针对用户投诉的处理意见。对外你要面对各地区 4S 店的服务总监甚至情绪过激的客户，对内面对公司质保部，是保证公司与市场信息同步的重要纽带。

李先生是质保部售后质量分析科的经理，负责针对用户投诉问题的质量分析工作。按照公司的流程，你们之间要沟通很多信息。一方面，他要针对你集中反馈的质量问题组织公司各部门开展整车改进工作；另一方面，你有很多情绪激烈的用户抱怨需要他马上组织分析并反馈，以制定临时或永久措施。

长期以来，你们的合作不是很好，很多时候你转发的用户投诉得不到对方的及时反馈，这导致市场抱怨升级，部分 VW 新投放车型销售受阻。对方的解释是，他不仅仅要处理你发的信息，还要处理重点批次的质量问题和来自车间等部门的紧急信息。另外，对于你要求立即反馈的群体用户的重大抱怨，他也有较大的抵触，因为的确有几次问题是由用户的使用造成的，并非质量问题，临时处置类似问题也扰乱了他的正常工作节奏。有时候你不得不越过李先生直接从技术部门获取信息。最近一次你反馈给李先生一个用户投诉的安全问题，两周之后你联系技术部门后发现，李先生居然没把信息往下传递，情急之下你直接找到了他的上司，问题因此迅速得到分析并解决，但这引起了李先生的强烈不满。最近他干脆把你要求的紧急问题分析一律排后两个月再给结论，理由是问题分析及结论确认的周期至少需要两个月。

上周你接到了某地区出租车群体的强烈抱怨，他们购置了一款出租车型，其中大部分用户出现了喷油嘴堵塞情况，这些司机在大闹 4S 店之后威胁，如果一个月内没有满意答复就将这个问题发布到网上，并再次来 4S 店示威。正常情况下，这类区域性问题需要你做油品或环境调查，需要质保部做故障分析，双方出了分析结论后需要共同制订方案并验证实施。你在上周已经将邮件反馈给李先生但无结果。今天是周一，你认为是该找李先生谈谈了，请说服他一个月共同解决此问题，并为后续频发的区域性问题找到一个快速的解决方案。

要求

1. 准备时间为 20 分钟；
2. 用 10 分钟时间进行谈判。

10.3 即兴演讲

10.3.1 即兴演讲概述

如今组织机构与从前相比大相径庭，组织结构越来越扁平化。同时，科技的发展加快了组织从传统的自上而下领导力模式向分权式领导力模式的转变。新媒体的使用，导致双方沟通交流时间更短、更碎片化、空间占用更小。新媒体的传播，以独特的时空传播方式改变了传统的信息传播方式和人类对信息的感知方式。每个公司无论在哪里，都会受到全球市场波动或世界新闻报道带来的影响。在新型的组织中，每个人都是相互联系的和开放的，人们需要一种热情的、对话式的沟通风格。即兴演讲为人们提供了彼此连接、激励和引导的方式，这种方式将改变认知、改变感受并改变组织。

即兴演讲（oral presentation)，就是事先没有准备、没有现成讲稿，因事而发、触景生情、乘兴而起的演讲。即兴演讲的关键在于快速思维，要在演讲现场找到话题，并立即组织成一篇精美的演讲。要想做好即兴演讲，首先必须找到刺激源，激活思维；此外，还需要在瞬间调动自身的各种知识积累，形成内部语言；最后，就是表达，即将内部语言转化成有声语言。

10.3.2 即兴演讲的要素

即兴演讲的要素包括：即兴演讲内容、即兴演讲主体、即兴演讲受体。

1. 即兴演讲内容：信息

信息是即兴演讲要反映的客观事物以及这些事物在演讲主体心灵中形成的意识成果。首先，即兴演讲内容必须是正确的，即内容必须立场坚定、旗帜鲜明、观点明确。其次，即兴演讲内容必须是真实的。唯其真实，才有价值，才能教育人、激励人。

2. 即兴演讲主体：演讲者

演讲者是即兴演讲活动的中心，是演讲内容和形式的创造者和体现者。演讲者必须有丰富的学识，这是演讲成功的基本条件。古往今来的著名演讲家无一不是才高八斗、学富五车，他们在演讲中往往能旁征博引。演讲者还必须具备良好的口头表达能力，必须做到清晰、流畅、抑扬顿挫。

3. 即兴演讲受体：听众

听众是即兴演讲活动的积极参与者。听众在整个即兴演讲活动中是相当活跃的积极因素。观众在接收演讲信息的过程中是主观能动的，演讲者不能强迫其接收所输出的信息。听众对演讲的反应，可以通过表情、行动以及声音等表现形式，作为信息反馈作用于演讲者。听众的反馈对于演讲者是十分重要的，因为听众的反馈是演讲者调节内容和节奏的重要依据。如果没有与听众的交流，演讲者就成了一台讲话的机器，不能获得理想的效果。

10.3.3 即兴演讲的结构

即兴演讲中组织思维的模板包括四个部分：抓手、要点、结构体和呼吁行动。在即兴演讲中运用模板可以帮助我们整理思路，使讲话更周全。

1. 抓手

利用抓手可以与听众建立联结，获得听众注意力并发挥领导力，进而讲述要点部分。

开始讲话的时候要充分利用抓手部分吸引听众，让听众愿意听你讲话。可以通过直接称呼名字、说一些关于他们的事情、讲他们曾经提出的某个观点、提起曾经和他们的某次对话、询问他们的情况或者提出他们感兴趣的事物来吸引听众。抓手随着讲话对象的不同而不同，而且随着即兴情况的变化而变化。

2. 要点

讲话没有要点，讲话就变成了基于信息而不是基于想法的沟通，听众就不清楚提出的建议究竟是什么，或者为什么要提议开展某种行动。好的讲话要点具备一些特征。通过一些练习能够将这些必备特征嵌入到即兴讲话的要点中。我们需要将要点的六个特征牢记在心。

（1）讲话要点是观点，即把想法浓缩成一个你希望听众信服的观点。你在讲话时要始终围绕这个重点。有时，演讲者不是有太多观点，就是没有观点，甚至连自己都不知道想说什么。太多观点和没有观点产生的结果一样：使听众头脑混乱。

（2）要点是简单、清晰的一句话。如果你的信息不止一句话，而是一个冗长复杂的句式，听众就很难理解它。例如，你对客户说："我们准备随时为你们提供帮助，我们一定可以完成。当然，我们还将和你们继续合作。"这样讲话，你留给听众的要点过多。简单的、一句话式的要点可以这样讲："我们确信能够为你们提供服务。"

（3）有吸引力。要点应当能够吸引人心。如果希望听众信服你的观点，那么你需要设计好要点，让听众能够理解它、相信它，并认同它。这意味着你要了解什么会触动听众的内心。

（4）要点承载着你的信念。要确保自己相信自己的讲话要点，只有从信念上认同自己的要点，符合自己的价值观，你才能真正表达出内心深处最客观的信念，使你的即兴演讲具有感染力和号召力。

（5）积极正面。讲话要点应当能打动整个会场，确保要点包含希望、目标、可能性和成就。例如，"团队的优异表现让我兴奋不已"或者"我们达成了这项协议，是大家共同促成了这件事"。当讲话要点中包含消极因素和积极因素时，一定要保证最后以积极因素结束，也就是说务必从消极转向积极。你也可以在听众中先建立一种紧迫感，然后再转向更高层次的要点。比如，我们可以这样说："虽然我们面临着前所未有的挑战，但我有信心我们一定可以保持行业首选供应商的地位。"

（6）清晰可辨。确保每个听到你讲话的人都能够识别出你讲话的要点。通常在表达要点时，要采取强势、明确、宣告式的陈述方式，以凸显这些要点就是你的主要观点。

3. 结构体

清晰的讲话结构非常重要，即兴演讲模板将使你的每次发言都令人信服。一个合理的结构体可以让你的讲话举重若轻，可以让你更清楚地传达要点。如果你对同事说“我们需要按照客户要求来工作”，却不解释为什么，那么这个想法就是悬而未决的；如果你告诉一个员工“我相信你可以领导这个项目”，员工就会希望你对这个观点做进一步解释，也就是说需要证明和论据。因此，我们仅陈述要点还不够，还需要提供证据使听众信服我们提出的观点。也就是在提出你所认为的观点之后，还要解释为什么会这样。

如果已知道自己将现场发表讲话或回答听众提问，那么尽可能提前构建讲话模板，在上台开始演讲之前，在脑子里快速构建自己的思路和要点。我们介绍四种结构体的模式，可以根据不同类型的即兴演讲模板选择最好的模式。

（1）原因模式。这种模式罗列各种原因及理由来支持主要观点。假如你的要点是“我相信我们需要一个更具包容性的工作环境”，那么你的支持论据可以是：

首先，我们在招聘女性方面处于落后位置；

其次，多元化的劳动力会带来更好的收益；

最后，包容性是正确的做法！

（2）方法模式。这种模式显示的是达成主要观点可以采取的具体行动方式，或者是那些必须完成的事情。

假设讲话要点是“我知道我们可以为客户解决这个问题”，要将其落到实处，主要通过以下方法：

首先，我们会和客户面谈；

其次，我们将指派一个小组来解决这个问题；

最后，我们会坚持到底，确保问题解决。

（3）情况/反应模式。当讲话要点涉及某种情况或挑战而需要采取行动时，就可以使用这种模式。第一点可以描述情况或挑战，第二点可以描述如何回应。

如果你的要点是“尽管去年结果低于预期，但我们已经采取了一些措施来扭转局势”，那么接下来你可以这样陈述：“不利的经济状况导致公司收益比去年低了10%，但公司今年有了新产品线且成本效益比较好，应该能达到或超过预期。”

（4）时间顺序模式。这种模式通过时间序列来详细描述讲话要点。如果你的讲话要点是“我们已经按时完成了项目目标”，那么接下来结构体的要点可以如下：

当我们启动这个项目时，我们说过会在三年内完成安装。

第一年，我们按时完成既定目标；

第二年，我们提前完成任务；

第三年，我们所有的目标都已完成。

4. 呼吁行动

呼吁行动部分通常要求听众对讲话要点采取行动，也可以向听众介绍你打算采取的行动，或者概述大家采取的一些协同行动。就像开场时的抓手部分，呼吁行动也应当尽可能吸引听众，将讲话要点具体化，把一个抽象观点转变为若干具体的行动步骤，使即兴演讲转化为激励性的行为。

10.3.4 即兴演讲的组织实施

即兴演讲的组织实施分为准备阶段、实施阶段和总结评价阶段。

1. 准备阶段

准备阶段主要包括演讲题目开发、评分表制定、指导语设计、辅助材料准备、场地准备、施测者培训等。

（1）演讲题目开发。演讲题目开发包括以下四个步骤：

1）做好岗位分析：在实际工作中，不同岗位的即兴演讲在场合、主题、听众群体方面往往差异较大。因此，即兴演讲的岗位分析，主要是为了了解和收集关于岗位要求的特定信息。

2）确定演讲主题：在岗位分析的基础上，确定演讲的主题和背景，使测评更接近实际工作，提高测评的针对性和有效性。

3）确定测评维度和测评水平：演讲测评维度有语言表达能力、压力承受与应变能力、分析判断能力以及仪表举止等，施测者在测评中可以根据需要有所选择和侧重，可以通过演讲题目或实施程序设定进行一定程度的控制。

4）形成正式题目：在演讲主题范围内，根据测评维度和测评水平定下演讲题目。

（2）评分表制定：评分表信息要填写完整、准确无误，不准漏填、不得修改，若施测者要修改分数需在修改处签名或重新填写评分表。某银行后备干部选拔即兴演讲的评分表如表 10-6 所示。

表 10-6 即兴演讲评分表示例

序号	评分维度		分值	得分
1	仪表举止	（1）穿着整洁、得体、美观大方 （2）言行举止恰当、友好、符合礼节 （3）沉着、冷静 （4）谈吐自如，用语礼貌	5	
2	语言表达能力	（1）能够将所表达的内容清晰传达给对方 （2）主题明确，有条理性 （3）口齿清晰，语言简洁，用词准确	5	
3	压力承受与应变能力	（1）相信自己具备出色的演讲能力 （2）思维缜密，对问题理解、分析具有战略性 （3）演讲过程中情绪稳定、平和，有较强的自我控制能力	10	

续表

<table>
<tr><th>序号</th><th colspan="4">评分维度</th><th>分值</th><th>得分</th></tr>
<tr><td rowspan="6">4</td><td rowspan="6">分析判断能力</td><td colspan="3">（1）题目新颖，有说服力，主旨鲜明</td><td>10</td><td></td></tr>
<tr><td colspan="3">（2）能否抓住问题的本质，对问题的理解是否全面、准确</td><td>10</td><td></td></tr>
<tr><td rowspan="3">（3）具体表现</td><td>1）知识技能层面</td><td>• 掌握行业相关知识
• 具备胜任岗位的工作技能</td><td>15</td><td></td></tr>
<tr><td>2）态度价值观层面</td><td>• 敬业、合作、执行力强
• 认同我行开拓创新、合作共赢的核心价值观</td><td>20</td><td></td></tr>
<tr><td>3）个性动机层面</td><td>• 情绪稳定，抗压力强，逻辑推理强，思维缜密，快速学习力强
• 有明确的成就动机，追求卓越</td><td>20</td><td></td></tr>
<tr><td colspan="3">（4）其他创造性观点，可酌情加分</td><td>5</td><td></td></tr>
</table>

（3）指导语设计：指导语中要明确任务、时间、条件等要素。例如：

假设你是 A 公司的副总经理。公司目前正在推行一项改革计划，但很多员工对这项改革有很大情绪。你需要就此项改革向公司全体员工做一次 20 分钟的演讲，目的是解释并推行此项改革计划。

现在给你 30 分钟的准备时间，在这段时间内你可以阅读一些背景资料，并准备发言材料。请独立完成。

测试开始后，我们将不回答任何有关测评题目的疑问。请在测试期间关闭通信工具。现在开始。

（4）辅助材料准备：包括电脑、纸、笔、白板、投影仪和语音设备等。

（5）场地准备：即兴演讲应该安排在宽敞安静、采光良好、空气流通的场所进行，考场的面积不必很大，能够坐下 5～7 名施测者即可。被测者和施测者之间保持一定的距离。

（6）施测者培训：为了提高即兴演讲评价的准确性和一致性，需要对施测者进行行为观察和评价的相关培训。

2. 实施阶段

测评开始时，施测者向被测者宣读指导语，让被测者熟悉测评程序和材料，准备个人演讲。在此阶段有不清楚的地方可以提问，但不能涉及题目或材料中的内容。被测者以演讲的方式展示自我能力和素质，施测者可根据具体情况对被测者进行有关问题的追问。施测者评分时应坚持独立思考、独立评分，不得相互讨论。施测者需严格依据测评标准打分，切忌偏严偏宽、前宽后严或前严后宽，严禁打“人情分”“关系分”，不得轻易发表对考生的评价，不得以任何方式对其他施测者施加影响，以保证面试过程公平、公正。

3. 总结评价阶段

即兴演讲结束后，应根据每位施测者的评价结果对被测者的表现进行综合分析与评价，形成对被测者的总体看法，以便决定是否录用。即兴演讲结果的处理工作包括三个方面的内容：综合结果、结果反馈以及结果存档。

（1）综合结果。每位施测者对每位被测者在即兴演讲中的表现都有各自独立的评价结果，需要将多位施测者的评价结果进行综合，形成对被测者的统一认识。这个工作可以在综合评价表上完成。即兴演讲结束后，主施测者和面试小组还要给出一个面试结论。施测者衡量被测者素质应以公司岗位需求为前提，着眼于被测者的长期发展潜力，判定其是否符合公司的需要。

（2）结果反馈。将即兴演讲评价建议通知给用人部门，经协商后，做出录用决策，并通知被测者。还可根据需要进行一次录用面试，解释录用的各相关事项，解答被测者的各种疑问。

（3）结果存档。将有关即兴演讲的资料备案。对公司而言，这些资料是企业人力资源档案管理系统的基础资料。这些资料体现了对员工的评价，是公司对员工进行系统测评的重要依据。

10.3.5 即兴演讲的技巧

即兴演讲的质量不仅与个体知识的积累有关，也与临场发挥技巧有关。

1. 讲话前的准备

（1）理清讲话思路，做到胸有成竹。构思腹稿切记以下几点：对于不知道的事情不要冒充内行；不要在公共场所谈论别人的缺陷；不要谈论容易引起争论的话题；不要四处诉苦。

（2）克服紧张情绪。对于没有演讲经历或演讲经历很少的人，演讲前紧张是正常的，应该正视这种紧张。以下几种方法可以帮助消除紧张情绪：

1）转移注意力：深呼吸，眼睛微闭，全身放松，默念数字。

2）活动身体：双手握紧然后放松，让肌肉缩紧再放松。

3）闭目养神：闭目，用舌尖顶上腭，用鼻吸气。

4）凝视物体：确定某一物体，专注凝视，观察其颜色与远近。

5）摄入饮品：讲话前准备一杯开水。

（3）了解听众。演讲的效果往往会随着听众的不同而有很大的差异，如果在听众面前选用恰当的演讲方式，往往可以事半功倍。所以我们需要了解听众，了解他们的文化、职业、年龄、性别等。

2. 演讲时的技巧

（1）开头的技巧。即兴演讲是一种临场发挥的行为。不要把开头看得过分重要，也不要规定得过于死板，这样会限制讲话的临场发挥。美国著名口才大师洛克伍德说过："在整个演讲过程中做到轻松地、巧妙地和大家交流思想是困难的。然而，做到这一点的关键是演讲开头的言语表达。"下面引用几个演讲的开头分别对不同的技巧进行分析：

1）直入式。著名诗人闻一多在《最后一次演讲》中说道：“这几天，大家晓得，在昆明出现了历史上最卑劣最无耻的事情！李先生究竟犯了什么罪，竟遭此毒手？他只不过用笔写写文章，用嘴说说话，而他所写的，所说的，都无非是一个没有失掉良心的中国人的话！大家都有一支笔，有一张嘴，有什么理由拿出来讲啊！有事实拿出来说啊！为什么要打要杀，而且又不敢光明正大的来打来杀，而偷偷摸摸的来暗杀！这成什么话？”

《最后一次演讲》的开头语，闻一多几乎没有做任何铺垫，一连串激昂的感叹句把演讲直接引入正题，给听众一种畅快淋漓的印象。

2）引用式。吕元礼在《祖国——母亲》中说道：“人们常说，第一次把美人比作花的是天才；第二次把美人比作花的是庸才；第三次把美人比作花的是蠢才。不错，如果人云亦云，鹦鹉学舌，那么，就是再美妙的比喻也会失去光彩。但是在生活中却有这样一个比喻，即使你用它一百次、一千次、一万次，也同样具有强大的感染力。同志们或许会问，这是个什么样的比喻呢？那就是，当你怀着赤子之心，想到我们祖国的时候，你一定会把祖国比作母亲。”

吕元礼的演讲引用了一个讽刺的谚语，说明了对重复比喻的厌烦，然后话锋一转，强调有一种比喻可以不厌其烦地运用，引出了演讲的主题《祖国——母亲》。这样的开头方式，既由于谚语铺垫显得水到渠成，又由于谚语的使用而显得贴近生活。

3）提问式。蔡畅在《一个女人能干什么》中说道：“今天讲一个问题，就是一个女人能干什么？一个女人能干什么呢？我的回答是：能干，什么也能干；不干，什么也不能干。能干又不能干，不能干又能干。为什么这样说呢？要确定女人能干不能干，有两方面的条件。首先要看环境，就是要看处在一个什么政权下，什么制度下，这是一方面；另一方面，也要看个人努力怎样。如果环境好，自己不去努力，只靠人家解放，那就什么也不能干。但如果自己经常努力干下去，就可以得到好的结果。如果努力干，就是从些小的具体工作到管理国家大事都能够干；如果不干，就又会变成新社会的寄生虫。”

蔡畅通过提问来引发听众的兴趣，再经过自问自答的形式来阐发自己的观点，这样会给听众留下清晰的印象。

（2）中间的技巧。演讲的中间部分等同于文章的正文部分，其重要性不言而喻。

1）语调的抑扬顿挫。演讲时语调的起伏不仅能使演讲更生动，而且能传达演讲者丰富的情感信息。如果总是用一种平板的语调，听众很快会产生疲倦厌烦的心理。

一般来说，升调传达着激昂的情绪，如兴奋、愤怒、谴责、疑问；降调则表达灰暗的情绪，如悔恨、伤心、失望和郁闷等。

2）脉络清晰，逻辑性强。在交流过程中产生误会的可能性是很大的。因此，有一个清晰的脉络结构和流畅的阐述是成功演讲的必要因素之一。

除了开头结尾阐明主题之外，还要有几个分论点来进一步展开阐述。牢记演讲的结构，必要的话，可以在开头就阐明演说的脉络，并在演讲中不断提示听众。

3）排比的运用。排比是一种修辞手法，也是一种普遍应用的演讲技巧。排比是用句法结构相同的段落、句子或词组，把两个或多个事物加以比较，以突出它们的相同点和不同点。

很多时候，排比的段落或句子是以一种递进的方式排列，营造出一种气势，同时朗朗上口，富有乐感。

4）俚语的使用。俚语可以让演讲生动活泼，也可以使演讲陈旧过时。如果不太熟悉最新的俚语，会让演讲者本身显得与时代脱节。如果使用一个效果不错又形象生动的俚语来表达你想表达的内容，效果会好很多。但要注意千万不要使用带种族色彩的俚语。

5）结合身体语言。身体语言包括人的面部表情、肢体动作等。这种无声的语言不仅会传递信息，而且会影响到交流的各方。演讲时，表情要自然，面带微笑；眼睛要直视听众，与他们进行眼神交流；在演讲时适当地加入一些手势，以强调你的讲话，但不要过分夸张。

6）幽默。幽默不仅是生活的调味品，也是调节演讲气氛的好方法。但幽默并不是在任何时候任何场合都可以随便用的，如果用得不恰当，反而会收到适得其反的效果。

(3）结尾的技巧。讲话的结束语用好了能起到预想不到的效果。结尾的方式有总结式、升华式、启发式、号召式等。

10.4 管理游戏

10.4.1 管理游戏概述

管理游戏（management game）是常用的测评方法之一，也是评价中心最复杂的测评方法之一。管理游戏是一种以完成某项“实际工作任务”为基础的标准化模拟活动，通过模拟运营，观察和测评被测者实际的管理能力。管理游戏在测评范围方面，既可以涉及管理工作的某一方面，也可以涉及多方面；在形式上，既可以通过计算机来模拟，也可以由人工操作来进行；在程序上，既可以严格按照一定的程序进行，也可以灵活地变换形式。通过管理游戏，施测者可以在客观的环境下，有效地观察被测者的团队协作能力、领导协调能力、理解能力、应变能力、组织管理能力、沟通能力、逻辑思辨能力、创造性思维以及情绪控制能力等。

除了应用于人才测评领域之外，管理游戏还广泛应用于各类组织的培训活动和拓展训练，通过员工参与游戏并完成任务来培养各项能力。

施测者在管理游戏中的主要任务包括四项：

第一，在游戏开始前向参加游戏的被测者进行简单的介绍说明，以便所有的被测者都能清楚地了解整个游戏的过程；

第二，给参与游戏的被测者分配角色；

第三，在整个游戏的过程中，时刻保持警觉的状态，注意观察现场状况，处理各种意外情况；

第四，对被测者的各种行为进行系统的观察和评价。

被测者在管理游戏中应充分发挥自己的积极性和主动性，以完成任务。

10.4.2 管理游戏的优缺点

1. 优点

（1）全面性强，打破限制。通过严格规范的游戏规则，管理游戏可以突破实际工作情境在空间与时间上的限制，将许多重要的工作集中到一起，对被测者的能力和素质进行考察、测评。

（2）真实性强，可信度高。管理游戏中的模拟活动接近真实情况，被测者的行为可以反映其实际能力，同时被测者易于客观地获得信息，充分发挥其才能，因此测评效度高。

（3）形式多样，趣味性强。管理游戏的形式灵活多样，趣味性的游戏不仅可以提高被测者的参与度，也可以激发其潜在能力。

（4）认知社会关系。管理游戏能够帮助被测者对错综复杂的组织内部各单位的相互关系有较深刻的了解，具有认知社会关系的功能。

2. 缺点

（1）难以观察，对施测者及主持人要求高。管理游戏多以团队形式进行，导致观察困难，且要求施测者和主持人具有较高水准以保证结果的客观性。

（2）耗时长。管理游戏的准备和实施过程，较其他测验方法将耗费更多的时间。

（3）成本高，操作难度大。管理游戏往往需要特定的环境和道具，不仅成本高，而且增加了测试过程的操作难度。

（4）游戏适配度难以衡量。选择或设计的管理游戏是否适合测试人群，是否能有效测评岗位所需要的能力维度，很难衡量和把握。

10.4.3 实操流程

1. 前期准备阶段

在这一阶段，必须做好以下几方面的准备工作：

（1）选择或设计游戏。

1）明确游戏目的。不同的职业岗位所侧重的能力素质不同，而测评能力的不同决定了管理游戏的不同，因此，必须根据游戏目的，选择或设计与职业岗位匹配度最高的管理游戏，这样测评出来的结果才具有科学性。

2）设计游戏内容。游戏的选择和设计必须合理，要高度适配管理游戏的测试目的。设计游戏内容包括设计管理游戏具体实施的程序步骤，列出管理游戏实施过程中所需的道具，制定管理游戏的规则，撰写游戏各环节的引导语等。同时，还要对游戏的题材选择和难易程度进行评估，避免进行无效的测评游戏。

（2）选择游戏场地。游戏场地需要根据参与测评的人数以及所选游戏来选择。应注意以下问题：

1）场地环境要有利于管理游戏的开展，尽量减少干扰因素的影响；

2）应根据人数选择合适大小的场地，场地过大会增加施测者的考察难度，场地过小则会使被测者受到一定程度的干扰；

3）如果管理游戏对场地有特殊要求（例如室外），应做好备用方案以应对突发情况（例如天气）。

（3）准备游戏道具。根据管理游戏的要求准备需要的物品，并保证数量及质量。

2. 实施阶段

（1）游戏规则介绍。在游戏实施过程中，首先，施测者要对游戏规则进行详细说明，并保证每一位被测者都能正确地理解规则。防止规则理解错误导致游戏中断或使测评结果失效。

（2）游戏前准备。

1）在游戏开始之前，针对游戏规则和内容，被测者可进行相关的准备活动。如需要团队协作的游戏，小组成员可进行方案讨论等，切记游戏只是测评手段，切勿因为游戏的趣味性过强而忘记游戏本身的目的。

2）若被测者数量过多，施测者需要选择测评的方法（见表10-7）。

表10-7 管理游戏测评方法

类别	内容	图示 （数字代表不同的被测者，字母代表不同的施测者）
方法一	每位（每组）施测者只评价一部分被测者，并采取“锚”设计，来降低施测者之间的个体差异导致的误差	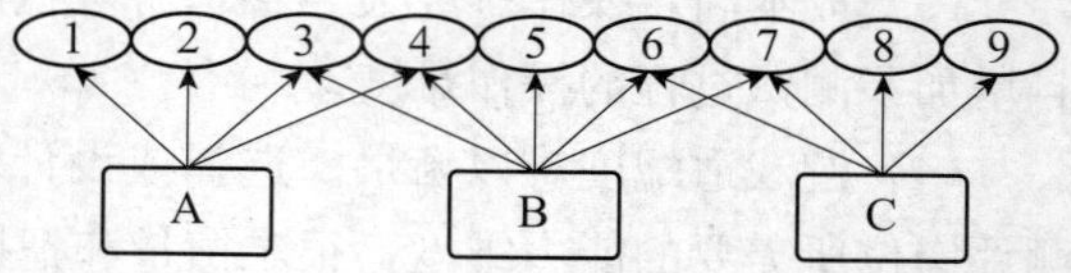
方法二	每位（每组）施测者只评价所有被测者某个或某些方面的维度，这样不仅能减轻施测者的认知负担，还能充分利用施测者的自身优势和专长	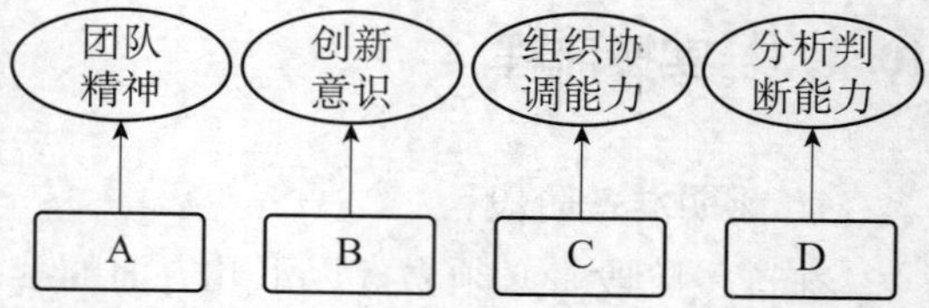

（3）游戏进行过程。在游戏进行过程中，严格控制游戏流程和时间，防止出现混乱导致施测者无法做出准确的观察和评估。需要注意的是，施测者切忌对被测者进行任何干扰和提示。

（4）结果评估阶段。游戏结束后，将所有施测者通过观察得到的测评结果进行整合讨论，并分析总结得到最终的测评结果，从战略决策能力、团队沟通能力、协商谈判能力等方面分析被测者的各类素质。

10.4.4 典型管理游戏介绍

根据游戏要解决的问题类型，可以将管理游戏分为会议游戏、销售游戏、创造力游戏、破冰游戏、团队建设游戏、压力缓解游戏、激励游戏等。以下是几个典型管理游戏的介绍。

1. 商战模拟

（1）简介。所有参与项目人员被平均分为 4 组，每一小组代表一家公司，其中公司 1 和公司 2 同属一个集团，公司 3 和公司 4 同属另一个集团，并且公司 1 和公司 3，公司 2 和公司 4 分别有直接竞争关系，如图 10－2 所示。项目目标是各个公司模拟商场实战，做出决策，使自己获得最大盈利。

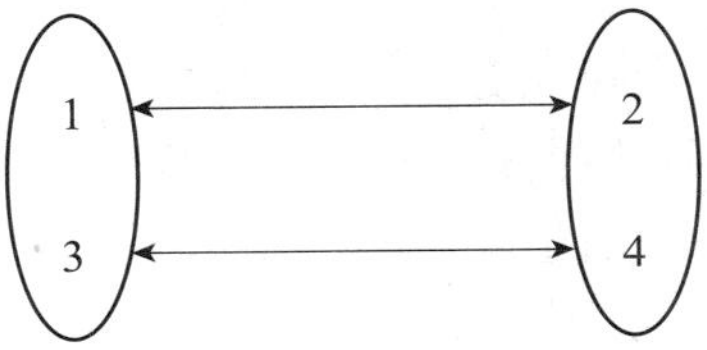

图 10－2　商战模拟示例

（2）规则。

1）各个公司所做的决策必须征得公司每一名股东的一致同意，也就是说公司的每名股东权力均等，且拥有一票否决权。

2）各公司所做出的决策可以分别用红、黑、空表示。若两家公司都出红，那么每家公司都亏损 5 个单位；若两家公司都出黑，那么每家公司都盈利 3 个单位；若一家公司出红，另一家公司出黑，则出红的公司盈利 5 个单位，出黑的公司亏损 5 个单位；若两家公司中有任一家公司出空，则双方均不盈利也不亏损。盈亏表如表 10－8 所示。

表 10－8　盈亏表

公司 1（或 3）	公司 2（或 4）		
	红	黑	空
红	－5，－5	＋5，－5	0，0
黑	－5，＋5	＋3，＋3	0，0
空	0，0	0，0	0，0

3）该项目共进行 6 个轮次，不能连续 2 轮出空。

4）随着轮次的增加，盈利或者亏损都将加倍，其系数分别对应为：1，2，3，4，5，6。计分表如表 10－9 所示。

表 10－9　计分表

	×1	×2	×3	×4	×5	×6
公司	轮次					
	1	2	3	4	5	6
公司 1（或 3）						
公司 2（或 4）						

5）互为竞争的两家公司可以进行协商，然后做出决策。

（3）项目分析。

1）如果一家公司连续 6 轮出红，而其竞争对手连续 6 轮出黑，那么出红的企业最大盈利为 105 个单位。相应地，出黑的企业亏损 105 个单位。这样看来，市场中企业的盈利额实际为 0，因此，这是一个零和博弈。而如果在这 6 轮中，双方企业全部都出黑，那么每个企业可盈利 63 个单位，整个市场的盈利就达到了 126 个单位，这样就获得了双赢。

2）如何才能保证双赢？一是靠道德约束，二是靠法律强制。其中靠法律是最有效的手段，是利益的真正保证。在这个项目中，法律的约束可以表现为双方进行一定的现金或者其他形式的抵押，将抵押品交给中间有能力担保的第三方，作为约束对方出黑的机制。对双赢更深层次的理解就是对市场经济的理解。

3）做企业的核心是盈利。企业只有在盈利的前提下，才能考虑更多的发展和其他事业。而作为子公司的企业，如何处理好与其母公司即集团公司的关系也是一个重要问题。子公司应在保持与总公司战略一致的前提下，保证自己的盈利，不应当为了母公司的利益最大化而牺牲本企业的利益。

4）对人性是善还是恶的争论历来没有定论，但作为企业中的人必须是经济人。企业要做出决策必须以理性为原则，只有这样企业才能实现利益最大化的目标。这里利益最大化的含义也包括了亏损最小化这层意思。

5）在商场中，如何通过谈判使竞争对手相信自己有充分协作的意愿和能力使得双方共赢，需要谈判人员熟练掌握谈判技巧。

（4）测评维度。具体内容如表 10－10 所示。

表 10－10　测评维度

能力维度	说明
战略决策能力	在游戏过程中，被测者需要为本公司做出战略决策，以获得最大盈利。施测者可根据各公司最终的盈亏情况，判断该公司股东战略决策能力的强弱
团队沟通能力	由于各公司中每一名股东都有一票否决权，所以各公司在做出战略决策的过程中，为保持一致性，需要不断地进行沟通和讨论。施测者可在各公司进行内部讨论过程中，根据各股东的表现对其团队沟通能力进行判断评估
协商谈判能力	通常情况下，公司股东为获得最优的决策会选择与竞争公司进行协商，施测者可根据双方的协商谈判情况对各测评人的能力进行评估

2. 雷阵图

（1）简介。雷阵图游戏，又叫穿越雷阵，顾名思义，游戏的任务就是在规定时间内，小队成员全部安全穿越图中雷区。这是一个团队协作项目。

（2）规则。

1）将被测试者带到雷阵场地，宣布“我们将进行一种叫作雷阵图的游戏，需要我们在规定时间内通过雷区”。

2）让被测者列队并按“1，2，1，2，…”报数，报“1”为第一组，只能从图 10－3 中 1～5 号格进入雷区，报“2”为第二组，只能从 6～10 号格进入。具体内容见图10－3。

3）全体被测者依次通过雷区，雷区内同一时间只允许一人进入，其他人不准进入。并且一组、二组轮流进入，进入前举手请示，获得施测者允许后方可进入雷区。

4）进入雷区者，每一步只能踏入相邻的格子。不准跳跃，不准试探。

5）每走一步新格后要听施测者指令方可进行下一个动作。指令有两种，一种为“请继续”，此时处在雷区中的被测者可继续走；另一种为“有雷，请按原路返回”，此时被测者需按原路返回，退到队尾。

6）评分标准：40 分钟内完成任务则获得满分 100 分，如超时，则每超时 1 分钟扣 2 分。此外，若出现违规行为，则每次扣 5 分。违规行为包括：重复触雷、未按原路返回、踏线、跳跃、雷区外成员未经允许进入雷区等。

7）详细介绍游戏规则，确定每位成员都了解规则后，游戏开始，并在游戏过程中，施测者不再对规则进行解释，不回答任何问题。

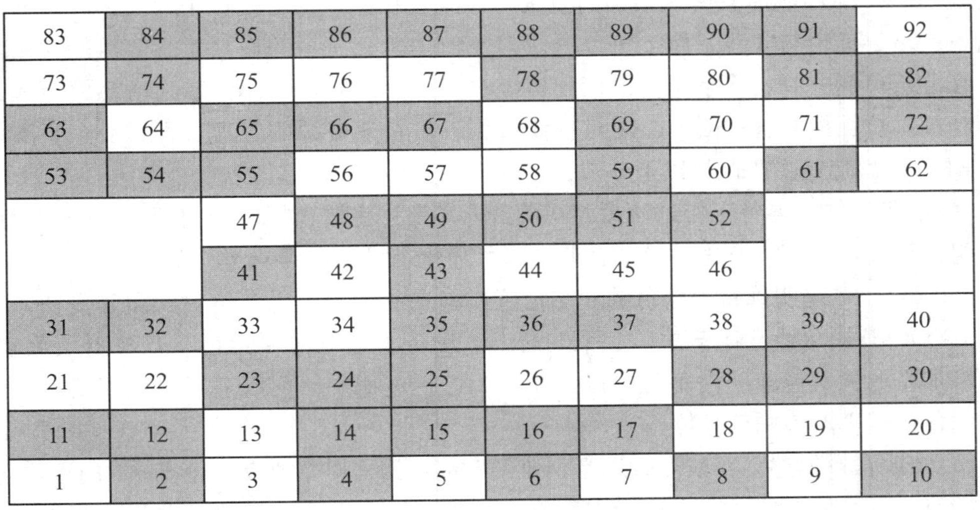

图 10－3 雷阵图

（3）测评维度。具体内容如表 10－11 所示。

表 10－11 测评维度

能力维度	说明
团队协作能力	在雷阵图游戏进行过程中，需要团队成员不断地进行分工协作，并为雷阵中的成员提供帮助和提示，否则仅靠一个人的努力，很难在规定时间内走出雷区
思维创新能力	在本雷阵图中，第二组成员的出路 92 号格是无法到达的，这时便考验成员的思维创新能力，是否敢于突破固定思维并转向 83 号格
理性分析能力	首先，考察成员是否理性分析了游戏规则，规则只规定了入口，但并未限定各组成员的出口；其次，如何节省各环节用时，如何将雷区记得又快又准，都需要成员理性分析并制订最优方案

3. 沙盘游戏

（1）简介。沙盘游戏由多拉·卡尔夫（Dora Kalff）创建，他参考“地板游戏”和“世界技术”等游戏的方式形成操作模式，以心理学、东方文化及哲学作为架构，目的是帮助解决儿童成长、成人关系、团体沟通、游戏与教育等领域的诸多实际问题[①]。

沙盘游戏可分为心理沙盘游戏、ERP 沙盘游戏、人力资源管理沙盘游戏等。其中，

① 董琳琳．沙盘游戏疗法实操与案例集．北京：中国石化出版社，2018.

ERP沙盘游戏是人才测评中比较常用的一种管理游戏，它是针对现代企业经营与管理技术——ERP（企业资源计划）系统设计的角色体验的实验平台。下面主要介绍ERP沙盘游戏。

（2）规则。ERP沙盘模拟运用6张沙盘盘面，代表6个相互竞争的企业，并按照企业职能部门的分工将其划分为营销与规划中心、生产中心、物流中心和财务中心。在游戏中，各个中心需要模拟控制企业中的关键环节，包括战略规划、资金筹集、市场营销、产品研发、生产组织、物资采购、设备投资与改造、财务核算与管理等，同时把企业运营所处的内外部环境抽象为一系列的规则，被测者在此规则下模拟企业5～6年的经营。沙盘游戏基于理论与实践一体、角色扮演与岗位体验于一身的设计思想，目的在于使被测者在分析市场、制定战略、营销策划、组织生产、财务管理等一系列活动中深入领悟管理精神，全面提升管理能力，同时也使被测者对企业资源的管理过程有一个真实的体验。ERP沙盘游戏主要包括以下环节：

1）准备工作。准备工作是沙盘游戏的首要环节，主要包括两项内容：一是对学员进行分组，组成六个相互竞争的模拟企业（为了简化，可命名为A组、B组、C组、D组、E组、F组）。二是明确每个角色的职能定位，即企业组织内每个角色的岗位责任，一般分为CEO、营销总监、运营总监、采购总监、财务总监等主要角色。若被测人数较多，可以增加企业内其他辅助性角色岗位。在游戏进行过程中，可以进行角色互换，从而体验不同角色带来的不同管理体验。

2）企业背景描述。在被测者进行企业经营前，需要对企业有一个基本的了解，包括股东期望、目前的财务状况、市场占有率、产品、生产设施、盈利能力等。企业背景描述以企业起始年的两张主要财务报表（资产负债表和利润表）为基本索引，主要描述了企业目前的财务状况和经营成果，并对其他相关方面进行补充说明。

3）环境规则。企业在一个开放的市场环境中生存，企业之间的竞争形成了一种默认规则。综合考虑市场竞争及企业运营所涉及的方方面面，环境规则可简化为以下八方面：市场划分与市场准入；销售会议与订单争取；厂房购买、出售与租赁；生产线购买、转产与维修、出售；产品生产和原材料采购；产品研发与质量、管理体系认证；融资贷款与贴现；综合费用与折旧、税金。

4）初始条件。ERP沙盘模拟不是从创业开始，而是接手一个已经在运营中的企业。在获得企业背景信息和了解企业基本的运营情况后，被测者需要将枯燥的数字再现到沙盘盘面上，并规划企业下一步的运营方向。

5）企业经营竞争模拟。企业经营竞争模拟是ERP沙盘模拟的主体部分。经营伊始，被测者需要根据市场预测资料，对相应市场上的每个产品进行市场定位预测，包括总需求量、单价、发展趋势等。在此基础上，被测者需要讨论企业的经营战略和业务范围，并针对市场变化进行经营决策，决策的结果会从企业经营结果中得到直接体现。

6）现场案例解析。现场案例解析是沙盘游戏的精华所在。被测者需要根据企业经营结果，对企业经营情况进行全方位分析，包括盈亏的原因分析、竞争对手情况分析、企业未来发展方向分析、企业战略分析等。

（3）测评维度。具体内容如表10-12所示。

表 10-12 测评维度

能力维度	说明
团队协作能力	在沙盘游戏模拟企业运营过程中，同组被测者需要针对企业的运营情况及时沟通讨论，并通过协作优化企业运营
专项管理能力	沙盘游戏可有针对性地测评被测者的战略、运营、财务等专项管理能力
组织决策能力	企业运营的成败与被测者的决策能力紧密相关，而决策能力可以体现在沙盘游戏各环节中

10.5 案例分析

10.5.1 案例分析概述

案例指的是被测者所分析的材料，通常包括组织的背景信息和组织中的复杂情况，以及与问题相关的一些数据。例如，财务报告、管理制度或管理过程等。

所谓案例分析（case analysis），是指先让被测者阅读一些材料，了解并研究某个组织或个人所面临的问题，然后对提出的问题进行分析，最后形成文字报告或就此讨论发言，施测者根据分析报告的内容和形式，对被测者的能力素质进行判定的一种情境模拟测评方法。

1. 测评维度

案例分析方法侧重考察被测者的专业能力、核心能力及职业素质。其中，专业能力包括行业知识、管理知识和业务知识等；核心能力主要包括分析能力、判断决策能力、组织能力、协调能力、问题解决能力和执行能力等；职业素质包括成本意识、危机意识、角色定位能力、创新能力和说服能力等。具体如表 10-13 所示。

表 10-13 案例分析测评维度及测评要素

测评维度	测评要素	说明
专业能力	行业知识	了解所处行业的基本情况
	管理知识	具备基本的管理知识及管理能力
	业务知识	熟练掌握所在岗位必需的业务知识
核心能力	分析能力	能对问题进行全面深入的分析，了解问题的实质
	判断决策能力	善于根据具体情况进行正确的判断和果断的决策，并提供有价值的建议
	组织能力	能够按照各项任务的重要性和紧急程度安排工作次序，调配人力、物力、信息资源，合理分工、授权并进行相应组织机构或人事调整的能力
	协调能力	能看清冲突各方面的关系，统一协调各方之间的人际关系及意见
	问题解决能力	善于运用所学知识对客观问题进行分析并提出解决方案
	执行能力	能够贯彻战略意图，完成组织预定目标

续表

测评维度	测评要素	说明
职业素质	成本意识	具有节约成本与控制成本的意识观念
	危机意识	具有对紧急或困难关头的感知及应变能力
	角色定位能力	能正确理解各岗位职责与角色要求，进行有效的分工合作
	创新能力	具有丰富的想象，能提出精辟独创的见解
	说服能力	能用具有说服力的证据清晰地阐述自己的观点

2. 案例分析的优点

（1）测试方式灵活。案例分析的测试形式既可以单独测试一个被测者，也可以进行群体测试。有的案例分析让一个被测者单独完成任务，也有的案例分析让几个被测者共同完成任务，测试的方式取决于测试目的。如果施测者需要了解被测者的分析能力与团队组织能力，就可以采用群体测试的方式。

（2）施测过程简单，省时。案例分析的测评过程大体上可以分为三个阶段：题目开发阶段、测评实施阶段与结果评价阶段。根据不同的测试形式，施测阶段会有不同的要求：如果施测者要求被测者提交书面报告，施测时间就短一些；如果施测者要求被测者进行口头汇报，时间就会略长一些。

（3）测试维度广泛。案例分析可以从不同角度对被测者进行测试：从能力的角度，能够测试被测者的分析决策能力、理解能力、文字表述能力、组织能力、计划能力、协调能力等；从知识的角度，能够测试被测者的行业知识、业务知识与管理知识等；从内驱力的角度，能够测试被测者的价值观、态度、兴趣与个性特点等。如果题目要求被测者进行书面报告，则能够体现被测者的写作能力、文字组织能力；若题目要求被测者进行口头汇报，则能测试被测者的语言表达能力。如果考官采用让几位被测者共同分析的方法，还能使被测者展现出与人打交道所需要的各种能力与团队工作所需的各项素质。

（4）兼容性强。在测评实践中，很多企业都将案例分析与其他情境模拟测试技术进行结合，以便进一步体现评价中心技术的理念。兼容性是指该项测验能够与其他测试技术在形式上进行融合，开展一项测验以后马上开展下一个测验，被测者与考官能够利用相同的背景信息，但是任务有所变化。显然并不是每种测试形式都具备兼容性的特点，比如无领导小组讨论就很难与公文筐测验进行兼容，因为两者在背景信息、测试形式、测试结果上都存在很大的差异。案例分析与无领导小组讨论、面试等技术的兼容性表现得比较明显。

3. 案例分析的缺点

（1）评价标准难以建立。案例分析技术最显著的不足就是评价标准难以建立。不同的组织形式、外部环境、人员结构、制度体系，对被测者进行案例分析的方向与结果都会产生直接的影响。而任何题目设计者都不可能在有限的篇幅内给出所有这些信息。这也就是说，任何案例都可能存在结构上的瑕疵，这就给考官对被测者的分析结果的评价工作带来了巨大的困难。

（2）缺少行为信息。无论是书面还是口头报告，施测者能观察到的被测者的行为信息比其他测评方法都要少，而且在得到比较简略的解决方案时，施测者无法针对问题进行深入追问。

（3）评价主观性强。案例设计时挑选的本来就是工作中较为复杂的情境，所提的问题在实践中难以找到一个正确的、非常有效的解决方法，所以施测者在对被测者的分析结果进行评价的过程可能会更多地依赖于自身以往的经验。

10.5.2 实操流程

1. 题目开发阶段

题目开发的具体步骤及注意事项如下：

（1）确定测评维度。在进行案例编制之前，要明确此次测评的主要目的并分析与目的相匹配的所有测评维度，从中选择适合通过案例分析方法测评的维度。这就要求施测者必须熟练掌握案例分析的优缺点，避免出现测评效度低、解释力欠缺的情况。

（2）案例素材搜集。在确定了测评维度之后，施测者需要进行案例素材的搜集工作。素材的来源一般包括两种方式：一是查阅相关资料；二是访谈任职者或管理者。搜集到的素材既可以是关乎组织战略方向的重要决策问题，也可以是组织内部结构的管理问题。但无论问题大小，都应该与测评维度相匹配，即满足岗位要求。

搜集到的案例素材应该具有以下特点：

1）真实性。案例不同于可以虚构情节和虚拟效果的故事或小说，案例的内容和素材必须基于客观真实的事件或者事实，描述企业实践过程中事件发生发展的动态历程，围绕企业的真实管理事件和情境展开。

2）完整性。案例在叙述过程中要把事件置于一定的时空框架之中并反映事件发生的背景：要有从事件开始到结束的比较完整的情节，可以让被测者身临其境地感受整个事件的进程，不应只是对事件进行片段的、孤立的、静态的描述。

3）问题性。只有包含了问题矛盾和对立冲突的事件才有可能构成真正意义上的案例，即案例的事件要包含疑难问题。

4）普适性。案例材料应普遍适合所有被测者，内容及题目不应出现被测者未曾涉及的领域或知识等。

5）代表性。最终选择的案例应该是非常典型的实际工作问题，可以代表某一类现象或事物的本质属性，概括和辐射许多理论知识，这样才能更准确地对比被测者与岗位的匹配度。

6）开放性。案例一般可以从不同视角来分析、研究、决策和解决问题，即每个案例都有多种解决方案可供选择，每个方案均存在利弊，甚至存在一定的风险，这要求被测者进行权衡与取舍。

（3）案例加工。搜集到的素材未必能很好地符合测评要求，要根据实际情况进行适当的修饰加工。在加工过程中需要注意几点：首先，案例的叙述必须清晰明确，且篇幅要适度；其次，案例不能夹叙夹议，掺入编写者的个人好恶；再次，案例内容要尽量避免争议性或敏感性主题；最后，案例问题难度要适中，不能过难也不能过易。

（4）评分标准制定。案例设计完毕后，由测评专家与业务专家以及企业高管共同确定评价标准。评价标准要体现被测者可能出现的典型行为与测评维度的对应关系，以及不同的行为特征与评分等级之间的对应关系。使不同被测者的不同行为特征在分数上有所区分。

（5）案例试测。在正式测评之前，需要对案例进行试测，以确保其效度。试测对象必须包含岗位优秀者和一般任职者两类人，且人数不能少于 10 人。试测内容包括题量大小、信息完备性以及表述清晰度等，其中最主要的是检验该案例能否区分不同能力水平的被测者。若不能，则表明该案例效度较低，需要重新修改。

2. 测评实施阶段

（1）材料准备。

1）清楚、详细的指导语。如“请按照要求对给定的案例材料进行分析，然后用黑色签字笔在答题纸的规定位置作答。注意字迹工整，卷面整洁。总时间为 60 分钟”。

2）测评过程中需要的各种材料，包括案例书面材料、答题纸等。

3）测评场地。测评场地要求环境安静、空气清新、光照适度、桌椅舒适。

（2）正式测评。在被测者按照座位号就座之后，施测者宣读指导语，介绍测评环节和要求，强调有关注意事项，回答关于测试要求的有关问题。测试过程中，施测者需保持安静，不得提示被测者答案也不能妨碍被测者答题。

（3）结果呈现。被测者的测试结果可以是书面报告方式，也可以是小组讨论后的口头报告形式。施测者根据报告内容，对被测者进行考核。

3. 结果评估阶段

案例分析法的评分有一定难度，评分者需具备一定的测评经验并接受过严格的训练。案例分析法的评分方法主要有：

（1）题目评分法。对照单个题目或问题的考查要点进行评分，主要评估被测者分析问题的能力和解决方案的可行性。题目评分法操作相对简单，但只能区分受测者的整体水平高低，而不能对每个测评维度进行比较。

（2）维度评分法。案例分析题基本上是围绕测评维度来设置的，因此，可以按照维度进行评分，当一道题目考查的维度不止一个时，则要分解为不同维度上的得分。最后总分为维度得分之和或加权后的维度得分之和。维度评分法既能区分总体水平高低，又能对不同维度进行比较。但这种方法相对较难操作，对评分者的要求也更高，在实际中使用较少。

案例分析示例

材料内容

“抱歉，苏主任，虽然我很喜欢这个工作，但我不认为自己有胜任血液科主任的能力，何况目前矛盾还持续着。”丁淑珍镇定地说着，但掩盖不了心烦意乱的样子，然后她转过身，走了出去。苏京华主任坐在桌边，心里想着：她没有错。真的，这场纷争已经白热化，还不知道要持续多久。也许我应该做些事，但要怎么做呢？

苏主任是一家大医院病理实验室的负责人。实验室是职能式的组织，底下分成若干科，每一科的成员都是受过良好训练的医学技师及专家，而且全部是女性。其中两个最重要的科——血液科及化学科，共用一个房间。事实上，在 10 个月以前，当这个实验室扩大改造时，领导特地将这两个科安排在一起，以便互助合作，互通消息。

然而，这两个科室从来就没有合作过。相反，它们尽量避免互相帮助，两个团体的成员之间甚至怀有敌意。在休息时间、午餐时间，两个科室的人也很少和对方接触。当然，偶尔的交谈间或有之，但这种情形寥寥无几。

就苏主任记忆所及，这件事情开始时，只是两个人个性不合而已。这两个人，一个是医学专家金莉莉，另一个是化学科的主任英兰慧。金莉莉在实验室工作了五年。在刚进实验室的三年内，金莉莉依照实验室新进技师的培养计划，到各科室实习及工作。她在各科室的工作表现突出；同时，她非常努力地工作，愿意担负工作责任。

两年前，金莉莉转到化学科，在这里，她的生活方式和她的主任起了冲突。金莉莉是一位年轻、有吸引力且单身的女孩。苏主任猜测，依她那种漂亮的外貌以及活跃的社会行为，别人一定会说："莉莉是一位'风流'的女孩。"她爽朗、活泼的个性以及很强的工作能力，使她成为一位非正式的领导者，在年轻的技师当中更是如此。英兰慧在实验室已经待了 12 年，且已经干了 6 年的化学科主任。她是一位中年妇女，虽然不古板，但对金莉莉的生活方式始终心怀芥蒂，有时她也会和苏主任抱怨："莉莉会把其他女孩带坏的。"

金莉莉被分派到化学科时曾说："英兰慧实在没有当主任的资格。"她的态度亦变得相当不友善，时常嘲弄英兰慧。结果，英兰慧对她工作表现的考核结果给了一个很差的评价，这也是经过苏京华主任认可的。

考核之后，金莉莉的绩效结果在其友好的伙伴中，引起了广泛的讨论，大家都严厉地批评英兰慧的做法，说她以偏见的眼光来评价莉莉，同时对行政领导竟然同意这种偏见颇为不满。她们认为，很明显，金莉莉是一位优秀的员工。于是金莉莉请求调到血液科去，并一直待到现在。然而，对化学科，她还是保持着讥讽的态度，她严厉地批评化学科主任，连带也批评化学技师。同时，她强调自己的能力很强，足够胜任血液科的工作。

论及金莉莉的技术能力，实验室领导也没有话说。金莉莉在血液科工作之后，工作绩效又恢复到原来的样子，和以前一样高。她继续受到别人的尊敬，在实验室也交了不少的朋友。英兰慧和化学科还是老样子，一点也没有改变。

英兰慧仍然将化学科管理得很好。然而，她认为金莉莉会带坏其他女孩子的想法还是没有改变。于是，私人冲突逐渐扩大到两个科室，终于成为一个很大的问题。

首先，由于金莉莉及英兰慧的关系，血液科和化学科之间形成了一堵巨大的墙，两个科室无法共同合作、毫无交流。此外，这种关系曾迫使血液科一位新上任的主任因此辞职。两年以前，当一位老资格的主任辞职之后，由李秀芬接替。李秀芬是一位受过良好训练的血液专家，本来在南方一家著名的医院工作。到血液科之后，她受到五位技师及专家的批评，并常常被同事针对。虽然李秀芬想用各种方法来改善这种情况，但最终失败了。最后，她觉得实在撑不住这种场面，于一年前辞职不干。从那时候开始，8个月过去了，该科室没有一位正式的主任。行政领导认为丁淑珍——一位年轻的药学专家——是当主任的合适人选，她曾非正式地领导该科室。但丁淑珍认为："如果真的受命担任这项职务，是否能当好正式领导者颇成问题。"冲突之后的第三种不良影响是，新进人员在调进血液科或化学科之后，就形成了两派，有的倾向金莉莉这边，有的则倾向英兰慧这边。甚至连行政领导都注意到了：一位被推荐人称赞不已的女孩在进了化学科之后，不但工作绩效很低，而且态度很差，追根究底，才发现原来是金莉莉在作怪。

苏主任很感伤地承认，她没有料到会弄成这种局面。她认为只要把金莉莉调离化学科，一切冲突就迎刃而解了，然而，不但事与愿违，而且变本加厉。她已经不能再失去丁淑珍或其他聪明干练的人了，因此，她必须尽快采取措施改变目前的困境。

根据材料，结合你自身的经验和看法，完成以下任务，并形成书面报告：

(1) 分析出现该困境的根本原因。

(2) 如果你是苏主任，你将采取何种措施来改变目前的困境？

测评维度

测评维度的具体内容见下表。

能力维度	说明
问题分析能力	案例中出现的问题不仅仅是表面的个人问题，更重要的是组织结构问题，如何深入理解问题并分析其根本原因，要求被测者有较强的问题分析能力
矛盾解决能力	要改变案例中的困境，被测者需要先解决个人之间的冲突问题，进而找出根本矛盾并解决矛盾
战略制定能力	案例中问题的根本在于组织的战略结构出现交叉重叠的现象，如何重新制定战略和规划组织结构，成为解决此问题的根本
角色定位能力	被测者首先要明确苏主任的角色是病理实验室负责人，其次清晰地了解科室工作人员的角色定位及工作考核要求，最后还需区分工作角色和生活角色的不同，明确应该以工作结果论业绩，而不应掺杂私人因素

10.6 深度访谈

10.6.1 深度访谈概述

深度访谈是社会科学定性研究的一种主要方法，也是人才测评中一种比较常用的方法。深度访谈是访谈者通过与被访谈者进行面对面会谈的方式对其进行深入了解，收集第一手材料，并根据材料对被访谈者的能力进行评估的方法。

需要注意的是，与日常谈话不同，深度访谈更强调谈话内容的深入性，揭示深层的意义。从意义的角度来看深度访谈的实质，可认为它是对被访者在访谈时赋予自己话语的意义以及被访者赋予访谈场景（包括被访者当时的衣着、神情、行动和居家环境）意义的探究①。

1. 测评维度

深度访谈（in-depth interview）的考察维度相当广泛，包括仪表举止、专业能力、行业经验、时间管理能力、沟通表达能力、自我认知能力、学习意愿、发展潜力、个性与职位匹配度、决策能力、适应能力、抗挫折能力、价值观、企业文化认同程度等方面。

在深度访谈中，被访谈者是整个会谈的主角，访谈者所扮演的角色应该是引导者。访谈者通过及时准确地引导，围绕关键胜任能力与被访谈者展开会谈，从与被访谈者的对话中发现并判断出其是否具备某种核心能力。

2. 深度访谈的优缺点

我们可以从人才测评的角度，总结深度访谈的优缺点，见表 10－14。

表 10－14　深度访谈的优缺点

类别	特点	内容
优点	深入性强	可以更深入地探索被访谈者的内心思想与看法
	针对性强	访谈者可以根据访谈目的对某一能力维度进行有针对性的提问，测评结果准确性高
	可消除外在压力	专业的访谈者能够消除被访谈者的外在压力，使其处于完全放松的状态
缺点	对访谈者要求极高	测评结果的质量十分依赖于访问的技巧，访谈材料的分析难度大，对访谈者能力要求极高
	人力成本高	深度访谈需要更专业的访谈者或访谈团队来支撑访谈结果的科学性和有效性，而这样的专家往往费用高昂
	费时，样本量少	深度访谈需要较长时间的交谈，所以在有限的时间内，能访谈的样本量较其他方法大大减少

10.6.2　实操流程

1. 准备阶段

（1）明确访谈目的。虽然深度访谈的形式结构是开放性的，但访谈之前，必须明确此次访谈的焦点和目的，即明确测评维度。否则，宽泛无聚焦的访谈将毫无意义，也无法准确对访谈对象进行评价。所以，明确访谈目的成为深度访谈能否成功的最基础的先决条件。

（2）设计访谈问题。

1）设计问题的原则。设计问题的原则主要有开放性原则、深入性原则、互动性原则。所谓开放性原则，即访谈者事前设计的访谈问题必须是开放性的，访谈者要根据被

① 杨善华，孙飞宇．作为意义探究的深度访谈．社会学研究，2005（5）：53－68，244.

访谈者的回答，以一种谨慎的和理论化的方法对访谈加以改进[①]。深入性原则，即深入事实的内部。这包括两个方面，首先要清楚什么是“深度”。深度是指在了解表面事实后，要尽可能获得更多细节。其次要了解如何深入，即需要访谈者将获得的信息进行“转译”，根据转译的内容进行更深层次的提问。互动性原则，即深入访谈是一个互动的过程，强调灵活开放，访问者需要根据实际的互动情况，随时调整访谈内容，不可一味地引导或倾听。

2）设计问题类型。设计问题类型主要包括切入点题型问题、深入点题型问题以及核心点题型问题。

切入点题型问题：

·你的业余爱好是什么？

·高中或大学的课余时间你是怎么安排的？

·在高中时，你是怎样进行学科选择的？

·报考大学时，你是如何填报志愿的？

·大学毕业时，面对考研和就业的选择，你是如何做出决策的？

深入点题型问题：

·可以谈一谈参加工作后你接受过哪些培训吗？培训时间、培训地点、培训内容分别是什么？

·工作后是否接受过正规教育，如 MBA 教育、研究生教育等？

核心点题型问题：

·请谈谈你人生中最失意的三件事情。

·你认为你人生中最困难的决策是什么？

·当你面临很大的压力时，你通常会怎么办？请举例说明。这种压力可以是工作上的，也可以是生活上的。

·你是否有过团队合作的经历？如果有，请你描述一下你们团队完成项目的过程及你在团队中扮演的角色。

在确定访谈目的和所要测评的维度后，访谈者需要有针对性地设计访谈纲要。需要注意的是，访谈者无需在事前设计出每一个具体问题，只确定主要的问题和框架即可。例如访谈提纲可设计成表 10－15 的形式。

表 10－15　访谈提纲示例

测评维度	提问要点	评价要点
仪表与风范		体格外貌，穿着举止，礼节风度，精神状态
工作动机与愿望	（1）谈谈你现在工作情况，包括待遇、工作性质、工作满意度 （2）你为何希望来本公司工作 （3）你在工作中追求什么	• 对现工作的更换和求职原因 • 对未来的追求与抱负 • 本公司提供的岗位条件能否满足工作要求和期望

① Wengraf T. Qualitative research interviewing: biographic narrative and semi-structured methods. London: SAGE Publications, 2001.

续表

测评维度	提问要点	评价要点
工作经验	(1) 你大学毕业后的第一个职业是什么 (2) 在这家企业里，你担任什么职务 (3) 谈谈你职务的升迁和工作变化情况	• 从事所应聘职位的工作经验丰富程度，职位的升迁和变化情况 • 从其所述工作经历中判断其工作责任心、组织领导力、创新意识
知识水平 专业特长	(1) 大学学的是什么专业或接受过哪种特殊培训 (2) 你在大学对哪些课程最感兴趣，哪些学得最好 (3) 询问一些专业领域案例，要求其进行分析判断	应聘者是否具有应聘岗位所需要的专业知识和专业技能
工作态度 诚实性 纪律性	(1) 在工作中看到别人违反制度和规定，你怎么办 (2) 你经常向领导提合理化建议吗 (3) 你在处理各类问题时，经常向领导汇报吗	• 工作态度如何 • 谈吐是否实在、诚实 • 是否热爱工作、奋发向上
经营意识	(1) 通过分析经营小案例来判断其是否具有这方面的观念和意识	• 判断应聘者是否具有商品概念和竞争意识 • 是否具备基本的商品知识
经历、活力 兴趣、爱好	(1) 你喜欢什么运动，会跳舞吗 (2) 你怎么度过闲暇时间 (3) 经常参加体育锻炼吗	• 应聘者是否精力充沛、充满活力，其兴趣爱好如何 • 是否符合应聘者岗位的要求
思维能力 分析能力 沟通能力	(1) 你认为成功和失败有什么区别 (2) 你认为贫与富、美与丑有什么区别 (3) 提供小案例或提出棘手的问题，要求其发现关键环节，并提出解决方案	• 能否抓住事物本质，并且说理透彻、分析深刻全面、条理清晰 • 是否能够顺畅地将自己的思想、观点、意见用语言表达出来，且对策是否合理可行
反应力 应变力	询问一些小案例或提出某些问题要求其回答	头脑的机敏程度，对突发事件的应急能力，对访谈者提出的问题能否迅速、准确地理解，并尽快作出相应的回答
自知力 自控力	(1) 你认为自己的长处在哪里，最大的缺点是什么 (2) 你觉得你个性上的最大优点是什么 (3) 领导和同事批评你时，你如何对待	• 应聘者是否能够通过经常性的自我检查，善于发现自己的优缺点 • 在遭到批评、挫折及工作压力时，能否克制、容忍、理智地对待
组织能力	(1) 如何使用文档管理系统 (2) 如何开始组织一个项目	是否表现出安排有序、有条不紊的办事能力
决策能力	在你的经历中，哪个决策是最困难的，当时是如何做的，如何执行的，引起的反应如何，执行结果如何	• 应聘者在复杂事件面前表现出的决策能力，执行决策的速度，执行的效果 • 应聘者与上级、同事、下属的关系

续表

测评维度	提问要点	评价要点
交际能力	(1) 有没有过团队工作的经历 (2) 喜欢独立工作还是团队工作 (3) 介绍一个与同事共同处理问题的实例	是否有团队意识，能否合群共事

(3) 确定时间地点。与被访谈者沟通并确定深度访谈的时间及地点。要保证时间充裕，一般需要 60～90 分钟，还需确定访谈地点不会受到其他因素干扰。

2. 访谈阶段

在深度访谈进行过程中，应按以下顺序展开访谈：

(1) 切入点——被访谈者的个人生活。深度访谈应切忌开门见山，应从被访谈者的个人生活谈起，创造一种轻松、友好的氛围，使其处于一种放松的自然状态，避免出现防御心理。被访谈者的个人生活经历是随时间积累的，是其最熟悉的领域，在这个领域中，他会比较放松，进入一种主动叙述的状态，在这种叙述过程中，访谈者可以很清晰地了解被访谈者所传达的价值观念。

(2) 深入点——亲身经历的具体细节。在进行个人生活叙述的过程中，访谈者要留意被访谈者的兴奋点，即兴趣点，及时抓住这一点并由此引导访谈的深入，对其亲身经历的具体细节进行询问。通过这样的交流，访谈者可以看到被访谈者在具体事件中是如何去应对和解决问题的。

(3) 核心点——被访谈者的个人反思。在进行了前面的交流后，访谈应从叙述事实层面转向测评层面，而转折的关键就在于被访谈者对自身经历的反思。通过反思，可以揭示其个人生活与职业发展、行为与思想、现实与理想之间的关系，这些关系往往决定了被测者所具备的能力素质。这也是深度访谈的核心部分。

3. 评价阶段

对被访谈者能力素质的评价，一部分来自深度访谈进行时的分析，一部分来自结束后对访谈资料的分析。访谈者通过两部分分析的结合，给出最终的评价结果。在评价过程中，应遵循以下几条基本原则：

(1) 悬置的态度。在进行访谈和评价时，应保持一种“悬置”的状态。所谓悬置是指一种中止自然状态的判断，即中止访谈者基于科学立场、个人态度的判断。形象地说，深度访谈的目的是在画布上清晰地刻画被访谈者，而访谈者就是那张“画布”。为了能够更清晰地刻画，需要空白的“画布”，这就是悬置的目的。

(2) 杜绝刻板印象。访谈者应杜绝对被访谈者的自身元素、价值立场、能力素质等存在刻板印象，一切以是否匹配岗位为基准，客观公正地做出能力素质评价。

(3) 全方面观察。访谈者需要对深度访谈的场地环境，被访谈者的穿着、神情、行为和语态等进行全方位观察。对于被访谈者来说，这些元素都被赋予了一定的意义，同样影响着评分结果，需要访谈者仔细观察并挖掘。

□ 复习思考题

1. 公文筐测验的特点有哪些?
2. 角色扮演需要做哪些准备工作?
3. 请阐述即兴演讲最常用的模板。
4. 我们可以通过哪些技巧提升即兴演讲的效果?
5. 常用的管理游戏有哪些?

参考文献

1. 张厚粲，龚耀先．心理测量学．杭州：浙江教育出版社，2012.

2. 卡西欧，阿吉斯．心理学与人力资源管理：第 7 版．北京：中国人民大学出版社，2017.

3. 范德．人格心理学：人与人有何不同．北京：世界图书出版公司，2018.

4. 苗宏慧，于桂兰．人力资源管理．北京：清华大学出版社，2013.

5. 史班瑟．才能评鉴法．汕头：汕头大学出版社，2003.

6. 萧鸣政．人员测评与选拔．3 版．上海：复旦大学出版社，2015.

7. 王淑红．人员素质测评．北京：北京大学出版社，2017.

8. 唐宁玉．人事测评理论与方法．4 版．大连：东北财经大学出版社，2016.

9. 赵琛徽．人员素质测评．武汉：武汉大学出版社，2010.

10. 侯典牧，傅家荣．人员素质测评．北京：科学出版社，2012.

11. 萧鸣政．人员素质测评理论与方法．2 版．北京：北京大学出版社，2016.

12. 刘葵，蔡圣刚．人员测评技术．4 版．大连：东北财经大学出版社，2018.

13. 苏永华．现代人才测评理论与方法研究．上海：华东师范大学出版社，2000.

14. 黄希庭．人格心理学．杭州：浙江教育出版社，2002.

15. 郑日昌．心理测验与评估．北京：高等教育出版社，2005.

16. 戴海琦．心理测量学．北京：高等教育出版社，2015.

17. 苏永华．人才测评概论．北京：中国人民大学出版社，2011.

18. 葛玉辉，焦忆雷，毛双庆．人才测评．北京：电子工业出版社，2020.

19. 商华．人才测评理论与方法．北京：科学出版社，2016.

20. 张杉杉．人才素质测评理论与实务．北京：中国人事出版社，2013.

21. 寇家伦．人才测评．北京：中国发展出版社，2006.

22. 郑安云．人才测评理论与方法．北京：清华大学出版社，2005.

23. 郑孝领，朱晓红．人才测评实操手册．北京：中国发展出版社，2016.

24. 宋荣，谷向东，宇长春．人才测评技术．北京：中国发展出版社，2012.

25. 赵曙明．人才测评：理论、方法、工具、实务．北京：人民邮电出版社，2014.

26. 刘轩，肖祥国．人才选拔与测评．大连：大连理工大学出版社，2013.

27. 斯隆克．人格测评．北京：华夏出版社，2003.

28. 邢雷．华夏基石方法：人才评价中心．北京：企业管理出版社，2013.

29. 杨东，吉沅洪．实用罗夏墨迹测验．重庆：重庆出版社，2008.

30. 董琳琳．沙盘游戏疗法实操与案例集．北京：中国石化出版社，2018.

31. 邓宁．你的职业性格是什么？MBTI 16 型人格与职业规划．北京：电子工业出版社，2014.

32. 吉沅洪．树木：人格投射测试．3 版．重庆：重庆出版社，2017.

33. 孔德生，李祎琼．罗夏墨迹测验综合系统的临床应用．北京：国防工业出版社，2013.

34. 卡普兰，萨库兹．心理测验：原理、应用和问题．北京：世界图书出版公司，2007.

图书在版编目（CIP）数据

人才测评/苗宏慧主编；杨铭副主编．-- 北京：中国人民大学出版社，2024.2

高等学校经济管理类主干课程教材．人力资源管理系列

ISBN 978-7-300-32048-9

Ⅰ．①人… Ⅱ．①苗… ②杨… Ⅲ．①人员测评－高等学校－教材 Ⅳ．①C962

中国国家版本馆 CIP 数据核字（2023）第 149933 号

高等学校经济管理类主干课程教材·人力资源管理系列

人才测评

主　编　苗宏慧

副主编　杨　铭

Rencai Ceping

出版发行	中国人民大学出版社		
社　　址	北京中关村大街 31 号	**邮政编码**	100080
电　　话	010－62511242（总编室）		010－62511770（质管部）
	010－82501766（邮购部）		010－62514148（门市部）
	010－62515195（发行公司）		010－62515275（盗版举报）
网　　址	http://www.crup.com.cn		
经　　销	新华书店		
印　　刷	北京七色印务有限公司		
开　　本	787 mm×1092 mm　1/16	**版　　次**	2024 年 2 月第 1 版
印　　张	19 插页 1	**印　　次**	2024 年 2 月第 1 次印刷
字　　数	432 000	**定　　价**	49.00 元